2014

中国社会统计年鉴

China Social Statistical Yearbook

国家统计局社会科技和文化产业统计司　编

Compiled by
Department of Social, Science and Technology, and Cultural Statistics
National Bureau of Statistics of China

图书在版编目（CIP）数据

中国社会统计年鉴. 2014 : 汉英对照 / 国家统计局社会科技和文化产业统计司编. -- 北京 : 中国统计出版社, 2014.12

ISBN 978-7-5037-7372-3

Ⅰ. ①中… Ⅱ. ①国… Ⅲ. ①社会统计－统计资料－中国－2014－年鉴－汉、英 Ⅳ. ①C832-54

中国版本图书馆 CIP 数据核字(2014)第 297724 号

中国社会统计年鉴—2014

作　　者/国家统计局社会科技和文化产业统计司编
责任编辑/徐　涛　张会英
封面设计/李雪燕
出版发行/中国统计出版社
通信地址/北京市西城区月坛南街 57 号　邮政编码/100826
办公地址/北京市丰台区西三环南路甲 6 号　邮政编码/100073
电　　话/邮购（010）63376909　书店（010）68783171
网　　址/http://csp.stats.gov.cn
印　　刷/河北天普润印刷厂
经　　销/新华书店
开　　本/880×1230 毫米　1/16
字　　数/608 千字
印　　张/19
版　　别/2014 年 12 月第 1 版
版　　次/2014 年 12 月第 1 次印刷
定　　价/280.00 元

本书附同版本 CD-ROM 一张，光盘内容以书面文字为准。
如有印装差错，由本社发行部调换。

《中国社会统计年鉴—2014》

编委会和编辑工作人员

《China Social Statistical Yearbook 2014》 Editorial Board and Staff

编 者 说 明

一、《中国社会统计年鉴—2014》是国家统计局编辑的一部反映我国社会发展相关领域基本情况的综合统计资料年刊。本书收录了 2013 年各省、自治区、直辖市社会发展各领域的主要数据和部分年份的全国数据。

二、本书共分 10 个部分。即：1.综合；2.教育；3.卫生；4.社会服务；5.新闻出版、档案；6.广播电视；7.文化；8.体育；9.残疾人事业；10.公共管理和社会组织。附录收集了主要统计指标解释和 2013 年全国教育经费执行情况统计公告。

三、本书资料分别来自于：全国人大、全国政协、最高人民法院、最高人民检察院、司法部、公安部、教育部、卫生和计生委、民政部、人力资源和社会保障部、文化部、新闻出版广电总局、体育总局、文物局、档案局、全国总工会、中国残联等部门。

四、有关符号说明。

"空格"表示该项统计指标数据不详或无该项数据；

"#"表示是其中的主要项；

"…"表示不够进位。

五、在本书编辑过程中，得到上述有关部门的大力支持与合作，在此我们表示衷心感谢。由于社会统计年鉴内容多、涉及范围广，在资料的整理和编排方面难免存在不足之处，敬请批评指正。

PREFACE

I. *China Social Statistical Yearbook 2014* is the comprehensive statistics yearbook which reflects various aspects related to social development edited by National Bureau of Statistical of China. It is collected main social statistical data on provinces and national total data in 2013.

II. The Yearbook includes 10 sections: 1.General Survey, 2.Education, 3.Public Health, 4.Social Service, 5.News Publication and Archive, 6.Radio and Television, 7.Culture, 8.Sports, 9.Undertaking for Disabled Persons, 10.Public Administration and Membership Organization. In addition, explanatory notes on main statistical indicators and Statistical Communique of National Education Funds in 2013 are provided at the end of the Yearbook.

III. Data in the Yearbook are sourced from the following departments: the National People's Congress, National Committee of the Chinese People's Political Consultative Conference, Supreme People's Court, Supreme People's Procuratorate, Ministry of Justice, Ministry of Public Security, Ministry of Education, National Health and Family Planning Commission, Ministry of Civil Affairs, Ministry of Human Resources and Social Security, Ministry of Culture, General Administration of Press and Publication, Radio, Film and Television, General Administration of Sports, the State Archives Administration, All-China Federation of Trade Unions, China Disabled Persons' Federation, etc.

IV. Notations used in the yearbook.

"blank space" indicates that data are unknown or are not available;

"#" indicates a major breakdown of the total;

"…" indicates that data are not enough to carry.

VI. Our deep appreciation goes to many departments which provided supports in compiling this Yearbook. It is inevitable that there might be some mistakes in the book because of wide coverage involved in collecting and compiling social statistics. Suggestions from readers are welcome so as to improve the quality of this publication in the future.

目　　录

CONTENTS

一、综　合
General Survey

二、教　育
Education

三、卫 生
Public Health

四、社会服务
Social Service

五、新闻出版、档案
News Publication and Archive

六、广播电视
Radio and Television

七、文　化
Culture

八、体　育
Sports

九、残疾人事业
Undertaking for Disabled Persons

十、公共管理和社会组织
Public Administration and Membership Organization

附 录:

Appendix

一、综　合

General Survey

1-1 社会发展主要指标
Major Indicators of Social Development

指 标	Index	1978	1980	1990	2000	2010	2012	2013
教 育	**Education**							
招生数 (万人)	New Students Enrollment (10 000 persons)							
研究生 (人)	Postgraduates (person)	10708	3616	29649	128484	538177	589673	611381
普通高等教育	Regular Higher Education	40.2	28.1	60.9	220.6	661.8	688.8	699.8
成人高等教育	Adult Higher Education				156.2	208.4	244.0	256.5
中等职业教育	Secondary Vocational Education		256.2	286.1	386.8	870.4	754.1	674.8
普通高中	Regular Senior Secondary Schools	692.9	383.4	249.8	472.7	836.2	844.6	822.7
普通初中	Regular Junior Secondary Schools	2006.0	1550.9	1369.9	2263.3	1715.5	1570.3	1495.7
普通小学	Primary Schools	3315.4	2942.3	2064.0	1946.5	1691.7	1714.7	1695.4
在校生数 (万人)	Students Enrollment (10 000 persons)							
研究生 (人)	Postgraduates (person)	10934	21604	93018	301239	1538416	1719818	1793953
普通高等教育	Regular Higher Education	85.6	114.4	206.3	556.1	2231.8	2391.3	2468.1
成人高等教育	Adult Higher Education	140.8	155.4	166.7	353.6	536.0	583.1	626.4
中等职业教育	Secondary Vocational Education		675.6	763.5	1229.5	2238.5	2113.7	1923.0
普通高中	Regular Senior Secondary Schools	1553.1	969.8	717.3	1201.3	2427.3	2467.2	2435.9
普通初中	Regular Junior Secondary Schools	4995.2	4537.8	3868.7	6167.6	5275.9	4761.2	4439.0
普通小学	Primary Schools	14624.0	14627.0	12241.4	13013.3	9940.7	9695.9	9360.5
毕业生数 (万人)	Graduates (10 000 persons)							
研究生 (人)	Postgraduates (person)	9	476	35440	58767	383600	486455	513626
普通高等教育	Regular Higher Education	16.5	14.7	61.4	95.0	575.4	624.7	638.7
成人高等教育	Adult Higher Education			48.9	88.0	197.3	195.4	199.8
中等职业教育	Secondary Vocational Education			240.7	478.7	665.3	674.9	674.4
普通高中	Regular Senior Secondary Schools	682.7	616.2	233.0	301.5	794.4	791.5	799.0
普通初中	Regular Junior Secondary Schools	1692.6	964.7	1109.1	1607.1	1748.6	1659.9	1560.8
普通小学	Primary Schools	2287.9	2053.3	1863.1	2419.2	1739.6	1641.6	1581.1
全国教育经费 (亿元)	Total Funds for Education (100 million yuan)			548.7	3849.1	19561.8	27696.0	30364.7
国家财政性教育经费占GDP比重 (%)	Percentage of Government Appropriation for Education to GDP (%)				2.9	3.7	4.3	4.3
文 化	**Culture**							
艺术表演团体 (个)	Arts Performance Troupes (unit)	3150	3533	2805	2619	6864	7321	8180
公共图书馆 (个)	Public Libraries (unit)	1218	1732	2527	2675	2884	3076	3112
博物馆 (个)	Museums (unit)	349	365	1013	1392	2435	3069	3473
国家综合档案馆 (个)	General Archives (unit)				3070	3194	3237	3325
图书出版种数 (种)	Number of Published Books (kind)	14987	21621	80224	143376	328387	414005	444427
报纸出版种数 (种)	Number of Published Newspapers (kind)	186	188	1444	2007	1939	1918	1915
期刊出版种数 (种)	Number of Published Magazines (kind)	930	2191	5751	8725	9884	9867	9877
图书总印数 (亿册、亿张)	Printed Copies of Books (100 million copies,100 million sheets)	37.7	45.9	56.4	62.7	71.7	79.2	83.1
报纸总印数 (亿份)	Printed Copies of Newspapers (100 million copies)	127.8	140.4	211.3	329.3	452.1	482.3	482.4
期刊总印数 (亿册)	Printed Copies of Magazines (100 million copies)	7.6	11.3	17.9	29.4	32.2	33.5	32.7
生产故事影片 (部)	Number of Feature Films (film)	46	82	134	91	526	745	638
电视节目制作时间 (万小时)	Length of Production of TV Programs (10 000 hours)			9.2	102.6	274.3	343.6	339.8
卫 生	**Health**							
医疗卫生机构数 (个)	Number of Health Institutions (unit)	169732	180553	1012690	1034229	936927	950297	974398
#医院	Hospitals	9293	9902	14377	16318	20918	23170	24709
医疗卫生机构床位数 (万张)	Number of Beds in Health Care Institutions (10 000 beds)	204.2	218.4	292.5	317.7	478.7	572.5	618.2
卫生技术人员 (万人)	Medical and Technical Personnel (10 000 persons)	246.4	279.8	389.8	449.1	587.6	667.6	721.1
#执业(助理)医师	Certified(Assistant)Doctors	97.8	115.3	176.3	207.6	241.3	261.6	279.5
注册护士	Registered Nurses	40.5	46.6	97.5	126.7	204.8	249.7	278.3
每千人口执业(助理)医师数 (人)	Number of Certified(Assistant)Doctors per 1 000 Person (person)	1.08	1.17	1.56	1.68	1.80	1.94	2.06

1-1 续表 continued

指 标	Index	1978	1980	1990	2000	2010	2012	2013
卫生总费用 (亿元)	Expenditure for Public Health (100 million yuan)	110.2	143.2	747.4	4586.6	19980.4	28119.0	31669.0
卫生总费用占GDP 比重 (%)	Percentage of Expenditure for Public Health to GDP (%)	3.02	3.15	4.00	4.62	4.98	5.41	5.57
体 育	**Sports**							
运动员获世界冠军 (个)	World Championships Won by Chinese Athletes (unit)	4	3	54	110	108	107	124
运动员创世界记录 (次)	World Records Broken by Chinese Athletes (time)	3	15	16	30	15	14	13
社会服务	**Social Services**							
社会服务机构床位数(万张)	Beds of Social Services Institutions with Residential Accomodation (10 000 units)				113.0	349.6	449.3	526.7
为残疾人提供服务机构	Service Institutions for Dis	920	1309	41827	40670	22226	20205	18227
城市居民最低生活保障人数 (万人)	Number of Persons Receiving Subsistence Allowance in Urban Areas (10 000 persons)				402.6	2310.5	2143.5	2064.2
农村居民最低生活保障人数 (万人)	Number of Persons Receiving Subsistence Allowance in Rural Areas (10 000 persons)					5214.0	5344.5	5388.0
社区服务机构数 (个)	Number of Community Service Facilities (unit)			84757	187888	152941	200162	251939
社会服务经费 (亿元)	Expenditure on Social Service (100 million yuan)	13.7	17.5	51.9	229.7	2697.5	3683.7	4276.5
社会服务经费占财政支出比重 (%)	Percentage of Expenditure on Social Service to Government Expenditure (%)	1.22	1.42	1.68	1.45	3.01	2.93	3.10
公检法司	**Public Security, Procuratorial,Legal and Judicial Affairs**							
公安机关刑事案件立案数 (万起)	Number of Criminal Cases Registered in Public Security Organs (10 000 cases)				363.7	597.0	655.1	659.8
公安机关治安案件查处数 (万起)	Number of Offense Cases Against Public Order Handled by Public Security Organs (10 000 cases)				382.3	1212.2	1331.1	1274.6
人民检察院直接立案侦察案件数 (件)	Number of Cases under Direct Investigation by Procurator's Offices (case)				45113	32909	34326	37551
人民检察院审查批准决定逮捕犯罪嫌疑人 (万人)	Arrests of Criminal Suspects Approved by Procurator's Offices (10 000 persons)				71.6	93.1	98.6	89.6
人民法院审理一审案件数 (万件)	Number of First Trial Cases by Courts (10 000 cases)	44.8	76.4	291.7	535.6	699.9	844.3	887.7
#刑事案件	Criminal Cases	14.7	19.8	46.0	56.0	78.0	99.7	97.2
民事案件	Civil Cases	30.1	56.6	185.2	341.2	609.1	731.6	778.2
行政案件	Administrative Cases			1.3	8.6	12.9	13.0	12.3
律师事务所 (个)	Number of Law Firms (unit)			3716	9541	17230	19361	20609
专职律师 (万人)	Number of Full-time Lawyers (10 000 persons)			2.4	6.9	17.6	20.8	22.5
公证员 (人)	Number of Notaries (person)			9210	12849	11457	12333	12725
交通事故发生数 (万起)	Number of Traffic Accidents (10 000 cases)			25.0	61.7	22.0	20.4	19.8
交通事故死亡人数 (人)	Deaths in Traffic Accidents (person)			49243	93853	65225	59997	58539
交通事故直接财产损失 (亿元)	Direct Property Losses from Traffic Accidents (100 million yuan)			3.5	26.7	9.3	11.7	10.4
火灾事故发生数 (万起)	Number of Fire Accidents (10 000 cases)			5.7	18.9	13.2	15.2	
火灾事故死亡人数 (人)	Deaths in Fire Accidents (person)			2107	3021	1205	1028	
火灾事故直接经济损失 (亿元)	Direct Economic Losses from Fire Accidents (100 million yuan)			5.1	15.2	19.6	21.8	
工会	**Trade Unions**							
工会基层组织数 (万个)	Number of Grassroot Trade Unions (10 000 units)		37.6	60.6	85.9	197.6	266.3	276.7
全国工会会员人数(万人)	Membership of Trade Unions (10 000 persons)		6116.5	10135.6	10361.5	23996.5	28021	28786.9
工会专职工作人员(万人)	Number of Full-time Personnel of Trade Unions (10 000 persons)		24.3	55.6	48.2	86.4	107.9	115.6

二、教　育

Education

2-1 各级各类学校、教职工和专任教师情况（2013年）
Number of Schools, Educational Personnel and Full-time Teachers by Type and Level (2013)

项 目	Item	学校数(所) Schools (unit)	教职工数(人) Educational Personnel (person)	专任教师(人) Full-time Teachers (person)
高等教育	**Higher Education**			
研究生培养机构	Institutions Providing Postgraduate Programs	(830)		
普通高校	Regular Higher Education Institutions	(548)		
科研机构	Research Institutions	(282)		
普通高等学校	Regular Higher Education Institutions	2491	2296262	1496865
本科院校	HEIs Offering Degree Programs	1170	1657517	1055036
#独立学院	Independent Institutions	292	186262	138815
高职(专科)院校	Higher Vocational Colleges	1321	630044	436561
其他普通高教机构	Other Institutions	(33)	8701	5268
成人高等学校	Adult HEIs	297	56417	33647
民办的其他高等教育机构	Other Non-government HEIs	(802)	28394	13350
中等教育	**Secondary Education**	**80797**	**7569100**	**5988381**
高中阶段教育	Senior Secondary Education	26225	3633057	2501569
高中	Senior Secondary Schools	13963	2479655	1633626
普通高中	Regular Senior Secondary Schools	13352	2473594	1629008
完全中学	Combined Secondary Schools	5861	1061968	521094
高级中学	Regular High Schools	6591	1243624	1065888
十二年一贯制学校	12-Year Schools	900	168002	42026
成人高中	Adult High Schools	611	6061	4618
中等职业教育	Secondary Vocational Education	12262	1153402	867943
普通中专	Regular Specialized Secondary Schools	3577	419315	303585
成人中专	Adult Specialized Secondary Schools	1536	72715	52021
职业高中	Vocational Senior Secondary Schools	4267	375370	301440
技工学校	Skilled Workers Schools	2882	269443	199189
其他中职机构	Other Institutions	(451)	16559	11708
初中阶段教育	Junior Secondary Education	54572	3936043	3486812
初中	Junior Secondary Schools	52804	3928762	3480979
初级中学	Regular Junior Secondary Schools	38747	2894926	2587399
九年一贯制学校	9-Year Schools	14017	1032777	449797
十二年一贯制学校	12-Year Schools			42848
完全中学	Combined Secondary Schools			399952
职业初中	Vocational Junior Secondary Schools	40	1059	983
成人初中	Adult Junior Secondary Schools	1768	7281	5833
初等教育	**Primary Education**	**235369**	**5538480**	**5607283**
普通小学	Regular Primary Schools	213529	5494877	5584644
小学	Primary Schools	213529	5494877	5096634
九年一贯制学校	9-Year Schools			449126
十二年一贯制学校	12-Year Schools			38884
成人小学	Adult Primary Schools	21840	43603	22639
#扫盲班	Literacy Courses	15104	32658	15399
工读学校	**Correctional Work-Study Schools**	**78**	**2687**	**1851**
特殊教育	**Special Education Schools**	**1933**	**55096**	**45653**
学前教育	**Pre-school Education Institutions**	**198553**	**2826753**	**1663487**

注：1.完全中学的学校数和教职工数计入高中阶段教育，九年一贯制学校的校数和教职工数计入初中阶段教育，十二年一贯制学校的校数和教职工数计入高中阶段教育。专任教师是按照教育层次划分归类。
2.“()”内数据为不计校数。

a) The numbers of complete secondary schools and their educational personnel are calculated into the number of senior secondary education,the numbers of Combined Primary and Lower Secondary Schools and their educational personnel are calculated into the junior secondary education, the numbers of the Combined Primary and Secondary Schools and their educational personnel are calculated into senior secondary education. The fulltime teachers are classified by educational level.

b) The data within “( )”are not calculated as the number of schools.

2-2 各级各类学历教育学生情况（2013年）

Number of Students of Formal Education by Type and Level (2013)

单位：人 (person)

项　　目	Item	毕业生数 Graduates	招生数 Entrants	在校生数 Enrolment	女学生占学生总数的比重(%) Percentage of Female Students
高等教育	**Higher Education**				
研究生	Postgraduates	513626	611381	1793953	48.97
博　士	Doctor's Degree	53139	70462	298283	36.90
硕　士	Master's Degree	460487	540919	1495670	51.38
普通本专科	Undergraduate in Regular HEIs	6387210	6998330	24680726	51.74
本　科	Normal Courses	3199716	3814331	14944353	51.78
专　科	Short-cycle Courses	3187494	3183999	9736373	51.67
成人本专科	Undergraduate in Adult HEIs	1997729	2564934	6264145	55.28
本　科	Normal Courses	811159	1038158	2654596	56.34
专　科	Short-cycle Courses	1186570	1526776	3609549	54.50
其他各类高等学历教育	Students Enrolled in Other Formal Programs				
在职人员攻读硕士学位	Master′s Degree Programs for On-the-job Personnel		167576	558730	32.11
网络本专科生	Web-based Undergraduates	1560762	2200729	6146406	49.07
本　科	Normal Courses	536702	804378	2175100	52.39
专　科	Short-cycle Courses	1024060	1396351	3971306	47.25
中等教育	**Secondary Education**	**30887540**	**29935409**	**88582754**	**47.37**
高中阶段教育	Senior Secondary Education	14838197	14974542	43699228	47.83
高中	Senior Secondary Schools	8093801	8226961	24469522	49.75
普通高中	Regular Senior Secondary Schools	7989789	8226961	24358817	49.75
完全中学	Combined Secondary Schools	2551466	2689932	7914286	49.50
高级中学	Regular High Schools	5242878	5308309	15814322	50.08
十二年一贯制学校	12-Year Schools	195445	228720	630209	44.63
成人高中	Adult High Schools	104012		110705	50.16
中等职业教育	Secondary Vocational Education	6744396	6747581	19229706	45.37
普通中专	Regular Specialized Secondary Schools	2652082	2714716	7721842	53.58
成人中专	Adult Specialized Secondary Schools	878323	862591	2299806	45.05
职业高中	Vocational High Schools	2045182	1835317	5342194	46.30
技工学校	Skilled Workers Schools	1168809	1334957	3865864	27.89
初中阶段教育	Junior Secondary Education	16049343	14960867	44883526	46.92
初中	Junior Secondary Schools	15615452	14960867	44401248	46.93
初级中学	Regular Junior Secondary Schools	11559429	10863869	32340393	47.35
九年一贯制学校	9-Year Schools	1760777	1804465	5256281	45.21
十二年一贯制学校	12-Year Schools	206450	231841	666538	41.04
完全中学	Combined Secondary Schools	2081587	2057158	6127520	46.84
职业初中	Vocational Junior Secondary Schools	7209	3534	10516	47.29
成人初中	Adult Junior Secondary Schools	433891		482278	45.99
初等教育	**Primary Education**	**16988501**	**16953556**	**94848050**	**46.37**
普通小学	Regular Primary Schools	15810583	16953556	93605487	46.27
小学	Primary Schools	14315683	15451429	84998824	46.44
九年一贯制学校	9-Year Schools	1372707	1381950	7920436	44.87
十二年一贯制学校	12-Year Schools	122193	120177	686227	41.07
成人小学	Adult Primary Schools	1177918		1242563	53.66
#扫盲班	Literacy Courses	505877		619228	53.71
工读学校	**Correctional Work-Study Schools**	**3596**	**3891**	**9307**	**13.59**
特殊教育	**Special Education Schools**	**50739**	**65977**	**368103**	**36.00**
学前教育	**Pre-school Education Institutions**	**14917314**	**19700271**	**38946903**	**46.17**

注：1.完全中学、九年一贯制学校和十二年一贯制学校的学生数按教育层次分别计入对应教育阶段的学生数中。
2.特殊教育学生数中包括义务教育阶段随班就读的学生、其他学校附设特教班。

a) Number of the students in Combined Secondary Schools, 9-Year Schools,12-Year Schools are classified by educational level.
b) Number of the Students Followed in the Regular Primary and Middle School in the Special Education.

2-3 各级各类非学历教育学生情况(2013年)

Number of Students of Non-formal Education by Type and Level (2013)

单位：人 (person)

项　目	Item	结业生数 Completers	注册生数 Enrolment
总　计	**Total**	**62741102**	**55932104**
高等教育	Higher Education	9337748	6785562
研究生课程进修班	Postgraduate Courses	48329	69321
自考助学班	Classes run by Non-government HEIs for Students Preparing for Self-directed State-administered Examinations	194882	405329
普通预科生	College-preparatory Classes		42514
进修及培训	In-service Training	9094537	6268398
#资格证书培训	For Certificates of Vocational Qualifications	2351305	1979966
岗位证书培训	For Certificates of Job-related Qualifications	2504684	1713103
中等职业教育	Secondary Vocational Education	53403354	49146542
#资格证书培训	For Certificates of Vocational Qualifications	8693004	8028370
岗位证书培训	For Certificates of Job-related Qualifications	12781963	11670337
中等职业学校	Secondary Vocational Schools	6247386	3986943
#资格证书培训	For Certificates of Vocational Qualifications	2467512	1757692
岗位证书培训	For Certificates of Job-related Qualifications	2048427	1182845
职业技术培训机构	Other Vocational-technical Training Institutions	47155968	45159599
#资格证书培训	For Certificates of Vocational Qualifications	6225492	6270678
岗位证书培训	For Certificates of Job-related Qualifications	10733536	10487492

2-4 各级各类民办教育情况(2013年)

Number of Non-government Schools by Types and Levels(2013)

单位：人 (person)

项　目	Item	学校数(所) Schools (unit)	教职工数 Educational Personnel	专任教师 Full-time Teachers	毕业生数 Graduates	招生数 Entrants	在校生数 Enrolment	其　他 Others
民办高等教育	**Non-government Higher Education**							
民办高校	Non-government HEIs	718	398400	281415	1332720	1601879	5575218	258426
硕　士	Master's Degree					181	335	
本　科	Normal Courses				719535	921391	3616363	
专　科	Short-cycle Courses				613185	680307	1958520	
#独立学院	Independent Institutions	292	186262	138815	593397	688917	2758465	28956
本　科	Normal Courses				543697	641025	2608259	
专　科	Short-cycle Courses				49700	47892	150206	
民办的其他高等教育机构	Other Non-government HEIs	(802)	28394	13350				879922
民办中等教育	**Non-government Secondary Education**							
高中阶段教育	Senior Secondary Education	4857	446456	318307	1538303	1529785	4395853	
民办普通高中	Regular Senior Secondary Schools	2375	328642	240426	747589	798192	2316445	
民办中等职业教育	Secondary Vocational Education	2482	117814	77881	790714	731593	2079408	302303
初中阶段教育	Junior Secondary Education	4535	337166	258662	1384917	1621113	4623482	
民办普通初中	Regular Junior Secondary Schoolss	4535	337166	258662	1384917	1621113	4623482	
民办职业初中	Private Vocational Junior Secondary Education							
民办普通小学	**Non-govemment Regular Primary Schools**	**5407**	**204861**	**151800**	**1008291**	**1112846**	**6286015**	
民办幼儿园	**Non-government Pre-school Education**	**133451**	**1848754**	**1020215**	**6347047**	**9079575**	**19902536**	
另：民办培训机构	**Other Vocational-technical Training Institutions**	**(20104)**	**229537**	**129634**				**9435604**

注：1. "其他"包括：自考助学班学生、预科生、进修及培训学生数。
2. 民办普通高中的教职工和专任教师数中包含民办普通初中的教职工和专任教师数。
3. 民办中等职业教育数据中未含技工学校数据；
4. "()"括号内数据不计校数。

a) Number of the other Students Followed in the Classes runby Non-government HEIs for Students Preparing for State-administered Examinatims for Self-directed Leamers, College-preparatory Classes, In-service Traning;

b) Data on Educational Personnel in Non-government Regular Junior High Schools are included in the data of Non-government General Upper Secondary Education Schools;

c) Data on non-government secondary vocational education does not include those of skilled workers schools;

d) The numbers within "( )" are not included.

2-5　各级各类学校情况
Number of School by Type and Level

单位：所　　　　(unit)

年　份 Year	普通高等学校 Regular HEIs	#高职（专科）院校 Higher Vocational Colleges	普通高中 Regular Senior Secondary Schools	中等职业教育 Secondary Vocational Education	初中 Junior Secondary Schools	#职业初中 Vocational Junior Secondary Schools	普通小学 Regular Primary Schools	特殊教育 Special Education Schools	学前教育 Pre-school Education Institutions
1978	598		49215		113130		949323	292	163952
1980	675		31300		87077		917316	292	170419
1985	1016		17318		77529	1626	832309	375	172262
1990	1075		15678		73462	1509	766072	746	172322
1995	1054		13991		68564	1535	668685	1379	180438
2000	1041	442	14564		63898	1194	553622	1539	175836
2001	1225	628	14907		66590	1065	491273	1531	111706
2002	1396	767	15406		65645	984	456903	1540	111752
2003	1552	908	15779		64730	1019	425846	1551	116390
2004	1731	1047	15998		63757	697	394183	1560	117899
2005	1792	1091	16092	14466	62486	601	366213	1593	124402
2006	1867	1147	16153	14693	60885	335	341639	1605	130495
2007	1908	1168	15681	14832	59384	275	320061	1618	129086
2008	2263	1184	15206	14847	57914	213	300854	1640	133722
2009	2305	1215	14607	14401	56320	153	280184	1672	138209
2010	2358	1246	14058	13872	54890	67	257410	1706	150420
2011	2409	1280	13688	13093	54117	54	241249	1767	166750
2012	2442	1297	13509	12663	53216	49	228585	1853	181251
2013	2491	1321	13352	12262	52804	40	213529	1933	198553

2-6 各级各类学校专任教师情况

Number of Full-time Teachers of Schools by Type and Level

单位：万人 (10 000 persons)

年份 Year	普通高等学校 Regular HEIs	#高职(专科)院校 Higher Vocational Colleges	普通高中 Regular Senior Secondary Schools	中等职业教育 Secondary Vocational Education	初中 Junior Secondary Schools	#职业初中 Vocational Junior Secondary Schools	普通小学 Regular Primary Schools	特殊教育 Special Education Schools	学前教育 Pre-school Education Institutions
1978	20.6		74.1		244.1		522.6	0.4	27.7
1980	24.7		57.1		244.9		549.9	0.5	41.1
1985	34.4		49.2		216.0		537.7	0.7	55.0
1990	39.5		56.2		249.9	2.9	558.2	1.4	75.0
1995	40.1		55.1		282.1	3.7	566.4	2.5	87.5
2000	46.3	8.7	75.7		328.7	3.8	586.0	3.2	85.6
2001	53.2	12.4	84.0		338.6	3.7	579.8	2.9	54.6
2002	61.8	15.6	94.6		346.8	3.7	577.9	3.0	57.1
2003	72.5	19.7	107.1		349.8	3.1	570.3	3.0	61.3
2004	85.8	23.8	119.1		350.1	2.4	562.9	3.1	65.6
2005	96.6	26.8	129.9	75.0	349.2	2.0	559.2	3.2	72.2
2006	107.6	31.6	138.7	79.9	347.5	1.2	558.8	3.3	77.6
2007	116.8	35.5	144.3	85.9	347.3	0.9	561.3	3.5	82.7
2008	123.7	37.7	147.6	89.5	347.6	0.7	562.2	3.6	89.9
2009	129.5	39.5	149.3	86.9	351.8	0.5	563.3	3.8	98.6
2010	134.3	40.4	151.8	87.1	352.5	0.2	561.7	4.0	114.4
2011	139.3	41.3	155.7	88.2	352.5	0.2	560.5	4.1	131.6
2012	144.0	41.3	159.5	88.1	350.4	0.2	558.5	4.4	147.9
2013	149.7	43.7	162.9	86.8	348.1	0.1	558.5	4.6	166.3

2-7 各级各类学校招生情况

Number of Entrants of Formal Education by Type and Level

单位: 万人 (10 000 persons)

年 份 Year	普通本专科 Undergraduate in Regular HEIs	#高职(专科)院校 Higher Vocational Colleges	普通高中 Regular Senior Secondary Schools	中等职业教育 Secondary Vocational Education	初中 Junior Secondary Schools	#职业初中 Vocational Junior Secondary Schools	普通小学 Regular Primary Schools	特殊教育 Special Education Schools	学前教育 Pre-school Education Institutions
1978	40.2		692.9		2006.0		3315.4	0.6	
1980	28.1		383.4		1557.6	6.7	2942.3	0.6	
1985	61.9		257.5		1367.0	17.6	2298.2	0.9	
1990	60.9		249.8		1389.3	19.4	2064.0	1.6	
1995	92.6		273.6		1781.1	28.8	2531.8	5.6	
2000	220.6	48.7	472.7		2295.6	32.3	1946.5	5.3	1531.1
2001	268.3	66.6	558.0		2287.9	30.0	1944.2	5.6	1398.2
2002	320.5	89.1	676.7		2281.8	29.5	1952.8	5.3	1373.6
2003	382.2		752.1		2220.1	24.8	1829.4	4.9	1316.8
2004	447.3	209.9	821.5		2094.6	16.4	1747.0	5.1	1350.3
2005	504.5	268.1	877.7	655.7	1987.6	11.1	1671.7	4.9	1356.2
2006	546.1	293.0	871.2	747.8	1929.5	5.9	1729.4	5.0	1391.3
2007	565.9	283.8	840.2	810.0	1868.5	4.7	1736.1	6.3	1433.6
2008	607.7	310.6	837.0	812.1	1859.6	3.4	1695.7	6.2	1482.7
2009	639.5	313.4	830.3	868.5	1788.5	2.1	1637.8	6.4	1546.9
2010	661.8	310.5	836.2	870.4	1716.6	1.1	1691.7	6.5	1700.4
2011	681.5	324.9	850.8	813.9	1634.7	0.7	1736.8	6.4	1827.3
2012	688.8	314.8	844.6	754.1	1570.8	0.5	1714.7	6.6	1911.9
2013	699.8	318.4	822.7	674.8	1496.1	0.4	1695.4	6.6	1970.0

2-8 各级各类学校在校学生情况

Number of Enrolments of Formal Education by Type and Level

单位: 万人　　　　(10 000 persons)

年　份 Year	普通本专科 Undergraduate in Regular HEIs	#高职(专科)院校 Higher Vocational Colleges	普通高中 Regular Senior Secondary Schools	中等职业教　育 Secondary Vocational Education	初中 Junior Secondary Schools	#职业初中 Vocational Junior Secondary Schools	普通小学 Regular Primary Schools	特殊教育 Special Education Schools	学前教育 Pre-school Education Institutions
1978	85.6		1553.1		4995.2		14624.0	3.1	787.7
1980	114.4		969.8		4551.2	13.5	14627.0	3.3	1150.8
1985	170.3		741.1		4010.1	45.2	13370.2	4.2	1479.7
1990	206.3		717.3		3916.6	47.9	12241.4	7.2	1972.2
1995	290.6		713.2		4727.5	69.7	13195.2	29.6	2711.2
2000	556.1	100.9	1201.3		6256.3	88.6	13013.3	37.8	2244.2
2001	719.1	146.8	1405.0		6514.4	83.3	12543.5	38.6	2021.8
2002	903.4	193.4	1683.8		6687.4	83.4	12156.7	37.5	2036.0
2003	1108.6		1964.8		6690.8	72.4	11689.7	36.5	2003.9
2004	1333.5	595.7	2220.4		6527.5	52.5	11246.2	37.2	2089.4
2005	1561.8	713.0	2409.1	1600.0	6214.9	43.1	10864.1	36.4	2179.0
2006	1738.8	795.5	2514.5	1809.9	5958.0	20.6	10711.5	36.3	2263.9
2007	1884.9	860.6	2522.4	1987.0	5736.2	15.3	10564.0	41.9	2348.8
2008	2021.0	916.8	2476.3	2087.1	5585.0	10.8	10331.5	41.7	2475.0
2009	2144.7	964.8	2434.3	2195.2	5440.9	7.3	10071.5	42.8	2657.8
2010	2231.8	966.2	2427.3	2238.5	5279.3	3.4	9940.7	42.6	2976.7
2011	2308.5	958.9	2454.8	2205.3	5066.8	2.6	9926.4	39.9	3424.4
2012	2391.3	964.2	2467.2	2113.7	4763.1	1.9	9695.9	37.9	3685.8
2013	2468.1	973.6	2435.9	1923.0	4440.1	1.1	9360.5	36.8	3894.7

2-9 各级各类学校毕业生情况

Number of Graduates of Formal Education by Type and Level

单位: 万人 (10 000 persons)

年 份 Year	普通本专科 Undergraduate in Regular HEIs	#高职(专科)院校 Higher Vocational Colleges	普通高中 Regular Senior Secondary Schools	中等职业教育 Secondary Vocational Education	初中 Junior Secondary Schools	#职业初中 Vocational Junior Secondary Schools	普通小学 Regular Primary Schools	特殊教育 Special Education Schools	学前教育 Pre-school Education Institutions
1978	16.5		682.7				2287.9	0.3	
1980	14.7		616.2				2053.3	0.4	
1985	31.6		196.6				1999.9	0.4	
1990	61.4		233.0		1123.0	13.9	1863.1	0.5	
1995	80.5		201.6		1244.4	17.0	1961.5	1.9	
2000	95.0	17.9	301.5		1633.5	26.4	2419.2	4.3	
2001	103.6	19.3	340.5		1731.5	24.5	2396.9	4.6	1160.2
2002	133.7	27.7	383.8		1903.7	23.8	2351.9	4.4	1152.7
2003	187.7		458.1		2018.5	22.9	2267.9	4.5	1072.0
2004	239.1	119.5	546.9		2087.3	16.9	2135.2	4.7	1059.7
2005	306.8	160.2	661.6	418.2	2123.4	16.9	2019.5	4.3	1025.4
2006	377.5	204.8	727.1	479.1	2071.6	9.2	1928.5	4.5	1045.1
2007	447.8	248.2	788.3	530.9	1963.7	6.9	1870.2	5.0	1049.1
2008	511.9	286.3	836.1	580.7	1868.0	5.1	1865.0	5.2	1040.5
2009	531.1	285.6	823.7	625.2	1797.7	3.0	1805.2	5.7	1040.6
2010	575.4	316.4	794.4	665.3	1750.4	1.8	1739.6	5.9	1057.6
2011	608.2	328.5	787.7	660.3	1736.7	1.2	1662.8	4.4	1184.7
2012	624.7	320.9	791.5	674.9	1660.8	0.9	1641.6	4.9	1433.6
2013	638.7	318.7	799.0	674.4	1561.5	0.7	1581.1	5.1	1491.7

2-10 研究生和留学人员情况

Statistics on Postgraduates and Students Studying Abroad

单位：人 (person)

年 份 Year	研究生数 Number of Postgraduates			出 国 留学人员 Number of Students Studying Abroad	学成回国 留学人员 Number of Returned Students
	毕业生数 Graduates	招生数 Entrants	在校学生数 Enrolment		
1978	9	10708	10934	860	248
1980	476	3616	21604	2124	162
1985	17004	46871	87331	4888	1424
1990	35440	29649	93018	2950	1593
1995	31877	51053	145443	20381	5750
2000	58767	128484	301239	38989	9121
2001	67809	165197	393256	83973	12243
2002	80841	202611	500980	125179	17945
2003	111091	268925	651260	117307	20152
2004	150777	326286	819896	114682	24726
2005	189728	364831	978610	118515	34987
2006	255902	397925	1104653	134000	42000
2007	311839	418612	1195047	144000	44000
2008	344825	446422	1283046	179800	69300
2009	371273	510953	1404942	229300	108300
2010	383600	538177	1538416	284700	134800
2011	429994	560168	1645845	339700	186200
2012	486455	589673	1719818	399600	272900
2013	513626	611381	1793953	413900	353500

2-11 分学科研究生情况（2013年）
Number of Postgraduate Students by Academic Field (2013)

单位：人 (person)

项 目	Item	毕业生数 Graduates	博 士 Doctor's Degree	硕 士 Master's Degree	招生数 Entrants	博 士 Doctor's Degree	硕 士 Master's Degree	在 校 学生数 Enrolment	博 士 Doctor's Degree	硕 士 Master's Degree
分学科研究生数（总计）	**Total**	**513626**	**53139**	**460487**	**611381**	**70462**	**540919**	**1793953**	**298283**	**1495670**
#女	Female	257314	19980	237334	305184	26896	278288	878484	110076	768408
学术型学位	Academic Degree	381854	51248	330606	384803	68743	316060	1247567	291123	956444
专业学位	Professional Degree	131772	1891	129881	226578	1719	224859	546386	7160	539226
哲 学	Philosophy	4523	708	3815	4402	894	3508	14669	3790	10879
经济学	Economics	23226	2328	20898	28007	2919	25088	77548	12612	64936
法 学	Law	40375	2828	37547	41723	3604	38119	121414	15416	105998
教育学	Education	24890	938	23952	32594	1353	31241	85246	5455	79791
文 学	Literature	31581	1952	29629	31623	2415	29208	93482	10258	83224
历史学	History	5273	822	4451	5642	957	4685	17805	4100	13705
理 学	Science	49992	10396	39596	60202	14158	46044	183997	52683	131314
工 学	Engineering	176436	18331	158105	217338	26588	190750	648218	122475	525743
农 学	Agriculture	17464	2435	15029	23388	3092	20296	63778	12570	51208
医 学	Medicine	58550	8228	50322	66525	9090	57435	196621	32422	164199
军事学	Military Science	226	16	210	246	34	212	888	178	710
管理学	Administrators	65791	3698	62093	81313	4701	76612	238834	23982	214852
艺术学	Art	15299	459	14840	18378	657	17721	51453	2342	49111
分学科研究生数（普通高校）	**Regular HEIs**	**502426**	**49405**	**453021**	**596368**	**65785**	**530583**	**1749864**	**281959**	**1467905**
#女	Female	253132	18739	234393	299371	25280	274091	861561	104522	757039
学术型学位	Academic Degree	371817	47514	324303	372211	64073	308138	1209306	274808	934498
专业学位	Professional Degree	130609	1891	128718	224157	1712	222445	540558	7151	533407
哲 学	Philosophy	4401	677	3724	4277	854	3423	14266	3650	10616
经济学	Economics	22790	2124	20666	27280	2668	24612	75437	11740	63697
法 学	Law	39571	2685	36886	40823	3447	37376	118904	14912	103992
教育学	Education	24890	938	23952	32594	1353	31241	85246	5455	79791
文 学	Literature	31484	1918	29566	31535	2381	29154	93157	10118	83039
历史学	History	5193	797	4396	5514	927	4587	17491	4033	13458
理 学	Science	47020	8855	38165	55965	12233	43732	171310	45999	125311
工 学	Engineering	171966	17162	154804	211562	25044	186518	630803	116804	513999
农 学	Agriculture	16625	2195	14430	22380	2809	19571	60758	11606	49152
医 学	Medicine	57798	8006	49792	65573	8829	56744	193878	31615	162263
军事学	Military Science	222	16	206	242	34	208	876	178	698
管理学	Administrators	65337	3626	61711	80422	4606	75816	236827	23694	213133
艺术学	Art	15129	406	14723	18201	600	17601	50911	2155	48756
分学科研究生数（科研机构）	**Research Institutions**	**11200**	**3734**	**7466**	**15013**	**4677**	**10336**	**44089**	**16324**	**27765**
#女	Female	4182	1241	2941	5813	1616	4197	16923	5554	11369
学术型学位	Academic Degree	10037	3734	6303	12592	4670	7922	38261	16315	21946
专业学位	Professional Degree	1163		1163	2421	7	2414	5828	9	5819
哲 学	Philosophy	122	31	91	125	40	85	403	140	263
经济学	Economics	436	204	232	727	251	476	2111	872	1239
法 学	Law	804	143	661	900	157	743	2510	504	2006
教育学	Education									
文 学	Literature	97	34	63	88	34	54	325	140	185
历史学	History	80	25	55	128	30	98	314	67	247
理 学	Science	2972	1541	1431	4237	1925	2312	12687	6684	6003
工 学	Engineering	4470	1169	3301	5776	1544	4232	17415	5671	11744
农 学	Agriculture	839	240	599	1008	283	725	3020	964	2056
医 学	Medicine	752	222	530	952	261	691	2743	807	1936
军事学	Military Science	4		4	4		4	12		12
管理学	Administrators	454	72	382	891	95	796	2007	288	1719
艺术学	Art	170	53	117	177	57	120	542	187	355

2-12 高等教育学校(机构)情况(2013年)

Number of Higher Education Institutions (2013)

单位：所 (unit)

项 目	Item	总 计 Total	中央部委 HEIs under Central Ministries & Agencies	教育部 HEIs under MOE	其他部委 HEIs under Other Central Agencies
研究生培养机构	**Institutions Providing Postgraduate Programs**	**(830)**	**348**	**73**	**275**
普通高校	Regular HEIs	(548)	107	73	34
科研机构	Research Institutions	(282)	241		241
普通高等学校	**Regular HEIs**	**2491**	**113**	**73**	**40**
本科院校	HEIs Offering Degree Programs	1170	110	73	37
#独立学院	Independent Institutions	292			
高职(专科)院校	Higher Vocational Colleges	1321	3		3
成人高等学校	**Adult HEIs**	**297**	**13**	**1**	**12**
民办的其他高等教育机构	**Other Non-government HEIs**	**(802)**			

2-12 续表 Continued

单位：所 (unit)

项 目	Item	地方部门 HEIs under Local Auth.	教育部门 Depart-ments of Education	其他部门 Run by Non-ed. Dept.	地方企业 Local Enterprises	民 办 Non-government
研究生培养机构	**Institutions Providing Postgraduate Programs**	**477**	**412**	**64**	**1**	**5**
普通高校	Regular HEIs	436	411	25		5
科研机构	Research Institutions	41	1	39	1	
普通高等学校	**Regular HEIs**	**1661**	**1015**	**598**	**48**	**717**
本科院校	HEIs Offering Degree Programs	668	601	67		392
#独立学院	Independent Institutions					292
高职(专科)院校	Higher Vocational Colleges	993	414	531	48	325
成人高等学校	**Adult HEIs**	**283**	**96**	**146**	**41**	**1**
民办的其他高等教育机构	**Other Non-government HEIs**					**802**

注："()"内数据均不计校数。
a) Data in "()" don't count to number of schools.

2-13 高等教育学校(机构)学生数（2013年）

Number of Students in Higher Education Institutions (2013)

单位：人 (person)

项 目	Item	毕业生数 Graduates	授予学位数 Degrees Awarded	招生数 Entrants	在校生数 Enrolment
研究生	Postgraduates	513626	509520	611381	1793953
博 士	Doctor's Degree	53139	51714	70462	298283
硕 士	Master's Degree	460487	457806	540919	1495670
普通本专科	Undergraduate in Regular HEIs	6387210	3130415	6998330	24680726
本 科	Normal Courses	3199716	3130415	3814331	14944353
专 科	Short-cycle Courses	3187494		3183999	9736373
成人本专科	Undergraduate in Adult HEIs	1997729	126057	2564934	6264145
本 科	Normal Courses	811159	126057	1038158	2654596
专 科	Short-cycle Courses	1186570		1526776	3609549
在职人员攻读硕士学位	Master´s Degree Programs for On-the-job Personnel		103468	167576	558730
网络本专科生	Web-based Undergraduates	1560762	40267	2200729	6146406
本 科	Normal Courses	536702	40267	804378	2175100
专 科	Short-cycle Courses	1024060		1396351	3971306
自考助学班	Classes run by Non-government HEIs for Students Preparing for Self-directed State-administered Examinations	194882			405329
普通预科生	College-preparatory Classes				42514
研究生课程进修班	Postgraduate Courses	48329			69321
进修及培训	In-service Training	9094537			6268398
留学生	Foreign Students	91251	19025	106448	174806

注：留学生指来中国学习的留学生数。

a) Foreign students refer to foreign students studying in China.

2-14 普通本科分学科学生情况（2013年）

Number of Regular Students for Normal Courses in HEIs by Discipline (2013)

单位：人 (person)

项　目	Item	毕业生数 Graduates	招生数 Entrants	在校学生数 Enrolment
总　计	**Total**	**3199716**	**3814331**	**14944353**
#女	Female	1623403	2090027	7738044
#师范	Teacher Training	342076	351062	1436507
哲　学	Philosophy	2034	2930	9205
经济学	Economics	193530	223473	882890
法　学	Law	122676	138050	535423
教育学	Education	104691	139887	517344
文　学	Literature	355662	366416	1479974
#外语	Foreign Languages	200312	199856	813777
历史学	History	15773	18370	70836
理　学	Science	248790	277254	1076027
工　学	Engineering	1058768	1274915	4953334
农　学	Agriculture	58752	68658	259837
医　学	Medicine	192344	238919	1064363
管理学	Administrators	575152	697484	2750404
艺术学	Art	271544	367975	1344716

2-15 普通专科分学科学生情况（2013年）

Statistics on Students in Undergraduate and Junior Colleges by Field of Study (2013)

单位：人 (person)

项 目	Item	毕业生数 Graduates	招生数 Entrants	在校学生数 Enrolment
总 计	**Total**	**3187494**	**3183999**	**9736373**
#女	Female	1650653	1753198	5031155
#师范	Teacher Training	176354	151276	521576
农林牧渔大类	Agriculture, Forestry,Husbandry and Fishing	56295	55578	169938
交通运输大类	Transportation and Communication	137055	160095	466262
生化与药品大类	Biochemistry and Medicine	78844	68115	217477
资源开发与测绘大类	Resources Development and Survey	48329	45210	145409
材料与能源大类	Material and Energy	45039	39379	125455
土建大类	Civil Engineering	313035	398400	1138612
水利大类	Water Resources	12388	14678	42744
制造大类	Manufacturing	422106	403256	1242864
电子信息大类	Electronic Information	325817	290916	892212
环保、气象与安全大类	Environment Protection,Meteorology and Safety	15114	14778	44913
轻纺食品大类	Light,Textile and Food	57604	51005	159004
财经大类	Finance	668469	676475	2078204
医药卫生大类	Medicine and Health	308106	324759	995420
旅游大类	Tourism	104287	107128	320920
公共事业大类	Public Service	32218	32966	96907
文化教育大类	Culture and Education	358222	297318	992417
艺术设计传媒大类	Artistic Design and Mass Media	154159	156091	457030
公安大类	Public Security	9514	11259	34675
法律大类	Law	40893	36593	115910

2-16 成人本科分学科学生情况（2013年）

Number of Adult Students for Normal Courses in HEIs by Discipline (2013)

单位：人 (person)

项　目	Item	毕业生数 Graduates	招生数 Entrants	在校学生数 Enrolment
总　计	**Total**	**811159**	**1038158**	**2654596**
#女	Female	456202	591686	1495593
#师　范	Teacher Training	107107	108195	272166
哲　学	Philosophy	54	66	100
经济学	Economics	27596	29128	86284
法　学	Law	48444	48182	125062
教育学	Education	43508	60957	147477
文　学	Literature	100780	83162	236314
#外语	Foreign Language	30754	24519	73552
历史学	History	1851	1613	4465
理　学	Science	23938	21199	55288
工　学	Engineering	186133	253886	659393
农　学	Agriculture	13162	16774	40527
医　学	Medicine	153016	225261	544416
管理学	Administrators	197677	280424	700896
艺术学	Art	15000	17506	54374

2-17 成人专科分学科学生情况（2013年）

Number of Adult Students for Short-cycle Courses in HEIs by Discipline (2013)

单位：人 (person)

项　目	Item	毕业生数 Graduates	招生数 Entrants	在校学生数 Enrolment
总　计	**Total**	**1186570**	**1526776**	**3609549**
#女	Female	624032	842233	1967165
#师范	Teacher Training	65798	136518	286098
农林牧渔大类	Agriculture, Forestry,Husbandry and Fishing	24920	26878	60889
交通运输大类	Transportation and Communication	39018	48229	121102
生化与药品大类	Biochemistry and Medicine	15572	12257	34645
资源开发与测绘大类	Resources Development and Survey	31401	43451	110888
材料与能源大类	Material and Energy	13954	11163	33688
土建大类	Civil Engineering	79967	120555	274092
水利大类	Water Resources	6100	6061	14134
制造大类	Manufacturing	151477	175476	420650
电子信息大类	Electronic Information	93990	94988	229481
环保、气象与安全大类	Environment Protection,Meteorology and Safety	2434	2281	5670
轻纺食品大类	Light,Textile and Food	6920	7067	18008
财经大类	Finance	330069	388347	904179
医药卫生大类	Medicine and Health	166766	233817	594172
旅游大类	Tourism	21521	26447	58665
公共事业大类	Public Service	36162	55051	117725
文化教育大类	Culture and Education	120689	219231	478814
艺术设计传媒大类	Artistic Design and Mass Media	29488	37372	88520
公安大类	Public Security	1646	1492	5662
法律大类	Law	14476	16613	38565

2-18 网络本科分学科学生情况（2013年）

Number of Web-based Students for Normal Courses in HEIs by Discipline (2013)

单位：人 (person)

项 目	Item	毕业生数 Graduates	招生数 Entrants	在校学生数 Enrolment
总 计	**Total**	**536702**	**804378**	**2175100**
#女	Female	297952	425359	1139523
#师范	Teacher Training	21112	23171	53200
哲 学	Philosophy			
经济学	Economics	29375	35464	109499
法 学	Law	58168	72513	225293
教育学	Education	20553	31570	72766
文 学	Literature	47233	44643	152240
#外语	Foreign Language	9744	7977	37766
历史学	History	538	544	1079
理 学	Science	7124	6838	17208
工 学	Engineering	92626	180650	418498
农 学	Agriculture	3493	6936	13698
医 学	Medicine	44579	67680	160369
管理学	Administrators	231162	354393	993794
艺术学	Art	1851	3147	10656

2-19 网络专科分学科学生情况（2013年）

Number of Web-based Students for Short-cycle Courses in HEIs by Discipline(2013)

单位：人 (person)

项 目	Item	毕业生数 Graduates	招生数 Entrants	在校学生数 Enrolment
总 计	**Total**	**1024060**	**1396351**	**3971306**
#女	Female	501241	656091	1876466
#师范	Teacher Training	16450	20392	40480
农林牧渔大类	Agriculture, Forestry,Husbandry and Fishing	57671	61434	213440
交通运输大类	Transportation and Communication	22114	37035	84336
生化与药品大类	Biochemistry and Medicine	3381	4638	11543
资源开发与测绘大类	Resources Development and Survey	10773	20426	39718
材料与能源大类	Material and Energy	5254	5718	10287
土建大类	Civil Engineering	83221	150051	355818
水利大类	Water Resources	4910	6646	20089
制造大类	Manufacturing	45993	77157	190592
电子信息大类	Electronic Information	43146	53304	172766
环保、气象与安全大类	Environment Protection,Meteorology and Safety	1908	3331	8222
轻纺食品大类	Light,Textile and Food	877	1305	3646
财经大类	Finance	315424	403331	1215227
医药卫生大类	Medicine and Health	49849	62550	163984
旅游大类	Tourism	4049	6566	21322
公共事业大类	Public Service	193084	281682	785008
文化教育大类	Culture and Education	101149	134603	388541
艺术设计传媒大类	Artistic Design and Mass Media	5203	6759	31034
公安大类	Public Security	848	935	2036
法律大类	Law	75206	78880	253697

2-20 普通高中情况（2013年）
Number of Regular Senior Secondary Schools and Students (2013)

项 目	Item	学校数（所）Schools (unit)	完全中学 Combined Secondary Schools	高级中学 Regular High Schools	十二年一贯制学校 12-Year Schools	毕业生数（人）Graduates (person)	招生数（人）Entrants (person)	在校学生数（人）Enrolment (person)
总计	**Total**	**13352**	**5861**	**6591**	**900**	**7989789**	**8226961**	**24358817**
教育部门	Run by Ed. Dept.	10788	4834	5736	218	7179766	7367953	21860183
其他部门	Run by Non-ed. Dept.	176	65	70	41	59269	57748	172592
地方企业	Run by Local Enterprises	13	6	3	4	3165	3068	9597
民办	Non-government	2375	956	782	637	747589	798192	2316445
城区	Cities	6348	2774	3026	548	3661366	3735274	11144953
教育部门	Run by Ed. Dept.	4851	2178	2526	147	3246042	3294548	9865215
其他部门	Run by Non-ed. Dept.	85	32	32	21	27954	27806	83390
地方企业	Run by Local Enterprises	7	4	3		1650	1465	4695
民办	Non-government	1405	560	465	380	385720	411455	1191653
镇区	Counties and Towns	6296	2722	3294	280	4068002	4210455	12398955
教育部门	Run by Ed. Dept.	5404	2369	2982	53	3719066	3846043	11334432
其他部门	Run by Non-ed. Dept.	85	30	38	17	29920	28367	84567
地方企业	Run by Local Enterprises	6	2		4	1515	1603	4902
民办	Non-government	801	321	274	206	317501	334442	975054
乡村	Rural	708	365	271	72	260421	281232	814909
教育部门	Run by Ed. Dept.	533	287	228	18	214658	227362	660536
其他部门	Run by Non-ed. Dept.	6	3		3	1395	1575	4635
地方企业	Run by Local Enterprises							
民办	Non-government	169	75	43	51	44368	52295	149738

2-21 中等职业学校(机构)情况（2013年）
Number of Secondary Vocational Schools (2013)

单位：个 (unit)

项 目	Item	总 计 Total	中央部委 Under Central Ministries& Agencies	地 方 Under Local Authorities	教育部门 Run by Ed. Dept.	非教育部门 Run by Other Dept.	地方企业 Run by Local Enterprises	民 办 Non-government
中等职业学校	**Secondary Vocational Schools**	**9380**	**23**	**6875**	**5378**	**1412**	**85**	**2482**
普通中等专业学校	Regular Specialized Secondary School	3577	18	2667	1655	981	31	892
成人中等专业学校	Adult Specialized Secondary School	1536	3	1384	1116	242	26	149
职业高中学校	Vocational High School	4267	2	2824	2607	189	28	1441
其他中职机构	Other Institutions	(451)	2	385	277	102	6	64
附设中职班（不计校数）	Secondary Vocational Classes Attached	(1160)	3	939	588	334	17	218

注：中等职业学校未含技工学校数据（相关表同）。
a) Number of secondary vocational schools do not include the number of skilled-worker schools. The same applies to the relevant tables.

2-22 中等职业学校分学科学生情况（2013年）

Number of Students by Field of Education in Secondary Vocational Schools (2013)

单位：人 (person)

项 目	Item	毕业生数 Graduates	#获得职业资格证书 Receiptents of Vocational Qualifications	招生数 Entrants	在校学生数 Enrolment
总 计	**Total**	**5575587**	**4336937**	**5412624**	**15363842**
农林牧渔类	Agriculture,Forestry, Husbandry &Fisheries	757877	544841	467279	1722323
资源环境类	Resources and Environment	46648	35561	33843	90803
能源与新能源类	Energy and New Energy	29177	23213	20704	68184
土木水利类	Civil and Hydraulic Engineering	181180	140428	240140	624010
加工制造类	Manufacturing	903618	773784	791948	2306826
石油化工类	Petroleum and Chemical	40030	31421	35046	107439
轻纺食品类	Light Industry, Textile, and Food	67322	56777	58300	152038
交通运输类	Transport	327376	273548	457839	1135676
信息技术类	Information Technologies	1030628	840227	926561	2590293
医药卫生类	Medicine and Health	500063	309022	519612	1470917
休闲保健类	Leisure and Health	25532	20132	30861	81875
财经商贸类	Finance and Trade	634290	480596	596711	1673386
旅游服务类	Tourism Services	227547	187459	261323	689918
文化艺术类	Culture and Arts	247456	189396	260997	748355
体育与健身	Sports and Fitness	37920	23140	44709	121871
教育类	Education	365377	295739	511258	1396498
司法服务类	Justice Services	23814	15887	22697	62428
公共管理与服务类	Public Management and Services	69921	49224	69000	180621
其他	Others	59811	46542	63796	140381

2-23 职业技术培训机构情况（2013年）

Statistics on Vocational-Technical Training Institutions (2013)

单位：人 (person)

项 目	Item	学校数（所） Schools (unit)	教职工数 Educational Personnel	#专任教师 Full-time Teachers	结 业 学生数 Graduates	注 册 学生数 Enrolment
总计	**Total**	**112293**	**482211**	**274311**	**47155968**	**45159599**
职工技术培训学校(机构)	Vocational-Technical Training Schools	2982	62083	45591	2945587	3055051
教育部门办	Run by Education Departments and Collectives	1172	39387	31017	1424911	1449522
其他部门办	Run by Other Departments	1145	12464	7942	1246713	1301886
民办	Run by Private Institutions	665	10232	6632	273963	303643
农村成人文化技术培训学校(机构)	Technical Training Schools for Adult Farmers	89014	167308	90112	34160351	30430375
教育部门办	Run by Education Departments and Collectives	85245	156599	84250	31890903	28693051
#县办	Run by Counties	2349	20098	14885	3094009	3006223
乡办	Run by Townships	14306	58825	34405	15769477	14119215
村办	Run by Villages	68590	77676	34960	13027417	11567613
其他部门办	Run by Other Departments	2721	6083	3142	2001394	1453188
民办	Run by Private Institutions	1048	4626	2720	268054	284136
其他培训机构(含社会培训机构)	Others	20297	252820	138608	10050030	11674173
教育部门和集体办	Run by Education Departments and Collectives	776	12943	8731	1116926	1185610
其他部门办	Run by Other Departments	1130	25198	9595	1527813	1640738
民办	Run by Private Institutions	18391	214679	120282	7405291	8847825

2-24 技工学校情况

Statistics on Skilled Workers Schools

年 份 Year	学校数 (所) Schools (unit)	教职工数 (万人) Educational Personnel (10 000 persons)	毕业生数 (万人) Graduates (10 000 persons)	招生数 (万人) Enrolment (10 000 persons)	在校学生数 (万人) Enrolment (10 000 persons)
1985	3548	21.5	22.6	35.5	74.2
1986	3765	24.4	23.3	39.4	89.2
1987	3952	26.2	26.5	42.3	103.1
1988	3996	28.0	31.1	46.1	116.1
1989	4102	29.6	36.8	47.0	125.8
1990	4184	30.8	41.3	50.6	133.2
1991	4269	32.5	45.4	54.4	142.2
1992	4392	33.6	45.7	60.2	155.6
1993	4477	33.5	49.7	66.4	171.7
1994	4430	34.0	55.7	71.4	187.1
1995	4521	33.7	68.2	74.1	188.6
1996	4467	33.5	68.1	72.7	191.8
1997	4395	31.0	69.9	73.4	193.1
1998	4362	31.0	68.2	59.4	181.3
1999	4098	26.9	66.2	51.5	156.0
2000	3792	24.0	64.6	50.4	140.1
2001	3470	22.0	47.7	55.1	134.7
2002	3075	20.3	45.4	73.3	153.0
2003	2970	20.2	45.3	91.6	193.1
2004	2884	20.5	53.5	109.7	234.5
2005	2855	20.4	69.0	118.4	275.3
2006	2880	21.5	86.4	134.8	320.8
2007	2995	24.0	99.7	158.5	367.1
2008	3075	24.7	109.0	161.4	397.5
2009	3077	26.0	115.5	156.7	415.3
2010	3008	26.6	121.6	159.0	422.1
2011	2924	26.6	119.2	163.9	430.4
2012	2901	26.8	120.5	157.1	423.8
2013	2882	26.9	116.9	133.5	386.6

2-25 初中情况（2013年）
Statistics on Junior Secondary Schools (2013)

项 目	Item	学校数（所） Schools (unit)	初级中学 Junior Secondary Schools	九年一贯制 9-Year Schools	职业初中 Vocational Junior Secondary Schools	毕业生数（人） Graduates (person)	招生数（人） Entrants (person)	在校学生数（人） Enrolment (person)
总计	**Total**	**52804**	**38747**	**14017**	**40**	**15615452**	**14960867**	**44401248**
教育部门	Run by Ed. Dept.	47693	37181	10473	39	14119204	13244816	39491299
其他部门	Run by Non-ed. Dept.	552	187	364	1	105900	88755	269398
地方企业	Run by Local Enterprises	24	5	19		5431	6183	17069
民办	Non-government	4535	1374	3161		1384917	1621113	4623482
城区	Cities	11124	7533	3587	4	4590441	4814726	14300203
教育部门	Run by Ed. Dept.	8843	6860	1980	3	3870973	3939113	11804325
其他部门	Run by Non-ed. Dept.	144	71	72	1	33584	31554	96035
地方企业	Run by Local Enterprises	11	2	9		2526	3007	8163
民办	Non-government	2126	600	1526		683358	841052	2391680
镇区	Counties and Towns	23195	18437	4737	21	7885935	7400752	21955710
教育部门	Run by Ed. Dept.	21150	17784	3345	21	7233829	6695695	19926269
其他部门	Run by Non-ed. Dept.	342	96	246		63490	49946	151969
地方企业	Run by Local Enterprises	10	2	8		2714	3116	8690
民办	Non-government	1693	555	1138		585902	651995	1868782
乡村	Rural	18485	12777	5693	15	3139076	2745389	8145335
教育部门	Run by Ed. Dept.	17700	12537	5148	15	3014402	2610008	7760705
其他部门	Run by Non-ed. Dept.	66	20	46		8826	7255	21394
地方企业	Run by Local Enterprises	3	1	2		191	60	216
民办	Non-government	716	219	497		115657	128066	363020

2-26 分年级初中学生情况（2013年）
Number of Students in Junior Schools by Grade (2013)

单位：人 (person)

项 目	Item	毕业生数 Graduates	招生数 Entrants	在校生数 Enrolment 合计 Total	#女 Female	#一年级 Grade 1	#二年级 Grade 2	#三年级 Grade 3	#四年级 Grade 4
总计	**Total**	**15615452**	**14960867**	**44401248**	**20836306**	**14972216**	**14771466**	**14237562**	**420004**
#女	Female	7427221	6958625	20836306		6962278	6921858	6750100	202070
#少数民族	Minority Students	1542653	1662122	4710203	2224493	1663207	1560155	1479896	6945
#四年制	4-Year	482988	449353	1752404	836837	449563	450433	432404	420004
九年一贯制学校	9-Year Schools	1760777	1804465	5256281	2376171	1806619	1745540	1630203	73919
十二年一贯制学校	12-Year Schools	206450	231841	666538	273558	232140	221455	208809	4134
完全中学	Complete Secondary Schools	2081587	2057158	6127520	2869994	2058925	2043732	1989501	35362
附设普通初中班	Junior Sec. Classes Attached	95566	84197	252633	113683	84201	85835	80883	1714
附设职业初中班	Vocational Junior Sec. Classes Attached	2789	157	417	152	157	99	151	10
独立设置少数民族学校	Independent Junior Schools for Minorities	452563	479937	1361743	657455	480566	450053	429496	1628
进城务工人员随迁子女	Children of Migrant Workers	751856	1238665	3463140	1455939	1251769	1161123	996920	53328
#外省迁入	From Other Provinces	252791	493892	1296986	541032	499592	433898	339993	23503
本省外县迁入	From Other Counties of the Same Province	499065	744773	2166154	914907	752177	727225	656927	29825
农村留守儿童	Children Left Behind	1851794	2317864	6862774	3145814	2326912	2306247	2216512	13103

2-27 普通小学情况（2013年）
Statistics on Primary Schools (2013)

项 目	Item	学校数（所）Schools (unit)	毕业生数（人）Graduates (person)	招生数（人）Entrants (person)	在校学生数（人）Enrolment (person)
总计	**Total**	**213529**	**15810583**	**16953556**	**93605487**
教育部门	Run by Ed. Dept.	207614	14711594	15760639	86861496
其他部门	Run by Non-ed. Dept.	468	86551	75677	433095
地方企业	Run by Local Enterprises	40	4147	4394	24881
民办	Non-government	5407	1008291	1112846	6286015
城区	Cities	26049	4439115	5184555	27729719
教育部门	Run by Ed. Dept.	23930	3908306	4517956	24249130
其他部门	Run by Non-ed. Dept.	158	26053	24521	136108
地方企业	Run by Local Enterprises	14	1684	1989	10692
民办	Non-government	1947	503072	640089	3333789
镇区	Counties and Towns	47152	5768325	5850940	33705362
教育部门	Run by Ed. Dept.	45125	5351738	5496043	31404520
其他部门	Run by Non-ed. Dept.	193	50341	41151	242794
地方企业	Run by Local Enterprises	13	2019	1994	11900
民办	Non-government	1821	364227	311752	2046148
乡村	Rural	140328	5603143	5918061	32170406
教育部门	Run by Ed. Dept.	138559	5451550	5746640	31207846
其他部门	Run by Non-ed. Dept.	117	10157	10005	54193
地方企业	Run by Local Enterprises	13	444	411	2289
民办	Non-government	1639	140992	161005	906078

2-28 普通小学学生情况（2013年）
Number of Students in Primary Schools (2013)

单位：人 (person)

项 目	Item	毕业生数 Graduates	招生数 Entrants	#受过学前教育 Those Received the pre-school Education	在校生数 Enrolment	#女 Female
总计	**Total**	**15810583**	**16953556**	**16417268**	**93605487**	**43312688**
#女	Female	7330087	7876592	7628092	43312688	
#少数民族	Minorities	1671908	1857971	1599065	10409488	4834232
#五年制	5-Year	475675	505017	502063	2371040	1112465
九年一贯制学校	9-Year Schools	1372707	1381950	1345457	7920436	3553566
十二年一贯制学校	12-Year Schools	122193	120177	117707	686227	281835
附设小学班	Primary School Classes	173283	27094	25898	347899	153361
复式班	Morning & Afternoon Shift Classes	3393	53320	44071	165163	79024
小学教学点	External Teaching Sites	373556	1066657	993782	3803710	1802716
独立设置少数民族学校	Independent Primary Schools for Minorities	502626	523063	412767	2957837	1413004
进城务工人员随迁子女	Children of Migrant Workers	1087292	1771957	1751593	9308533	3963615
#外省迁入	From Other Provinces	495128	844605	835793	4334820	1828928
本省外县迁入	From Other Counties of the Same Province	592164	927352	915800	4973713	2134687
农村留守儿童	Children Left Behind	1669302	2558053	2460515	14404725	6469154

2-29 小学学龄儿童净入学率和各级普通学校毕业生升学率
Net Enrolment Ratio of School-age Children in Primary Schools and Promotion Rate of Graduates of Regular School by Levels

单位：% (%)

年 份 Year	小学学龄儿童净入学率 Net Enrollment Ratio of School-age Children in Primary Schools	小学升学率 Promotion Rate from Primary Schools to Junior Secondary Schools	初中升学率 Promotion Rate from Junior Secondary Schools to Senior Secondary Schools	高中升学率 Promotion Rate from Senior Secondary Schools to Higher Education
1990	97.8	74.6	40.6	27.3
1991	97.9	77.7	42.6	28.7
1992	97.2	79.7	43.4	34.9
1993	97.7	81.8	44.1	43.3
1994	98.4	86.6	47.8	46.7
1995	98.5	90.8	48.3	49.9
1996	98.8	92.6	48.8	51.0
1997	98.9	93.7	57.5	48.6
1998	98.9	94.3	50.7	46.1
1999	99.1	94.4	50.0	63.8
2000	99.1	94.9	51.2	73.2
2001	99.1	95.5	52.9	78.8
2002	98.6	97.0	58.3	83.5
2003	98.7	97.9	59.6	83.4
2004	98.9	98.1	63.8	82.5
2005	99.2	98.4	69.7	76.3
2006	99.3	100.0	75.7	75.1
2007	99.5	99.9	80.5	70.3
2008	99.5	99.7	82.1	72.7
2009	99.4	99.1	85.6	77.6
2010	99.7	98.7	87.5	83.3
2011	99.8	98.3	88.9	86.5
2012	99.9	98.3	88.4	87.0
2013	99.7	98.3	91.2	87.6

注：1.1991年以前的入学率是按7-11周岁统一计算的；从1991年起入学率是按各地不同入学年龄和学制分别计算的。
2.高中升学率为普通高校招生数与普通高中毕业生数之比。

a) Enrolment ratio of school-age children before 1991 was calculated on the basis of primary school pupils aged 7-11 enrolled. From 1991 onwards its calculation has taken account of the age of entry and the length of schooling prevailing.

b) Promotion rate of senior secondary school graduates is the ratio of total number of new entrants

2-30 分地区普通本专科学生情况（2013年）

Number of Regular Students Enrolled in Normal and Short-cycle Courses in Regular Higher Education by Region (2013)

单位：人 (person)

地区	Region	招生数 Entrants	本科 Normal Courses	专科 Shortcycle Courses	在校学生数 Enrolment	本科 Normal Courses	专科 Shortcycle Courses
全 国	**National Total**	**6998330**	**3814331**	**3183999**	**24680726**	**14944353**	**9736373**
北 京	Beijing	159813	125282	34531	598904	491776	107128
天 津	Tianjin	138556	81851	56705	489919	323170	166749
河 北	Hebei	325886	160751	165135	1174374	645385	528989
山 西	Shanxi	206939	110032	96907	676817	390654	286163
内蒙古	Inner Mongolia	112409	58417	53992	399201	230040	169161
辽 宁	Liaoning	271346	175111	96235	968034	675819	292215
吉 林	Jilin	166248	115705	50543	599526	454357	145169
黑龙江	Heilongjiang	197331	125341	71990	717856	509894	207962
上 海	Shanghai	137160	90189	46971	504771	362742	142029
江 苏	Jiangsu	439506	244501	195005	1684455	1000820	683635
浙 江	Zhejiang	268946	147532	121414	959629	587410	372219
安 徽	Anhui	296557	149012	147545	1052123	583089	469034
福 建	Fujian	213564	121637	91927	730510	457241	273269
江 西	Jiangxi	247389	122658	124731	861849	481211	380638
山 东	Shandong	491557	237463	254094	1698545	935480	763065
河 南	Henan	466695	235931	230764	1618320	910156	708164
湖 北	Hubei	398854	215220	183634	1421434	857489	563945
湖 南	Hunan	313650	163936	149714	1100770	651789	448981
广 东	Guangdong	516866	251684	265182	1709881	949585	760296
广 西	Guangxi	198528	88389	110139	656127	330734	325393
海 南	Hainan	49296	25655	23641	172143	102993	69150
重 庆	Chongqing	184909	105163	79746	659400	420129	239271
四 川	Sichuan	357802	182840	174962	1270818	735441	535377
贵 州	Guizhou	119734	66804	52930	419040	257209	161831
云 南	Yunnan	162911	99176	63735	548577	358914	189663
西 藏	Tibet	9286	5702	3584	33562	21388	12174
陕 西	Shaanxi	297854	171768	126086	1077627	687369	390258
甘 肃	Gansu	122285	71619	50666	442963	280071	162892
青 海	Qinghai	14805	8848	5957	50675	33308	17367
宁 夏	Ningxia	30664	18188	12476	104451	67369	37082
新 疆	Xinjiang	80984	37926	43058	278425	151321	127104

2-30 续表 continued

单位：人 (person)

地 区	Region	毕业生数 Graduates	本 科 Normal Courses	专 科 Short-cycle Courses	授 予 学位数 Degrees Conferred	预 计 毕业生数 Estimated Graduates for Next Year	本 科 Normal Courses	专 科 Short-cycle Courses
全 国	**National Total**	**6387210**	**3199716**	**3187494**	**3130415**	**6737474**	**3497450**	**3240024**
北 京	Beijing	150929	114149	36780	112233	155595	120070	35525
天 津	Tianjin	120996	67160	53836	64913	128204	76521	51683
河 北	Hebei	334278	146201	188077	144468	349014	155624	193390
山 西	Shanxi	173259	76375	96884	74220	174811	85217	89594
内蒙古	Inner Mongolia	108272	50275	57997	49308	114662	54932	59730
辽 宁	Liaoning	241049	146687	94362	145225	254431	157724	96707
吉 林	Jilin	146379	103426	42953	99708	150948	103733	47215
黑龙江	Heilongjiang	184085	116544	67541	115093	188077	121406	66671
上 海	Shanghai	133794	84636	49158	82405	140353	91174	49179
江 苏	Jiangsu	473843	236363	237480	227949	492672	252051	240621
浙 江	Zhejiang	244860	128186	116674	125495	262539	139796	122743
安 徽	Anhui	280106	121965	158141	119565	303343	135437	167906
福 建	Fujian	187230	94450	92780	93714	196815	106147	90668
江 西	Jiangxi	240601	101020	139581	98642	244520	113694	130826
山 东	Shandong	475858	211661	264197	209249	472405	218940	253465
河 南	Henan	450194	184178	266016	180755	447026	209613	237413
湖 北	Hubei	361572	180278	181294	176401	396887	200997	195890
湖 南	Hunan	294355	142030	152325	139466	302592	155381	147211
广 东	Guangdong	412315	200491	211824	198225	454682	217874	236808
广 西	Guangxi	169543	65083	104460	63664	178225	71938	106287
海 南	Hainan	43804	19986	23818	19024	46071	24391	21680
重 庆	Chongqing	148684	82490	66194	79396	170415	95437	74978
四 川	Sichuan	318407	164906	153501	162809	349184	181117	168067
贵 州	Guizhou	88060	43091	44969	40420	100910	53041	47869
云 南	Yunnan	127932	64950	62982	62725	143960	75603	68357
西 藏	Tibet	9139	4818	4321	4713	9087	4903	4184
陕 西	Shaanxi	253823	136062	117761	133635	281368	153663	127705
甘 肃	Gansu	109192	60848	48344	58859	120036	65275	54761
青 海	Qinghai	12447	6813	5634	6576	13220	7403	5817
宁 夏	Ningxia	22221	12574	9647	12106	25537	14180	11357
新 疆	Xinjiang	69983	32020	37963	29454	69885	34168	35717

2-31 分地区普通高等学校(机构)情况（2013年）

Situations on Educational Personnel in Regular Schools (Institutions) of Higher Education by Region (2013)

单位：人 (person)

地区	Region	学校数(所) Schools (unit)	教职工数 Educational Personnel	校本部教职工 In Main Campus	专任教师 Full-time Teachers	正高级 Senior	副高级 Sub-senior	中级 Middle	初级 Junior	无职称 No Rank	行政人员 Administrative Personnel	教辅人员 Supporting Staff	工勤人员 Workers
全国	**National Total**	**2491**	**2296262**	**2179314**	**1496865**	**181501**	**432356**	**596954**	**203713**	**82341**	**312606**	**205280**	**164563**
北京	Beijing	89	139305	121783	66871	16611	23257	22362	2786	1855	22617	17721	14574
天津	Tianjin	55	47123	45855	30900	4469	9854	12143	3374	1060	7294	4373	3288
河北	Hebei	118	101072	97669	66825	9100	19514	26186	8723	3302	13889	8698	8257
山西	Shanxi	78	61009	58074	40764	2990	10430	15138	8633	3573	7722	5146	4442
内蒙古	Inner Mongolia	49	37296	36287	24554	2459	7512	9237	3920	1426	5476	3694	2563
辽宁	Liaoning	115	97536	94705	62706	8653	19315	25296	6623	2819	15209	8115	8675
吉林	Jilin	58	63002	59457	38003	5720	11930	14439	5413	501	8231	6321	6902
黑龙江	Heilongjiang	80	77234	73890	46215	7111	14510	18914	4266	1414	11136	7913	8626
上海	Shanghai	68	73361	67209	40297	7089	12941	16118	2772	1377	12397	8822	5693
江苏	Jiangsu	156	166223	155976	108272	12719	34178	46712	11241	3422	22568	15056	10080
浙江	Zhejiang	102	85381	81020	56000	7579	17233	24547	3559	3082	13712	7878	3430
安徽	Anhui	117	76178	73573	54903	4430	14650	20916	11771	3136	8105	5947	4618
福建	Fujian	87	64744	61847	42905	4766	11816	16553	7373	2397	9719	5909	3314
江西	Jiangxi	92	74396	70920	52434	5275	14146	21228	9131	2654	8739	5693	4054
山东	Shandong	139	142240	136930	98685	10130	27418	42432	14992	3713	17617	11989	8639
河南	Henan	127	125170	120038	90949	7752	24120	36213	18085	4779	12213	8306	8570
湖北	Hubei	123	128185	121086	81784	10217	24959	31147	11242	4219	18500	11842	8960
湖南	Hunan	122	96915	92065	63869	7064	18334	26642	7776	4053	13286	8908	6002
广东	Guangdong	138	133719	128161	91099	10843	23603	37501	10383	8769	19079	12021	5962
广西	Guangxi	70	55283	50274	36425	3799	9745	14094	4829	3958	6564	4096	3189
海南	Hainan	17	13513	13288	8458	921	2028	3196	1626	687	2210	1237	1383
重庆	Chongqing	63	53790	51868	37130	4078	10225	15105	5039	2683	7470	3828	3440
四川	Sichuan	103	113553	107835	76795	8002	19794	30564	13788	4647	13600	8756	8684
贵州	Guizhou	52	35102	34663	25351	2499	8008	8867	3549	2428	5054	2609	1649
云南	Yunnan	67	47592	46438	34421	3602	9148	12917	5827	2927	5263	3394	3360
西藏	Tibet	6	3623	3561	2472	183	781	1018	378	112	479	309	301
陕西	Shaanxi	92	102017	97194	64171	7770	17442	26471	9387	3101	14037	10007	8979
甘肃	Gansu	42	35582	33403	24384	2650	7076	9568	3623	1467	3966	2680	2373
青海	Qinghai	9	6851	5934	3785	787	1323	1039	434	202	806	740	603
宁夏	Ningxia	16	10486	10051	7111	1024	1936	2240	979	932	1474	835	631
新疆	Xinjiang	41	28781	28260	18327	1209	5130	8151	2191	1646	4174	2437	3322

2-32 分地区普通高中情况（2013年）

Statistics on Regular Senior Secondary Schools by Region (2013)

单位：人 (person)

地 区	Region	学校数（所） Schools (unit)	教职工数 Educational Personnel	#专任教师 Full-time Teachers	毕业生数 Graduates	招生数 Entrants	在校学生数 Enrolment
全 国	**National Total**	**13352**	**2473594**	**1629008**	**7989789**	**8226961**	**24358817**
北 京	Beijing	291	52180	20840	58072	59983	187586
天 津	Tianjin	193	29145	15589	61167	55116	175144
河 北	Hebei	563	121771	82273	404522	375572	1092815
山 西	Shanxi	504	93861	59910	286103	288826	848464
内蒙古	Inner Mongolia	277	51467	33080	161587	164232	494243
辽 宁	Liaoning	416	62883	48320	231626	222938	681460
吉 林	Jilin	243	40988	27518	157117	151131	453171
黑龙江	Heilongjiang	379	58958	41997	206088	193979	589379
上 海	Shanghai	243	29725	16600	52675	53092	156817
江 苏	Jiangsu	578	130896	97293	425924	341417	1109899
浙 江	Zhejiang	569	88587	64983	296105	265198	839755
安 徽	Anhui	698	116811	73844	416723	380526	1255132
福 建	Fujian	544	96957	51602	231800	209370	656488
江 西	Jiangxi	436	81328	49762	240907	310514	876722
山 东	Shandong	547	151362	119011	509383	588897	1705043
河 南	Henan	776	143263	108063	631289	661063	1892306
湖 北	Hubei	563	91884	69726	391211	316471	988159
湖 南	Hunan	577	101873	67420	316720	373754	1041044
广 东	Guangdong	1015	236437	144756	723659	730784	2204473
广 西	Guangxi	453	69443	46752	241922	297665	818878
海 南	Hainan	102	23137	11444	53651	60171	179047
重 庆	Chongqing	261	65812	37698	214128	221024	661384
四 川	Sichuan	735	153098	89964	485487	511492	1516027
贵 州	Guizhou	448	67569	46964	210409	330212	857077
云 南	Yunnan	440	74988	47285	209987	267407	737426
西 藏	Tibet	29	4558	3871	14734	19648	53092
陕 西	Shaanxi	511	85059	56952	317569	299383	899424
甘 肃	Gansu	428	60400	42469	216530	218143	666556
青 海	Qinghai	105	12855	7996	33081	39592	109026
宁 夏	Ningxia	62	12811	10006	49770	55779	165240
新 疆	Xinjiang	366	63488	35020	139843	163582	447540

2-33 分地区中等职业学校情况（2013年）

Statistics on Secondary Vocational Schools by Region (2013)

单位：人 (person)

地 区	Region	学校数（所） Schools (unit)	毕业生数 Graduates	#获得职业资格证书 With Professional Qualification Certificates	招生数 Entrants	在校学生数 Enrolment	预计毕业生数 Estimated Graduates for Next Year
全 国	**National**	**9380**	**5575587**	**4336937**	**5412624**	**15363842**	**5392971**
北 京	Beijing	97	75618	60640	55427	164892	78492
天 津	Tianjin	83	39270	31939	33786	97443	34365
河 北	Hebei	636	337100	233535	220896	752285	304227
山 西	Shanxi	445	159749	129099	142943	436393	155480
内蒙古	Inner Mongolia	264	95508	71732	83852	245414	83589
辽 宁	Liaoning	311	127767	83504	117987	349912	120537
吉 林	Jilin	302	83932	50643	61055	192672	76607
黑龙江	Heilongjiang	373	91783	72294	83261	274020	102468
上 海	Shanghai	111	48508	40627	44377	153298	55018
江 苏	Jiangsu	269	306146	261097	259053	793716	276705
浙 江	Zhejiang	337	207272	197082	191505	578523	203961
安 徽	Anhui	463	324927	285670	369049	967746	348601
福 建	Fujian	230	150811	139327	155040	525051	194383
江 西	Jiangxi	429	159155	126287	167380	484628	159974
山 东	Shandong	525	378626	292790	363547	1031585	360144
河 南	Henan	716	511694	391210	422209	1193105	425708
湖 北	Hubei	308	199722	166889	130826	410795	148633
湖 南	Hunan	496	237097	205913	228627	650569	204274
广 东	Guangdong	502	488286	285803	474927	1408894	484031
广 西	Guangxi	309	267471	167349	303601	822241	257768
海 南	Hainan	87	40386	18879	51756	140225	44262
重 庆	Chongqing	141	102518	84080	122154	362827	118159
四 川	Sichuan	503	414213	383817	489969	1195085	475213
贵 州	Guizhou	218	100281	87800	247135	475512	118953
云 南	Yunnan	390	210191	145918	179685	494103	155852
西 藏	Tibet	6	6412	5063	6471	17491	6448
陕 西	Shaanxi	316	177319	147287	163984	454858	167457
甘 肃	Gansu	260	105043	82698	98604	289531	96700
青 海	Qinghai	38	22386	15788	29277	77784	21535
宁 夏	Ningxia	35	31536	21289	30348	93950	38080
新 疆	Xinjiang	180	74860	50888	83893	229294	75347

2-34 分地区中等职业学校(机构)教职工情况(2013年)
Statistics on Educational Personnel in Secondary Vocational Schools (Institutions) by Region (2013)

单位：人 (person)

地 区	Region	教职工数 Educational Personnel	校本部教职工 In Main Campus	专任教师 Full-time Teachers	行政人员 Administrative Personnel	教辅人员 Supporting Staff	工勤人员 Workers	校办企业职工 Employees in School-run Factories & Farms	其他附设机构人员 Personnel in Other Subsidiary Units	聘请校外教师 Part-time Teachers
全 国	**National Total**	**883959**	**874171**	**668754**	**82651**	**57700**	**65066**	**5378**	**4410**	**96619**
北 京	Beijing	11926	11722	7180	2308	1036	1198	16	188	1431
天 津	Tianjin	9798	9694	6939	1578	553	624	51	53	1012
河 北	Hebei	57812	57576	44211	5472	4075	3818	153	83	3384
山 西	Shanxi	33496	33200	25401	3169	2164	2466	146	150	4563
内蒙古	Inner Mongolia	20109	19929	14755	1995	1739	1440	94	86	1288
辽 宁	Liaoning	29499	29310	20750	3898	1993	2669	136	53	3405
吉 林	Jilin	25215	25127	18094	3082	2482	1469	22	66	1012
黑龙江	Heilongjiang	23790	23687	17173	2699	1717	2098	64	39	1602
上 海	Shanghai	13706	13586	8358	2048	1528	1652	56	64	1156
江 苏	Jiangsu	54527	54216	44164	2998	3269	3785	190	121	6238
浙 江	Zhejiang	38920	38665	32778	1880	2131	1876	138	117	4786
安 徽	Anhui	41317	40844	33973	2737	1795	2339	113	360	5246
福 建	Fujian	21614	21505	17187	1778	1303	1237	6	103	3684
江 西	Jiangxi	22454	21656	16315	2635	1155	1551	659	139	2931
山 东	Shandong	66810	65929	50243	6025	5483	4178	719	162	3276
河 南	Henan	69437	67772	52559	5837	4446	4930	1055	610	8154
湖 北	Hubei	30619	30206	22384	3262	2210	2350	293	120	3613
湖 南	Hunan	33342	33201	24827	3576	2396	2402	62	79	2970
广 东	Guangdong	58927	58322	45443	5302	3454	4123	69	536	5026
广 西	Guangxi	28219	27427	20459	2626	1796	2546	172	620	4012
海 南	Hainan	7162	6882	4709	836	530	807	184	96	518
重 庆	Chongqing	18594	18430	14850	1492	939	1149	152	12	2986
四 川	Sichuan	52690	52166	40292	4525	2649	4700	292	232	4576
贵 州	Guizhou	18188	17810	14326	1720	669	1095	256	122	5133
云 南	Yunnan	27023	26959	21147	1706	1521	2585	22	42	4994
西 藏	Tibet	763	763	652	43	19	49			37
陕 西	Shaanxi	26374	26181	18368	3608	2121	2084	149	44	2901
甘 肃	Gansu	20825	20735	16008	1794	1304	1629	56	34	1322
青 海	Qinghai	3234	3167	2567	237	102	261	46	21	1131
宁 夏	Ningxia	3474	3462	2611	299	238	314	6	6	741
新 疆	Xinjiang	14095	14042	10031	1486	883	1642	1	52	3491

2-35 分地区初中情况（2013年）

Statistics on Regular Junior Secondary Schools by Region (2013)

单位：人 (person)

地 区	Region	学校数（所）Schools (unit)	专任教师 Full-time Teachers	毕业生数 Graduates	招生数 Entrants	在校学生数 Enrolment
全 国	**National Total**	**52804**	**3480979**	**15615452**	**14960867**	**44401248**
北 京	Beijing	347	31868	92373	106726	310568
天 津	Tianjin	325	25967	79660	85815	260710
河 北	Hebei	2381	164869	667759	783551	2088470
山 西	Shanxi	1991	117434	541457	412993	1291442
内蒙古	Inner Mongolia	749	61934	249435	227562	688464
辽 宁	Liaoning	1572	99362	386556	358177	1057488
吉 林	Jilin	1200	66821	240310	218370	644993
黑龙江	Heilongjiang	1587	97218	373316	279083	932839
上 海	Shanghai	519	36049	94135	120266	436696
江 苏	Jiangsu	2073	176986	675206	618597	1857469
浙 江	Zhejiang	1727	117879	485774	512401	1482649
安 徽	Anhui	2902	158168	723950	652595	1997091
福 建	Fujian	1238	96962	371373	386067	1108226
江 西	Jiangxi	2101	121483	626094	610764	1754361
山 东	Shandong	2917	263329	1050979	996384	3179800
河 南	Henan	4550	279942	1403358	1377091	3850493
湖 北	Hubei	2014	135580	533709	487841	1483710
湖 南	Hunan	3301	169041	666508	766477	2142847
广 东	Guangdong	3351	276777	1516552	1299856	4047906
广 西	Guangxi	1836	116957	640168	688598	1950761
海 南	Hainan	387	25267	120500	116957	346790
重 庆	Chongqing	939	76182	377479	330158	1017592
四 川	Sichuan	3895	202665	1026649	878586	2717198
贵 州	Guizhou	2216	115345	658485	716233	2103033
云 南	Yunnan	1685	121875	625128	682003	1874418
西 藏	Tibet	95	9060	43729	42446	126117
陕 西	Shaanxi	1741	110505	455934	383740	1201851
甘 肃	Gansu	1561	84348	419502	334288	1035940
青 海	Qinghai	260	15602	65029	76729	208095
宁 夏	Ningxia	242	19395	92913	96920	284758
新 疆	Xinjiang	1102	86109	311432	313593	918473

2-36 分地区普通小学情况（2013年）

Statistics on Regular Primary Schools by Region (2013)

单位：人 (person)

地 区	Region	学校数（所）Schools (unit)	教职工数 Educational Personnel	#专任教师 Full-time Teachers	毕业生数 Graduates	招生数 Entrants	在校学生数 Enrolment
全 国	**National Total**	**213529**	**5494877**	**5584644**	**15810583**	**16953556**	**93605487**
北 京	Beijing	1093	57832	54981	111839	165807	789276
天 津	Tianjin	838	41939	38275	86133	107372	552116
河 北	Hebei	12538	327187	318856	840140	996124	5462135
山 西	Shanxi	8946	180491	180548	477274	394203	2296383
内蒙古	Inner Mongolia	2308	124735	110576	232846	230674	1310595
辽 宁	Liaoning	4631	137661	142656	365054	350633	2044058
吉 林	Jilin	5103	121183	115116	235930	217645	1361868
黑龙江	Heilongjiang	3261	136461	136481	330069	274454	1540035
上 海	Shanghai	759	49732	49772	134504	181037	792476
江 苏	Jiangsu	4020	254395	258173	639404	851334	4353694
浙 江	Zhejiang	3400	176164	183479	540378	607545	3495846
安 徽	Anhui	11507	228704	238131	654897	753090	4091967
福 建	Fujian	5228	157126	154490	398464	495734	2598375
江 西	Jiangxi	10650	195737	207153	655898	789067	4081086
山 东	Shandong	11151	383692	387312	1033007	1156903	6259820
河 南	Henan	26086	499445	494515	1644760	1810567	9399771
湖 北	Hubei	5746	198262	196556	489395	607979	3282579
湖 南	Hunan	9270	226630	246273	770482	847605	4678102
广 东	Guangdong	11824	417189	437532	1370411	1500473	8079381
广 西	Guangxi	13499	229534	215570	700641	752867	4262624
海 南	Hainan	1739	47759	50466	124664	124284	740193
重 庆	Chongqing	4728	116804	115204	326451	375725	1989128
四 川	Sichuan	7257	261493	305619	886816	950346	5259536
贵 州	Guizhou	10632	194500	192953	723478	510554	3555333
云 南	Yunnan	12845	233400	230220	713770	613507	3920782
西 藏	Tibet	841	18998	18834	46118	51567	294799
陕 西	Shaanxi	7356	163908	162841	400469	388081	2273275
甘 肃	Gansu	9640	134468	140414	370601	320908	1867268
青 海	Qinghai	1250	23044	26974	83487	78634	474638
宁 夏	Ningxia	1850	33244	34113	101909	100194	603947
新 疆	Xinjiang	3533	123160	140561	321294	348643	1894401

2-37 分地区特殊教育情况（2013年）

Statistics on Special Education by Region (2013)

单位：人 (person)

地 区	Region	学校数（所） Schools (unit)	教职工数 Educational Personnel	#专任教师 Full-time Teachers	毕业生数 Graduates	招生数 Entrants	在校学生数 Enrolment
全 国	**National Total**	**1933**	**55096**	**45653**	**50739**	**65977**	**368103**
北 京	Beijing	22	1253	935	1706	1156	8348
天 津	Tianjin	20	779	598	340	418	2980
河 北	Hebei	155	3582	2956	1279	2570	13109
山 西	Shanxi	56	1613	1385	1023	1069	7146
内蒙古	Inner Mongolia	42	1317	1121	353	701	4328
辽 宁	Liaoning	74	2657	2020	1079	852	7977
吉 林	Jilin	47	1717	1388	805	740	5610
黑龙江	Heilongjiang	74	2253	1850	1002	1205	9317
上 海	Shanghai	29	1588	1207	1549	1147	8105
江 苏	Jiangsu	107	3901	3170	3394	3491	23055
浙 江	Zhejiang	82	2331	2038	1777	2812	16327
安 徽	Anhui	65	1500	1297	1132	2072	10344
福 建	Fujian	73	1946	1729	3441	4203	25142
江 西	Jiangxi	85	1158	1042	2197	3337	17111
山 东	Shandong	144	5684	4692	2887	3340	20946
河 南	Henan	137	3799	3264	1735	3312	16697
湖 北	Hubei	80	1921	1647	1227	1788	10576
湖 南	Hunan	69	1733	1403	1286	2240	10097
广 东	Guangdong	99	3405	2714	2527	3862	21799
广 西	Guangxi	65	1600	1141	1193	2132	12913
海 南	Hainan	7	247	184	178	425	1708
重 庆	Chongqing	36	971	852	2101	3316	15622
四 川	Sichuan	119	2315	2055	9191	8230	43731
贵 州	Guizhou	60	1267	1093	1378	2684	12712
云 南	Yunnan	53	1361	1156	2825	3829	17421
西 藏	Tibet	5	161	136	37	213	835
陕 西	Shaanxi	50	1173	956	1109	1278	6494
甘 肃	Gansu	32	784	692	831	1409	8396
青 海	Qinghai	12	161	139	289	368	2120
宁 夏	Ningxia	8	259	246	188	305	1908
新 疆	Xinjiang	26	660	547	680	1473	5229

2-38 分地区各级学校生师比

Student-Teacher Ratio by Level of Regular Schools by Region

(教师人数=1) (Number of Teachers=1)

年 份 Year 地 区 Region		普通小学 Primary School	初 中 Junior Secondary School	普通高中 Regular Senior Secondary School	中等职业学校 Secondary Vocational School	普通高校 Regular Institution of Higher Education
	1993	22.37	15.65	14.96	13.42	8.00
	1994	22.85	16.07	12.16	14.26	9.25
	1995	23.30	16.73	12.95	15.98	9.83
	1996	23.73	17.18	13.45	16.42	10.36
	1997	24.16	17.33	14.05	16.92	10.87
	1998	23.98	17.56	14.60	16.36	11.62
	1999	23.12	18.17	15.16	15.68	13.37
	2000	22.21	19.03	15.87	15.24	16.30
	2001	21.64	19.24	16.73	15.04	18.22
	2002	21.04	19.25	17.80	16.58	19.00
	2003	20.50	19.13	18.35	17.63	17.00
	2004	19.98	18.65	18.65	19.15	16.22
	2005	19.43	17.80	18.54	21.34	16.85
	2006	19.17	17.15	18.13	22.65	17.93
	2007	18.82	16.52	17.48	23.13	17.28
	2008	18.38	16.07	16.78	23.32	17.23
	2009	17.88	15.47	16.30	25.27	17.27
	2010	17.70	14.98	15.99	25.69	17.33
	2011	17.71	14.38	15.77	24.97	17.42
	2012	17.36	13.59	15.47	24.19	17.52
	2013	16.76	12.76	14.95	22.97	17.53
北 京	Beijing	14.36	9.75	9.00	22.97	15.58
天 津	Tianjin	14.42	10.04	11.24	14.04	17.29
河 北	Hebei	17.13	12.67	13.28	17.02	17.54
山 西	Shanxi	12.72	11.00	14.16	17.18	17.73
内蒙古	Inner Mongolia	11.85	11.12	14.94	16.63	17.87
辽 宁	Liaoning	14.33	10.64	14.10	16.86	17.28
吉 林	Jilin	11.83	9.65	16.47	10.65	17.33
黑龙江	Heilongjiang	11.28	9.60	14.03	15.96	16.19
上 海	Shanghai	15.92	12.11	9.45	18.34	17.14
江 苏	Jiangsu	16.86	10.50	11.41	17.97	15.48
浙 江	Zhejiang	19.05	12.58	12.92	17.65	17.02
安 徽	Anhui	17.18	12.63	17.00	28.49	18.78
福 建	Fujian	16.82	11.43	12.72	30.55	17.31
江 西	Jiangxi	19.70	14.44	17.62	29.70	17.74
山 东	Shandong	16.16	12.08	14.33	20.53	17.31
河 南	Henan	19.01	13.75	17.51	22.70	17.70
湖 北	Hubei	16.70	10.94	14.17	18.35	17.96
湖 南	Hunan	19.00	12.68	15.44	26.20	18.57
广 东	Guangdong	18.47	14.63	15.23	31.00	19.09
广 西	Guangxi	19.77	16.68	17.52	40.19	17.69
海 南	Hainan	14.67	13.73	15.65	29.78	19.10
重 庆	Chongqing	17.27	13.36	17.54	24.43	17.60
四 川	Sichuan	17.21	13.41	16.85	29.66	18.33
贵 州	Guizhou	18.43	18.23	18.25	33.19	18.15
云 南	Yunnan	17.03	15.38	15.60	23.37	18.19
西 藏	Tibet	15.65	13.92	13.72	26.83	15.69
陕 西	Shaanxi	13.96	10.88	15.79	24.76	18.07
甘 肃	Gansu	13.30	12.28	15.70	18.09	18.38
青 海	Qinghai	17.60	13.34	13.64	30.30	15.13
宁 夏	Ningxia	17.70	14.68	16.51	35.98	17.30
新 疆	Xinjiang	13.48	10.67	12.78	22.86	17.35

2-39 每十万人口各级学校平均在校生数
Number of Students Per 100 000 Population by Level

单位：人 (person)

年份 地区	Year Region	学前教育 Pre-education	小学 Primary Education	初中阶段 Junior Secondary	高中阶段 Senior Secondary	高等教育 Higher Education
	1991	1907	10502	3465	1355	304
	1992	2072	10413	3518	1365	313
	1993	2190	10656	3599	1448	376
	1994	2219	10819	3681	1293	433
	1995	2262	11010	3945	1610	457
	1996	2208	11273	4180	1780	470
	1997	2058	11435	4289	1905	482
	1998	1944	11287	4408	1978	504
	1999	1864	10855	4656	2032	594
	2000	1782	10335	4969	2005	723
	2001	1602	9937	5161	2021	931
	2002	1595	9525	5240	2283	1146
	2003	1560	9100	5209	2523	1298
	2004	1617	8725	5058	2824	1420
	2005	1676	8358	4781	3070	1613
	2006	1731	8192	4557	3321	1816
	2007	1787	8037	4364	3409	1924
	2008	1873	7819	4227	3463	2042
	2009	2001	7584	4097	3495	2128
	2010	2230	7448	3955	3504	2189
	2011	2554	7403	3779	3495	2253
	2012	2736	7196	3535	3411	2335
	2013	2876	6913	3279	3227	2418
北京	Beijing	1685	3815	1501	1912	5469
天津	Tianjin	1651	3907	1845	2077	4346
河北	Hebei	2922	7495	2866	2745	2108
山西	Shanxi	2635	6359	3576	3872	2474
内蒙古	Inner Mongolia	2070	5263	2765	3048	2137
辽宁	Liaoning	1951	4657	2409	2539	2903
吉林	Jilin	1607	4952	2345	2513	3033
黑龙江	Heilongjiang	1410	4017	2433	2658	2529
上海	Shanghai	2105	3330	1835	1308	3421
江苏	Jiangsu	2927	5497	2345	2738	2814
浙江	Zhejiang	3412	6383	2707	2887	2363
安徽	Anhui	2805	6834	3335	3794	2203
福建	Fujian	3823	6933	2957	3341	2435
江西	Jiangxi	3471	9061	3895	3336	2381
山东	Shandong	2710	6463	3283	3213	2304
河南	Henan	3689	9993	4094	3571	2114
湖北	Hubei	2550	5680	2567	2607	3144
湖南	Hunan	2880	7046	3228	2797	2106
广东	Guangdong	3347	7626	3821	4239	2199
广西	Guangxi	3881	9104	4167	3727	1939
海南	Hainan	3368	8345	3910	3846	2253
重庆	Chongqing	3033	6754	3455	3989	2894
四川	Sichuan	2866	6513	3365	3497	2140
贵州	Guizhou	3093	10205	6036	3943	1535
云南	Yunnan	2555	8416	4023	2860	1662
西藏	Tibet	2383	9571	4095	2292	1528
陕西	Shaanxi	3387	6057	3202	4012	3612
甘肃	Gansu	2133	7243	4018	4048	2193
青海	Qinghai	2909	8283	3632	3638	1162
宁夏	Ningxia	2613	9335	4401	4097	2195
新疆	Xinjiang	3220	8484	4113	3266	1681

注：1.高等教育包括普通高等学校和成人高等学校。
2.高中阶段合计数据包括普通高中、成人高中、普通中专、职业高中、技工学校和成人中专。
3.初中阶段包括普通初中和职业初中。

a) Institutions of higher education include that of regular institutions of higher education and institutions of higher education for adults.
b) Total of senior schools include that of regular senior schools, adult senior schools, regular secondary technical schools, vocational secondary schools, technical worker school, adult technical secondary schools.
c) Junior secondary schools include regular junior schools and junior vocational schools.

2-40 教育经费情况

Basic Statistics on Educational Funds

单位：亿元 (100 million yuan)

年 份 Year	全国教育经费总投入 Total	#国家财政性教育经费 Government Appropriation for Education	#公共财政教育支出 Public Expenditure on Education	公共财政教育支出占公共财政支出比例(%) Public Expenditure on Education as Percentage	国家财政性教育经费占国内生产总值比例(%) Government Appropriation for Education as GDP
1992	867.05	728.75	564.94	15.10	2.71
1993	1059.94	867.76	676.61	14.57	2.46
1994	1488.78	1174.74	931.13	16.07	2.44
1995	1877.95	1411.52	1092.94	16.02	2.32
1996	2262.34	1671.70	1288.08	16.23	2.35
1997	2531.73	1862.54	1441.27	15.61	2.36
1998	2949.06	2032.45	1654.02	15.32	2.41
1999	3349.04	2287.18	1911.37	14.49	2.55
2000	3849.08	2562.61	2191.77	13.80	2.58
2001	4637.66	3057.01	2705.66	14.31	2.79
2002	5480.03	3491.40	3254.94	14.76	2.90
2003	6208.27	3850.62	3619.10	14.68	2.84
2004	7242.60	4465.86	4244.42	14.90	2.79
2005	8418.84	5161.08	4946.04	14.58	2.79
2006	9815.31	6348.36	6135.35	15.18	2.93
2007	12148.07	8280.21	8094.34	16.26	3.12
2008	14500.74	10449.63	10212.97	16.32	3.33
2009	16502.71	12231.09	11974.98	15.69	3.59
2010	19561.85	14670.07	14163.90	15.76	3.65
2011	23869.29	18586.70	17821.74	16.31	3.93
2012	27695.97	22236.23	20314.17	16.13	4.28
2013	30364.72	24488.22	21405.67	15.27	4.30

注：1.国家财政性教育经费：主要包括公共财政预算教育经费，各级政府征收用于教育的税费，企业办学中的企业拨款，校办产业和社会服务收入用于教育的经费等.

2.2012年对部分教育经费统计指标进行了修订。“公共财政教育支出”2012年以前包括教育事业费、科研经费、基建经费、其他经费和教育费附加；2012年包括教育事业费、基建经费和教育费附加。

a) Government Appropriation for Education mainly includes the public expenditures on education, taxes and fees collected for education by governments at all levels, enterprise appropriation for enterprise-run schools, income from school-run enterprises and social services used for education.

b) Revisions were made in 2012 to the defitions of some indicators of the expenditures on education. Prior to 2012, the Public Expenditure on Education included the appropriated funds for education, for science research, capital construction, other funds, and education surcharges while it included the appropriated funds for education, capital construction and education surcharges in 2012.

三、卫　生

Public Health

3-1 医疗卫生机构
Health Care Institutions

单位：个 (unit)

年份 Year / 地区 Region	合计 Total	#医院 Hospitals	#综合医院 General Hospitals	#中医医院 Hospitals Specialized in Traditional Chinese Medicine	#专科医院 Specialized Hospitals	#基层医疗卫生机构 Health Care Institutions at Grass-root Level	社区卫生服务中心(站) Community Health Service Centers	街道卫生院 Urban Health Centers	乡镇卫生院 Township Health Centers
1978	169732	9293	7539	447	643				55018
1980	180553	9902	7859	678	694				55413
1985	978540	11955	9197	1485	938				47387
1990	1012690	14377	10424	2115	1362				47749
1995	994409	15663	11586	2361	1445				51797
1996	1078131	15833	11696	2405	1473				51277
1997	1048657	15944	11771	2413	1488			554	50981
1998	1042885	16001	11779	2443	1495			542	50071
1999	1017673	16678	11868	2441	1533			563	49694
2000	1034229	16318	11872	2453	1543	1000169		548	49229
2001	1029314	16197	11834	2478	1576	995670		553	48090
2002	1005004	17844	12716	2492	2237	973098	8211	1022	44992
2003	806243	17764	12599	2518	2271	774693	10101	925	44279
2004	849140	18393	12900	2611	2492	817018	14153	845	41626
2005	882206	18703	12982	2620	2682	849488	17128	787	40907
2006	918097	19246	13120	2665	3022	884818	22656	816	39975
2007	912263	19852	13372	2720	3282	878686	27069	803	39876
2008	891480	19712	13119	2688	3437	858015	24260	780	39080
2009	916571	20291	13364	2728	3716	882153	27308	1152	38475
2010	936927	20918	13681	2778	3956	901709	32739	929	37836
2011	954389	21979	14328	2831	4283	918003	32860	667	37295
2012	950297	23170	15021	2889	4665	912620	33562	610	37097
2013	974398	24709	15887	3015	5127	915368	33965	593	37015
北 京 Beijing	9683	596	302	134	139	8857	1871		
天 津 Tianjin	4689	333	220	37	70	4209	563	1	148
河 北 Hebei	78485	1268	826	177	231	75178	1115		1960
山 西 Shanxi	40281	1219	637	191	377	38529	814	464	1201
内蒙古 Inner Mongolia	23257	566	353	68	85	21984	1148	3	1329
辽 宁 Liaoning	35612	905	555	106	235	33521	1136	14	1014
吉 林 Jilin	19913	576	345	71	148	18968	361		775
黑龙江 Heilongjiang	21369	993	671	128	179	18883	774	4	996
上 海 Shanghai	4929	328	185	18	97	4439	1009		
江 苏 Jiangsu	30998	1490	991	97	331	28815	2747	2	1064
浙 江 Zhejiang	30063	843	405	129	278	28655	6263	6	1141
安 徽 Anhui	24645	938	633	92	197	21872	1942	1	1387
福 建 Fujian	28175	541	339	77	116	26151	533		880
江 西 Jiangxi	38902	548	359	98	84	37425	607	5	1591
山 东 Shandong	75426	1783	1158	169	436	72108	2308		1643
河 南 Henan	71464	1402	879	220	287	67281	1281	1	2068
湖 北 Hubei	35631	711	444	98	153	34042	1231	36	1152
湖 南 Hunan	62210	922	564	133	205	58519	655	2	2302
广 东 Guangdong	47835	1222	740	142	326	44470	2489	21	1204
广 西 Guangxi	33943	476	295	88	78	32117	261		1279
海 南 Hainan	5011	191	148	17	21	4689	144		299
重 庆 Chongqing	18926	531	382	46	94	18025	493	11	960
四 川 Sichuan	80037	1716	1144	184	345	75161	907	1	4594
贵 州 Guizhou	29177	991	765	82	122	26657	566	8	1430
云 南 Yunnan	24264	997	670	112	180	21913	457		1379
西 藏 Tibet	6725	106	85		2	6479	9		677
陕 西 Shaanxi	37137	937	664	145	120	34118	583	10	1603
甘 肃 Gansu	26697	419	273	73	54	25514	615	3	1382
青 海 Qinghai	6020	145	89	13	13	5701	177		405
宁 夏 Ningxia	4231	156	99	19	32	3898	112		228
新 疆 Xinjiang	18663	860	667	51	92	17190	794		924

注：①村卫生室数计入医疗卫生机构数中；
②2008年社区卫生服务中心(站)减少的原因是江苏省约5000家农村社区卫生服务站划归村卫生室；
③2002年起，医疗卫生机构数不再包括高中等医学院校本部、药检机构、国境卫生检疫所和非卫生部门举办的计划生育指导站；
④2013年起，医疗卫生机构数包括原计生部门主管的计划生育技术服务机构；
⑤1996年以前门诊部(所)不包括私人诊所。

a) Number of village clinics was included in health care institutions.
b) The reasons of decrease of community health centers(stations) in 2008 is that 5000 rural community health stations in Jiangsu is divided into village clinics.
c) Since 2012, health care institutions did not include headquaters of higher and secondary medical schools, drug test institutions, border health quarantine institutions and family planning service stations run by other than health department.
d) Since 2013, health care institutions included family planning technical services institutions managed by original family planning department.
e) Before 1996, clinics did not include private clinics.

3-1 续表 continued

单位：个 (unit)

年份 Year 地区 Region	村卫生室 Village Clinics	门诊部（所） Outpatient Department	#专业公共卫生机构 Specialized Public Health Institutions	#疾病预防控制中心 Center for Disease Control and Prevention	#专科疾病防治院（所/站） Specialized Disease Prevention & Treatment Institution	#妇幼保健院（所/站） Women and Children Care Agencies	#卫生监督所（中心） Health Inspection Institution (center)
1978		94395		2989	887	2571	
1980		102474		3105	1138	2745	
1985	777674	126604		3410	1566	2996	
1990	803956	129332		3618	1781	3148	
1995	804352	104406		3729	1895	3179	
1996	755565	237153		3737	1887	3172	
1997	733624	229474		3747	1893	3180	
1998	728788	229349		3746	1889	3191	
1999	716677	226588		3763	1877	3180	
2000	709458	240934	11386	3741	1839	3163	
2001	698966	248061	11471	3813	1783	3132	
2002	698966	219907	10787	3580	1839	3067	571
2003	514920	204468	10792	3584	1749	3033	838
2004	551600	208794	10878	3588	1583	2998	1284
2005	583209	207457	11177	3585	1502	3021	1702
2006	609128	212243	11269	3548	1402	3003	2097
2007	613855	197083	11528	3585	1365	3051	2553
2008	613143	180752	11485	3534	1310	3011	2675
2009	632770	182448	11665	3536	1291	3020	2809
2010	648424	181781	11835	3513	1274	3025	2992
2011	662894	184287	11926	3484	1294	3036	3022
2012	653419	187932	12083	3490	1289	3044	3088
2013	648619	195176	31155	3516	1271	3144	2967
北京 Beijing	2888	4098	118	32	27	19	18
天津 Tianjin	2247	1250	96	24	17	23	20
河北 Hebei	62311	9792	1689	194	9	265	191
山西 Shanxi	28241	7809	462	134	8	132	131
内蒙古 Inner Mongolia	14028	5476	629	119	53	116	110
辽宁 Liaoning	20006	11351	1035	128	87	110	86
吉林 Jilin	11527	6305	293	94	51	68	36
黑龙江 Heilongjiang	11778	5331	1433	174	113	148	131
上海 Shanghai	1342	2088	116	20	19	21	18
江苏 Jiangsu	15575	9427	466	124	45	109	113
浙江 Zhejiang	12504	8741	396	100	25	87	106
安徽 Anhui	15310	3232	1748	120	50	121	113
福建 Fujian	19408	5330	1406	96	25	88	86
江西 Jiangxi	31337	3885	823	147	111	112	109
山东 Shandong	53773	14384	1338	182	133	160	103
河南 Henan	56955	6976	2472	180	22	165	176
湖北 Hubei	24941	6682	779	113	75	101	102
湖南 Hunan	44929	10631	2612	147	87	139	131
广东 Guangdong	28767	11989	1965	136	140	128	124
广西 Guangxi	21852	8725	1288	109	40	104	110
海南 Hainan	2701	1545	122	28	23	24	24
重庆 Chongqing	11009	5552	350	42	16	40	39
四川 Sichuan	55165	14494	2969	207	35	202	204
贵州 Guizhou	21219	3434	1498	101	10	98	100
云南 Yunnan	13341	6736	1294	150	31	147	142
西藏 Tibet	5313	480	138	82		54	1
陕西 Shaanxi	26018	5904	1962	120	6	118	118
甘肃 Gansu	16752	6762	718	103	7	106	87
青海 Qinghai	4354	765	170	56	1	24	55
宁夏 Ningxia	2461	1097	165	25		23	24
新疆 Xinjiang	10567	4905	605	229	5	92	159

3-2 卫生人员
Employed Persons in Health Care Institutions

单位：人 (person)

年 份 Year 地 区 Region	卫生人员 Medical Personnel	卫生技术人员 Medical Technical Personnel	#执业(助理)医师 Licensed (Assistant) Doctors	#执业医师 Licensed Doctor	#注册护士 Registered Nurse	#药师(士) Pharmacist	乡村医生和卫生员 Village Doctors and Assistants	其 他 技术人员 Other Technical Personnel	管理人员 Administrative Personnel	工勤技能人员 Logistics Technical Workers
1978	7883041	2463931	978152	609608	405223	266570	4777469	22950	298104	320587
1980	7355483	2798241	1153234	709473	465798	308438	3820776	27834	310805	397827
1985	5606105	3410910	1413281	724238	636974	365145	1293094	46052	358812	497237
1990	6137711	3897921	1763086	1302997	974541	405978	1231510	85504	396694	526082
1995	6704395	4256923	1917772	1454926	1125661	418520	1331017	120782	450013	545660
1996	6735097	4311845	1941235	1475232	1162609	424952	1316095	125480	444571	537106
1997	6833962	4397805	1984867	1505342	1198228	428295	1317786	133369	448047	536955
1998	6863315	4423721	1999521	1513975	1218836	423644	1327633	145060	435507	531394
1999	6894985	4458669	2044672	1561584	1244844	418574	1324937	150041	434997	526341
2000	6910383	4490803	2075843	1603266	1266838	414408	1319357	157533	426789	515901
2001	6874527	4507700	2099658	1637337	1286938	404087	1290595	157961	412757	505514
2002	6528674	4269779	1843995	1463573	1246545	357659	1290595	179962	332628	455710
2003	6216971	4380878	1942364	1534046	1265959	357378	867778	199331	318692	450292
2004	6332739	4485983	1999457	1582442	1308433	355451	883075	209422	315595	438664
2005	6447246	4564050	2042135	1622684	1349589	349533	916532	225697	312826	428141
2006	6681184	4728350	2099064	1678031	1426339	353565	957459	235466	323705	436204
2007	6964389	4913186	2122925	1715460	1558822	325212	931761	243460	356569	519413
2008	7251803	5174478	2201904	1791881	1678091	330525	938313	255149	356854	527009
2009	7781448	5535124	2329206	1905436	1854818	341910	1050991	275006	362665	557662
2010	8207502	5876158	2413259	1972840	2048071	353916	1091863	290161	370548	578772
2011	8616040	6202858	2466094	2020154	2244020	363993	1126443	305981	374885	605873
2012	9115705	6675549	2616064	2138836	2496599	377398	1094419	319117	372997	653623
2013	9790483	7210578	2794754	2285794	2783121	395578	1081063	359819	420971	718052
北 京 Beijing	263146	203741	77114	72489	83879	12125	3530	13236	14716	27923
天 津 Tianjin	106527	81083	32059	29659	29715	5059	4581	3867	9074	7922
河 北 Hebei	492012	333032	150144	114550	111526	14415	83849	23492	18378	33261
山 西 Shanxi	283860	203385	88182	74788	74849	9942	40856	10976	11086	17557
内蒙古 Inner Mongolia	195952	148202	62055	52500	52358	9546	19496	8038	8696	11520
辽 宁 Liaoning	338443	254692	103344	92308	103409	13427	25634	13067	17262	27788
吉 林 Jilin	200184	145934	61998	54450	52715	7924	19318	7593	12005	15334
黑龙江 Heilongjiang	279122	207601	80475	68154	73974	11455	25061	9889	16256	20315
上 海 Shanghai	192333	157109	57944	54039	67939	8780	760	8921	9764	15779
江 苏 Jiangsu	551113	428894	169641	143611	174158	24226	39774	17643	21459	43343
浙 江 Zhejiang	427072	352466	138279	117370	132705	23036	8945	16846	13868	34947
安 徽 Anhui	353799	253532	98613	75936	103404	12276	51621	13976	13276	21394
福 建 Fujian	261784	197545	72642	61939	79929	13323	27922	8968	6861	20488
江 西 Jiangxi	269819	190092	70251	58841	78209	13418	47485	7126	8086	17030
山 东 Shandong	819348	596987	231754	194948	240078	31038	134372	30991	21060	35938
河 南 Henan	716306	468536	180600	126036	176534	22882	121349	32848	32843	60730
湖 北 Hubei	411184	309343	117191	96540	127871	17652	42859	16914	17830	24238
湖 南 Hunan	442224	323082	127241	93980	125696	20126	48544	17043	22265	31290
广 东 Guangdong	708036	553728	210306	170171	217629	35570	33280	23115	30148	67765
广 西 Guangxi	334849	240892	83310	65219	94814	13154	37073	9770	15518	31596
海 南 Hainan	63468	48108	16725	13301	20892	2539	3377	1957	3277	6749
重 庆 Chongqing	197667	142133	55141	41712	55460	7209	23397	6118	9584	16435
四 川 Sichuan	596001	426988	173890	139093	158457	21637	73907	17755	29630	47721
贵 州 Guizhou	221575	155905	55959	44169	58666	6336	36302	8488	10090	10790
云 南 Yunnan	265531	193217	74860	61338	73305	8136	35937	10095	8682	17600
西 藏 Tibet	24653	11638	5176	3658	2397	540	10434	878	648	1055
陕 西 Shaanxi	321908	239054	74397	60935	89551	13095	34692	4422	23029	20711
甘 肃 Gansu	160695	118089	44887	36483	40954	5814	21966	4519	5277	10844
青 海 Qinghai	44685	32431	13239	11332	11492	1675	6740	1801	1220	2493
宁 夏 Ningxia	47609	37288	14317	12663	13978	2300	3664	1660	1904	3093
新 疆 Xinjiang	189578	145851	53020	43582	56578	6923	14338	7807	7179	14403

注：1.卫生人员和卫生技术人员包括公务员中卫生监督员7000名。
2.2013年卫生人员数包括卫生计生部门主管的计划生育技术服务机构人员数，
3.执业(助理)医师数包括村卫生室执业(助理)医师数.
4.1985年以前乡村医生和卫生员系赤脚医生数。

a) Medical personnel and medical technical personnel include 7000 health supervisors in civil servants.
b) In 2013, medical personnel included personnel of family planning technical services institutions managed by family planning department.
c) Licensed (assistant) doctors include licensed (assistant) doctors in village clinics.
d) Before 1985, rural doctors and assistants referred to barefoot doctors.

3-3 每千人口卫生技术人员
Medical Technical Personnel in Health Care Institutions per 1000 Persons

单位：人 (person)

年份 Year / 地区 Region		卫生技术人员 Medical Technical Personnel			执业(助理)医师 Licensed (Assistant) Doctors			注册护士 Registered Nurses		
		合计 Total	城市 City	农村 Rural	合计 Total	城市 City	农村 Rural	合计 Total	城市 City	农村 Rural
	1980	2.85	8.03	1.81	1.17	3.22	0.76	0.47	1.83	0.20
	1985	3.28	7.92	2.09	1.36	3.35	0.85	0.61	1.85	0.30
	1990	3.45	6.59	2.15	1.56	2.95	0.98	0.86	1.91	0.43
	1995	3.59	5.36	2.32	1.62	2.39	1.07	0.95	1.59	0.49
	1998	3.64	5.30	2.35	1.65	2.34	1.11	1.00	1.64	0.51
	1999	3.64	5.24	2.38	1.67	2.33	1.14	1.02	1.64	0.52
	2000	3.63	5.17	2.41	1.68	2.31	1.17	1.02	1.64	0.54
	2001	3.62	5.15	2.38	1.69	2.32	1.17	1.03	1.65	0.54
	2002	3.41	…	…	1.47	…	…	1.00	…	…
	2003	3.48	4.88	2.26	1.54	2.13	1.04	1.00	1.59	0.50
	2004	3.53	4.99	2.24	1.57	2.18	1.04	1.03	1.63	0.50
	2005	3.50	5.82	2.69	1.56	2.46	1.26	1.03	2.10	0.65
	2006	3.60	6.09	2.70	1.60	2.56	1.26	1.09	2.22	0.66
	2007	3.72	6.44	2.69	1.61	2.61	1.23	1.18	2.42	0.70
	2008	3.90	6.68	2.80	1.66	2.68	1.26	1.27	2.54	0.76
	2009	4.15	7.15	2.94	1.75	2.83	1.31	1.39	2.82	0.81
	2010	4.39	7.62	3.04	1.80	2.97	1.32	1.53	3.09	0.89
	2011	4.61	6.68	2.66	1.83	2.62	1.10	1.67	2.62	0.79
	2012	4.94	8.54	3.41	1.94	3.19	1.40	1.85	3.65	1.09
	2013	5.27	9.18	3.64	2.06	3.39	1.48	2.05	4.00	1.22
北 京	Beijing	15.46	15.88	8.14	5.85	5.98	3.67	6.36	6.57	2.76
天 津	Tianjin	8.05	8.67	5.28	3.18	3.29	2.69	2.95	3.30	1.36
河 北	Hebei	4.44	10.28	3.18	2.00	4.17	1.53	1.49	4.37	0.86
山 西	Shanxi	5.77	10.87	3.78	2.50	4.38	1.77	2.12	4.69	1.12
内蒙古	Inner Mongolia	6.01	11.74	4.08	2.52	4.59	1.82	2.12	4.91	1.19
辽 宁	Liaoning	6.01	7.62	4.14	2.44	2.95	1.85	2.44	3.39	1.34
吉 林	Jilin	5.45	13.14	3.70	2.31	5.56	1.58	1.97	5.35	1.20
黑龙江	Heilongjiang	5.49	8.62	3.74	2.13	3.13	1.57	1.96	3.62	1.03
上 海	Shanghai	10.97	11.13	7.66	4.05	4.03	4.28	4.74	4.87	2.29
江 苏	Jiangsu	5.63	8.90	3.94	2.23	3.24	1.70	2.29	3.95	1.42
浙 江	Zhejiang	7.30	10.30	5.69	2.86	3.83	2.34	2.75	4.24	1.95
安 徽	Anhui	3.66	6.28	2.63	1.42	2.23	1.10	1.49	2.96	0.91
福 建	Fujian	5.44	10.21	3.74	2.00	3.76	1.37	2.20	4.41	1.41
江 西	Jiangxi	3.94	8.13	2.95	1.46	2.79	1.14	1.62	3.86	1.09
山 东	Shandong	6.21	9.05	5.02	2.41	3.45	1.98	2.50	4.02	1.86
河 南	Henan	4.24	9.34	3.09	1.64	3.21	1.28	1.60	4.34	0.98
湖 北	Hubei	5.01	7.91	3.78	1.90	2.86	1.49	2.07	3.65	1.40
湖 南	Hunan	4.52	9.42	3.37	1.78	3.35	1.41	1.76	4.49	1.12
广 东	Guangdong	6.32	11.78	3.04	2.40	4.27	1.28	2.48	4.95	1.00
广 西	Guangxi	4.44	7.56	3.35	1.54	2.62	1.16	1.75	3.32	1.19
海 南	Hainan	5.29	9.82	3.84	1.84	3.35	1.35	2.30	4.64	1.55
重 庆	Chongqing	4.23	4.84	3.55	1.64	1.78	1.49	1.65	2.10	1.14
四 川	Sichuan	4.68	7.68	3.56	1.90	2.84	1.56	1.74	3.37	1.13
贵 州	Guizhou	3.64	7.42	2.87	1.31	2.77	1.01	1.37	3.26	0.98
云 南	Yunnan	4.20	9.96	3.27	1.63	3.97	1.25	1.59	4.14	1.18
西 藏	Tibet	3.67	14.29	2.95	1.63	6.10	1.33	0.76	4.99	0.47
陕 西	Shaanxi	6.04	9.01	4.54	1.88	2.96	1.34	2.26	3.92	1.42
甘 肃	Gansu	4.33	6.76	3.29	1.65	2.64	1.22	1.50	2.80	0.95
青 海	Qinghai	5.66	16.44	3.58	2.31	6.10	1.58	2.01	7.30	0.98
宁 夏	Ningxia	5.58	9.07	3.11	2.14	3.32	1.31	2.09	3.75	0.92
新 疆	Xinjiang	6.43	12.88	5.50	2.34	4.97	1.96	2.50	5.45	2.07

注：1.2002年以前，执业(助理)医师数系医生，执业医师数系医师，注册护士数系护师(士)。
2.城市包括直辖市区和地级市辖区，农村包括县及县级市。
3.分母为常住人口。

a) Before 2002, licensed (assistant) doctors referred to doctors, licensed doctors referred to doctors, registered nurses referred to nurses.
b) City includes district of municipalities and prefecture-level city, rural area include county and city at county level.
c) Total population used in this table are resident population.

3-4 村卫生室情况
Statistics on Village Clinics

年 份 Year 地 区 Region	村卫生室(个) Village Clinics (unit)						设卫生室的村数占行政村数% Villages with Clinics as % of Total
	合计 Total	村办 Run by Village	乡卫生院设点 Township Hospitals	联合办 Jointly Run	私人办 Run by Private	其他 Others	
1985	777674	305537	29769	88803	323904	29661	87.4
1990	803956	266137	29963	87149	381844	38863	86.2
1995	804352	297462	36388	90681	354981		88.9
2000	709458	300864	47101	89828	255179	16486	89.8
2005	583209	313633	32396	38561	180403	18216	85.8
2006	609128	333790	34803	36805	186524	17206	88.1
2007	613855	340082	33633	33649	186841	19650	88.7
2008	613143	342692	40248	31698	180157	18348	89.4
2009	632770	350515	45434	31035	183699	22087	90.4
2010	648424	365153	49678	32650	177080	23863	92.3
2011	662894	372661	56128	33639	175747	24719	93.4
2012	653419	370099	58317	32278	167025	25700	93.3
2013	648619	371579	59896	32690	158811	25643	93.0
北 京 Beijing	2888	2524	8	4	326	26	73.3
天 津 Tianjin	2247	889	540	181	235	402	60.1
河 北 Hebei	62311	29042	2426	1108	28391	1344	100.0
山 西 Shanxi	28241	21238	907	899	3429	1768	100.0
内蒙古 Inner Mongolia	14028	6421	1920	322	4970	395	100.0
辽 宁 Liaoning	20006	10469	342	940	8053	202	100.0
吉 林 Jilin	11527	4309	982	1328	4423	485	100.0
黑龙江 Heilongjiang	11778	9141	721	174	1272	470	100.0
上 海 Shanghai	1342	978	183	50		131	84.0
江 苏 Jiangsu	15575	8473	4344	2196	42	520	100.0
浙 江 Zhejiang	12504	8806	1261	218	1848	371	43.7
安 徽 Anhui	15310	7823	3507	1454	945	1581	100.0
福 建 Fujian	19408	12747	346	284	4658	1373	100.0
江 西 Jiangxi	31337	14385	230	1651	13438	1633	100.0
山 东 Shandong	53773	28693	15066	4904	3820	1290	71.9
河 南 Henan	56955	36938	615	3425	15133	844	100.0
湖 北 Hubei	24941	15526	4018	2464	2198	735	97.5
湖 南 Hunan	44929	33636	1680	1049	7673	891	100.0
广 东 Guangdong	28767	22641	1447	190	3936	553	100.0
广 西 Guangxi	21852	7929	1340	860	10344	1379	100.0
海 南 Hainan	2701	819	129	23	1608	122	100.0
重 庆 Chongqing	11009	6715	1222	413	1822	837	100.0
四 川 Sichuan	55165	26949	1838	2908	20144	3326	100.0
贵 州 Guizhou	21219	9461	2253	680	7159	1666	100.0
云 南 Yunnan	13341	10078	1239	798	555	671	100.0
西 藏 Tibet	5313	1746	2736	171		660	100.0
陕 西 Shaanxi	26018	19915	785	690	4519	109	97.3
甘 肃 Gansu	16752	8571	1344	1088	5307	442	100.0
青 海 Qinghai	4354	2102	471	723	885	173	100.0
宁 夏 Ningxia	2461	853	219	193	1098	98	100.0
新 疆 Xinjiang	10567	1762	5777	1302	580	1146	100.0

3-5 各类医疗卫生机构医疗服务及床位利用情况(2013年)
Number of Visits and Inpatients in Medical Institutions (2013)

机构名称	Institutions	诊疗人次数(万人次) Visits (10 000 person-times)	入院人数(万人) Inpatients (10 000 persons)	医师日均担负诊疗人次(人次) Daily Visits Each Doctor (person-time)	实际开放总床日数(日) Days of Total Beds Actually Opened (day)	平均开放病床(张) Average Beds Opened (bed)
总计	**Total**	**731401**	**19215**	**8.4**	**2148404431**	**5886040**
医院	Hospitals	274178	14007	7.3	1598950217	4380686
综合医院	General Hospitals	201576	10848	7.3	1139573537	3122119
中医医院	Hospitals Specialized in Traditional Chinese Medicine	43726	1827	7.9	213152174	583979
中西医结合医院	Hospital of Integrated Traditional Chinese with Western Medicine	4466	156	8.3	20147550	55199
民族医院	Nationalities Hospitals	760	41	5.1	6329659	17342
专科医院	Specialized Hospitals	23575	1132	6.2	214656106	588099
护理院	Nursing Hospital	73	4	3.6	5091191	13948
基层医疗卫生机构	Basic Medical Institutions	432431	4300	10.2	462413044	1266885
社区卫生服务中心(站)	Community Health Service Centers	65710	322	15.4	62810315	172083
卫生院	Health Centers	101712	3958	9.3	399496179	1094510
街道卫生院	Urban Health Centers	1000	21	10.8	3158298	8653
乡镇卫生院	Township Health Centers	100713	3937	9.3	396337881	1085857
村卫生室	Village Clinics	201218				
门诊部	Outpatient Department	8379	20			
专业公共卫生机构	Specialized Public Health Institutions	24206	860	8.3	74591707	204361
专科疾病防治院(所、站)	Specialized Disease Prevention & Treatment Institution	2187	54	5.3	13053352	35763
妇幼保健院(所、站)	Women and Children Care Agencies	21508	806	8.9	61538355	168598
急求中心站(站)		511				
其他医疗卫生机构	Other Institutions	586	47	6.5	12449463	34108
疗养院	Sanatoriums	223	47	2.6	12449463	34108
临床检验中心	Clinical Laboratory Center	362				

3-5 续表 continued

机构名称	Institutions	病床周转次数(次) Turnover of Beds (time)	病床工作日(日) Working Days of Beds (day)	病床使用率(%) Utilization Rate of Beds (%)	平均住院日(日) Average Stay Days in Hospital (day)
总计	**Total**	**32.5**	**300.8**	**82.4**	**8.9**
医院	Hospitals	31.8	324.8	89.0	9.8
综合医院	General Hospitals	34.6	327.6	89.8	9.2
中医医院	Hospitals Specialized in Traditional Chinese Medicine	31.1	323.3	88.6	10.1
中西医结合医院	Hospital of Integrated Traditional Chinese with Western Medicine	27.9	312.9	85.7	10.9
民族医院	Nationalities Hospitals	23.2	263.2	72.1	10.9
专科医院	Specialized Hospitals	19.1	315.3	86.4	14.9
护理院	Nursing Hospital	2.7	285.1	78.1	76.6
基层医疗卫生机构	Basic Medical Institutions	33.8	225.9	61.9	6.2
社区卫生服务中心(站)	Community Health Service Centers	18.8	205.1	56.2	9.4
卫生院	Health Centers	36.0	229.2	62.8	5.9
街道卫生院	Urban Health Centers	24.7	207.8	56.9	7.2
乡镇卫生院	Township Health Centers	36.1	229.3	62.8	5.9
村卫生室	Village Clinics				
门诊部	Outpatient Department				
专业公共卫生机构	Specialized Public Health Institutions	41.9	269.0	73.7	6.2
专科疾病防治院(所、站)	Specialized Disease Prevention & Treatment Institution	15.0	267.6	73.3	15.8
妇幼保健院(所、站)	Women and Children Care Agencies	47.6	269.3	73.8	5.5
急救中心					
其他机构	Other Institutions	13.8	194.1	53.2	9.5
疗养院	Sanatoriums	13.8	194.1	53.2	9.5
临床检验中心	Clinical Laboratory Center				

3-6 医疗卫生机构床位
Number of Beds in Health Care Institutions

单位：万张 (10 000 beds)

年 份 Year / 地 区 Region	合 计 Total	#医 院 Hospitals	#基层医疗卫生机构 Health Care Institutions at Grass-root Level	#社区卫生服务中心(站) Health Service Centers for Community (stations)	#乡 镇卫生院 Township Health Centers	#专业公共卫生机构 Specialized Public Health Institutions	#妇幼保健院(所、站) Maternity and Child Care Centers (Institutions, Stations)	#专科疾病防治院(所、站) Specialized Prevention & Treatment Centers (Institutions, Stations)
1978	204.17	110.00			74.73		1.16	2.63
1980	218.44	119.58			77.54		1.64	2.73
1985	248.71	150.86			72.06		3.46	2.95
1990	292.54	186.89			72.29		4.66	3.10
1991	299.19	192.61			72.92		4.80	3.17
1992	304.94	197.66			73.28		5.00	3.22
1993	309.90	203.64			73.08		4.50	3.03
1994	313.40	207.04			73.24		4.80	2.98
1995	314.06	206.33			73.31		5.13	3.07
1996	309.96	209.65			73.47		5.60	2.83
1997	313.45	211.92			74.24		6.02	3.06
1998	314.30	213.41			73.77		6.30	2.90
1999	315.90	215.07			73.40		6.63	2.93
2000	317.70	216.67	76.65		73.48	11.86	7.12	2.84
2001	320.12	215.56	77.14		74.00	12.02	7.40	2.70
2002	313.61	222.18	71.05	1.20	67.13	12.37	7.98	3.18
2003	316.40	226.95	71.05	1.21	67.27	12.61	8.09	3.38
2004	326.84	236.35	71.44	1.81	66.89	12.73	8.70	3.12
2005	336.75	244.50	72.58	2.50	67.82	13.58	9.41	3.34
2006	351.18	256.04	76.19	4.12	69.62	13.50	9.93	2.80
2007	370.11	267.51	85.03	7.66	74.72	13.29	10.62	2.59
2008	403.87	288.29	97.10	9.80	84.69	14.66	11.73	2.64
2009	441.66	312.08	109.98	13.13	93.34	15.40	12.61	2.71
2010	478.68	338.74	119.22	16.88	99.43	16.45	13.44	2.93
2011	515.99	370.51	123.37	18.71	102.63	17.81	14.59	3.14
2012	572.48	416.15	132.43	20.32	109.93	19.82	16.16	3.57
2013	618.19	457.86	134.99	19.42	113.65	21.49	17.55	3.85
北 京 Beijing	10.40	9.66	0.46	0.45		0.24	0.05	0.18
天 津 Tianjin	5.77	4.91	0.72	0.31	0.40	0.11	0.06	0.05
河 北 Hebei	30.35	22.04	7.03	0.88	6.08	1.18	0.08	1.09
山 西 Shanxi	17.26	12.83	3.90	0.47	2.85	0.37	0.02	0.35
内蒙古 Inner Mongolia	12.01	9.16	2.42	0.61	1.79	0.36	0.03	0.33
辽 宁 Liaoning	24.19	19.75	3.48	0.53	2.89	0.37	0.23	0.12
吉 林 Jilin	13.32	10.63	2.10	0.31	1.78	0.31	0.10	0.21
黑龙江 Heilongjiang	18.92	15.13	2.89	0.75	2.09	0.74	0.37	0.37
上 海 Shanghai	11.43	9.47	1.73	1.73		0.16	0.03	0.13
江 苏 Jiangsu	36.83	28.62	7.41	1.88	5.50	0.54	0.12	0.42
浙 江 Zhejiang	23.01	19.71	2.34	0.78	1.51	0.75	0.07	0.68
安 徽 Anhui	23.60	17.15	5.78	0.75	4.98	0.57	0.22	0.36
福 建 Fujian	15.61	11.48	3.22	0.29	2.93	0.66	0.14	0.52
江 西 Jiangxi	17.43	11.48	4.74	0.38	4.33	1.03	0.24	0.79
山 东 Shandong	48.97	34.21	12.27	1.74	10.42	2.02	0.44	1.54
河 南 Henan	42.98	30.65	10.42	0.97	9.37	1.90	0.12	1.77
湖 北 Hubei	28.82	20.02	7.47	1.14	6.18	1.32	0.25	1.07
湖 南 Hunan	31.41	21.50	8.54	0.72	7.73	1.35	0.37	0.98
广 东 Guangdong	37.84	29.42	5.99	0.73	5.11	2.24	0.50	1.74
广 西 Guangxi	18.72	11.85	5.64	0.09	5.55	1.11	0.05	1.06
海 南 Hainan	3.21	2.46	0.58	0.05	0.53	0.13	0.01	0.13
重 庆 Chongqing	14.74	9.91	4.47	0.66	3.68	0.29	0.01	0.28
四 川 Sichuan	42.66	28.92	12.60	1.08	11.44	1.10	0.12	0.97
贵 州 Guizhou	16.67	12.04	4.15	0.45	3.66	0.47	0.05	0.42
云 南 Yunnan	21.01	15.61	4.67	0.45	4.20	0.63	0.07	0.56
西 藏 Tibet	1.10	0.73	0.32	0.01	0.32	0.05		0.05
陕 西 Shaanxi	18.51	14.21	3.42	0.41	2.98	0.74	0.08	0.66
甘 肃 Gansu	11.61	8.45	2.72	0.35	2.34	0.36		0.35
青 海 Qinghai	2.95	2.36	0.57	0.13	0.43	0.03		0.03
宁 夏 Ningxia	3.11	2.71	0.31	0.02	0.28	0.09		0.09
新 疆 Xinjiang	13.73	10.79	2.64	0.30	2.30	0.27	0.01	0.25

3-7 分城乡医疗卫生机构床位数
Number of Beds in Health Institutions by Urban and Rural Areas

单位：张 (bed)

年份 Year / 地区 Region	医疗卫生机构床位数 Beds of Medical Institutions			每千人口医疗卫生机构床位 Beds of Medical Institutions per 1000 Population			每千农业人口乡镇卫生院床位数 Beds of Township Health Centers per 1000 Rural Population
	合计 Total	城市 Urban	农村 Rural	合计 Total	城市 Urban	农村 Rural	
2007	3701076	1831308	1869768	2.83	4.90	2.00	0.85
2008	4038707	1963581	2075126	3.05	5.17	2.20	0.96
2009	4416612	2126302	2290310	3.32	5.54	2.41	1.05
2010	4786831	2302297	2484534	3.58	5.94	2.60	1.12
2011	5159889	2475222	2684667	3.84	6.24	2.80	1.16
2012	5724775	2733403	2991372	4.24	6.88	3.11	1.24
2013	6181891	2948465	3233426	4.55	7.36	3.35	1.30
北京 Beijing	104011	101544	2467	4.92	8.15	3.47	
天津 Tianjin	57743	50781	6962	3.92	6.16	3.82	1.06
河北 Hebei	303497	115897	187600	4.14	8.72	3.04	1.20
山西 Shanxi	172620	84152	88468	4.76	8.49	3.49	1.22
内蒙古 Inner Mongolia	120065	57701	62364	4.81	9.30	3.38	1.23
辽宁 Liaoning	241860	159056	82804	5.51	6.99	4.22	1.41
吉林 Jilin	133245	66723	66522	4.84	13.43	3.05	1.25
黑龙江 Heilongjiang	189183	114578	74605	4.93	8.43	3.08	1.08
上海 Shanghai	114314	111109	3205	4.73	8.15	4.70	
江苏 Jiangsu	368287	193072	175215	4.64	7.44	3.49	1.70
浙江 Zhejiang	230056	121919	108137	4.18	7.22	3.44	0.46
安徽 Anhui	235959	110629	125330	3.91	5.65	2.52	0.93
福建 Fujian	156149	68608	87541	4.14	7.21	3.26	1.22
江西 Jiangxi	174299	65245	109054	3.85	7.05	2.80	1.22
山东 Shandong	489737	200640	289097	5.03	7.07	4.27	1.90
河南 Henan	429810	172656	257154	4.57	8.44	2.86	1.10
湖北 Hubei	288169	133439	154730	4.97	7.23	3.58	1.53
湖南 Hunan	314090	118137	195953	4.69	8.69	3.39	1.39
广东 Guangdong	378367	253548	124819	3.55	7.71	2.28	1.26
广西 Guangxi	187216	71404	115812	3.97	5.06	2.89	1.27
海南 Hainan	32100	13671	18429	3.59	6.19	2.68	0.94
重庆 Chongqing	147436	81890	65546	4.96	4.58	4.17	1.83
四川 Sichuan	426635	168428	258207	5.26	6.82	3.88	1.76
贵州 Guizhou	166724	50592	116132	4.76	6.96	3.26	1.02
云南 Yunnan	210125	56675	153450	4.48	8.90	3.87	1.25
西藏 Tibet	11003	2081	8922	3.53	10.32	3.00	1.21
陕西 Shaanxi	185139	90961	94178	4.92	6.85	3.58	1.21
甘肃 Gansu	116064	50794	65270	4.49	6.24	3.41	1.18
青海 Qinghai	29529	12995	16534	5.11	14.02	3.45	1.30
宁夏 Ningxia	31134	21188	9946	4.76	7.66	2.54	0.70
新疆 Xinjiang	137325	28352	108973	6.06	9.92	5.50	1.77

注：人口数采用年末常住人口。
a) Figures of population come from usual population at year-end.

3-8 分地区医院床位利用情况(2013年)
Utilization of Beds in Hospitals by Region (2013)

地 区	Region	病床工作日(日) Work Day of Beds (day)			病床使用率(%) Utilization Rate of Beds(%)			出院者平均住院日(日) Average Say Days in Hospital (day)		
		合计 Total	公立 State	民营 Private	合计 Total	公立 State	民营 Private	合计 Total	公立 State	民营 Private
总 计	**National Total**	**324.8**	**341.2**	**231.4**	**89.0**	**93.5**	**63.4**	**9.8**	**10.0**	**8.4**
北 京	Beijing	304.8	327.6	191.0	83.5	89.7	52.3	11.9	12.0	11.1
天 津	Tianjin	309.6	328.3	199.2	84.8	89.9	54.6	11.2	11.3	11.0
河 北	Hebei	322.1	335.0	229.4	88.3	91.8	62.9	9.2	9.4	8.0
山 西	Shanxi	295.0	306.2	220.3	80.8	83.9	60.3	11.1	11.3	9.0
内蒙古	Inner Mongolia	287.2	297.8	187.9	78.7	81.6	51.5	10.2	10.3	8.3
辽 宁	Liaoning	323.1	335.5	225.1	88.5	91.9	61.7	11.5	11.7	10.0
吉 林	Jilin	294.1	315.2	162.7	80.6	86.4	44.6	10.1	10.2	8.7
黑龙江	Heilongjiang	309.6	323.1	188.7	84.8	88.5	51.7	11.0	11.2	8.8
上 海	Shanghai	347.3	358.6	237.1	95.2	98.3	65.0	11.1	11.0	14.7
江 苏	Jiangsu	332.4	354.7	264.7	91.1	97.2	72.5	10.3	10.7	9.1
浙 江	Zhejiang	340.3	357.2	243.7	93.2	97.9	66.8	10.4	10.2	11.7
安 徽	Anhui	316.9	335.2	245.5	86.8	91.8	67.3	9.2	9.3	8.4
福 建	Fujian	322.9	339.6	209.5	88.5	93.1	57.4	8.7	9.0	6.6
江 西	Jiangxi	340.3	350.5	261.7	93.2	96.0	71.7	9.2	9.5	7.0
山 东	Shandong	310.8	332.1	198.2	85.2	91.0	54.3	9.6	9.7	8.5
河 南	Henan	330.9	339.3	264.1	90.7	92.9	72.3	10.0	10.1	9.3
湖 北	Hubei	352.3	364.0	240.1	96.5	99.7	65.8	10.0	10.2	7.5
湖 南	Hunan	344.1	357.4	234.4	94.3	97.9	64.2	9.5	9.7	7.2
广 东	Guangdong	318.7	333.0	222.7	87.3	91.2	61.0	8.9	9.0	7.9
广 西	Guangxi	356.0	363.2	240.8	97.5	99.5	66.0	9.2	9.3	8.1
海 南	Hainan	310.0	314.9	196.6	84.9	86.3	53.9	9.7	9.8	7.3
重 庆	Chongqing	327.0	345.8	244.0	89.6	94.7	66.8	9.9	10.4	7.5
四 川	Sichuan	348.2	373.8	259.8	95.4	102.4	71.2	10.3	10.7	8.4
贵 州	Guizhou	311.1	347.2	231.6	85.2	95.1	63.5	8.5	9.4	6.4
云 南	Yunnan	311.7	342.1	215.1	85.4	93.7	58.9	9.3	9.7	7.8
西 藏	Tibet	268.9	271.4	233.5	73.7	74.4	64.0	10.5	11.0	6.0
陕 西	Shaanxi	320.0	339.7	212.0	87.7	93.1	58.1	9.8	9.9	9.0
甘 肃	Gansu	308.7	312.5	259.9	84.6	85.6	71.2	9.7	9.8	8.6
青 海	Qinghai	314.6	322.3	232.9	86.2	88.3	63.8	10.4	10.7	7.5
宁 夏	Ningxia	327.6	345.0	213.6	89.7	94.5	58.5	10.2	10.4	8.2
新 疆	Xinjiang	322.7	341.0	197.5	88.4	93.4	54.1	9.1	9.3	7.1

3-9 分地区按床位数分组的社区卫生服务中心(站)(2013年)

Community Health Service Centers (Stations) by Grouping of Beds and Region(2013)

单位：个 (unit)

地 区	Region	社区卫生服务中心 Community Health Service Centers							社区卫生服务站 Community Health Service Stations			
		总计 Total	无床 No Bed	1-9张 1-9 Beds	10-29张 10-29 Beds	30-49张 30-49 Beds	50-99张 50-99 Beds	100张及以上 100 Beds and Above	总计 Total	无床 No Bed	1-9张 1-9 Beds	10张及以上 10 Beds and Above
总 计	**Total**	**8488**	**3907**	**510**	**1810**	**1071**	**927**	**263**	**25477**	**22721**	**1928**	**828**
北 京	Beijing	316	157	38	71	26	16	8	1555	1555		
天 津	Tianjin	108	40		15	14	37	2	455	455		
河 北	Hebei	258	62	30	98	41	26	1	857	487	208	162
山 西	Shanxi	203	76	19	63	26	14	5	611	492	87	32
内蒙古	Inner Mongolia	276	96	43	105	20	10	2	872	498	292	82
辽 宁	Liaoning	351	231	8	49	24	25	14	785	778	2	5
吉 林	Jilin	198	99	18	38	21	21	1	163	113	46	4
黑龙江	Heilongjiang	432	213	40	94	40	41	4	342	182	113	47
上 海	Shanghai	301	98	6	15	42	79	61	708	708		
江 苏	Jiangsu	528	130	6	114	133	111	34	2219	2108	101	10
浙 江	Zhejiang	486	214	49	110	69	38	6	5777	5770	4	3
安 徽	Anhui	414	142	38	127	58	42	7	1528	1528		
福 建	Fujian	221	118	9	52	25	17		312	312		
江 西	Jiangxi	164	49	25	50	27	11	2	443	280	138	25
山 东	Shandong	509	205	24	107	79	69	25	1799	1422	257	120
河 南	Henan	383	131	12	106	80	48	6	898	778	91	29
湖 北	Hubei	334	123	3	58	51	80	19	897	820	57	20
湖 南	Hunan	276	73	19	103	42	34	5	379	333	35	11
广 东	Guangdong	1036	850	19	66	46	42	13	1453	1451	1	1
广 西	Guangxi	133	104	3	15	6	4	1	128	124	2	2
海 南	Hainan	22	13		3	1	4	1	122	110	11	1
重 庆	Chongqing	198	94	1	24	28	34	17	295	285	6	4
四 川	Sichuan	379	137	18	104	55	53	12	528	407	65	56
贵 州	Guizhou	145	49	14	41	24	15	2	421	261	94	66
云 南	Yunnan	151	54	11	37	25	20	4	306	208	63	35
西 藏	Tibet	7	2	2	3				2		2	
陕 西	Shaanxi	246	132	20	42	33	16	3	337	276	29	32
甘 肃	Gansu	204	94	28	53	20	7	2	411	287	87	37
青 海	Qinghai	16	4	2	6		3	1	161	48	88	25
宁 夏	Ningxia	12	10		1	1			100	76	19	5
新 疆	Xinjiang	181	107	5	40	14	10	5	613	569	30	14

3-10 分地区医疗卫生机构门诊服务情况(2013年)
Outpatient Services of Health Institutions by Region (2013)

地区	Region	诊疗人次数(亿人次) Visits (100 million person-times)	#门急诊 Outpatients with Emergency Treatment	观察室留观病例数(万人) Cases in Observation Room (10 000 persons)	健康检查人数(万人) Number of Health Examinations (10 000 persons)	急诊病死率(%) Fatality Rate among Emergency Admissions (%)	观察室病死率(%) Fatality Rate in Observation Room (%)	居民平均就诊次数(次) Average Number of Visits of Doctors (time)
总 计	**National Total**	**73.14**	**69.61**	**6410.39**	**38832.57**	**0.07**	**0.06**	**5.38**
北 京	Beijing	2.05	2.02	299.53	560.03	0.08	0.07	9.68
天 津	Tianjin	1.05	1.01	182.87	360.82	0.09	0.05	7.15
河 北	Hebei	3.93	3.52	200.20	1500.67	0.18	0.09	5.36
山 西	Shanxi	1.25	1.14	65.57	2928.01	0.18	0.08	3.44
内蒙古	Inner Mongolia	0.99	0.91	46.82	529.41	0.10	0.18	3.96
辽 宁	Liaoning	1.78	1.64	298.68	898.33	0.13	0.10	4.06
吉 林	Jilin	1.02	0.90	55.76	413.37	0.10	0.21	3.71
黑龙江	Heilongjiang	1.21	1.09	49.07	592.60	0.11	0.35	3.15
上 海	Shanghai	2.34	2.30	31.59	676.94	0.14	1.39	9.69
江 苏	Jiangsu	4.94	4.79	216.83	2600.03	0.04	0.04	6.23
浙 江	Zhejiang	4.75	4.66	123.37	2203.07	0.04	0.15	8.64
安 徽	Anhui	2.55	2.42	189.20	1333.57	0.08	0.01	4.22
福 建	Fujian	2.04	1.96	94.71	939.62	0.03	0.02	5.40
江 西	Jiangxi	1.99	1.88	217.22	1134.05	0.03	0.01	4.39
山 东	Shandong	6.22	5.89	462.87	2809.78	0.18	0.09	6.39
河 南	Henan	5.19	4.84	207.03	2807.30	0.09	0.06	5.51
湖 北	Hubei	3.21	3.06	410.53	1731.37	0.07	0.04	5.53
湖 南	Hunan	2.44	2.29	465.21	1601.73	0.03	0.04	3.65
广 东	Guangdong	7.58	7.36	676.19	3704.85	0.03	0.05	7.12
广 西	Guangxi	2.50	2.42	197.88	1334.24	0.03	0.02	5.29
海 南	Hainan	0.42	0.42	20.05	163.27	0.04	0.01	4.74
重 庆	Chongqing	1.39	1.31	358.83	684.75	0.07	0.00	4.68
四 川	Sichuan	4.35	4.18	416.94	2738.85	0.07	0.03	5.37
贵 州	Guizhou	1.27	1.20	249.89	855.02	0.04	0.02	3.62
云 南	Yunnan	2.11	2.05	443.97	891.00	0.05	0.04	4.51
西 藏	Tibet	0.12	0.11	13.67	90.60	0.05	0.04	3.78
陕 西	Shaanxi	1.72	1.66	30.14	827.34	0.10	0.09	4.57
甘 肃	Gansu	1.24	1.15	174.11	887.38	0.14	0.02	4.80
青 海	Qinghai	0.22	0.21	65.44	177.67	0.23	0.02	3.81
宁 夏	Ningxia	0.33	0.32	72.68	266.38	0.14	0.01	5.10
新 疆	Xinjiang	0.94	0.90	73.52	590.51	0.13	0.11	4.14

3-11 分地区医疗卫生机构住院服务情况(2013年)
Hospitalization Services in Health Institutions by Region (2013)

地　区	Region	入院人数(万人) Number of Inpatients (10 000 persons)	出院人数(万人) Patients Discharged (10 000 persons)	住院病人手术人次(万人次) Surgical Operation of Hospitalized (10 000 person-times)	病死率(%) Fatality Rate (%)	每床出院人数(人) Patients Discharged per Beds (person)	每百门急诊入院人数(人) Inpatients per 100 Outpatient and Emergency Visits (person)	居民年住院率(%) Annual Hospitalization Rate of Residents (%)
总　计	**National Total**	**19215.46**	**19119.93**	**3982.76**	**0.34**	**31.0**	**4.3**	**14.1**
北　京	Beijing	246.31	245.62	97.32	1.20	23.6	1.3	11.6
天　津	Tianjin	135.91	135.65	48.02	0.62	23.5	1.6	9.2
河　北	Hebei	922.53	919.38	169.17	0.24	30.3	5.7	12.6
山　西	Shanxi	367.01	366.22	80.91	0.22	21.3	5.3	10.1
内蒙古	Inner Mongolia	283.62	284.50	55.33	0.43	23.8	4.7	11.4
辽　宁	Liaoning	595.09	589.86	113.29	0.79	24.5	5.2	13.6
吉　林	Jilin	307.72	304.70	60.47	0.83	23.0	5.2	11.2
黑龙江	Heilongjiang	471.22	469.47	109.11	0.79	24.8	6.3	12.3
上　海	Shanghai	291.04	290.01	139.01	1.60	25.4	1.4	12.1
江　苏	Jiangsu	1053.69	1049.27	264.72	0.17	28.5	2.9	13.3
浙　江	Zhejiang	689.52	686.29	216.73	0.25	29.9	1.8	12.5
安　徽	Anhui	762.58	756.04	149.25	0.26	32.1	5.3	12.6
福　建	Fujian	527.67	525.34	103.23	0.11	33.7	4.0	14.0
江　西	Jiangxi	688.66	686.17	103.52	0.13	39.4	7.6	15.2
山　东	Shandong	1414.84	1406.16	262.21	0.31	28.8	4.9	14.5
河　南	Henan	1327.40	1317.63	246.32	0.19	30.7	5.2	14.1
湖　北	Hubei	952.36	950.78	181.63	0.32	33.0	5.2	16.4
湖　南	Hunan	1160.75	1152.24	173.30	0.13	36.7	8.6	17.3
广　东	Guangdong	1297.56	1296.69	436.42	0.49	34.3	2.4	12.2
广　西	Guangxi	818.75	816.19	114.21	0.32	43.6	5.6	17.4
海　南	Hainan	90.95	90.59	14.47	0.22	28.2	3.0	10.2
重　庆	Chongqing	507.15	503.78	86.82	0.35	34.2	6.3	17.1
四　川	Sichuan	1451.85	1443.45	252.42	0.41	33.9	5.7	17.9
贵　州	Guizhou	653.52	646.07	96.22	0.15	38.9	9.7	18.7
云　南	Yunnan	675.03	671.00	128.79	0.28	31.9	5.3	14.4
西　藏	Tibet	19.47	19.89	3.18	0.05	18.1	2.5	6.2
陕　西	Shaanxi	547.37	543.38	115.99	0.26	29.4	5.7	14.5
甘　肃	Gansu	318.82	320.56	52.48	0.18	27.6	5.1	12.3
青　海	Qinghai	82.33	80.81	13.16	0.24	27.4	5.8	14.2
宁　夏	Ningxia	90.71	90.19	20.49	0.24	29.0	4.0	13.9
新　疆	Xinjiang	464.05	462.00	74.57	0.29	33.7	6.7	20.5

3-12 社区卫生服务中心(站)医疗服务情况

Medical Services of Community Health Service Centers (Stations)

年份 Year / 地区 Region	社区卫生服务中心 Community Health Service Centers						社区卫生服务站 Community Health Service Stations	
	诊疗人次(万人次) Number of Visits (10 000 person-times)	入院人数(人) Number of Inpatients (person)	病床使用率(%) Utilization Rate of Beds (%)	平均住院日(日) Average Duration of Hospitalization (day)	医师日均担负诊疗人次(人次) Daily Visits Per Doctor (person-time)	医师日均担负住院床日(日) Daily Inpatients Each Doctor (day)	诊疗人次(万人次) Visits of Community Health Service Stations (10 000 person-times)	医师日均担负诊疗人次(人次) Daily Visits Per Doctor (person-time)
2004	4615.6	151965	61.2	21.0			5095.5	
2005	5938.5	266215	60.7	17.2			6281.5	
2006	8285.5	436288	57.9	15.5			9378.9	
2007	12712.4	743186	59.6	13.1			9875.0	
2008	17247.3	1032788	58.7	13.4	12.9	0.8	8425.1	12.5
2009	26080.2	1642427	59.8	10.6	14.0	0.7	11617.3	13.7
2010	34740.4	2180577	56.1	10.4	13.6	0.7	13711.1	13.6
2011	40950.0	2473426	54.4	10.2	14.0	0.7	13703.8	13.7
2012	45475.1	2686554	55.5	10.1	14.8	0.7	14393.6	14.0
2013	50788.6	2920630	57.0	9.8	15.7	0.7	14921.2	14.3
北 京 Beijing	4236.2	33943	37.0	16.2	16.8	0.2	510.1	22.2
天 津 Tianjin	1676.7	12137	19.3	11.4	27.5	0.2	16.6	22.8
河 北 Hebei	599.5	64661	51.6	7.6	8.7	0.7	984.6	11.9
山 西 Shanxi	369.3	41018	54.7	12.9	5.7	0.6	408.3	7.5
内蒙古 Inner Mongolia	397.0	43317	48.2	7.9	6.4	0.5	466.7	9.1
辽 宁 Liaoning	897.0	88252	52.8	8.9	10.2	0.7	454.5	10.7
吉 林 Jilin	314.5	25846	30.3	9.2	5.1	0.3	57.7	11.5
黑龙江 Heilongjiang	574.8	49447	47.4	14.0	5.2	0.5	191.2	8.1
上 海 Shanghai	8086.4	92656	88.4	52.7	27.8	1.3		
江 苏 Jiangsu	5443.9	300312	48.7	9.5	18.0	0.7	1432.8	23.3
浙 江 Zhejiang	7676.0	63740	39.4	15.6	22.5	0.2	531.5	22.3
安 徽 Anhui	991.5	134430	44.6	7.1	10.7	0.8	1013.8	12.1
福 建 Fujian	1009.6	70627	45.5	6.2	13.5	0.4	335.9	13.8
江 西 Jiangxi	330.5	57026	56.2	7.1	7.9	0.8	328.5	10.7
山 东 Shandong	1672.8	226130	48.1	8.6	9.1	0.8	1408.5	12.6
河 南 Henan	1022.3	147920	48.4	8.5	9.1	0.9	1003.3	15.9
湖 北 Hubei	1319.9	276007	70.9	8.4	9.9	1.3	682.0	18.2
湖 南 Hunan	759.7	210669	69.3	7.0	7.6	1.1	218.3	7.5
广 东 Guangdong	8822.0	160468	51.5	7.9	24.1	0.3	2207.5	32.4
广 西 Guangxi	525.2	14955	56.2	8.3	12.9	0.2	166.4	12.9
海 南 Hainan	86.3	16777	91.8	7.0	12.5	1.4	193.6	15.8
重 庆 Chongqing	572.8	225281	77.3	7.4	8.7	1.8	134.3	14.6
四 川 Sichuan	1652.6	234078	67.3	8.4	13.2	1.1	405.7	12.0
贵 州 Guizhou	179.1	120261	70.6	4.5	8.0	1.8	268.9	9.8
云 南 Yunnan	341.3	67753	62.1	8.7	11.6	1.6	257.1	11.6
西 藏 Tibet	1.9		22.3		1.7		1.1	6.1
陕 西 Shaanxi	470.4	60870	47.4	9.1	8.8	0.7	284.0	11.6
甘 肃 Gansu	277.8	33732	59.6	6.7	7.3	0.6	318.5	10.3
青 海 Qinghai	60.9	4904	63.1	12.2	10.8	1.0	161.6	14.9
宁 夏 Ningxia	10.8	173	29.4	9.8	5.8	0.1	119.2	15.9
新 疆 Xinjiang	410.1	43240	50.8	8.8	10.3	0.8	359.1	11.1

3-13 乡镇卫生院医疗服务情况
Situations of Medical Services in Township Health Centers

年份 Year 地区 Region	诊疗人次（亿人次）Number of Visits (100 million person-times)	入院人数（万人）Number of Inpatients (10 000 persons)	病床使用率（%）Utilization Rate of Beds (%)	平均住院日（日）Average Duration of Hospitalization (day)
1981	14.38	2123	53.5	6.3
1985	11.00	1771	46.0	5.9
1990	10.65	1958	43.4	5.2
1995	9.38	1960	40.2	4.6
1996	9.44	1916	37.0	4.4
1997	9.16	1918	34.5	4.5
1998	8.74	1751	33.3	4.6
1999	8.38	1688	32.8	4.6
2000	8.24	1708	33.2	4.6
2001	8.24	1700	31.3	4.5
2002	7.10	1625	34.7	4.0
2003	6.91	1608	36.2	4.2
2004	6.81	1599	37.1	4.4
2005	6.79	1622	37.7	4.6
2006	7.01	1836	39.4	4.6
2007	7.59	2662	48.4	4.8
2008	8.27	3313	55.8	4.4
2009	8.77	3808	60.7	4.8
2010	8.74	3630	59.0	5.2
2011	8.66	3449	58.1	5.6
2012	9.68	3908	62.1	5.7
2013	10.07	3937	62.8	5.9
北京 Beijing				
天津 Tianjin	0.06	8.76	46.0	6.6
河北 Hebei	0.43	157.29	58.3	7.0
山西 Shanxi	0.16	45.33	44.4	7.5
内蒙古 Inner Mongolia	0.13	35.25	40.2	5.2
辽宁 Liaoning	0.16	62.13	48.2	6.7
吉林 Jilin	0.10	20.90	32.2	7.0
黑龙江 Heilongjiang	0.10	64.87	60.1	5.7
上海 Shanghai				
江苏 Jiangsu	0.79	147.91	61.2	7.3
浙江 Zhejiang	0.78	19.54	35.8	8.9
安徽 Anhui	0.43	172.28	62.4	5.8
福建 Fujian	0.23	110.01	59.5	5.5
江西 Jiangxi	0.27	231.25	76.2	4.7
山东 Shandong	0.81	280.71	55.3	6.8
河南 Henan	0.89	283.29	61.7	6.9
湖北 Hubei	0.56	220.90	75.7	7.0
湖南 Hunan	0.42	349.16	74.6	5.6
广东 Guangdong	0.70	181.78	54.6	5.1
广西 Guangxi	0.50	309.51	75.7	4.6
海南 Hainan	0.11	8.38	33.7	6.5
重庆 Chongqing	0.22	161.02	77.9	6.2
四川 Sichuan	0.91	466.70	71.3	5.9
贵州 Guizhou	0.23	204.18	70.5	4.2
云南 Yunnan	0.40	151.26	62.2	5.8
西藏 Tibet	0.04	2.72	28.9	4.8
陕西 Shaanxi	0.20	71.91	49.4	7.2
甘肃 Gansu	0.22	60.58	57.3	6.2
青海 Qinghai	0.03	16.56	59.7	4.3
宁夏 Ningxia	0.06	5.40	53.4	7.2
新疆 Xinjiang	0.15	87.56	70.2	5.7

3-14 甲乙类法定报告传染病发病人数及死亡人数排序(2013年)

Ranking List of Infectious Diseases Reported and Number of Deaths of Class A and B (2013)

单位：人 (person)

顺位 No.	发病 Diseases			死亡 Death		
	疾病名称	Diseases	发病人数 Persons	疾病名称	Diseases	死亡人数 Persons
1	病毒性肝炎	Viral Hepatitis	1251872	艾滋病	AIDS	11437
2	肺结核	Pulmonary Tuberculosis	904434	肺结核	Pulmonary Tuberculosis	2576
3	梅毒	Syphilis	406772	狂犬病	Hydrophobia	1128
4	细菌性和阿米巴性	Dysentery	188669	病毒性肝炎	Viral Hepatitis	739
	痢疾			流行性出血热	Hemorrhage Fever	109
5	淋病	Gonorrhea	99659	梅毒	Syphilis	69
6	布鲁氏菌病	Brucellosis	43486	流行性乙型脑炎	Encephalitis B	64
7	艾滋病	AIDS	42286	新生儿破伤风	Newborn Tetanus	45
8	猩红热	Scarlet Fever	34207	麻疹	Measles	24
9	麻疹	Measles	27646	流脑	Epidemic Encephalitis	21
10	伤寒和副伤寒	Typhoid and Paratyphoid	14136	疟疾	Malaria	20
		Fever		细菌性和阿米巴性	Dysentery	13
11	流行性出血热	Hemorrhage Fever	12810	痢疾		
12	血吸虫病	Schistosomiasis	5699	钩端螺旋体病	Leptospirosis	5
13	登革热	Dengue Fever	4663	伤寒和副伤寒	Typhoid and Paratyphoid	3
14	疟疾	Malaria	3896		Fever	2
15	流行性乙型脑炎	Encephalitis B	2178	猩红热	Scarlet Fever	2
16	百日咳	Pertussis	1712	人感染高致病性		1
17	狂犬病	Hydrophobia	1172	禽流感		
18	新生儿破伤风	Newborn Tetanus	492	霍乱	Cholera	1
19	钩端螺旋体病	Leptospirosis	353	淋病	Gonorrhea	1
20	流脑	Epidemic Encephalitis	213	炭疽	Anthrax	1
21	炭疽	Anthrax	193	血吸虫病	Schistosomiasis	1
22	霍乱	Cholera	53	人感染H7N9禽流感	HpAI	
23	人感染H7N9禽流感	HpAI	19	百日咳	Pertussis	
24	人感染高致病性		2	布鲁氏菌病	Brucellosis	
	禽流感			登革热	Dengue Fever	
25	鼠疫	The Plague		鼠疫	The Plague	
26	传染性非典型肺炎	SARS		传染性非典型肺炎	SARS	
27	脊髓灰质炎	Poliomyelitis		脊髓灰质炎	Poliomyelitis	
28	白喉	Diphtheria		白喉	Diphtheria	

注：①空格系无报告发病或死亡病例；

②自2013年11月1日起，人感染H7N9禽流感纳入法定乙类传染病进行管理，甲型H1N1流感从乙类调整至丙类，并归并至流行性感冒进行统计。

a)Blank means no infections or deaths cases reported.

b)Since Nov, 1st, 2013, HPAI (H7N9) Was accepted as legal B class, H1N1 was adjusted from class B to class C, and merged as Influenza.

3-15 甲乙类法定报告传染病发病率、死亡率及病死率排序(2013年)

List of Incidence, Death and Mortality Rates of Class A and B Infectious Diseases Reported (2013)

顺位 No.	发病 Disease Incidence		死亡 Death		病死 Mortality Rate	
	疾病名称 Diseases	发病率 (1/10万) Incidence (1/100 000)	疾病名称 Diseases	死亡率 (1/10万) Death Rate (1/100 000)	疾病名称 Diseases	病死率 (%) Mortality Rate(%)
1	病毒性肝炎 Viral Hepatitis	92.45	艾滋病 AIDS	0.8447	人感染高致病性禽流感	100.00
2	肺结核 Pulmonary Tuberculosis	66.80	肺结核 Pulmonary Tuberculosis	0.1902	狂犬病 Hydrophobia	96.25
3	梅毒 Syphilis	30.04	狂犬病 Hydrophobia	0.0833	流脑 Epidemic Encephalitis	9.86
4	细菌性和阿米巴性痢疾 Dysentery	13.93	病毒性肝炎 Viral Hepatitis	0.0546	新生儿破伤风 Newborn Tetanus	9.15
5	淋病 Gonorrhea	7.36	流行性出血热 Hemorrhage Fever	0.0080	艾滋病 AIDS	6.61
6	布鲁氏菌病 Brucellosis	3.21	梅毒 Syphilis	0.0051	人感染H7N9禽流感 HpAI	5.26
7	艾滋病 AIDS	3.12	流行性乙型脑炎 Encephalitis B	0.0047	流行性乙型脑炎 Encephalitis B	2.94
8	猩红热 Scarlet Fever	2.53	新生儿破伤风 Newborn Tetanus	0.0031	霍乱 Cholera	1.89
9	麻疹 Measles	2.04	麻疹 Measles	0.0018	钩端螺旋体病 Leptospirosis	1.42
10	伤寒和副伤寒 Typhoid and Paratyphoid Fever	1.04	流脑 Epidemic Encephalitis	0.0016	流行性出血热 Hemorrhage Fever	0.85
11	流行性出血热 Hemorrhage Fever	0.95	疟疾 Malaria	0.0015	炭疽 Anthrax	0.52
12	血吸虫病 Schistosomiasis	0.42	细菌性和阿米巴性痢疾 Dysentery	0.0010	疟疾 Malaria	0.51
13	登革热 Dengue Fever	0.34	钩端螺旋体病 Leptospirosis	0.0004	肺结核 Pulmonary Tuberculosis	0.28
14	疟疾 Malaria	0.29	伤寒和副伤寒 Typhoid and Paratyphoid Fever	0.0002	麻疹 Measles	0.09
15	流行性乙型脑炎 Encephalitis B	0.16	猩红热 Scarlet Fever	0.0001	病毒性肝炎 Viral Hepatitis	0.06
16	百日咳 Pertussis	0.13	人感染高致病性禽流感	0.0001	伤寒和副伤寒 Typhoid and Paratyphoid Fever	0.02
17	狂犬病 Hydrophobia	0.09	霍乱 Cholera	0.0001	血吸虫病 Schistosomiasis	0.02
18	新生儿破伤风 Newborn Tetanus	0.03	淋病 Gonorrhea	0.0001	梅毒 Syphilis	0.02
19	钩端螺旋体病 Leptospirosis	0.03	炭疽 Anthrax	0.0001	细菌性和阿米巴性痢疾 Dysentery	0.01
20	流脑 Epidemic Encephalitis	0.02	血吸虫病 Schistosomiasis	0.0001	猩红热 Scarlet Fever	0.01
21	炭疽 Anthrax	0.01	人感染H7N9禽流感 HpAI	0.0001	淋病 Gonorrhea	0.00
22	霍乱 Cholera	0.0039	鼠疫 The Plague		鼠疫 The Plague	
23	人感染H7N9禽流感 HpAI	0.0014	传染性非典型肺炎 SARS		传染性非典型肺炎 SARS	
24	人感染高致病性禽流感	0.0001	脊髓灰质炎 Poliomyelitis		脊髓灰质炎 Poliomyelitis	
25	鼠疫 The Plague		百日咳 Pertussis		百日咳 Pertussis	
26	传染性非典型肺炎 SARS		白喉 Diphtheria		白喉 Diphtheria	
27	脊髓灰质炎 Poliomyelitis		登革热 Dengue Fever		登革热 Dengue Fever	
28	白喉 Diphtheria		布鲁氏菌病 Brucellosis		布鲁氏菌病 Brucellosis	

注：新生儿破伤风发病率和死亡率单位为‰。

a) Units of incidence and death of newborn tetanus are ‰.

3-16 城市居民主要疾病死亡率及死因构成(2013年)
Death Rate of Major Diseases in Urban Areas (2013)

疾病名称	Category of Diseases	死亡率(1/10万) Crude Mortality Rate (1/100000)			构成(%) Percentage (%)			位次 Rank		
		合计 Total	男 Male	女 Female	合计 Total	男 Male	女 Female	合计 Total	男 Male	女 Female
传染病(含呼吸道结核)	Infectious Disease(not including Respiratory Tuberculosis)	6.93	9.54	4.26	1.12	1.34	0.81	8	8	10
寄生虫病	Parasitic Disease	0.04	0.04	0.04	0.01	0.01	0.01	17	16	17
恶性肿瘤	Malignant Tumour	157.77	198.22	116.27	25.47	27.94	22.06	1	1	2
血液,造血器官及免疫疾病	Diseases of the Blood and Blood-forming Organs and Immunodeficiency	1.27	1.29	1.26	0.21	0.18	0.24	15	14	15
内分泌,营养和代谢疾病	Endocrine, Nutritional & Metabolic Diseases	17.12	15.93	18.35	2.76	2.24	3.48	6	7	6
精神障碍	Mental Disorders	2.86	2.85	2.88	0.46	0.40	0.55	11	11	11
神经系统疾病	Diseases of the Nervous System	6.85	7.16	6.54	1.11	1.01	1.24	9	9	8
心脏病	Heart Diseases	133.84	139.04	128.50	21.60	19.60	24.38	2	3	1
脑血管病	Cerebrovascular Disease	125.56	139.12	111.65	20.27	19.61	21.18	3	2	3
呼吸系统疾病	Diseases of the Respiratory System	76.61	88.45	64.47	12.37	12.47	12.23	4	4	4
消化系统疾病	Diseases of the Digestive System	15.78	19.55	11.91	2.55	2.76	2.26	7	6	7
肌肉骨骼和结缔组织疾病	Diseases of the Musculoskeletal System and Connective Tissue	1.71	1.20	2.22	0.28	0.17	0.42	14	15	12
泌尿生殖系统疾病	Diseases of the Genitourinary System	6.44	7.10	5.77	1.04	1.00	1.09	10	10	9
妊娠,分娩产褥期并发症	Pregnancy, Childbirth and the Puerperium	0.11		0.21	0.02		0.04	16		16
围生期疾病	Perinatal Diseases	2.02	2.47	1.55	0.33	0.35	0.29	12	12	14
先天畸形,变形和染色体异常	Congenital Malformations, Deformations and Chromosomal Abnormalities	1.98	2.17	1.78	0.32	0.31	0.34	13	13	13
损伤和中毒外部原因	External Causes of Injury and Poison	39.01	51.84	25.83	6.30	7.31	4.90	5	5	5
诊断不明	Undiagnosed Diseases	2.83	3.64	2.00	0.46	0.51	0.38			
其他疾病	Other Diseases	8.71	7.08	10.39	1.41	1.00	1.97			

3-17 农村居民主要疾病死亡率及死因构成(2013年)
Death Rate of Major Diseases in Rural Areas (2013)

疾病名称	Category of Diseases	死亡率(1/10万) Crude Mortality Rate (1/100000)			构成(%) Percentage (%)			位次 Rank		
		合计 Total	男 Male	女 Female	合计 Total	男 Male	女 Female	合计 Total	男 Male	女 Female
传染病(含呼吸道结核)	Infectious Disease(not including Respiratory Tuberculosis)	7.94	10.78	4.97	1.21	1.42	0.91	8	7	10
寄生虫病	Parasitic Disease	0.06	0.06	0.05	0.01	0.01	0.01	17	16	17
恶性肿瘤	Malignant Tumour	146.65	189.16	102.26	22.38	25.00	18.62	2	1	3
血液,造血器官及免疫疾病	Diseases of the Blood and Blood-forming Organs and Immunodeficiency	1.16	1.20	1.13	0.18	0.16	0.21	15	15	15
内分泌营养和代谢疾病	Endocrine, Nutritional & Metabolic Diseases	11.76	10.51	13.07	1.79	1.39	2.38	7	8	6
精神障碍	Mental Disorders	2.72	2.68	2.76	0.41	0.35	0.50	11	12	11
神经系统疾病	Diseases of the Nervous System	6.81	6.98	6.62	1.04	0.92	1.21	10	10	8
心脏病	Heart Diseases	143.52	149.37	137.42	21.90	19.74	25.02	3	3	1
脑血管病	Cerebrovascular Disease	150.17	166.94	132.66	22.92	22.06	24.15	1	2	2
呼吸系统疾病	Diseases of the Respiratory System	75.32	82.35	67.98	11.49	10.88	12.38	4	4	4
消化系统疾病	Diseases of the Digestive System	15.19	19.67	10.51	2.32	2.60	1.91	6	6	7
肌肉骨骼和结缔组织疾病	Diseases of the Musculoskeletal System and Connective Tissue	1.60	1.33	1.88	0.24	0.18	0.34	14	14	14
泌尿生殖系统疾病	Diseases of the Genitourinary System	6.96	8.18	5.68	1.06	1.08	1.03	9	9	9
妊娠分娩产褥期并发症	Pregnancy, Childbirth and the Puerperium	0.15		0.31	0.02		0.06	16	17	16
围生期疾病	Perinatal Diseases	2.50	2.91	2.07	0.38	0.38	0.38	12	11	12
先天畸形,变性和染色体异常	Congenital Malformations, Deformations and Chromosomal Abnormalities	2.13	2.36	1.88	0.32	0.31	0.34	13	13	13
损伤和中毒外部原因	External Causes of Injury and Poison	57.14	78.20	35.14	8.72	10.33	6.40	5	5	5
诊断不明	Undiagnosed Diseases	2.03	2.30	1.76	0.31	0.30	0.32			
其他疾病	Other Diseases	7.66	6.58	8.79	1.17	0.87	1.60			

3-18 监测地区5岁以下儿童和孕产妇死亡率

Mortality Rate of the Maternal and Children Aged under 5 in Surveillance Areas

年 份 Year	新生儿死亡率(‰) Newborn Mortality Rate(‰)			婴儿死亡率(‰) Infant Mortality Rate(‰)			5岁以下儿童死亡率(‰) Mortality Rate of Children under 5(‰)			孕产妇死亡率(1/10万) Maternal Mortality Rate (1/100 000)		
	合计 Total	城市 Urban	农村 Rural	合计 Total	城市 Urban	农村 Rural	合计 Total	城市 Urban	农村 Rural	合计 Total	城市 Urban	农村 Rural
1991	33.1	12.5	37.9	50.2	17.3	58.0	61.0	20.9	71.1	80.0	46.3	100.0
1992	32.5	13.9	36.8	46.7	18.4	53.2	57.4	20.7	65.6	76.5	42.7	97.9
1993	31.2	12.9	35.4	43.6	15.9	50.0	53.1	18.3	61.6	67.3	38.5	85.1
1994	28.5	12.2	32.3	39.9	15.5	45.6	49.6	18.0	56.9	64.8	44.1	77.5
1995	27.3	10.6	31.1	36.4	14.2	41.6	44.5	16.4	51.1	61.9	39.2	76.0
1996	24.0	12.2	26.7	36.0	14.8	40.9	45.0	16.9	51.4	63.9	29.2	86.4
1997	24.2	10.3	27.5	33.1	13.1	37.7	42.3	15.5	48.5	63.6	38.3	80.4
1998	22.3	10.0	25.1	33.2	13.5	37.7	42.0	16.2	47.9	56.2	28.6	74.1
1999	22.2	9.5	25.1	33.3	11.9	38.2	41.4	14.3	47.7	58.7	26.2	79.7
2000	22.8	9.5	25.8	32.2	11.8	37.0	39.7	13.8	45.7	53.0	29.3	69.6
2001	21.4	10.6	23.9	30.0	13.6	33.8	35.9	16.3	40.4	50.2	33.1	61.9
2002	20.7	9.7	23.2	29.2	12.2	33.1	34.9	14.6	39.6	43.2	22.3	58.2
2003	18.0	8.9	20.1	25.5	11.3	28.7	29.9	14.8	33.4	51.3	27.6	65.4
2004	15.4	8.4	17.3	21.5	10.1	24.5	25.0	12.0	28.5	48.3	26.1	63.0
2005	13.2	7.5	14.7	19.0	9.1	21.6	22.5	10.7	25.7	47.7	25.0	53.8
2006	12.0	6.8	13.4	17.2	8.0	19.7	20.6	9.6	23.6	41.1	24.8	45.5
2007	10.7	5.5	12.8	15.3	7.7	18.6	18.1	9.0	21.8	36.6	25.2	41.3
2008	10.2	5.0	12.3	14.9	6.5	18.4	18.5	7.9	22.7	34.2	29.2	36.1
2009	9.0	4.5	10.8	13.8	6.2	17.0	17.2	7.6	21.1	31.9	26.6	34.0
2010	8.3	4.1	10.0	13.1	5.8	16.1	16.4	7.3	20.1	30.0	29.7	30.1
2011	7.8	4.0	9.4	12.1	5.8	14.7	15.6	7.1	19.1	26.1	25.2	26.5
2012	6.9	3.9	8.1	10.3	5.2	12.4	13.2	5.9	16.2	24.5	22.2	25.6
2013	6.3	3.7	7.3	9.5	5.2	11.3	12.0	6.0	14.5	23.2	22.4	23.6

3-19 新型农村合作医疗情况

Conditions of New Cooperative Medical System

指 标	Indicator	2007	2008	2009	2010	2011	2012	2013
开展新农合县(区、市)数 (个)	Number of Counties Implementing of NCMS (unit)	2451	2729	2716	2678	2637	2566	2489
参加新农合人数(亿人)	Number of Enrollees (100 million persons)	7.26	8.15	8.33	8.36	8.32	8.05	8.02
参合率 (%)	Enrollment Rate (%)	86.2	91.5	94.2	96.0	97.5	98.3	98.7
人均筹资 (元)	Per Capita Premiums (yuan)	58.9	96.3	113.4	156.6	246.2	308.5	370.6
当年基金支出 (亿元)	Payout at Current Year (100 million yuan)	346.6	662.3	922.9	1187.8	1710.2	2408.0	2909.2
补偿受益人次(亿人次)	Number of Beneficiaries from Reimbursement(100 million person-times)	4.53	5.85	7.59	10.87	13.15	17.45	19.42

3-20 分地区新型农村合作医疗情况(2013年)

Conditions of New Cooperative Medical System by Region (2013)

地 区	Region	参加新农合人数(万人) Number of Enrollees (10 000 persons)	人均筹资(元) Per Capita Premiums (yuan)	本年度筹资总额(亿元) Premiums This Year (100 million yuan)	补偿受益人次(万人次) Number of Beneficiaries from Reimbursement (10 000 person-times)	基金使用率(%) Utilization Rate of Funds (%)
总 计	**Total**	**80209.0**	**370.6**	**2972.48**	**194218.8**	**97.8**
北 京	Beijing	254.4	893.9	22.74	562.9	100.5
天 津	Tianjin					
河 北	Hebei	5146.4	346.2	178.19	13350.1	98.0
山 西	Shanxi	2193.7	346.6	76.02	4105.6	96.3
内蒙古	Inner Mongolia	1261.5	374.3	47.22	958.7	96.9
辽 宁	Liaoning	1977.1	354.0	69.99	2453.3	97.0
吉 林	Jilin	1344.3	362.8	48.77	665.0	89.8
黑龙江	Heilongjiang	1521.1	354.3	53.89	2457.2	98.7
上 海	Shanghai	104.7	1593.7	16.69	1683.4	99.5
江 苏	Jiangsu	4055.1	394.6	160.00	14449.2	100.5
浙 江	Zhejiang	2228.3	665.9	148.38	12714.2	105.1
安 徽	Anhui	5149.6	368.1	189.58	10382.2	93.4
福 建	Fujian	2492.1	350.2	87.27	1441.8	104.9
江 西	Jiangxi	3358.0	342.3	114.96	5114.6	93.5
山 东	Shandong	6378.8	361.5	230.57	24655.5	104.7
河 南	Henan	8119.5	352.9	286.54	27128.6	90.7
湖 北	Hubei	3925.3	365.1	143.32	14256.3	94.1
湖 南	Hunan	4729.7	350.6	165.84	6222.9	96.4
广 东	Guangdong					
广 西	Guangxi	4078.9	344.2	140.39	5564.9	106.8
海 南	Hainan	490.4	348.3	17.08	1095.7	97.3
重 庆	Chongqing	2146.2	437.8	93.97	2243.1	73.2
四 川	Sichuan	6243.8	347.3	216.86	14698.6	98.2
贵 州	Guizhou	3214.0	334.0	107.34	5520.5	107.3
云 南	Yunnan	3250.5	346.0	112.47	10041.2	101.1
西 藏	Tibet	242.9	366.7	8.91	698.8	98.7
陕 西	Shaanxi	2550.3	374.7	95.56	4942.6	98.5
甘 肃	Gansu	1930.3	343.7	66.34	3884.3	97.2
青 海	Qinghai	362.7	471.4	17.10	300.9	101.3
宁 夏	Ningxia	356.9	434.8	15.52	831.9	112.6
新 疆	Xinjiang	1102.7	371.7	40.99	1795.1	103.0

3-21 卫生总费用
Total Health Expenditure

年份 Year	卫生总费用(亿元) Total Health Expenditure (100 million yuan)	政府卫生支出 Government Health Expenditure		社会卫生支出 Social Health Expenditure		个人现金卫生支出 Out-of-pocket Health Expenditure		人均卫生费用(元) Per Capita Health Expenditure (yuan)			卫生总费用占GDP比重(%) Health Expenditure as Percentage of GDP (%)
		绝对数(亿元) Level (100 million yuan)	占卫生总费用比重(%) As Percentage of Health Expenditure	绝对数(亿元) Level (100 million yuan)	占卫生总费用比重(%) As Percentage of Health Expenditure	绝对数(亿元) Level (100 million yuan)	占卫生总费用比重(%) As Percentage of Health Expenditure	合计 Total	城市 Urban	农村 Rural	
1978	110.21	35.44	32.16	52.25	47.41	22.52	20.43	11.50			3.02
1979	126.19	40.64	32.21	59.88	47.45	25.67	20.34	12.90			3.11
1980	143.23	51.91	36.24	60.97	42.57	30.35	21.19	14.50			3.15
1981	160.12	59.67	37.27	62.43	38.99	38.02	23.74	16.00			3.27
1982	177.53	68.99	38.86	70.11	39.49	38.43	21.65	17.50			3.33
1983	207.42	77.63	37.43	64.55	31.12	65.24	31.45	20.10			3.48
1984	242.07	89.46	36.96	73.61	30.41	79.00	32.64	23.20			3.36
1985	279.00	107.65	38.58	91.96	32.96	79.39	28.46	26.40			3.09
1986	315.90	122.23	38.69	110.35	34.93	83.32	26.38	29.40			3.07
1987	379.58	127.28	33.53	137.25	36.16	115.05	30.31	34.70			3.15
1988	488.04	145.39	29.79	189.99	38.93	152.66	31.28	44.00			3.24
1989	615.50	167.83	27.27	237.84	38.64	209.83	34.09	54.60			3.62
1990	747.39	187.28	25.06	293.10	39.22	267.01	35.73	65.40	158.80	38.80	4.00
1991	893.49	204.05	22.84	354.41	39.67	335.03	37.50	77.10	187.60	45.10	4.10
1992	1096.86	228.61	20.84	431.55	39.34	436.70	39.81	93.60	222.00	54.70	4.07
1993	1377.78	272.06	19.75	524.75	38.09	580.97	42.17	116.30	268.60	67.60	3.90
1994	1761.24	342.28	19.43	644.91	36.62	774.05	43.95	146.90	332.60	86.30	3.65
1995	2155.13	387.34	17.97	767.81	35.63	999.98	46.40	177.90	401.30	112.90	3.54
1996	2709.42	461.61	17.04	875.66	32.32	1372.15	50.64	221.40	467.40	150.70	3.81
1997	3196.71	523.56	16.38	984.06	30.78	1689.09	52.84	258.60	537.80	177.90	4.05
1998	3678.72	590.06	16.04	1071.03	29.11	2017.63	54.85	294.90	625.90	194.60	4.36
1999	4047.50	640.96	15.84	1145.99	28.31	2260.55	55.85	321.80	702.00	203.20	4.51
2000	4586.63	709.52	15.47	1171.94	25.55	2705.17	58.98	361.90	813.74	214.65	4.62
2001	5025.93	800.61	15.93	1211.43	24.10	3013.89	59.97	393.80	841.20	244.77	4.58
2002	5790.03	908.51	15.69	1539.38	26.59	3342.14	57.72	450.70	987.07	259.33	4.81
2003	6584.10	1116.94	16.96	1788.50	27.16	3678.66	55.87	509.50	1108.91	274.67	4.85
2004	7590.29	1293.58	17.04	2225.35	29.32	4071.35	53.64	583.90	1261.93	301.61	4.75
2005	8659.91	1552.53	17.93	2586.41	29.87	4520.98	52.21	662.30	1126.36	315.83	4.68
2006	9843.34	1778.86	18.07	3210.92	32.62	4853.56	49.31	748.80	1248.30	361.89	4.55
2007	11573.97	2581.58	22.31	3893.72	33.64	5098.66	44.05	875.96	1516.29	358.11	4.35
2008	14535.40	3593.94	24.73	5065.60	34.85	5875.86	40.42	1094.52	1861.76	455.19	4.63
2009	17541.92	4816.26	27.46	6154.49	35.08	6571.16	37.46	1314.26	2176.63	561.99	5.15
2010	19980.39	5732.49	28.69	7196.61	36.02	7051.29	35.29	1490.06	2315.48	666.30	4.98
2011	24345.91	7464.18	30.66	8416.45	34.57	8465.28	34.77	1806.95	2697.48	879.44	5.15
2012	28119.00	8431.98	29.99	10030.70	35.67	9656.32	34.34	2076.67	2999.28	1064.83	5.41
2013	31668.95	9545.81	30.14	11393.79	35.98	10729.34	33.88	2327.37	3234.12	1274.44	5.57

注：1.本表系按当年价格计算核算数，2013年为初步测算数。
2.2001年起卫生总费用不含高等医学教育经费，2006年起包括城乡医疗救助经费。

a) Data in this table are at current prices. Data of 2011 are preliminary data.

b) Since 2011, total health expenditure does not include that of educational expenditure of higher education. Since 2006, it included medical aid expenditure in urban and rural areas.

四、社会服务

Social Service

4-1 历年县及以上行政区划

Division of Administrative Areas at County Level and Above

单位：个 (unit)

年 份 Year	省 级 Provinces, Autonomous Regions and Municipalities	地 级 (不含地级市) Administrative Areas at Prefecture Level (Excluding Cities at Prefecture Level)	县 级 (不含县级市、市辖区) Administrative Areas at County Level (Excluding Cities at County level and Districts under the Jurisdiction of Cities)	市 Cities	#地 级 Cities at Prefecture Level	#县 级 Cities at County Level	市辖区 Districts under the Jurisdiction of Cities
1978	30	212	2153	193	98	92	408
1979	30	211	2153	216	104	109	428
1980	30	211	2151	223	107	113	511
1981	30	208	2144	233	108	122	514
1982	30	210	2140	245	112	130	527
1983	30	178	2091	289	144	142	552
1984	30	175	2069	300	147	150	595
1985	30	165	2046	324	162	159	621
1986	30	159	2017	353	166	184	629
1987	30	156	1986	381	170	208	632
1988	31	151	1936	434	183	248	647
1989	31	151	1919	450	185	262	648
1990	31	151	1903	467	185	279	651
1991	31	151	1894	479	187	289	650
1992	31	148	1848	517	191	323	662
1993	31	139	1795	570	196	371	669
1994	31	127	1735	622	206	413	697
1995	31	124	1716	640	210	427	706
1996	31	117	1696	666	218	445	717
1997	33	110	1693	668	222	442	727
1998	33	104	1689	668	227	437	737
1999	34	95	1682	667	236	427	749
2000	34	74	1674	663	259	400	787
2001	34	67	1660	662	265	393	808
2002	34	57	1649	660	275	381	830
2003	34	51	1642	660	282	374	845
2004	34	50	1636	661	283	374	852
2005	34	50	1636	661	283	374	852
2006	34	50	1635	656	283	369	856
2007	34	50	1635	655	283	368	856
2008	34	50	1635	655	283	368	856
2009	34	50	1636	654	283	367	855
2010	34	50	1633	657	283	370	853
2011	34	48	1627	657	284	369	857
2012	34	48	1624	657	285	368	860
2013	34	47	1613	658	286	368	872

4-2 历年乡镇级行政区划

Division of Administrative Areas at Townships Level

单位：个 (unit)

年 份 Year	乡镇级合计 Total Number of Administrative Areas at Townships Level	镇 Towns	乡级 Townships Level	#民族乡 Ethnic Townships	区公所 District Communities	街道办事处 Street Communities
1978	6195	2173			4022	
1979	10424	2361			3619	4444
1980						
1981	11434	2678			3791	4965
1982						
1983	49695	2968	35514		5909	5304
1984	106439	7186	85290		8119	5844
1985	104900	9140	82450	3144	7908	5402
1986	83954	10718	61353	2936	6165	5718
1987	81025	11103	58739	3020	5503	5680
1988	65345	11481	45195	1571	3570	5099
1989	65419	11873	44624	1755	3502	5420
1990	65188	12084	44397	1980	3438	5269
1991	63391	12455	42654	1403	3096	5186
1992	54830	14539	33827	1348	1231	5233
1993	54863	15805	32445	1351	1143	5470
1994	54605	16702	31463	1322	1068	5372
1995	53360	17532	29502	1330	730	5596
1996	51336	18171	27056	1383	544	5565
1997	50967	18925	25966	1545	398	5678
1998	50999	19216	25712	1517	339	5732
1999	50750	19756	24745	1222	345	5904
2000	51024	20312	24555	1356	255	5902
2001	46369	20358	20012	1165	27	5972
2002	44822	20600	18640	1162	66	5516
2003	44067	20226	18064	1149	26	5751
2004	43275	19892	17534	1127	20	5829
2005	41636	19522	15951	1093	11	6152
2006	41040	19369	15306	1089	10	6355
2007	40813	19249	15120	1094	10	6434
2008	40828	19234	15067	1097	3	6524
2009	40858	19322	14848	1098	2	6686
2010	40906	19410	14571	1096	2	6923
2011	40466	19683	13587	1086	2	7194
2012	40466	19881	13281	1064	2	7282
2013	40497	20117	12812	1035	2	7566

注：民族乡中含1个民族苏木。

a) The data of ethnic townships includes one ethnic sumu

4-3 社会服务发展情况

Development of Social Service

项　目		Item		1985	1990	2000	2005	2010	2012	2013
综　合		**General**								
乡	（个）	Townships Lcvcl	(unit)	82450	44397	24555	15951	14571	13281	12812
镇	（个）	Towns	(unit)	9140	12084	20312	19522	19410	19881	20117
60周岁及以上人口	（万人）	Population Aged 60 and over	(10 000 persons)					17765	19390	20243
#65周岁及以上		Aged 65 and over			6368	8821	10055	11894	12714	13161
社会服务经费	（亿元）	Expenditure on Social Service	(100 million yuan)	29.6	51.9	229.7	718.4	2697.5	3683.7	4276.5
固定资产	（亿元）	Fixed Assets	(100 million yuan)	20.1	51.7	1199.3	3097.8	6589.3	6675.4	6810.2
社会工作		**Social Work**								
社会服务床位数	（万张）	Number of Beds in Social Service Institutions	(10 000 beds)	49.1	78.0	113.0	180.7	349.6	449.3	526.7
#儿童床位		Welfare Homes for Children		0.5	0.8	1.8	3.2	5.5	8.7	9.8
老年及残疾人床位		Beds for Aged and Disabled		45.7	73.5	104.5	158.1	316.1	416.5	493.7
智障和精神疾病床位		Beds for Mental Retardation and Mental Disease		2.9	3.7	4.1	4.4	6.1	6.7	7.4
社区服务中心数	（个）	Number of Community Services Centers	(unit)			6444	8479	12720	15497	19014
城市居民最低生活保障人数	（万人）	Number of Persons Receiving Subsistence Allowance in Urban Areas	(10 000 persons)			402.6	2234.2	2310.5	2143.5	2064.2
农村居民最低生活保障人数	（万人）	Number of Persons Receiving Subsistence Allowance in Rural Areas	(10 000 persons)				825.0	5214.0	5344.5	5388.0
家庭儿童收养登记总数	（件）	Number of Adoption Registration of Children Adopted by Femilies	(case)			55802	49506	34529	27278	24460
为残疾人提供服务机构	（个）	Service Institution for the Disabled	(unit)	14872	41827	40670	31211	22226	20205	18227
福利彩票销售额	（亿元）	Sales of Welfare Lottery	(100 million yuan)		6.5	89.9	411.2	968.0	1510.3	1765.3
国家重点优抚对象	（万人）	Beneficiaries of State Pension or Subsidies with Preferential Treatment	(10 000 persons)	283.3	425.7	442.4	460.3	625.0	944.4	950.5
成员组织		**Membership Organizations**								
社会组织	（个）	NGOs	(unit)		10855	153322	319762	445631	499268	547245
村民委员会	（万个）	Villagers' Committees	(10 000 units)	94.9	100.1	73.2	62.9	59.5	58.8	58.9
社区居委会	（万个）	Community Neighbourhood Committees	(10 000 units)	8.1	9.9	10.8	8.0	8.7	9.1	9.5
其他社会服务		**Other Social Service**								
办理结婚登记	（万对）	Registered Marriages	(10 000 couples)	831.3	951.1	848.5	823.1	1241.0	1323.6	1346.9
办理离婚登记	（万对）	Registered Divorces	(10 000 couples)	45.8	80.0	121.3	178.5	267.8	310.4	350.0
火化数	（万具）	Cremated Remains During the Year	(10 000 bodies)	155.2	201.3	373.7	450.2	474.1	477.7	468.9

4-4 历年社会服务机构情况

Statistics on Social Service Institutions

单位：万个 (10 000 units)

年 份 Year	合 计 Total	社会工作 Social Work	成员组织 Membership Organizations	社会组织 Social Organizations	自治组织 Autonomy Organizations	其他社会服务机构 Other Social Service Institutions	民政系统行政机关 Administrative Institutions
1978	1.1	0.8				0.3	
1979	1.3	1.0				0.3	
1980	1.4	1.1				0.3	
1981	1.5	1.2				0.3	
1982	1.7	1.4				0.3	
1983	40.2	2.2	37.7		37.7	0.3	
1984	103.6	3.0	100.3		100.3	0.3	
1985	107.7	4.5	103.0		103.0	0.3	
1986	101.2	5.6	95.3		95.3	0.3	
1987	100.1	6.6	93.2		93.2	0.3	
1988	106.7	8.1	98.3	0.4	97.8	0.3	
1989	111.8	8.3	103.3	0.5	102.8	0.3	
1990	119.8	8.4	111.1	1.1	110.0	0.3	
1991	129.2	8.7	120.2	8.3	111.9	0.3	
1992	136.1	9.5	126.3	15.5	110.8	0.3	
1993	139.7	10.7	128.7	16.8	112.0	0.3	
1994	140.3	10.9	129.1	17.4	111.7	0.3	
1995	133.6	10.9	122.4	18.1	104.4	0.3	
1996	133.9	10.9	122.7	18.5	104.2	0.3	
1997	131.4	10.6	120.5	18.1	102.4	0.3	
1998	122.2	10.2	111.8	16.6	95.2	0.3	
1999	115.7	9.5	105.9	14.3	91.6	0.3	
2000	109.5	9.8	99.3	15.3	84.0	0.3	
2001	110.4	9.2	100.3	21.1	79.2	0.3	0.6
2002	111.0	9.1	101.2	24.5	76.7	0.3	0.5
2003	110.3	8.9	100.7	26.7	74.0	0.3	0.4
2004	111.5	9.6	101.1	28.9	72.2	0.3	0.4
2005	113.0	9.5	102.9	32.0	70.9	0.3	0.4
2006	116.0	9.2	105.9	35.4	70.5	0.5	0.4
2007	118.0	9.0	108.2	38.7	69.5	0.5	0.3
2008	119.6	8.4	110.2	41.4	68.8	0.6	0.4
2009	126.2	13.8	111.5	43.1	68.4	0.6	0.3
2010	126.9	13.2	112.7	44.6	68.2	0.6	0.3
2011	129.8	14.6	114.1	46.2	67.9	0.7	0.3
2012	146.5	27.5	117.9	49.9	68.0	0.6	0.3
2013	156.5	32.3	123.0	54.7	68.3	.0.6	0.3

注：自2012年起社会工作中包含其他社区服务机构。

a) The data of social work included the data of other community service facilities since 2012.

4-5 历年社会服务机构职工情况
Staff and Workers in Social Service Institutions

单位：万人　　　　(10 000 persons)

年 份 Year	合 计 Total	社会工作 Social Work	成员组织 Membership Organizations	社会组织 Social Organizations	自治组织 Autonomy Organizations	其他社会服务机构 Other Social Service Institutions	民政系统行政机关 Administrative Institutions
1978	19.7	19.7					
1979	21.9	21.9					
1980	25.3	25.3					
1981	27.8	27.8					
1982	29.1	29.1					
1983	41.5	41.5					
1984	48.0	48.0					
1985	497.9	83.4	414.5		414.5		
1986	506.2	104.1	402.1		402.1		
1987	529.1	132.2	396.9		396.9		
1988	569.6	166.9	402.7		402.7		
1989	587.5	171.5	416.0		416.0		
1990	631.8	179.3	452.5		452.5		
1991	661.2	192.7	468.5		468.5		
1992	691.3	213.9	477.4		477.4		
1993	733.9	230.0	503.9		503.9		
1994	749.6	243.1	506.5		506.5		
1995	694.2	245.7	448.5		448.5		
1996	676.0	229.2	446.8		446.8		
1997	681.1	238.2	428.6		428.6		14.3
1998	649.2	225.0	409.4		409.4		14.8
1999	629.9	213.7	401.4		401.4		14.8
2000	580.3	203.4	363.4		363.4		13.5
2001	577.3	202.4	362.8		362.8		12.1
2002	537.4	192.4	333.8		333.8		11.2
2003	562.6	193.0	358.8		358.8		10.8
2004	543.7	197.8	334.6		334.6		11.3
2005	509.0	189.5	311.1		311.1		8.4
2006	903.8	183.0	712.5	425.2	287.3		8.3
2007	938.4	190.4	739.6	456.9	282.7		8.4
2008	967.4	206.9	751.8	475.8	276.0		8.7
2009	1038.1	207.5	821.8	544.7	277.1		8.8
2010	1138.4	225.6	895.5	618.2	277.3	8.4	8.9
2011	1120.8	235.7	876.6	599.3	277.3	8.5	9.0
2012	1154.0	241.4	892.5	613.3	279.2	8.6	9.3
2013	1207.0	269.2	917.3	636.7	280.7	9.1	9.4

4-6 社会服务机构基本情况
Statistics on Social Service Institutions

项　　目	Item	单位数（个） Number of Enterprises (unit)		职工人数（万人） Number of Staff and Workers (10 000 persons)	
		2012	2013	2012	2013
社会服务	**Social Services**	**1366650**	**1562298**	**1144.7**	**1197.8**
社会工作	**Social Work**	**179045**	**323061**	**241.4**	**269.3**
提供住宿的社会服务机构	Social Welfare Institutions with Accommodations	48105	45977	39.8	42.4
老年人与残疾人服务机构	Institutions for the Aged and Disabled	44304	42475	33.1	35.6
城市养老服务机构	For the Aged in Urban Areas	6464	7077	9.3	11.0
农村养老服务机构	For the Aged in Rural Areas	32787	30247	15.9	16.4
社会福利院	Social Welfare Homes	1719	1825	4.2	4.5
光荣院	Homes for Disabled Veterans	1399	1425	1.2	1.2
荣誉军人康复医院	Convalescent Hospitals for Honorable Servicemen	43	42	0.5	0.5
复员军人疗养院	Sanatoriums for Ex-serviceman	41	38	0.3	0.3
军休所	Convalescent Home for Retired Military Officers	1851	1821	1.7	1.7
智障与精神疾病服务机构	Social Welfare Institutions for Mental Retardation and Mental Diseases	257	261	2.3	2.5
社会福利医院	Social Welfare Hospitals	156	155	1.3	1.4
复退军人精神病院	Mental Hospitals for Ex-serviceman	101	106	1.0	1.1
儿童收养救助服务机构	Social Welfare Institutions for Children	724	803	1.3	1.4
儿童福利机构	Welfare Institutions for Children	463	529	1.1	1.2
未成年人救助保护中心	Juvenile Rescue and Protection Centers	261	274	0.2	0.2
其他提供住宿的服务机构	Other Social Welfare Institutions with Accommodations	2820	2438	3.1	2.9
生活无着人员救助管理站	Salvation Stations	1770	1891	1.7	1.8
安置农场	Placement Farms	27	26	0.1	0.1
军供站	Serviceman Supply Stations	695	325	0.7	0.6
其他提供住宿的机构	Other Residential Institutions	328	196	0.6	0.4
不提供住宿的社会服务机构	Social Welfare Institutions without Accommodations	130940	277084	201.6	226.9
老龄机构	Institutions for the Aged	2583	2571	1.1	1.0
为残疾人提供服务机构	Service Institutions for the Disabled	20205	18227	149.9	137.3
低保救助对象服务机构	Service Institutions for People under Minimum	843	987	0.6	0.7
	Living Standard	665	784	0.2	0.2
救灾储备单位	Relief Reserve Units				
福利彩票发行机构	Welfare Lottery Issuing Institutions	955	940	0.9	1.1
军队离退休人员管理中心	Management Centers for Retired Military Officers	121	145	0.2	0.2
军队离退休人员活动中心	Activity Centers for Retired Military Officers	25	28	0.1	0.1
烈士纪念建筑物管理机构	Martyr Memorial Building Management Units	1306	1463	1.0	1.0
社区服务机构	Community Services Institutions	200162	251939	47.6	85.3
成员组织和其他社会服务	**Membership Organizations and Other Social Service Institutions**	**1185179**	**1236853**	**901.1**	**926.5**
成员组织	Membership Organizations	1178896	1230412	892.5	917.4
社会组织	Social Organization	499268	547245	613.3	636.7
社会团体	Social Organizations	271131	289026	346.9	353.2
基金会	Foundations	3029	3549	1.9	1.9
民办非企业	Non-enterprise Units Run by NGO	225108	254670	264.5	281.6
自治组织	Autonomy Organizations	679628	683167	279.2	280.7
社区居委会	Neighborhood Committee	91153	94620	46.9	48.4
村民委员会	Village Committee	588475	588547	232.3	232.3
其他社会服务	Other Social Service Institutions	6283	6441	8.6	9.1
婚姻服务机构	Marriage Registration Institutions	1926	2059	0.9	1.0
殡葬服务机构	Funeral Service Institutions	4357	4382	7.7	8.1
殡仪馆	Funeral Home	1782	1784	4.5	4.6
公墓	Cemetery	1597	1506	2.3	2.5
骨灰堂	Cineraria		29		0.1
殡葬管理单位	Funeral and Interment Management Institutions	978	1063	0.9	0.9
其他事业单位	**Other Institutions**	**2426**	**2384**	**2.2**	**2.0**
行政机关	**Administration**	**3493**	**3492**	**9.3**	**9.4**

注：自2013年起，社会服务机构基本情况部分指标口径、名称有调整，同时对2012年数据进行修正(下同)。

a) In 2013, the scopes and names of some indicators used under the Social Services Institutions were changed. 2012 data are revised. The same applies to the following tables.

4-7 历年社会服务机构固定资产原值情况
Original Value of Fixed Assets in Civil Affairs Institutions

单位：亿元 (100 million yuan)

年份 Year	合计 Total	社会工作 Social Work	成员组织 Membership Organizations	社会组织 Social Organizations	自治组织 Autonomy Organizations	其他社会服务机构 Other Social Service Institutions	民政系统行政机关 Administrative Institutions
1983	13.0	13.0					
1984	14.9	14.9					
1985	20.1	20.1					
1986	24.2	24.2					
1987	28.7	28.7					
1988	40.8	40.8					
1989	44.1	44.1					
1990	51.7	51.7					
1991	63.6	63.6					
1992	75.6	75.6					
1993	100.3	100.3					
1994	119.0	119.0					
1995	142.6	142.6					
1996	168.1	168.1					
1997	211.5	211.5					
1998	962.4	962.4					
1999	1017.3	1017.3					
2000	1199.3	1199.3					
2001	1317.0	1317.0					
2002	1394.9	1394.9					
2003	1644.3	1644.3					
2004	1818.4	1755.6					62.8
2005	3097.8	1858.0	1174.9		1174.9		64.9
2006	4066.7	2103.0	1869.4	423.0	1446.4		94.3
2007	3973.0	1934.3	1905.9	682.0	1223.9		132.8
2008	4592.8	2186.8	2273.1	805.8	1467.3		132.9
2009	5198.0	2326.4	2752.4	1030.0	1722.4		119.2
2010	6589.3	2671.9	3795.6	1864.1	1931.5		121.8
2011	6989.8	2790.4	3684.2	1885.0	1799.2	231.0	284.2
2012	7019.5	2898.9	3477.7	1425.4	2052.3	251.8	344.1
2013	6995.5	3030.7	3465.7	1496.6	1969.1	267.0	185.4

4-8 社会服务经费情况
Expenditure on Social Service by Item

单位：亿元 (100 million yuan)

项　目	Item	2012	2013	2013年比2012年增减% Change in 2013 over 2012%
社会服务经费合计	**Total Expenditure on Social Service**	**3683.7**	**4276.5**	**16.1**
占国家财政支出比重(%)	Percentage to Total Government Expenditure (%)	3.0	3.1	3.3
#中央专项转移支付的事业费	Central Government Transfer Payment for Local Civil Affairs	1794.6	2149.7	19.8
占社会服务经费的比重(%)	Percentage to Total Expenditure on Social Service (%)	48.7	50.3	3.2
国家基本建设投资	State Capital Construction	104.2	292.8	181.0
公益金支出	Expenditure of Public Fund	159.0	195.5	23.0
按项目分	**by Item**			
抚恤	Pension for Families of the Disabled Veterans and the Bereaved	517.0	618.4	19.6
退役安置	Pension for Retired Servicemen and Resettlement	372.1	435.3	17.0
社会福利	Social Welfare Expenses	319.5	397.6	24.4
社会救助	Social Relief	1866.1	2172.4	16.4
#城乡最低生活保障	Expenses for Subsistence Allowance in Urban and Rural Areas	1392.3	1623.6	16.6
其他社会救济	Social Relief Funds in Rural Areas	243.2	291.4	19.8
医疗救助	Medical Aid	230.6	257.4	11.6
自然灾害生活救助	Natural Disaster Relief	163.4	178.7	9.4
离退休人员经费	Pension for Civilian Retirees	39.0	43.6	11.8
其他	Other Civil Affairs Expenditure	406.7	430.6	5.9

4-9 基本建设投资情况
Investment of Capital Construction

单位：亿元 (100 million yuan)

项　目	Item	2012	2013	2013年比2012年增减% Change in 2013 over 2012 %
本年计划投资	**Planned Investment in Reference Year**	**222.3**	**311.9**	**40.3**
优抚安置机构	Social Welfare Institutions for Martyrs and Resettlement	16.9	17.3	2.1
社区服务机构	Community Service Institutions	32.6	35.2	8.1
收养性机构	Adopting Social Welfare Institutions	101.4	182.4	79.9
殡葬服务机构	Funeral and Interment Institutions	26.8	36.9	37.6
救助类机构	Units Providing Assistance	8.9	7.2	-18.6
其　他	Others	35.7	32.9	-7.8
本年完成投资	**Actual Investment in Reference Year**	**234.7**	**292.8**	**24.8**
优抚安置机构	Social Welfare Institutions for Martyrs and Resettlement	19.0	16.2	-14.6
社区服务机构	Community Service Institutions	34.7	30.1	-13.3
收养性机构	Adopting Social Welfare Institutions	104.6	176.1	68.3
殡葬服务机构	Funeral and Interment Institutions	27.1	31.6	16.7
救助类机构	Units Providing Assistance	10.4	6.9	-33.8
其　他	Others	38.8	31.9	-17.9
本年完工项目个数(个)	**Number of Completed Projects in Reference Year (unit)**	**6095**	**15328**	**151.5**

4-10 历年提供住宿的社会服务机构情况

Social Welfare Residential Institutions

年份 Year	单位数（个）Number of Institutions (unit)	#老年及残疾人 The Aged and Disabled	床位数（万张）Number of Beds (10 000 units)	#老年及残疾人 The Aged and Disabled	收养人数（万人）Inmates (10 000 persons)	#老年及残疾人 The Aged and Disabled
1978	8571	8365	16.3	15.7	16.3	14.0
1979	8988	8801	22.6	20.1	18.6	16.3
1980	9669	9460	24.2	21.3	19.1	16.7
1981	10031	9813	25.3	22.2	19.7	17.0
1982	12275	12046	28.2	24.8	22.5	19.7
1983	15807	15582	32.4	29.0	25.9	23.0
1984	22796	22566	42.5	39.0	34.1	31.0
1985	29100	28852	49.1	45.7	40.8	37.5
1986	35008	34750	58.7	55.0	47.4	43.9
1987	37372	37109	64.9	61.0	51.8	48.2
1988	39030	38767	69.5	65.5	54.8	51.1
1989	39743	39472	73.8	69.5	56.9	53.0
1990	40583	40340	78.0	73.5	59.9	56.1
1991	42264	42013	82.8	78.3	64.6	60.8
1992	43319	43063	89.8	85.2	69.6	65.6
1993	43681	43375	92.7	87.8	72.4	68.0
1994	43240	42911	95.5	90.6	73.6	69.2
1995	43074	42735	97.6	92.5	74.7	70.1
1996	42829	42518	100.8	95.6	76.9	72.3
1997	42385	42027	103.1	97.8	78.5	73.7
1998	42131	41755	105.8	100.2	80.0	74.9
1999	40430	40030	108.9	102.4	82.7	77.6
2000	40491	39321	113.0	104.5	85.4	78.6
2001	38785	38106	140.7	114.6	88.5	82.0
2002	38200	37591	141.5	114.9	91.6	85.0
2003	37294	36224	142.9	120.6	96.5	89.1
2004	38593	37880	157.2	139.5	110.9	103.9
2005	42487	40641	180.7	158.1	123.6	116.2
2006	43187	40964	204.5	179.6	147.0	138.5
2007	44958	42713	269.6	242.9	200.0	191.3
2008	41099	38674	300.3	267.4	240.0	211.5
2009	43944	39671	326.5	293.5	256.0	227.5
2010	44482	39904	349.6	316.1	278.2	247.0
2011	45973	42828	396.4	369.2	293.4	279.7
2012	48078	44304	449.3	416.5	309.5	293.6
2013	45977	42475	526.7	493.7	322.5	307.4

4-11 社会服务床位和收养人员情况
Social Welfare Institutions with Accommodation by Type

项　　目	Item	床位数(万张) Number of Beds (10 000 beds) 2012	2013	2013年比2012年增减% Change in 2013 over 2012 %	收养救助人数(万人) Inmates (10 000 persons) 2012	2013	2013年比2012年增减% Change in 2013 over 2012 %	年末床位利用率(%) Bed Utilization Rate (year-end) (%)
合　计	**Total**	**449.3**	**526.7**	**17.2**	**309.5**	**322.6**	**4.2**	**44.7**
老年人与残疾人服务机构	**Institutions for Aged and Disabled**	**416.5**	**493.7**	**18.5**	**293.6**	**307.4**	**4.7**	**44.9**
城市养老服务机构	Urban Institutions for the Aged	78.2	97.1	24.2	44.9	53.5	19.2	38.4
农村养老服务机构	Rural Institutions for the Aged	261.0	272.9	4.6	200.0	201.2	0.6	52.8
社会福利院	Social Welfare Homes	30.9	34.6	12.0	20.3	21.1	3.9	45.7
光荣院	Homes for Disabled Veterans	8.4	8.8	4.8	5.3	5.5	3.8	43.3
荣誉军人康复医院	Convalescent Hospitals for Honorable Serveiceman	0.8	0.9	12.5	0.6	0.5	-16.7	47.5
复员军人疗养院	Sanatoriums for Ex-serviceman	0.7	0.7		0.4	0.5	25.0	55.3
军休所	Serviceman Recreation Habitation	16.7	14.6	-12.6	18.5	15.9	-14.1	109.2
社区服务机构	Community Services Institutions	19.8	64.1	223.7	3.6	9.3	158.3	5.6
智障与精神疾病服务机构	**Mental Retardation and Mental Disease Institutions**	**6.7**	**7.4**	**10.4**	**5.8**	**6.0**	**3.4**	**65.0**
社会福利医院	Social Welfare Hospitals	4.1	4.5	9.8	3.6	3.7	2.8	65.0
复退军人精神病院	Mental Hospitals for Ex-serviceman	2.6	2.9	11.5	2.2	2.3	4.5	65.1
儿童收养救助服务机构	**Social Welfare Institutions for Children**	**8.7**	**9.8**	**12.6**	**5.4**	**5.6**	**3.7**	**44.5**
儿童福利院	Welfare Homes for Children	7.7	8.7	13.0	5.2	5.4	3.8	49.2
流浪儿童救助保护中心	Centers for Rescuing Street Children	1.0	1.1	10.0	0.2	0.2		9.1
其他提供住宿的服务机构	**Other Social Welfare Residential Institutions**	**17.4**	**15.7**	**-9.8**	**4.7**	**3.5**	**-25.5**	**29.0**
生活无着人员救助管理站	Salvation Stations	9.0	9.7	7.8	2.1	2.2	4.8	21.3
军供站	Serviceman Supply Stations	3.8	3.7	-2.6				44.4
其他	Other Residential Institutions	4.6	2.3	-50.0	2.6	1.3	-50.0	36.5

注：床位利用率=救助人天数/(年末床位数*365)
a) Bed utilization rate=day of aided person/beds at the end of year × 365.

4-12 历年家庭收养儿童登记情况
Registration of Children Adopted by Families

年 份 Year	收养登记 总 数 (件) Total Number of Registered Adoption (case)	中国公民收养登记 Adoption Registered by Chinese Citizens	外国公民收养登记 Adoption Registered by Foreigners	被收养人 合 计 (人) Total Number of Adopted Children (person)	#福利机构抚养的儿童 Children Fostered by Welfare Institutions	被中国公民收养 Children Adopted by Chinese Citizens	被外国人收养 Children Adopted by Foreigners
1996	18896	14804	4092	20389	2201		
1997	21548	17193	4355	21548	975		
1998	26498	20611	5887	26498	677		
1999	38074	31916	6158	38019	1670	31882	6137
2000	55802	49037	6765	56191	1847	49500	6691
2001	44706	36089	8617	45844	1908	37200	8644
2002	45336	35372	9964	47860	2404	37642	10218
2003	54159	44884	9275	54159	3427	44884	9275
2004	52603	40084	12519	55572	3189	44708	10864
2005	49506	35470	14036	50921	3564	38057	12864
2006	48178	38393	9785	49148	2867	39424	9724
2007	45192	36893	8299	46047	1146	37790	8257
2008	42550	37009	5541	44115	1846	38617	5498
2009	44260	39801	4459	44359	1605	39964	4395
2010	34529	29618	4911	34473	1878	29978	4495
2011	31424	27579	3845	31329	1679	28117	3212
2012	27278	23157	4121	27310	1760	23189	4141
2013	24460	21230	3230	24491	9657	21261	3230

注：福利机构抚养的儿童2012年以前是孤儿，2013年开始含弃婴。
a) Before 2012,The number of Orphans Fostered by Welfare Institutions included orphans, since 2013 inluded baby abandoned.

4-13 历年社区服务机构情况

Basic Statistics on Community Services Facilities

单位：个 (unit)

年 份 Year	社区服务机构数 Number of Community Service Facilities	社区指导中心 Community Service Guidance Centers	社区服务中心 Community Service Centers	社区服务站 Community Service Stations	其他社区服务机构 Other Community Service Facilities	便民、利民网点 Number of Convenience Stores	社区服务机构覆盖率(%) Coverage Rate of Community Service Facilities (%)
1988	69699				69699		7.1
1989	71357				71357		6.9
1990	84757				84757		7.7
1991	89918				89918		8.0
1992	112171				112171		10.1
1993	92946		3711		89235	169503	8.3
1994	98679		4034		94645	204229	8.8
1995	115175		4380		110795	234024	11.0
1996	132309		5055		127254	259201	12.7
1997	138366		5113		133253	307226	13.5
1998	154196		6154		148042	345075	16.2
1999	164962		7623		157339	405740	18.0
2000	187888		6444		181444	451567	22.4
2001	201758		6179		195579	539544	25.5
2002	206743		7898		198845	622986	26.9
2003	203945		7520		196425	668418	27.5
2004	205926		7804		198122	703760	28.5
2005	203275		8479		194796	664764	28.7
2006	160007		8565		151442	457896	22.7
2007	134852		9319	50116	112567	892656	24.7
2008	146322		9873	30021	123082	748684	23.7
2009	146341		10003	53170	111803	692625	25.6
2010	152941		12720	44237	95984	539136	22.4
2011	160352		14391	56156	89805	452868	23.6
2012	200162	809	15497	87931	95925	397222	29.5
2013	251939	890	19014	108377	123658	358518	36.9

4-14 历年城市传统救济和居民最低生活保障情况

Traditional Relief and Subsistence Allowance for Urban Residents

单位：万人 (10 000 persons)

年份 Year	城市居民传统救济总人数 Total Number of Urban Residents Receiving Traditional Relief	城市居民传统定救人数 Number of Urban Residents Receiving Traditional Regular and Fixed Relief	城市精简退职老职工人数 Number of Laid-off, Retired and Disabled Staff and Workers in Urban Areas[a]	享受40%人数 Number of Persons Receiving 40% of Their Original Wages	定量救济人数 Number of Persons Receiving Fixed Relief
1978					
1979	33.6	23.7	9.9		
1980	32.9	22.9	10.0		
1981	31.5	21.5	10.0		
1982	34.7	21.4	13.3		
1983	47.1	22.6	24.5		
1984	207.4	160.6	46.8	25.3	
1985	30.0	18.2	11.8	6.4	5.4
1986	49.0	35.6	13.4	7.1	6.3
1987	29.8	16.2	13.6	7.2	6.4
1988	32.9	17.6	15.3	7.7	7.6
1989	30.5	16.2	14.3	7.1	7.2
1990	41.8	16.4	25.4	16.4	9.0
1991	33.7	16.1	17.6	8.5	9.0
1992	39.5	19.2	20.3	9.7	10.6
1993	24.6	13.8	10.8	5.0	5.8
1994	23.0	12.4	10.6	4.9	5.7
1995	109.0	55.2	53.8	23.9	29.9
1996	120.1	66.5	53.6	23.6	30.0

注：1984年的精简退职老职工人数含农村的数据。

a) Number of laid-off,retired and disabled staff and workers in 1984 included those in rural areas.

4-14 续表 1 continued

单位：万人 (10 000 persons)

年 份 Year	城市居民最低生活保障人数 Number of Persons Receiving Subsistence Allowance in Urban Areas	在职人员 Staff and Workers	下岗人员 Laid-off Workers	退休人员 Retirees	失业人员 Unemployed Persons	"三无"人员 "Three-without" Persons	其他人员 Others
1996	84.9						
1997	87.9						
1998	184.1						
1999	256.9						
2000	402.6						
2001	1170.7						
2002	2064.7	186.8	554.5	90.8	358.3	91.9	783.1
2003	2246.8	179.3	518.4	90.7	409.0	99.9	949.3
2004	2205.0	141.0	468.9	73.1	423.1	95.4	1003.5
2005	2234.2	114.1	430.7	61.3	410.1	95.8	1122.1
2006	2240.1	97.6	350.0	53.2	420.8	93.1	1225.3

4-14 续表 2 continued

单位：万人 (10 000 persons)

年 份 Year	城市居民最低生活保障人数 Number of Persons Receiving Subsistence Allowance in Urban Areas	#残疾人 Disabled Persons	# "三无"人员 "Three-without" Persons	老年人 Aged Persons	在职人员 On-job Persons	灵活就业 Flexibly Employed Persons	登记失业 Unemployed Persons with Registration	未登记失业 Unemployed Persons without Registration	在校生 Students	其 他 Others
2007	2272.1	161.0	125.8	298.4	93.9	343.8	627.2	364.3	321.6	223.0
2008	2334.8	169.1	106.9	316.7	82.2	381.7	564.3	402.2	358.1	229.6
2009	2345.6	181.0	94.1	333.5	79.0	432.2	510.2	410.9	369.1	210.7
2010	2310.5	180.7	89.3	338.6	68.2	432.4	492.8	420.0	357.3	201.2
2011	2276.8	184.1	80.3	346.9	61.5	429.7	472.5	426.7	348.5	191.0
2012	2143.5	174.5	64.9	339.3	49.6	459.3	400.4	422.1	318.3	154.5
2013	2064.2	169.2	58.0	330.3	45.1	462.1	365.5	416.8	303.2	141.3

4-15 历年农村社会救济和居民最低生活保障情况

Social Relief and Subsistence Allowance for Rural Residents

单位：万人 (10 000 persons)

年 份 Year	农村社会救济总人数 Total Number of Rural Residents Receiving Social Relief	农村定期定量救济人数 Number of Rural Residents Receiving Regular and Fixed Relief	农村精简退职老职工人数 Number of Laid-off, Retired and Disabled Workers in Rural Areas		
				享受40%人数 Number of Persons Receiving 40% of Their Original Wages	定量救济人数 Number of Persons Receiving Fixed Relief
1978					
1979	6847.6	6837.7	9.9		
1980	4651.8	4641.8	10.0		
1981	4265.1	4255.1	10.0		
1982	4270.7	4257.4	13.3		
1983	3526.7	3502.2	24.5		
1984	3842.7	3795.9	46.8	25.3	
1985	116.7	75.1	41.6	18.1	23.5
1986	103.0	63.1	39.9	18.1	21.7
1987	92.2	53.2	39.0	17.7	21.3
1988	93.0	54.1	38.9	17.6	21.4
1989	75.7	35.0	40.7	18.3	22.3
1990	100.2	46.7	53.5	23.6	29.9
1991	97.0	43.8	53.2	23.5	29.8
1992	97.5	45.6	51.9	23.3	28.6
1993	80.1	36.3	43.8	19.5	24.3
1994	82.1	38.5	43.6	19.2	24.3
1995	98.3	55.2	43.1	19.0	24.1
1996	109.2	66.5	42.7	18.6	24.1
1997	104.5	51.4	53.1	23.2	29.8
1998	120.5	65.6	54.9	24.9	30.0
1999	107.1	55.6	51.5	22.5	28.7
2000	112.2	62.5	49.7	22.1	27.6
2001	130.5	80.7	49.8	21.3	27.8
2002	138.7	90.0	48.7	20.9	27.8

注：1984年以前含应得未得的农村救济人数。

a)Number of Rual residents receiving regular and fixed relief before 1984 included fhose should get relief but not.

4-15 续表 1 continued

单位：万人 (10 000 persons)

年 份 Year	农村困难群众救助总人数 Total Number of Rural Poor Residents Receiving Subsidies	农村居民最低生活保障人数 Number of Rural Residents Receiving Subsistence Allowance	农村特困户救助人数 Number of Persons in Rural Destitute Households Receiving Subsidies	农村困难群众救助总户数 Number of Rural Poor Households Receiving Subsidies	农村居民最低生活保障户数 Number of Rural Households Receiving Subsistence Allowance	困难户 Poor Households	其他 Others	农村特困户救助户数 Number of Destitute Households Receiving Subsidies	困难户 Poor Households	其他 Others	五保户供养户数 Number of Households Entitled to the "Five Guarantees"
2001	385.3	304.6	80.7								
2002	497.8	407.8	90.0	156.7	156.7						
2003	1160.5	367.1	793.4	632.8	146.5	114.5	32.0	282.1	192.7	89.3	204.2
2004	1402.1	488.0	914.1	780.8	197.9	165.2	33.6	317.1	260.4	56.6	265.8
2005	1891.8	825.0	1066.8	1061.0	356.5	298.8	57.7	354.8	290.4	64.4	349.7
2006	2987.8	1593.1	775.8	1606.3	777.2			325.8			503.3

4-15 续表 2 continued

单位：万人 (10 000 persons)

年 份 Year	农村救助总人数 Total Number of Rural Residents Receiving Relief	农村居民最低生活保障人数 Number of Rural Residents Receiving Subsistence Allowance	农村集中供养五保人数 Rural Households with Centralized Livelihood Guaranteed in Five Aspects	农村分散供养五保人数 Rural Households with Decentralized Livelihood Guaranteed in Five Aspects	传统救济人数 Number of Persons Receiving Traditional Relief	农村临时救济人数 Number of Rural Residents Receiving Temporary Relief
2007	4818.6	3566.3	138.0	393.3	75.0	646.0
2008	5757.3	4305.5	155.6	393.0	72.2	831.0
2009	5922.0	4760.0	171.8	381.6	62.2	546.4
2010	6443.5	5214.0	177.4	378.9	59.5	613.7
2011	6522.2	5305.7	184.5	366.5	68.7	596.8
2012	5969.7	5344.5	185.3	360.3	79.6	
2013	5998.3	5388.0	183.5	353.8	73.0	

4-16 历年为残疾人提供服务机构情况
Social Welfare Enterprises

年 份 Year	单位数 (个) Number of Social Welfare Enterprises (unit)	残疾职工人数 (万人) Number of Disabled Persons Employed (10 000 persons)	利润额 (亿元) Profits (100 million yuan)
1978	920	3.5	0.8
1979	1106	4.8	0.8
1980	1309	5.5	0.9
1981	1574	6.1	0.7
1982	1704	6.4	0.8
1983	5930	9.6	0.9
1984	6710	11.6	1.3
1985	14872	23.2	5.1
1986	19865	31.4	4.2
1987	27793	43.3	8.8
1988	40496	55.9	16.5
1989	41565	60.5	16.1
1990	41827	63.8	17.8
1991	43805	70.1	21.3
1992	49836	77.8	32.6
1993	56881	84.5	44.7
1994	60233	90.9	44.1
1995	60237	93.9	49.1
1996	59397	93.6	45.1
1997	55509	91.0	66.3
1998	50514	85.6	63.9
1999	44628	79.0	76.7
2000	40670	72.5	99.0
2001	37980	69.9	119.5
2002	35758	68.3	148.3
2003	33976	67.9	189.9
2004	32410	66.2	219.0
2005	31211	63.7	225.2
2006	30199	55.9	237.8
2007	24974	56.3	169.3
2008	23780	61.9	119.2
2009	22783	62.7	125.4
2010	22226	62.5	150.8
2011	21507	62.8	140.1
2012	20205	59.7	118.4
2013	18227	53.9	106.9

注：2012年以前单位名称为社会福利企业。
a) Before 2012, The unit name is Social Welfare Enterprises.

4-17 历年中国福利彩票销售情况
China Welfare Lottery

年份 Year	福利彩票发行单位(个) Welfare Lottery Issuing Units (unit)	福利彩票销售额(亿元) Sales of Welfare Lottery (100 million yuan)	提取公益金(亿元) Public Fund from Welfare Lottery (100 million yuan)	公益金支出(亿元) Expenditure of Public Fund from Welfare Lottery (100 million yuan)
1986				
1987		0.2	0.1	
1988		3.8	1.2	
1989		3.8	1.3	
1990		6.5	2.0	
1991		7.7	2.5	
1992		13.8	4.1	
1993		18.4	5.5	
1994		18.0	5.3	
1995		57.3	16.9	
1996		64.8	19.1	
1997		36.4	10.1	
1998		63.2	19.6	14.1
1999	1169	104.4	30.5	19.9
2000	1253	89.9	24.2	38.7
2001	1185	139.6	41.9	19.7
2002	1121	168.0	52.3	25.5
2003	1145	200.1	67.2	30.6
2004	1128	226.4	79.2	33.8
2005	1113	411.2	136.3	52.3
2006	989	495.7	168.8	52.6
2007	985	631.6	211.0	77.6
2008	999	604.0	205.4	119.2
2009	988	756.0	243.4	113.4
2010	993	968.0	298.8	121.2
2011	974	1278.0	382.0	127.9
2012	955	1510.3	449.4	159.0
2013	940	1765.3	510.7	195.5

4-18 历年社会捐赠情况
Social Donations

单位：亿元 (100 million yuan)

年 份 Year	社会捐赠款物合计 Total Social Donations	社会捐赠款 Donated Fund			社会捐赠其他物资折款 Total Value from Other Social Donations in Kinds
			民政部门 Civil Affairs Departments	各类社会组织 Other Social Organization	
1997	14.0	4.2			9.9
1998	113.2	50.2	50.2		63.0
1999	17.8	6.9	5.0	2.0	10.8
2000	16.3	9.3	5.4	3.9	7.0
2001	20.0	11.7	7.6	4.1	8.3
2002	20.8	19.0	11.1	7.9	1.8
2003	43.4	41.0	29.2	11.9	2.4
2004	35.1	34.0	17.1	16.9	1.2
2005	61.9	60.3	31.3	29.0	1.6
2006	89.5	83.1	43.0	40.1	6.4
2007	148.4	132.8	50.9	81.9	15.6
2008	764.0	744.5	479.3	265.2	19.6
2009	485.9	483.7	66.5	417.2	2.2
2010	601.7	596.8	179.8	417.0	4.9
2011	494.9	490.1	96.6	393.5	4.8
2012	578.8	572.5	101.7	470.8	6.3
2013	575.1	566.4	107.6	458.8	8.7

注：社会其他物资折款指民政部门接收的捐赠衣被和物资。

a)Total value from other social donations in kinds refers to those cloths,quilts and goods received by civil affairs departments.

4-19 社会捐赠情况
Social Donations

单位：亿元 (100 million yuan)

项　目	Item	2012	2013	2013年比2012年增减% Change in 2013 over 2012 %
社会捐赠合计	**Total Social Donations**	**578.8**	**575.1**	**-0.6**
民政部门直接接收的捐赠	Social Donations Received by Civil Affairs Department Directly	108.0	116.3	7.7
直接接收捐赠情况	Social Donations Received Directly			
捐赠款数额	Donated Fund	101.7	107.6	5.8
捐赠衣被合计(万件)	Donated Clothes and Quilts (10 000 pieces)	12538.2	10405.0	-17.0
其他物资折款	Value of Other Donated	6.3	8.7	38.1
间接接收捐赠情况	Social Donations Received Indirectly			
捐赠款数额	Donated Fund	5.0	5.0	
捐赠衣被合计(万件)	Donated Clothes and Quilts (10 000 pieces)	485.6	739.1	52.2
其他物资折款	Value of Other Donated	5.5	3.5	-36.4
受益人次数 (万人次)	Number of Beneficiaries (10 000 person-times)	1325.0	1246	-6.0
社会捐赠接收工作站点数 (个)	Number of Work Stations and Spots Receiving Social Donations (unit)	30920	30703	-0.7
#社会捐赠接收工作站数	Number of Work Stations Receiving Social Donations	15355	15149	-1.3
慈善超市数	Number of Charity Supermarkets	9053	9492	4.8
各类社会组织接收捐赠	Social Donations Received by Foundations	470.8	458.8	-2.5

4-20 历年人口受灾和救灾情况
Population Affected by Disasters and Disaster Relief

年 份 Year	受灾人口 (万人次) Population Affected by Disasters (10 000 person-times)	因灾死亡人口 (人) Number of Persons Died in Disasters (person)	紧急转移人口 (万人) Population Evacuated in Emergency (10 000 persons)	直接经济损失 (亿元) Direct economic losses (100 million yuan)	倒塌房屋 (万间) Collapsed Houses (10 000 rooms)	农作物受灾面积 (万公顷) Crops Areas Affected by Disaster (10 000 hectares)
1978		4965			73.1	4844.0
1979		6962			152.1	3937.0
1980		6821			137.3	5003.0
1981	26710.0	7422			261.5	3979.0
1982	22900.7	7935			320.3	3313.0
1983	22439.0	10952		260.9	345.4	3471.0
1984	20894.0	6927			274.7	3189.0
1985	26446.0	4394	290.5	410.4	224.9	4437.0
1986	29928.0	5410	345.8		209.7	4714.0
1987	23512.0	5495	348.0	326.3	180.0	4207.0
1988	36169.0	7306	582.9		258.0	5087.0
1989	34569.0	5952	365.3	525.0	194.1	4699.0
1990	29348.0	7338	579.2	616.0	247.4	3847.0
1991	41941.0	7315	1308.5	1215.1	581.5	5547.0
1992	37174.0	5741	303.6	853.9	196.6	5133.0
1993	37541.0	6125	307.7	933.2	271.6	4867.0
1994	43799.0	8549	1054.0	1876.0	512.1	5504.0
1995	24215.0	5561	1064.0	1863.0	439.3	4587.0
1996	32305.0	7273	1216.0	2882.0	809.0	5975.0
1997	47886.0	3212	511.3	1975.0	288.0	5343.0
1998	35216.0	5511	2082.4	3007.4	821.4	2229.0
1999	35319.0	2966	664.8	1962.4	174.5	4998.0
2000	45652.3	3014	467.1	2045.3	147.3	5469.0
2001	37255.9	2583	211.1	1942.0	92.2	5215.0
2002	37841.8	2840	471.8	1717.4	175.7	4711.9
2003	49745.9	2259	707.3	1884.2	343.0	5438.6
2004	33920.6	2250	563.2	1602.3	155.0	3710.6
2005	40653.7	2475	1570.3	2042.1	226.4	3881.8
2006	43453.3	3186	1384.5	2528.1	193.3	4109.1
2007	39777.9	2325	1499.1	2363.0	146.7	4899.0
2008	47795.0	88928	2682.2	11752.4	1097.8	3999.0
2009	47933.5	1528	709.9	2523.7	83.8	4721.4
2010	42610.2	7844	1858.4	5339.9	273.3	3742.6
2011	43290.0	1126	939.4	3096.4	93.5	3247.1
2012	29421.7	1530	1109.6	4185.5	90.6	2496.2
2013	38818.7	2284	1215.0	5808.4	87.5	3135.0

4-21 历年优抚安置情况

Statistics on Preferential Treatment and Resettlement

	国家重点优抚对象（万人）State Entitled Groups (10 000 persons)	定期抚恤人数 Number of People Receiving Regular Pension	定期补助人数 Number of People Receiving Regular Subsidy	伤残人员 Injured and Disabled Persons	接收离退休人员（人）Number of Retired Resettled (person)	#军队离退休 The Army Retired	地方离退休 The Local Retired
2000	442.4	44.8	305.7	88.1	15238	10197	219
2001	450.7	48.1	317.1	85.5	13738	6236	373
2002	459.0	48.0	325.2	85.8	14428	3640	
2003	464.9	48.9	330.0	86.0	11057	5055	
2004	462.0	48.6	327.8	85.6	10794	8884	
2005	460.3	49.3	326.6	84.5	18512	17280	136
2006	462.6	49.1	327.4	86.0	31968	20794	673
2007	622.4	48.9	487.1	86.5	28058	18534	303
2008	633.2	47.9	498.2	87.2	21378	15829	205
2009	630.7	45.9	497.7	87.2	18904	13836	348
2010	625.0	44.8	493.5	86.7	13451	11775	183
2011	852.5	42.2	724.4	85.9	14530	12355	141
2012	944.4	41.2	818.4	84.9	18570	14341	335
2013	950.5	36.6	832.6	81.2	38762	10927	500

4-22 历年定期补助优抚对象情况

Regular Beneficiaries of Subsidies with Preferential Treatment

单位：人 (person)

年 份 Year	定期补助总人数 Regular Beneficiaries of Subsidies	在乡红军老战士 Red Army Soldiers in the Countryside	西路军 West Road Army of the Red Army	红军失散人员 Scattered Red Army Soldiers	在乡复员军人 Demobilized Soldiers in the Countryside	带病回乡退伍军人 Veterans in the Countryside	60岁以上农村籍退伍军人 Rural Veterans over 60	其 他 Others
1978	9251	9251						
1979	7872	7872						
1980	6922	6922						
1981	6567	6567						
1982	1002181	6383			859055	136743		
1983	1104586	6142			952993	145451		
1984	1243633	6159			1081350	156124		
1985	1461180	6329			1185502	183129		86220
1986	1999872	6315			1673990	210445		109122
1987	2230873	7466			1833402	241290		148715
1988	2360462	7415			1950641	247009		155397
1989	2715258	6628			2272639	283075		152916
1990	2866579	7514			2373873	305045		180147
1991	2939074	7015			2419453	346021		166585
1992	2975175	6599			2402869	373989		191718
1993	2947209	5531	2997	105200	2424984	408497		
1994	2963965	5058	2430	104566	2424435	427476		
1995	2987751	4659	2318	101507	2423191	456076		
1996	3018047	4480	2303	108534	2421517	481213		
1997	3037367	4195	2214	115706	2396017	519235		
1998	3033826	3996	2157	112092	2367266	548315		
1999	3056727	3687	2106	105303	2363466	582165		
2000	3057257	3326	1997	100309	2320739	630886		
2001	3170877	3325	1889	93131	2246954	782802		42776
2002	3251971	3136	1691	90021	2274657	882090		376
2003	3300232	2893	1610	86264	2262264	919349		27852
2004	3277914	2701	1454	83366	2214467	950428		25498
2005	3265797	2681	1370	75588	2145421	977424		63313
2006	3274059	2417	1220	68070	2064713	1072684		64955
2007	4870800	2049	966	63205	1988977	1134414		1681189
2008	4981893	1622	440	47136	1920235	1193622		1818838
2009	4976839	1351	322	41272	1809019	1219752		1905123
2010	4935399	1226	273	37131	1703396	1265664		1927709
2011	7243706	911	190	29208	1587006	1321786	2373772	1930833
2012	8183693	757	164	25961	1474790	1324325	3210986	2146710
2013	8326336	647	117	18976	1260945	1306479	3566766	2172406

4-23 历年烈士褒扬和优待情况
Commendation and Preferential Treatment of Martyrs

年份 Year	本年批准烈士人数(人) Number of Martyrs Approved During the Year (person)	零散烈士纪念建筑物(个) Scattered Martyr Memorial Buildings (unit)	优待优抚对象户数(户) Number of Households with Preferential Treatment (household)	#优待军属 Families of Servicemen Entitled to Preferential Treatment	优待总金额(万元) Total Pension of Preferential Treatment (10 000 yuan)	#固定优待军属 Fixed Pensions for Family Members of Servicemen
1978		5347				
1979		3779			20393	
1980		2825			31459	
1981		2915			47255	
1982	8601	3592	4730756		58750	
1983	11024	3826	4387292		59588	
1984	8478	3953	4102419		62263	
1985	5887	3716	3567165	2884906	71655	577018
1986	11758	3871	3355694	2710272	75243	62205
1987	10644	4121	3223550	2562036	80915	66321
1988	9035	4236	3225253	2477699	87160	71735
1989	3960	4466	3086285	2423418	92169	77764
1990	3067	6065	2941486	2522476	99535	86739
1991	1556	6474	2967881	2540714	106354	93069
1992	1338	6957	2967002	2535037	116573	102008
1993	1467	6956	3009163	2470099	131555	113330
1994	1215	7279	3027420	2462671	155627	133070
1995	1277	7067	3051322	2476261	194379	166414
1996	1187	7020	3040439	2449077	251798	217527
1997	888	7048	3334000	2427586	321741	261865
1998	749	7322	3250395	2415838	356413	292305
1999	616	7252	3818210	2380675	402998	305386
2000	468	7427	3855797	2282584	469054	363675
2001	460	7802	3973085	2086464	385859	275456
2002	403	8051	4130817	1929011	374819	251854
2003	461	7781	3962425	1672205	391581	239410
2004	316	7425	3632630	1430630	418499	267458
2005	314	7483	3393218	1224036	379631	213968
2006	265	7414	3220933	1183674	421010	224354
2007	168	7186	3277318	1145223	454090	233479
2008	297	7569	3301682	1108878	666011	267750
2009	213	7622	3280522	1190816	751065	297448
2010	173	9729	3308766	1169833	671536	340382
2011	233	12378	3330859	1050918	968175	555402
2012	172	13151	3471611	1008477	1121135	520520
2013	200	13601	3402629	958255	1351368	646023

4-24 历年社会组织情况

Number of NGOs

单位：个 (unit)

年 份 Year	社会组织合计 Total Number of NGOs	社会团体 Social Organizations	民办非企业 Non-enterprise Units Run by NGO	基金会 Foundations
1988	4446	4446		
1989	4544	4544		
1990	10855	10855		
1991	82814	82814		
1992	154502	154502		
1993	167506	167506		
1994	174060	174060		
1995	180583	180583		
1996	184821	184821		
1997	181318	181318		
1998	165600	165600		
1999	142665	136764	5901	
2000	153322	130668	22654	
2001	210939	128805	82134	
2002	244509	133297	111212	
2003	266612	141167	124491	954
2004	289432	153359	135181	892
2005	319762	171150	147637	975
2006	354393	191946	161303	1144
2007	386916	211661	173915	1340
2008	413660	229681	182382	1597
2009	431069	238747	190479	1843
2010	445631	245256	198175	2200
2011	461971	254969	204388	2614
2012	499268	271131	225108	3029
2013	547245	289026	254670	3549

注：2001年以前的基金会含在社会团体内。
a)Data of social organizations included foundations before 2001.

4-25 历年自治组织发展情况
Number of Autonomy Organizations

年 份 Year	社区居委会 (个) Number of Neighbourhood Committees (unit)	居民小组 (万个) Number of Neighbourhood Groups (10 000 units)	社区居委会成员 (万人) Membership of Neighbourhood Committees (10 000 persons)	村民委员会 (万个) Number of Villagers' Committees (10 000 units)	村民小组 (万个) Number of Villagers' Groups (10 000 units)	村民委员会成员 (万人) Membership of Villagers' Committees (10 000 persons)
1979	46810					
1980						
1981	57169					
1982						
1983	65519			31.2		
1984	75609			92.7		
1985	80943		34.9	94.9		379.6
1986	86824		36.2	86.6		365.9
1987	86799		37.0	84.5		359.9
1988	95684		36.1	88.3		366.6
1989	93691		36.6	93.4		379.4
1990	98814		43.1	100.1		409.4
1991	100347		44.1	101.9		424.4
1992	104136		46.5	100.4		430.9
1993	107173		47.9	101.3		456.0
1994	110112		48.0	100.7		458.5
1995	111860		48.0	93.2		400.5
1996	113690		49.3	92.8		397.5
1997	117915	108.3	49.8	90.6	535.8	378.8
1998	119042	117.2	50.8	83.3	537.1	358.6
1999	114815	124.7	50.1	80.1	555.7	351.3
2000	108424	127.2	48.4	73.2	553.4	315.0
2001	91893	125.9	46.4	70.0	541.9	316.4
2002	86087	124.4	39.6	68.1	528.6	294.2
2003	77431	122.2	39.7	66.3	519.2	319.1
2004	77884	129.6	42.5	64.4	507.9	292.1
2005	79947	123.3	45.4	62.9	490.5	265.7
2006	80717	123.5	44.3	62.4	453.3	243.0
2007	82006	122.3	41.6	61.3	466.9	241.1
2008	83413	128.7	42.2	60.4	480.9	233.9
2009	84689	129.5	43.1	59.9	480.5	234.0
2010	87057	130.7	43.9	59.5	479.1	233.4
2011	89480	134.0	45.4	59.0	476.4	231.9
2012	91153	133.5	46.9	58.8	469.4	232.3
2013	94620	135.7	48.4	58.9	466.4	232.3

4-26 历年结婚登记情况
Registered Marriages

年 份 Year	结婚登记总数 (万对) Total Number of Registered Marriages (10 000 couples)	内地居民登记结婚数 Registered Marriages of the Mainland	涉外华侨港澳台登记结婚数 Registered Marriages with Foreigners, Overseas Chinese and Citizens of Hong Kong, Macao and Taiwan	每千居民结婚宗数 (粗结婚率) (‰) Number of Marriages per 1000 Population (Crude Marriage Rate) (‰)
1978	597.8	597.8		6.2
1979	637.1	636.3	0.8	6.7
1980	720.9	719.8	1.1	7.3
1981	1041.7	1040.3	1.4	10.4
1982	836.9	835.5	1.4	8.3
1983	765.4	764.2	1.3	7.5
1984	784.8	783.4	1.4	7.5
1985	831.3	829.1	2.2	7.9
1986	884.0	882.3	1.7	8.2
1987	926.7	924.7	2.0	8.6
1988	899.2	897.2	2.0	8.3
1989	937.2	935.2	2.0	8.4
1990	951.1	948.7	2.4	8.2
1991	953.6	951.0	2.6	8.3
1992	957.5	954.5	3.0	8.3
1993	915.4	912.2	3.3	7.8
1994	932.4	929.0	3.4	7.8
1995	934.1	929.7	4.4	7.7
1996	938.7	934.0	4.7	7.7
1997	914.1	909.1	5.1	7.4
1998	891.7	886.7	5.0	7.2
1999	885.3	879.9	5.4	7.1
2000	848.5	842.0	6.5	6.7
2001	805.0	797.1	7.9	6.3
2002	786.0	778.8	7.3	6.1
2003	811.4	803.5	7.8	6.3
2004	867.2	860.8	6.4	6.7
2005	823.1	816.6	6.4	6.3
2006	945.0	938.2	6.8	7.2
2007	991.4	986.3	5.1	7.5
2008	1098.3	1093.2	5.1	8.3
2009	1212.4	1207.5	4.9	9.1
2010	1241.0	1236.1	4.9	9.3
2011	1302.4	1297.5	4.9	9.7
2012	1323.6	1318.3	5.3	9.8
2013	1346.9	1341.4	5.5	9.9

注：1.每千居民结婚宗数(粗结婚率)计算方法：

$$每千居民结婚宗数=\frac{结婚宗数}{(当年期初人口数+当年期末人口数)/2}\times 1000‰$$

a) Method to compile number of marriages per 1 000 population (crude marriage rate):

$$\text{Number of marriages per 1000 population}=\frac{\text{Number of marriages}}{(\text{Beginning population}+\text{Ending population})/2}\times 1000‰$$

4-27 历年离婚办理情况
Registration of Divorces

年 份 Year	离婚总数 (万对) Total Number of Divorces (10 000 couples)	民政部门登记离婚数 Number of Divorces Registered in Civil Affairs Departments	内地居民登记离婚数 Registered Divorces of the Mainland	涉外华侨港澳台登记离婚数 (对) Registered Divorces with Foreigners, Oversesa Chinese and Citizens of Hong Kong, Macao and Taiwan (couple)	法院部门办理离婚数 Number of Divorces Registered in Courts	每千居民离婚宗数 (粗离婚率) (‰) Number of Divorces per 1000 Population (Crude Divorce Rate) (‰)
1978	28.5	17.0	17.0		11.5	0.18
1979	31.9	19.3	19.3	82	12.6	0.33
1980	34.1	18.0	18.0	330	16.1	0.35
1981	38.9	18.7	18.7	46	20.2	0.39
1982	42.8	21.1	21.1	116	21.7	0.42
1983	41.8	19.7	19.7	126	22.1	0.42
1984	45.4	19.9	19.9	110	25.5	0.40
1985	45.8	19.6	19.6	108	26.2	0.44
1986	50.6	21.4	21.4	205	29.2	0.47
1987	58.1	23.6	23.6	220	34.5	0.55
1988	65.5	26.4	26.4	310	39.1	0.60
1989	75.3	28.8	28.7	518	46.5	0.68
1990	80.0	30.1	30.0	602	49.9	0.69
1991	83.1	30.1	30.0	588	53.0	0.72
1992	85.0	31.6	31.5	833	53.4	0.74
1993	91.0	33.6	33.5	968	57.4	0.77
1994	98.2	35.5	35.4	737	62.7	0.82
1995	105.6	36.8	36.7	813	68.8	0.88
1996	113.4	39.4	39.3	1175	74.0	0.93
1997	119.9	44.0	43.9	1385	75.9	0.97
1998	119.2	46.6	46.5	948	72.6	0.96
1999	120.2	47.8	47.7	975	72.4	0.96
2000	121.3	48.9	48.8	1075	72.4	0.96
2001	125.0	52.8	52.5	2856	72.2	0.98
2002	117.7	57.3	56.8	5221	60.4	0.90
2003	133.0	69.0	68.7	3333	64.0	1.05
2004	166.5	104.6	104.0	5830	61.9	1.28
2005	178.5	118.4	117.5	8267	60.1	1.37
2006	191.3	129.1	128.3	8414	62.2	1.46
2007	209.8	145.7	144.8	8852	64.1	1.59
2008	226.9	161.0	160.0	9470	65.9	1.71
2009	246.8	180.2	179.6	5747	66.6	1.85
2010	267.8	201.0	200.4	5783	66.8	2.00
2011	287.4	220.7	220.2	5761	66.7	2.13
2012	310.4	242.3	241.7	6161	68.1	2.29
2013	350.0	281.5	280.9	6538	68.5	2.58

注：1.每千居民离婚宗数(粗离婚率)计算方法：

$$每千居民离婚宗数=\frac{离婚宗数}{(当年期初人口数+当年期末人口数)/2}\times 1000‰$$

a) Method to compile number of divorces per 1 000 population (crude divorce rate):

$$\text{Number of divorces per 1000 population} = \frac{\text{Number of marriages}}{(\text{Beginning population} + \text{Ending population})/2}\times 1000‰$$

4-28 历年殡葬服务情况

Statistics on Funeral Services

年 份 Year	殡仪馆 (个) Funeral Homes (unit)	公墓 (个) Public Cemeteries (unit)	殡葬管理机构 (个) Funeral Management Units (unit)	火化炉数 (台) Number of Cremators (set)	火化数 (万具) Cremated Remains (10 000 bodies)	火化率 (%) Cremation Rate (%)
1978				1712	117.5	
1979				2300	102.1	
1980				2510	98.7	
1981				2586	85.4	
1982				2622	96.2	
1983				2622	108.0	
1984				2686	128.2	
1985	9	24	122	2729	155.2	
1986	5	25	143	2745	155.5	26.2
1987	6	29	195	2752	162.0	27.0
1988	14	37	219	2729	180.9	29.5
1989	17	50	217	2768	182.3	30.1
1990	1260	73	211	2795	201.3	31.5
1991	1283	84	234	2714	215.6	34.0
1992	1288	88	228	2852	242.6	31.2
1993	1264	136	296	2891	247.6	31.6
1994	1272	163	284	2882	257.1	33.4
1995	1281	209	302	2927	262.7	33.2
1996	1283	256	313	3005	282.7	35.2
1997	1289	359	340	2959	295.0	36.8
1998	1310	425	374	3157	319.7	39.6
1999	1318	624	402	3340	336.4	41.5
2000	1363	692	466	3565	373.7	46.0
2001	1415	757	540	4299	386.7	47.3
2002	1486	854	542	3945	415.2	50.6
2003	1515	855	599	4159	434.9	52.7
2004	1549	937	633	4792	436.9	52.5
2005	1594	1009	681	5037	450.2	53
2006	1635	1109	805	5649	430.2	48.2
2007	1708	1162	799	4838	442.1	48.4
2008	1692	1209	853	4789	453.4	48.5
2009	1729	1266	901	5123	454.2	48.2
2010	1724	1308	919	5229	474.1	49.0
2011	1745	1406	952	5209	468.1	48.8
2012	1782	1597	978	5539	477.7	49.5
2013	1784	1506	1063	5743	468.9	48.2

4-29 分地区城市最低生活保障平均标准

Average Standard of Subsistence Allowance in Urban Areas by Region

单位：元/人、月 (yuan per capita per month)

地 区	Region	2011	2012	2013	2013年比2012年增减% Change in 2013 over 2012 %
全 国	**National Average**	**287.6**	**330.1**	**373.3**	**13.1**
北 京	Beijing	500.0	520.0	580.0	11.5
天 津	Tianjin	480.0	520.0	600.0	15.4
河 北	Hebei	310.0	335.0	378.5	13.0
山 西	Shanxi	268.6	308.5	351.1	13.8
内蒙古	Inner Mongolia	343.5	407.7	460.3	12.9
辽 宁	Liaoning	311.7	366.6	411.5	12.2
吉 林	Jilin	254.2	291.1	322.5	10.8
黑龙江	Heilongjiang	277.8	323.7	387.7	19.8
上 海	Shanghai	505.0	570.0	640.0	12.3
江 苏	Jiangsu	385.8	434.3	485.1	11.7
浙 江	Zhejiang	429.2	462.7	515.5	11.4
安 徽	Anhui	296.7	339.4	380.5	12.1
福 建	Fujian	274.4	324.1	363.3	12.1
江 西	Jiangxi	308.1	345.9	395.7	14.4
山 东	Shandong	314.2	364.1	417.7	14.7
河 南	Henan	233.2	271.8	309.2	13.8
湖 北	Hubei	293.8	334.5	375.1	12.1
湖 南	Hunan	243.2	304.5	356.1	17.0
广 东	Guangdong	285.9	314.0	380.4	21.2
广 西	Guangxi	241.3	270.5	334.7	23.8
海 南	Hainan	299.9	316.2	353.3	11.7
重 庆	Chongqing	298.3	326.0	346.8	6.4
四 川	Sichuan	242.1	276.7	306.4	10.7
贵 州	Guizhou	270.9	308.0	347.6	12.8
云 南	Yunnan	248.3	284.4	323.9	13.9
西 藏	Tibet	355.8	399.7	432.4	8.2
陕 西	Shaanxi	306.2	363.1	374.7	3.2
甘 肃	Gansu	207.4	251.3	279.0	11.0
青 海	Qinghai	235.8	310.8	330.8	6.4
宁 夏	Ningxia	244.3	252.5	287.6	13.9
新 疆	Xinjiang	200.4	261.0	300.4	15.1

4-30 分地区城市最低生活保障支出水平
Expenditure on Urban Subsistence Security by Region

单位：元/人、月 (yuan per capita per month)

地 区	Region	2011	2012	2013	2013年比2012年增减% Change in 2013 over 2012 %
全 国	**National Average**	**240.3**	**239.1**	**264.2**	**10.5**
北 京	Beijing	457.0	463.0	510.9	10.4
天 津	Tianjin	537.4	435.0	433.4	-0.4
河 北	Hebei	208.2	217.0	231.9	6.9
山 西	Shanxi	247.2	221.9	240.7	8.5
内蒙古	Inner Mongolia	325.4	329.3	367.5	11.6
辽 宁	Liaoning	255.7	296.3	312.7	5.5
吉 林	Jilin	249.0	254.4	321.7	26.4
黑龙江	Heilongjiang	250.4	261.7	290.3	10.9
上 海	Shanghai	347.3	404.4	500.9	23.9
江 苏	Jiangsu	261.7	251.7	296.5	17.8
浙 江	Zhejiang	391.5	378.9	400.4	5.7
安 徽	Anhui	261.4	257.3	271.5	5.5
福 建	Fujian	207.0	199.6	240.4	20.5
江 西	Jiangxi	219.1	202.0	226.5	12.1
山 东	Shandong	209.8	250.2	286.4	14.5
河 南	Henan	199.4	189.3	207.2	9.5
湖 北	Hubei	247.9	218.7	246.6	12.8
湖 南	Hunan	220.7	236.8	244.4	3.2
广 东	Guangdong	203.4	196.6	253.6	29.0
广 西	Guangxi	204.0	212.3	228.3	7.5
海 南	Hainan	234.5	233.3	237.1	1.6
重 庆	Chongqing	237.1	234.7	257.9	9.9
四 川	Sichuan	202.2	192.0	206.9	7.8
贵 州	Guizhou	220.6	222.2	245.9	10.7
云 南	Yunnan	194.3	205.1	224.2	9.3
西 藏	Tibet	327.7	357.1	384.4	7.7
陕 西	Shaanxi	276.0	261.0	308.3	18.1
甘 肃	Gansu	233.2	223.8	268.9	20.1
青 海	Qinghai	263.3	248.5	267.9	7.8
宁 夏	Ningxia	209.6	203.5	202.5	-0.5
新 疆	Xinjiang	250.3	244.1	266.7	9.2

4-31 分地区农村最低生活保障平均标准

Average Standard of Subsistence Allowance in Rural Areas by Region

单位：元/人、年 (yuan per capita per year)

地区	Region	2011	2012	2013	2013年比2012年增减% Change in 2013 over 2012 %
全国	**National Average**	**1718.4**	**2067.8**	**2433.9**	**17.7**
北京	Beijing	4597.2	5119.4	6258.5	22.3
天津	Tianjin	3960.0	4442.0	5304.0	19.4
河北	Hebei	1662.0	1847.0	2269.1	22.9
山西	Shanxi	1419.6	1756.0	2157.6	22.9
内蒙古	Inner Mongolia	2385.6	2906.3	3415.0	17.5
辽宁	Liaoning	1944.0	2484.8	2839.0	14.3
吉林	Jilin	1482.0	1730.2	2034.1	17.6
黑龙江	Heilongjiang	1491.6	1887.9	2236.9	18.5
上海	Shanghai	4320.0	5160.0	6000.0	16.3
江苏	Jiangsu	3598.8	4240.7	4752.3	12.1
浙江	Zhejiang	3534.0	3973.4	4721.0	18.8
安徽	Anhui	1789.2	2144.6	2463.4	14.9
福建	Fujian	1713.6	2099.1	2375.0	13.1
江西	Jiangxi	1705.2	2072.5	2417.0	16.6
山东	Shandong	1700.4	2189.5	2473.1	13.0
河南	Henan	1254.0	1414.0	1696.8	20.0
湖北	Hubei	1455.6	1587.9	2024.9	27.5
湖南	Hunan	1372.8	1731.3	2068.1	19.5
广东	Guangdong	2352.0	2645.6	3233.3	22.2
广西	Guangxi	1226.4	1375.2	1993.1	44.9
海南	Hainan	2594.4	2840.0	3022.9	6.4
重庆	Chongqing	1886.4	2202.6	2417.4	9.8
四川	Sichuan	1317.6	1575.8	1832.2	16.3
贵州	Guizhou	1449.6	1626.9	1833.0	12.7
云南	Yunnan	1468.8	1676.2	1953.5	16.5
西藏	Tibet	968.4	1600.0	1980.8	23.8
陕西	Shaanxi	1611.6	2007.7	2143.4	6.8
甘肃	Gansu	1092.0	1597.3	1939.1	21.4
青海	Qinghai	1454.4	1990.3	2089.0	5.0
宁夏	Ningxia	1144.8	1377.2	2037.8	48.0
新疆	Xinjiang	1090.8	1543.7	1804.1	16.9

4-32 分地区农村最低生活保障支出水平

Expenditure on Rural Subsistence Security by Region

单位：元/人、年 (yuan per capita per year)

地 区	Region	2011	2012	2013	2013年比2012年增减% Change in 2013 over 2012 %
全 国	**National Average**	**1273.2**	**1247.9**	**1393.5**	**11.7**
北 京	Beijing	3352.8	3821.4	4239.3	10.9
天 津	Tianjin	2120.4	2410.1	2811.0	16.6
河 北	Hebei	1171.2	1187.5	1315.3	10.8
山 西	Shanxi	1488.0	1278.0	1474.2	15.4
内蒙古	Inner Mongolia	1862.4	1976.2	2231.3	12.9
辽 宁	Liaoning	1396.8	1540.7	1601.7	4.0
吉 林	Jilin	1273.2	1408.8	1443.5	2.5
黑龙江	Heilongjiang	1448.4	1261.9	1550.9	22.9
上 海	Shanghai	1586.4	2154.1	3465.0	60.9
江 苏	Jiangsu	2095.2	1940.8	2187.6	12.7
浙 江	Zhejiang	2556.0	2742.4	3070.8	12.0
安 徽	Anhui	1306.8	1274.5	1365.4	7.1
福 建	Fujian	1192.8	1330.6	1523.6	14.5
江 西	Jiangxi	1372.8	1348.7	1470.5	9.0
山 东	Shandong	1178.4	1475.4	1639.6	11.1
河 南	Henan	1126.8	1120.7	1255.9	12.1
湖 北	Hubei	1257.6	1032.6	1166.7	13.0
湖 南	Hunan	1107.6	1173.2	1287.3	9.7
广 东	Guangdong	1347.6	1420.3	1588.5	11.8
广 西	Guangxi	974.4	1012.2	1060.5	4.8
海 南	Hainan	1538.4	1597.1	1668.4	4.5
重 庆	Chongqing	1262.4	1366.6	1643.7	20.3
四 川	Sichuan	1086.0	966.0	1104.6	14.3
贵 州	Guizhou	1030.8	982.2	1059.1	7.8
云 南	Yunnan	1167.6	1194.8	1299.1	8.7
西 藏	Tibet	1026.0	1148.2	1125.1	-2.0
陕 西	Shaanxi	1626.0	1487.9	1800.0	21.0
甘 肃	Gansu	1282.8	1055.2	1264.7	19.9
青 海	Qinghai	1597.2	1572.6	1759.7	11.9
宁 夏	Ningxia	1272.0	1333.4	1529.2	14.7
新 疆	Xinjiang	1393.2	1306.6	1510.2	15.6

4-33 分地区社会服务机构固定资产原值(2013年)

Total Investment of fixed assets in Social Service by Region(2013)

单位: 亿元 (100 million yuan)

地区	Region	合计 Total	社会工作 Social Works	成员组织 Member Organization	社会组织 Social Organization	自治组织 Autonomy Organization	其他社会服务机构 Other Social Service Institutions	民政系统行政机关 Administrative Institutions
全国	**National Total**	**6995.5**	**3030.7**	**3465.7**	**1496.6**	**1969.1**	**267.0**	**46.8**
中央级		92.9	3.2	67.5	67.5			13.7
北京	Beijing	474.9	77.6	377.0	103.5	273.5	12.3	4.8
天津	Tianjin	70.6	38.8	26.6	7.5	19.1	3.9	0.2
河北	Hebei	264.1	112.2	139.4	73.7	65.7	7.1	0.5
山西	Shanxi	187.1	55.7	122.4	34.7	87.7	3.4	0.3
内蒙古	Inner Mongolia	50.9	26.0	18.1	6.6	11.5	3.3	0.1
辽宁	Liaoning	227.9	114.4	68.1	44.6	23.5	11.2	1.0
吉林	Jilin	58.5	36.9	9.4	1.7	7.7	9.4	0.2
黑龙江	Heilongjiang	74.3	36.7	25.0	8.1	16.9	8.7	1.3
上海	Shanghai	298.2	130.7	140.0	30.4	109.6	24.5	1.2
江苏	Jiangsu	1012.9	537.4	448.3	206.9	241.4	19.4	1.2
浙江	Zhejiang	1229.6	680.2	525.2	131.2	394.0	16.9	2.0
安徽	Anhui	190.9	67.0	111.5	61.7	49.8	6.6	0.1
福建	Fujian	98.0	36.3	49.2	26.7	22.4	9.3	0.6
江西	Jiangxi	85.1	36.3	40.2	28.5	11.7	4.4	0.9
山东	Shandong	438.7	229.8	188.8	54.4	134.4	10.1	0.2
河南	Henan	144.8	69.6	62.0	29.2	32.8	7.0	2.5
湖北	Hubei	190.8	75.1	95.7	50.2	45.6	10.2	1.3
湖南	Hunan	140.5	60.4	57.6	32.5	25.1	15.1	1.3
广东	Guangdong	564.2	96.6	417.3	204.5	212.8	34.0	5.7
广西	Guangxi	88.8	30.3	46.7	31.0	15.7	3.7	1.9
海南	Hainan	20.4	5.7	11.7	9.0	2.7	1.6	0.1
重庆	Chongqing	164.5	88.8	65.4	44.9	20.4	6.5	0.2
四川	Sichuan	239.2	121.4	95.0	63.5	31.5	13.0	2.3
贵州	Guizhou	82.5	33.2	36.3	23.8	12.5	8.1	0.6
云南	Yunnan	222.4	109.6	95.8	46.4	49.4	7.6	0.1
西藏	Tibet	10.9	5.1	2.8	0.6	2.2	0.2	
陕西	Shaanxi	119.2	45.2	65.1	48.3	16.8	3.4	1.3
甘肃	Gansu	48.8	18.0	22.6	8.1	14.5	1.6	0.1
青海	Qinghai	13.3	5.7	5.1	2.4	2.7	0.6	
宁夏	Ningxia	22.6	10.7	9.4	4.7	4.7	0.3	
新疆	Xinjiang	67.9	36.0	20.6	9.6	11.0	3.8	1.1

4-34 分地区社会服务经费(2013年)

Social Service Expenditure by Region(2013)

单位：亿元 (100 million yuan)

地 区	Region	社会服务经费总支出 Total Expenditure of Social Service	抚恤 Pension	退役安置 Retired Resettled	社会福利 Social Welfare	社会救助 Social Aid	自然灾害生活救助 Life Aid for Natural Disasters	离退休人员经费 Expenditure for Retirees	其他 Others
全　国	**National Total**	**4276.5**	**618.4**	**435.3**	**397.6**	**2172.4**	**178.7**	**43.6**	**430.6**
北　京	Beijing	13.7	0.1				4.4	0.4	8.9
天　津	Tianjin	155.6	10.2	72.7	20.6	17.2	0.6	5.5	28.7
河　北	Hebei	55.2	6.0	8.6	5.6	21.7	0.2	0.5	12.6
山　西	Shanxi	167.2	37.3	23.9	13.9	74.6	5.2	1.9	10.4
内蒙古	Inner Mongolia	113.0	19.0	7.1	7.9	66.5	4.1	1.0	7.5
		123.7	8.9	4.3	11.2	84.7	3.9	1.3	9.4
辽　宁	Liaoning								
吉　林	Jilin	167.3	18.8	31.5	12.8	74.0	6.7	2.4	21.1
黑龙江	Heilongjiang	98.6	10.8	7.5	4.9	60.4	4.9	1.0	9.2
		159.0	11.8	6.5	6.4	112.1	14.7	0.7	6.7
上　海	Shanghai								
江　苏	Jiangsu	83.2	7.7	14.0	12.2	29.9	0.3	0.8	18.3
浙　江	Zhejiang	233.5	40.1	32.7	37.9	84.2	2.1	3.0	33.5
安　徽	Anhui	142.9	21.8	10.3	29.4	46.1	3.3	2.2	29.8
福　建	Fujian	160.1	26.7	14.9	13.9	91.3	3.8	1.3	8.2
江　西	Jiangxi	73.0	12.6	7.8	10.4	28.0	2.7	2.5	9.0
山　东	Shandong	122.4	23.6	4.3	10.6	75.9	2.8	0.9	4.3
		250.2	70.4	36.3	26.1	91.8	3.0	1.2	21.4
河　南	Henan								
湖　北	Hubei	209.7	42.5	16.9	13.4	119.8	2.6	1.8	12.9
湖　南	Hunan	184.9	33.6	15.9	15.4	98.3	6.4	1.9	13.4
广　东	Guangdong	199.6	40.4	10.5	10.5	117.1	6.1	0.9	14.2
广　西	Guangxi	198.2	29.6	20.6	30.8	74.0	6.9	3.4	32.8
海　南	Hainan	129.3	14.4	6.1	12.4	78.6	4.9	1.3	11.5
		25.4	2.4	2.1	2.4	12.6	0.6	0.4	5.0
重　庆	Chongqing								
四　川	Sichuan	99.9	16.3	7.8	10.7	51.5	4.2	0.9	8.5
贵　州	Guizhou	288.1	45.3	25.2	14.2	150.8	28.8	2.1	21.6
云　南	Yunnan	134.1	13.0	4.1	8.2	92.3	7.2	0.3	8.9
西　藏	Tibet	184.6	17.4	10.2	10.5	114.3	11.8	1.3	19.1
		15.6	0.6	0.7	0.9	8.0	3.0	0.1	2.3
陕　西	Shaanxi								
甘　肃	Gansu	183.8	24.0	15.4	15.8	99.5	13.0	0.7	15.5
青　海	Qinghai	129.9	5.4	7.1	5.7	93.8	12.6	0.5	4.8
宁　夏	Ningxia	37.8	1.4	1.7	3.6	19.5	2.2	0.2	9.0
新　疆	Xinjiang	26.6	1.1	1.3	1.9	16.1	1.5	0.3	4.4
		110.1	5.1	7.3	17.2	67.7	4.3	0.7	7.7

五、新闻出版、档案

News Publication and Archive

5-1 图书出版情况（2013年）

Statistics on Books Published in China by Categories (2013)

类　别	Category	种　数（种）Number of Publications (item)	印　数（万册）Printed Copies (10 000 copies)	印　张（千印张）Printed Sheets (1 000 sheets)
图书总计	**Total**	**444427**	**831048**	**71258143**
使用“中国标准书号”部分合计	**Publications with "China International Standard Book Number"**	**443631**	**828022**	**71115034**
马列主义、毛泽东思想	Marxism-Leninism, Mao Zedong Thought	672	1376	258784
哲学	Philosophy	8195	4799	707561
社会科学总论	General Social Sciences	5256	2815	475262
政治、法律	Politics and Law	17481	16438	2176822
军事	Military Affairs	1555	999	136176
经济	Economics	30144	14444	2471990
文化、科学、教育、体育	Culture, Science, Education and Sports	176189	626091	44792997
语言、文字	Languages	21482	30309	4426106
文学	Literature	46885	50254	5599793
艺术	Arts	25782	18680	1396195
历史、地理	History and Geography	16330	12743	1510386
自然科学总论	General Natural Sciences	915	565	60952
数理科学、化学	Mathematics and Chemistry	7849	4232	657308
天文学、地球科学	Astronomy and Geology	2561	1103	126398
生物科学	Biology	2948	1733	206686
医学、卫生	Medicine and Health Care	18418	12693	1774656
农业科学	Agricultural Science	5070	2296	237767
工业技术	Industrial Technology	45171	19757	3280858
交通运输	Transportation	4901	3144	419855
航空、航天	Aeronautics and Aerospace	463	173	23359
环境科学	Environmental Science	1923	954	98884
综合性图书	General Books	3441	2424	276239
不使用“中国标准书号”部分合计	**Publications without "China International Standard Book Number"**	**796**	**3026**	**143109**
图片	Pictures	796	786	16818
国标(GB)、部标(BB)等标准类文件印品	Standards Publications such as National Standards, Ministry Standards		1900	107297
活页文选、活页歌篇、小件印品等	Loose-leaf Collectanea, Loose-leaf Song and Prints of Small Volume		340	18994

5-2 图书、期刊和报纸出版情况
Number of Books, Magazines and Newspapers Published in China

年份 地区	Year Region	图书 Books Published 种数(种) Number of Publication (kind)	#新出版 New Publication	总印数(亿册、亿张) Printed Copies (100 million copies)	总印张数(亿印张) Printed Sheets (100 million sheets)	期刊 Magazines Published 种数(种) Number of Publication (kind)	平均期印数(万册) Average Printed Copies per Issue (10 000 copies)	总印数(亿册) Total Printed Copies (100 million copies)	总印张数(亿印张) Printed Sheets (100 million sheets)	报纸 Newspapers Published 种数(种) Number of Publication (kind)	平均期印数(万份) Average Printed Copies per Issue (10 000 copies)	总印数(亿份) Total Printed Copies (100 million copies)	总印张数(亿印张) Printed Sheets (100 million sheets)
	1978	14987	11888	37.7	135.4	930	6200	7.6	22.7	186	4280	127.8	113.5
	1980	21621	17660	45.9	195.7	2191	10298	11.3	36.7	188	6236	140.4	141.7
	1985	45603	33743	66.7	282.8	4705	23952	25.6	77.3	1445	19107	246.8	202.8
	1990	80224	55245	56.4	232.1	5751	16156	17.9	48.1	1444	14670	211.3	182.8
	1995	101381	59159	63.2	316.8	7583	19794	23.4	67.0	2089	17644	263.3	359.6
	1996	112813	63647	71.6	360.5	7916	19300	23.1	68.1	2163	17877	274.3	392.4
	1997	120106	66585	73.1	364.0	7918	20046	24.4	73.3	2149	18259	287.6	459.8
	1998	130613	74719	72.4	373.6	7999	20928	25.4	79.9	2053	18211	300.4	540.0
	1999	141831	83095	73.2	391.4	8187	21845	28.5	96.8	2038	18632	318.4	636.7
	2000	143376	84235	62.7	376.2	8725	21544	29.4	100.0	2007	17914	329.3	799.8
	2001	154526	91416	63.1	406.1	8889	20697	28.9	100.9	2111	18130	351.1	938.9
	2002	170962	100693	68.7	456.4	9029	20406	29.5	106.4	2137	18721	367.8	1067.4
	2003	190391	110812	66.7	462.2	9074	19909	29.5	109.1	2119	19072	383.1	1235.6
	2004	208294	121597	64.1	465.6	9490	17208	28.3	110.5	1922	19522	402.4	1524.8
	2005	222473	128578	64.7	493.3	9468	16286	27.6	125.3	1931	19549	412.6	1613.1
	2006	233971	160757	64.1	512.0	9468	16435	28.5	136.9	1938	19703	424.5	1658.9
	2007	248283	136226	62.9	486.5	9468	16697	30.4	157.9	1938	20545	438.0	1700.8
	2008	274123	148978	70.6	561.1	9549	16767	31.0	158.0	1943	21155	442.9	1930.6
	2009	301719	168296	70.4	565.5	9851	16457	31.5	166.2	1937	20837	439.1	1969.4
	2010	328387	189295	71.7	606.3	9884	16349	32.2	181.1	1939	21438	452.1	2148.0
	2011	369523	207506	77.1	634.5	9849	16880	32.9	192.7	1928	21517	467.4	2272.0
	2012	414005	241986	79.2	667.0	9867	16767	33.5	196.0	1918	22762	482.3	2211.0
	2013	444427	255981	83.1	712.6	9877	16453	32.7	194.7	1915	23696	482.4	2097.8
中央	Central Level	182307	106193	22.7	256.1	2883	5907	10.0	75.3	219	3331	80.8	231.0
北京	Beijing	9830	5672	1.3	13.4	170	187	0.4	2.7	35	406	10.9	67.2
天津	Tianjin	5539	3957	0.5	4.5	253	246	0.4	2.0	24	286	8.2	45.9
河北	Hebei	6896	3548	2.4	17.0	229	249	0.5	2.5	64	840	16.4	44.0
山西	Shanxi	4009	2643	1.3	12.9	199	167	0.3	2.2	60	2413	21.9	28.9
内蒙古	Inner Mongolia	3015	1989	0.7	5.0	148	120	0.3	1.3	60	131	2.7	7.4
辽宁	Liaoning	10737	6772	1.2	9.6	323	526	0.9	4.0	70	896	16.3	81.5
吉林	Jilin	21770	12586	2.7	22.6	237	351	1.0	4.6	52	1064	10.0	34.8
黑龙江	Heilongjiang	5247	3832	0.7	5.3	314	266	0.6	2.9	68	475	7.5	28.1
上海	Shanghai	24694	13510	3.3	31.8	635	873	1.6	9.0	73	579	13.1	58.8
江苏	Jiangsu	23268	14143	5.7	39.7	468	441	1.2	4.7	81	1237	28.6	134.0
浙江	Zhejiang	12706	7389	3.8	23.8	223	537	0.8	4.2	69	1163	34.6	162.2
安徽	Anhui	9444	5471	2.6	20.0	186	397	0.6	2.6	51	517	12.5	50.9
福建	Fujian	3320	2283	0.9	7.0	176	231	0.5	2.4	42	609	12.1	56.6
江西	Jiangxi	5583	3562	1.9	12.6	161	273	0.7	2.4	41	1356	12.8	32.9
山东	Shandong	13885	6362	5.0	32.5	269	483	1.2	5.9	87	1077	31.6	157.2
河南	Henan	6889	4204	2.4	17.9	248	399	1.0	4.6	78	1537	21.4	71.2
湖北	Hubei	13900	8445	2.6	20.9	423	1166	3.1	17.8	74	816	19.8	85.9
湖南	Hunan	11468	5611	3.6	24.7	253	557	1.3	5.7	49	652	13.4	52.7
广东	Guangdong	10355	6866	3.3	25.2	388	834	1.7	10.8	101	1734	43.6	386.5
广西	Guangxi	8803	4747	3.4	24.0	182	193	0.5	2.0	54	269	7.2	25.2
海南	Hainan	3431	1134	0.6	4.6	44	49	0.1	0.6	14	91	2.5	8.3
重庆	Chongqing	5356	2363	1.4	8.9	137	262	0.6	3.5	27	288	6.3	32.0
四川	Sichuan	8554	4946	2.3	18.7	351	417	0.8	5.5	89	656	17.0	83.2
贵州	Guizhou	894	667	0.6	4.4	88	84	0.2	0.8	31	150	3.9	16.2
云南	Yunnan	7739	4232	1.7	13.5	128	236	0.4	2.5	42	223	6.5	30.7
西藏	Tibet	658	246	0.1	0.8	35	17	0.0	0.1	23	37	0.8	2.1
陕西	Shaanxi	9395	4967	1.9	16.4	286	281	0.5	3.9	43	290	6.8	43.4
甘肃	Gansu	2907	1521	0.7	5.7	136	491	1.1	5.6	51	220	5.2	11.0
青海	Qinghai	663	331	0.1	1.0	53	29	0.0	0.2	27	51	1.2	4.7
宁夏	Ningxia	2385	1417	0.4	3.0	37	58	0.2	1.6	14	48	1.1	3.3
新疆	Xinjiang	8780	4372	1.3	8.8	214	125	0.2	0.9	102	252	5.7	19.8

5-3 分地区少年儿童读物和课本出版情况（2013年）
Number of Books Published for Children and Textbooks by Region (2013)

地区	Region	种数(种) Number of Publications (kind)		总印数（万册） Printed Copies (10 000 copies)		总印张(千印张) Printed Sheets (1 000 sheets)	
		儿童读物 Books for Children	课本 Textbooks	儿童读物 Books for Children	课本 Textbooks	儿童读物 Books for Children	课本 Textbooks
全国	**National Total**	**32400**	**87509**	**45686**	**345002**	**2815938**	**26902976**
中央	Central Level	7272	52835	9375	101155	499050	10081546
地方	Local Level	25128	34674	36311	243847	2316888	16821430
北京	Beijing	2036	579	2480	1207	203300	97343
天津	Tianjin	680	705	872	1953	45972	156594
河北	Hebei	598	399	776	13104	43506	869459
山西	Shanxi	199	44	218	4809	16296	349593
内蒙古	Inner Mongolia	175	876	68	4574	3903	322871
辽宁	Liaoning	864	2558	1078	2947	85468	226342
吉林	Jilin	3476	1276	3341	5659	253204	403671
黑龙江	Heilongjiang	454	714	232	2488	18117	161514
上海	Shanghai	1382	5213	3275	14427	155205	1221093
江苏	Jiangsu	1826	3278	2151	22871	139939	1500835
浙江	Zhejiang	2394	1321	5179	11746	389850	750819
安徽	Anhui	1893	797	1613	11815	115187	859605
福建	Fujian	161	355	249	3997	13182	278081
江西	Jiangxi	1627	278	2786	7290	159399	533672
山东	Shandong	1227	1353	2476	19570	135875	1179715
河南	Henan	274	1103	372	14277	15024	945576
湖北	Hubei	367	2407	539	8321	51618	642344
湖南	Hunan	1119	1208	1310	12523	94946	717778
广东	Guangdong	541	1329	1040	19794	37232	1351218
广西	Guangxi	941	381	1743	10639	109189	697691
海南	Hainan	142	138	676	1552	39423	84646
重庆	Chongqing	26	1897	34	6440	1160	428753
四川	Sichuan	892	1772	1120	9976	46633	786711
贵州	Guizhou	95	84	224	4468	6654	313514
云南	Yunnan	78	169	57	7323	1947	487611
西藏	Tibet	3	142	1	879	21	58102
陕西	Shaanxi	333	1830	553	7990	19872	592564
甘肃	Gansu	76	98	75	3686	4399	286402
青海	Qinghai	2	195	5	999	185	68183
宁夏	Ningxia	135		50	890	2626	63656
新疆	Xinjiang	1112	2175	1718	5633	107556	385474

5-4 课本出版情况(2013年)

Publication of Textbooks (2013)

项　目	Item	种数 (种) Number of Items (number)	#新出版 New Publication	总印数 (万册) Printed Copies (10 000)	总印张 (千印张) Printed Sheets (1 000)	定价总金额 (万元) Total Priced Value (10 000 yuan)
总计	**Total**	**87509**	**30385**	**345002**	**26902976**	**3537624**
大专及以上课本	Textbooks for Colleges and Universities	55811	21139	32423	5730861	1051572
中专、技校课本	Textbooks for Secondary Technical Schools	6573	1851	7585	946386	162683
中学课本	Textbooks for Secondary Schools	8160	1852	166996	12374551	1308818
小学课本	Textbooks for Primary Schools	6461	1391	129378	6673817	760117
业余教育课本	Textbooks for Spare-time Education	4972	2495	3633	593929	141689
扫盲课本	Textbooks for Eliminating Illiteracy	5	5	1	49	10
教学用书	Teaching Materials	5527	1652	4986	583383	112735

5-5 音像制品及电子出版物情况（2013年）

Statistics on Number of Publication of Audio-Video and Electronic Products (2013)

指 标	Item	全国 National	中央 Central Level	地方 Local Government
录像制品出版品种 （种）	Number of Publication of Video Products (kind)	7396	3734	3662
激光数码视盘	VCD	1852	1002	850
高密度激光视盘	DVD-V	5353	2620	2733
录像带及其他	VT and Others	191	112	79
其中：新版录像制品	of Which:New Publication of Video Products	5113	2231	2882
激光数码视盘	VCD	677	177	500
高密度激光视盘	DVD-V	4259	1942	2317
录像带及其他	VT and Others	177	112	65
录像制品出版数量(万盒、万张)	Volume of Publication of Video Products(10 000 cassettes,10 000 discs)	16683.93	5860.50	10823.43
激光数码视盘	VCD	3299.46	2590.67	708.79
高密度激光视盘	DVD-V	13303.15	3258.52	10044.63
录像带及其他	VT and Others	81.32	11.31	70.01
其中：新版录像制品	of Which:New Publication of Video Products	13654.92	3261.09	10393.83
激光数码视盘	VCD	1683.46	1133.93	549.53
高密度激光视盘	DVD-V	11894.41	2115.85	9778.56
录像带及其他	VT and Others	77.05	11.31	65.74
录像制品发行数量	Number Published	10539.53	5168.35	5371.18
录音制品出版品种 （种）	Number of Publication of Audio Products (kind)	9576	4212	5364
录音带	AT	2281	1241	1040
激光唱盘	CD	5356	2064	3292
高密度激光唱盘及其他	DVD-A and Others	1939	907	1032
其中：新版录音制品	of Which:New Publication of Audio Products	5230	1854	3376
录音带	AT	900	234	666
激光唱盘	CD	3376	1309	2067
高密度激光唱盘及其他	DVD-A and Others	954	311	643
录音制品出版数量(万盒、万张)	Volume of Publication of Audio Products(10 000 cassettes,10 000 discs)	23920.64	18256.25	5664.39
录音带	AT	17924.23	15235.48	2688.75
激光唱盘	CD	4321.38	2284.48	2036.90
高密度激光唱盘及其他	DVD-A and Others	1675.03	736.29	938.74
其中：新版录音制品	of Which:New Publication of Audio Products	7720.25	4902.09	2818.16
录音带	AT	4364.45	3585.20	779.25
激光唱盘	CD	2609.12	1143.40	1465.72
高密度激光唱盘及其他	DVD-A and Others	746.68	173.49	573.19
录音制品发行数量	Volume Issued	23856.32	14697.38	9158.94
电子出版物出版品种 （种）	Electronic Publications (kind)	11708	8058	3650
只读光盘	CD-ROM	7279	4436	2843
高密度只读光盘	DVD-ROM	3281	2568	713
交互式光盘及其他	CD-I	1148	1054	94
其中：新版电子出版物	of Which:New Edition of Electronic Publications	6835	4387	2448
只读光盘	CD-ROM	3998	2213	1785
高密度只读光盘	DVD-ROM	2497	1917	580
交互式光盘及其他	CD-I	340	257	83
电子出版物出版数量 （万张）	Electronic Publications (10 000 discs)	35220.18	27234.61	7985.57
只读光盘	CD-ROM	29596.15	22082.88	7513.27
高密度只读光盘	DVD-ROM	4001.90	3550.46	451.44
交互式光盘及其他	CD-I	1622.13	1601.27	20.86
其中：新版电子出版物	of Which:New Edition of Electronic Publications	11371.20	8821.81	2549.39
只读光盘	CD-ROM	7913.05	5706.52	2206.53
高密度只读光盘	DVD-ROM	3273.21	2949.39	323.82
交互式光盘及其他	CD-I	184.94	165.90	19.04

5-6 全国图书、期刊、报纸进出口情况（2013年）

Statistics on Imports and Exports of Books, Magazines and Newspapers (2013)

指　标	Item	出口 Exports		进口 Imports	
		数量（万册、份）Number (10 000 copies)	金额（万美元）Value (10 000 USD)	数量（万册、份）Number (10 000 copies)	金额（万美元）Value (10 000 USD)
总计	**National**	**1992.86**	**6012.40**	**2361.54**	**28048.63**
图书	Books Published	1737.58	5216.38	857.89	12054.66
哲学、社会科学	Philosophy, Social Science	159.54	1750.25	57.23	1632.33
文化、教育	Culture and Education	386.27	1029.52	152.23	1998.77
文学、艺术	Literature and Art	203.52	891.95	176.14	1998.97
自然、科学技术	Natural Science and S&T	62.26	383.84	123.20	3250.18
少儿读物	For Children	724.39	447.31	106.88	476.91
综合性图书	General Books	201.60	713.51	242.21	2697.49
期刊	Magazines Published	215.68	744.85	397.14	14620.06
报纸	Newspapers Published	39.59	51.17	1106.51	1373.92

5-7 全国音像、电子出版物进出口情况(2013年)

Statistics on Audio-Video Products and Electronic Publications (2013)

指　标	Item	出口 Exports		进口 Imports	
		数量（盒、张）Number (disc)	金额（万美元）Value (10 000 USD)	数量（盒、张）Number (disc)	金额（万美元）Value (10 000 USD)
总计	**National Total**	**34136**	**122.43**	**285070**	**20022.34**
录音合计	Audio Products	800	0.40	164671	128.93
激光唱片	CDs	800	0.40	164671	128.93
录像合计	Video Products	33236	32.16	16780	13.26
DVD—V	DVD-V	31425	31.46	16780	13.26
VCD	VCD	1811	0.70		
电子出版物	Electronic Publications	100	0.16	103619	73.86
数字出版物	Digital Publications		89.71		19806.29

注：本表数据为全国有出版物进口经营许可证的出版物进出口经营单位数据。
Data are from national publication import and export units that have publication import business certificate.

5-8 版权合同登记及引进和输出情况（2013年）
Basic Statistics on Registration of Copyright Contracts and Copyright Import and Export (2013)

单位：项 (item)

项　目	Item	合　计 Total	图　书 Books	录音制品 Audio Products	录像制品 Video Products	电子出版物 Electronic Publications	软　件 Software	电　影 Films	电视节目 TV Programs	其　他 Others
版权合同登记	**Registration of Copyright Contracts**	**19521**	**17205**			**183**	**1161**	**44**	**9**	**919**
本年引进版权总数	**Total Number of Copyright Import During the Year**	**18167**	**16625**	**378**	**538**	**72**	**169**		**381**	**4**
美　国	United States	6210	5489	109	474	17	36		83	2
英　国	United Kingdom	2698	2521	38	60	4	9		66	
德　国	Germany	763	707	29	1	1	18		7	
法　国	France	787	772	3			4		8	
俄罗斯	Russia	84	84							
加拿大	Canada	114	111	1			1		1	
新加坡	Singapore	330	310	2			1		17	
日　本	Japan	1905	1852	27		2	18		4	2
韩　国	South Korea	1619	1472	13	2	19	2		111	
香港地区	Hong Kong, China	509	354	55		13	36		51	
澳门地区	Macao, China	7	7							
台湾地区	Taiwan, China	1215	1100	83	1	7	2		22	
其　他	Others	1926	1846	18		9	42		11	
本年输出版权总数	**Total Number of Copyright Export During the Year**	**10401**	**7305**	**300**	**193**	**646**	**20**		**1937**	
美　国	United States	1266	753		1	183			329	
英　国	United Kingdom	731	574			78	20		59	
德　国	Germany	452	328	21		44			59	
法　国	France	243	184						59	
俄罗斯	Russia	125	124		1					
加拿大	Canada	157	46						111	
新加坡	Singapore	532	171			169			192	
日　本	Japan	388	292	24	2	69			1	
韩　国	South Korea	695	656	34	2	3				
香港地区	Hong Kong, China	1051	402	192	183	1			273	
澳门地区	Macao, China	143	24						119	
台湾地区	Taiwan, China	1899	1714			53			132	
其　他	Others	2719	2037	29	4	46			603	

5-9 分地区出版物发行机构数和网点数（2013年）
Issuing Institutions and Spots of Publication by Region (2013)

地区	Region	发行机构合计（处）Issuing Institutions (unit)	国有书店及国有发行点 State-owned Book Store and Issuing Spots	供销社 Supply and Marketing Coopera-tives	出版社 Press	网上书店 Online Bookstore	文化教育广电邮政系统 Cultural, Educational Broad-casting and Postal Systems	新华书店系统外批发网点 Wholesale Spots Outside Xinhua Bookstore	集体个体零售 Collective and Personal Retail	新华书店系统出版社自办发行从业人数（人）Persons Engaged in Own Issuance of Presses of Xinhua Book-store System (person)	国有书店及国有发行点 State-owned Bookstores and Issuing Spots
全　国	**National**	**172447**	**9255**	**839**	**447**	**728**	**38062**	**7984**	**115132**	**147254**	**139046**
中　央	Central Level	140	3		137					2857	1531
地　方	Local Government	172307	9252	839	310	728	38062	7984	115132	144397	137515
北　京	Beijing	9232	124		18	602	2347	1865	4276	5146	4634
天　津	Tianjin	2807	67		13			160	2567	1525	1402
河　北	Hebei	7272	376		7		2107	214	4568	7579	6796
山　西	Shanxi	2830	396	6	7		363	136	1922	5920	5483
内蒙古	Inner Mongolia	1707	179		7			71	1450	2398	2342
辽　宁	Liaoning	6008	294		12		483	366	4853	6190	5893
吉　林	Jilin	3331	113		4	19	985	258	1952	3520	3428
黑龙江	Heilongjiang	2326	197	101	5	1	388	138	1496	3514	3460
上　海	Shanghai	8594	181		71	76	2114	345	5807	3083	1822
江　苏	Jiangsu	14428	884		18	2	2414	238	10872	5734	5596
浙　江	Zhejiang	11004	600		15	1	2208	316	7864	7344	7195
安　徽	Anhui	8568	651		11	3	3582	301	4020	4948	4796
福　建	Fujian	4330	223		3	8	1126	372	2598	3886	3860
江　西	Jiangxi	3455	333	28	6		21	171	2896	3608	3450
山　东	Shandong	8233	529		4		890	191	6619	8008	7988
河　南	Henan	8574	1012		12		2290	290	4970	13461	13285
湖　北	Hubei	4876	119		14	6	600	530	3607	4565	4250
湖　南	Hunan	6150	390		14		4580	163	1003	11022	9840
广　东	Guangdong	12895	409	624	4			453	11405	8296	8267
广　西	Guangxi	4988	250	80	20		1920	78	2640	4150	3930
海　南	Hainan	724	28		4		373	41	278	985	930
重　庆	Chongqing	5230	267		3		897	208	3855	2619	2569
四　川	Sichuan	10496	217			1	3200	238	6840	9024	9024
贵　州	Guizhou	3739	221		3	1	875	128	2511	2239	2116
云　南	Yunnan	8929	253		7		1814	120	6735	3534	3518
西　藏	Tibet	140	61		1		8		70	335	331
陕　西	Shaanxi	4300	197		24		1597	258	2224	4406	4115
甘　肃	Gansu	2206	293		2		82	210	1619	3063	2949
青　海	Qinghai	987	58				189	28	712	666	634
宁　夏	Ningxia	945	31		1	6	439	42	426	659	642
新　疆	Xinjiang	3003	299			2	170	55	2477	2970	2970

5-10 分地区出版印刷生产情况（2013年）
Conditions of Printing by Region (2013)

地 区	Region	企业数 (个) Number of Enterprises (unit)	工业销售产值 (万元) Industrial Sales Value (10 000 yuan)	印刷产量 Output of Printing 黑白 (万令) Black and White (10 000 ream)	彩色 (万对开色令) Color (10 000 bisect color ream)	装订产量 (万令) Output of Bookbinding (10 000 ream)	用纸量 (万令) Amount of Paper Used (10 000 ream)
全 国	**National**	**8963**	**14267770.50**	**32607.94**	**255672.47**	**36316.32**	**85621.30**
北 京	Beijing	768	1136034.87	2830.10	16744.48	3192.89	5831.46
天 津	Tianjin	126	189837.66	3151.67	75734.16	3763.71	20525.94
河 北	Hebei	773	750446.78	1420.39	3349.29	3000.16	4038.38
山 西	Shanxi	168	161867.36	292.65	1968.62	300.67	591.21
内蒙古	Inner Mongolia	87	48788.10	84.19	493.57	82.30	214.71
辽 宁	Liaoning	215	238404.27	2043.42	2979.34	818.19	466.01
吉 林	Jilin	212	303623.30	1346.78	2402.87	465.22	1266.12
黑龙江	Heilongjiang	156	133971.22	319.37	2711.73	370.01	681.35
上 海	Shanghai	255	1071368.03	875.35	15302.86	668.04	1499.64
江 苏	Jiangsu	400	812407.24	1250.59	6839.45	1227.09	3349.97
浙 江	Zhejiang	898	2083589.10	1661.62	23824.00	1982.62	5514.22
安 徽	Anhui	283	429519.51	787.67	3802.04	1339.72	1550.91
福 建	Fujian	323	374225.97	490.57	1719.14	301.65	685.78
江 西	Jiangxi	138	265128.87	1081.00	1379.85	911.71	855.82
山 东	Shandong	471	992043.74	3049.72	29884.36	4195.20	8804.91
河 南	Henan	423	384044.30	1087.68	3798.81	1137.16	2340.85
湖 北	Hubei	343	456165.99	1605.98	3490.55	1554.73	2789.26
湖 南	Hunan	495	798291.30	1266.82	5384.87	1916.52	8687.15
广 东	Guangdong	881	1949510.30	2748.55	37587.01	4814.91	7859.90
广 西	Guangxi	175	209476.31	2029.28	3715.84	822.88	2547.06
海 南	Hainan	27	13867.00	73.47	448.05	59.91	123.16
重 庆	Chongqing	193	256271.41	409.88	1004.31	381.20	599.83
四 川	Sichuan	242	259579.47	1234.03	3993.63	1318.23	1484.18
贵 州	Guizhou	168	76297.19	155.32	1630.32	141.21	420.37
云 南	Yunnan	144	231551.03	316.17	1546.85	281.39	713.51
西 藏	Tibet	30	17579.14	37.21	83.55	30.54	79.46
陕 西	Shaanxi	217	418454.75	558.94	2332.57	725.22	1249.58
甘 肃	Gansu	96	75984.49	231.85	449.11	232.74	351.27
青 海	Qinghai	52	23306.65	30.56	177.49	32.12	97.52
宁 夏	Ningxia	82	29375.04	41.88	109.92	44.44	95.18
新 疆	Xinjiang	122	76760.11	95.26	783.79	203.94	306.60

5-11 国家综合档案馆基本情况

Basic Statistics on National Comprehensive Archives

年 份 Year	馆藏档案 （万卷、万件） Number of Archives (10 000 volumes, 10 000 pieces)	照片档案 （万张） Photos (10 000 sheets)	开放档案 （万卷、万件） Archives Open to Public (10 000 volume, 10 000 pieces)	利用档案 （万卷、万件次） Utilized Archives (10 000 volume-times, 10 000 piece-times)	档案馆建筑面积 （万平方米） Floor Space of Archive Institutions (10 000 sq.m)
1991	9637.4	371.0	2094.3	937.0	348.1
1992	10003.5	402.4	2018.7	773.8	255.7
1993	10726.8	435.5	2140.7	891.9	275.9
1994	10782.9	449.6	2454.6	674.4	268.3
1995	11318.3	485.5	2790.3	529.3	282.5
1996	11341.4	494.6	2939.2	485.4	297.5
1997	12222.9	553.0	3304.6	501.0	347.6
1998	12276.5	579.7	3556.5	446.5	310.7
1999	12866.8	584.5	3808.2	508.5	328.4
2000	13314.0	631.7	4072.0	494.4	336.2
2001	13756.6	642.8	4129.7	575.4	342.0
2002	14790.7	720.5	4301.1	548.8	351.0
2003	15945.9	797.4	4618.4	602.6	361.4
2004	17601.5	827.9	4868.3	813.9	376.8
2005	18688.7	908.8	5132.3	868.0	393.1
2006	21656.5	1277.2	5746.3	1166.4	406.1
2007	23675.3	1393.3	5875.5	1244.9	421.9
2008	25051.0	1505.3	6072.2	1257.4	465.4
2009	28089.2	1646.3	6687.4	1308.0	473.3
2010	32198.6	1809.2	7428.6	1417.3	504.4
2011	35445.5	1965.8	7828.4	1564.5	551.1
2012	40547.7	1827.4	8254.6	1521.1	627.1
2013	44759.1	1927.6	8490.0	1477.8	709.3

5-12 档案馆机构和人员情况
Statistics on Archive Institutions and Personnel

单位：个，人 (unit, person)

年 份 Year	国家综合档案馆 National Comprehensive Archives		国家专门档案馆 National Special Archives		部门档案馆 Department Archives		企 业 档案馆数 Enterprise Archive Institutions	文化事业 档案馆数 Culture Archive Institutions	科技事业单 位档案馆数 Science and Technology Archive Institutions
	馆 数 Number of Institutions	专职人员 Full-time Personnel	馆 数 Number of Institutions	专职人员 Full-time Personnel	馆 数 Number of Institutions	专职人员 Full-time Personnel			
1991	2957	21657	211	2038	128	2171	229	19	28
1992	2962	22226	206	2082	122	2258	231	19	28
1993	2980	23624	200	2245	122	1448	221	20	31
1994	2983	23568	205	2294	136	2160	209	20	36
1995	3024	24777	216	2484	144	2168	213	27	38
1996	3011	24542	226	2658	134	2072	232	23	44
1997	3021	24904	223	2578	162	2521	228	26	46
1998	3034	24197	232	3200	149	2411	245	27	46
1999	3046	23530	225	3436	142	2123	304	40	59
2000	3070	23701	234	3319	141	1865	307	53	80
2001	3100	23652	243	3448	142	2086	286	47	84
2002	3110	22825	253	3435	148	2109	299	75	93
2003	3121	23086	260	3514	141	1770	300	75	85
2004	3127	23401	258	3591	149	1932	300	79	99
2005	3142	23413	238	3452	145	2020	301	105	63
2006	3154	22689	239	3537	137	1699	216	110	95
2007	3161	21399	245	3737	146	1985	215	126	94
2008	3170	21414	240	3663	154	1886	241	141	87
2009	3191	20949	241	3626	149	1814	233	167	96
2010	3194	19750	252	3833	167	1747	223	160	111
2011	3196	19985	255	3843	170	2121	183	179	124
2012	3237	18009	238	3577	183	2161	204	260	
2013	3325	18106	240	3579	218	2182	189	274	

注：2012年新修订的《全国档案事业统计年报制度》不再细分事业单位的属性，统称“省部属事业单位档案馆”。省部属事业单位包括文化事业档案馆数，科技事业单位档案馆数。

a) The newly revised Annual Report of National Archive Statistics in 2012 does not further subcategorize public institutions by their attributes, but generally called public archive institutions affiliated to ministries or provincial governments. Public institutions affiliated to ministries or provincial governments include cultural archive institutions, and science and technology archive institutions.

六、广播电视

Radio and Television

6-1 分地区广播和电视节目综合人口覆盖情况（2013年）

Population Coverage of Radio and TV Program by Region (2013)

单位：%　　(%)

地　区	Region	广播节目综合人口覆盖率 Population Coverage Rate of Radio Programs	#中央 Central Radio Station	电视节目综合人口覆盖率 Population Coverage Rate of TV Programs	#中央 CCTV
全　国	**National Total**	**97.79**	**97.11**	**98.42**	**97.79**
北　京	Beijing	100.00	100.00	100.00	100.00
天　津	Tianjin	100.00	100.00	100.00	100.00
河　北	Hebei	99.34	98.91	99.27	99.14
山　西	Shanxi	96.76	96.74	98.45	98.44
内蒙古	Inner Mongolia	98.25	97.81	97.64	97.49
辽　宁	Liaoning	98.63	97.62	98.72	97.87
吉　林	Jilin	98.59	97.72	98.71	96.77
黑龙江	Heilongjiang	98.60	98.56	98.80	98.80
上　海	Shanghai	100.00	100.00	100.00	100.00
江　苏	Jiangsu	99.99	99.84	99.88	99.41
浙　江	Zhejiang	99.56	98.81	99.64	99.00
安　徽	Anhui	98.34	97.26	98.57	97.97
福　建	Fujian	98.20	97.87	98.63	98.51
江　西	Jiangxi	97.42	97.10	98.50	98.21
山　东	Shandong	98.49	96.03	98.21	96.16
河　南	Henan	98.09	97.99	98.11	98.03
湖　北	Hubei	98.80	98.59	98.81	98.62
湖　南	Hunan	93.25	92.39	97.40	97.09
广　东	Guangdong	99.90	99.81	99.90	99.80
广　西	Guangxi	96.24	94.77	98.00	95.00
海　南	Hainan	96.48	96.42	95.45	95.20
重　庆	Chongqing	98.30	97.44	98.88	98.37
四　川	Sichuan	96.98	96.41	97.89	97.47
贵　州	Guizhou	90.00	88.04	94.10	92.42
云　南	Yunnan	96.27	96.15	97.28	97.25
西　藏	Tibet	94.38	84.66	95.51	85.13
陕　西	Shaanxi	97.37	96.95	98.26	97.98
甘　肃	Gansu	97.69	96.18	98.04	96.62
青　海	Qinghai	95.74	95.74	96.93	96.93
宁　夏	Ningxia	96.06	96.06	99.09	99.09
新　疆	Xinjiang	95.68	95.03	95.95	94.82
计划单列市	**Cities Specifically Designated in State Plan**	**99.52**	**99.52**	**99.61**	**99.61**
大　连	Dalian	99.36	99.36	99.85	99.85
宁　波	Ningbo	100.00	100.00	100.00	100.00
厦　门	Xiamen	99.31	99.31	100.00	100.00
青　岛	Qingdao	98.71	98.71	98.52	98.52
深　圳	Shenzhen	100.00	100.00	100.00	100.00

6-2 分地区有线广播电视传输干线网络及用户情况（2013年）
Transmission Trunk and Users of Cable Radios and TVs by Region (2013)

地区	Region	有线广播电视传输干线网络总长（公里）Total Length of Transmission Trunk for Cable Radios and TVs (km)	有线广播电视用户数（户）Users of Cable Radios and TVs (household)	#数字电视用户数 Users of Digital TV Programs	#付费电视用户数 Users of Pay TV
全国	**National Total**	**3815887**	**228937963**	**171596898**	**34984062**
总局直属	Directly under the State Administration				
北京	Beijing	219699	6369126	5136017	114230
天津	Tianjin	6861	2922912	2557069	187357
河北	Hebei	175645	8658229	6872904	616243
山西	Shanxi	100678	4988975	3446478	92938
内蒙古	Inner Mongolia	37650	3179460	2409785	148365
辽宁	Liaoning	129066	9955404	6728549	139007
吉林	Jilin	99375	5564803	4768604	1207160
黑龙江	Heilongjiang	181038	7038712	6207345	887067
上海	Shanghai	43369	6817637	5185574	1559116
江苏	Jiangsu	343702	22494351	16619433	3163257
浙江	Zhejiang	262542	14490453	13343071	3163328
安徽	Anhui	50112	7082576	3480024	366856
福建	Fujian	88718	6915300	4891200	1730746
江西	Jiangxi	115465	5951933	4203021	830605
山东	Shandong	302242	18701501	13694901	3149734
河南	Henan	169233	10343617	3691018	260190
湖北	Hubei	229117	10453137	8721400	2275917
湖南	Hunan	113698	8410612	6794877	1552926
广东	Guangdong	213481	19599976	15711074	1750648
广西	Guangxi	77422	6234427	3707312	1258836
海南	Hainan	8560	1100073	922968	169937
重庆	Chongqing	152731	5195251	3601979	1124259
四川	Sichuan	363203	14509029	9483118	3300538
贵州	Guizhou	55654	3942813	3942813	1058009
云南	Yunnan	107639	5203509	4785069	2254660
西藏	Tibet	3734	215187	130639	18371
陕西	Shaanxi	44222	6394712	5262635	2052184
甘肃	Gansu	47334	2073356	1960928	326381
青海	Qinghai	5867	618957	575461	184075
宁夏	Ningxia	13050	898000	898000	
新疆	Xinjiang	37320	1995035	1863632	41122
新疆生产建设兵团	Xinjiang Production and Construction Corps.	17462	618900		
计划单列市	**Cities Specifically Designated in State Plan**	**146411**	**9546515**	**8630416**	**886238**
大连	Dalian	21528	1853920	1563733	51720
宁波	Ningbo	45324	2448473	2157353	403176
厦门	Xiamen	4572	773500	696300	150468
青岛	Qingdao	49426	2330541	2080500	
深圳	Shenzhen	25561	2140081	2132530	280874

6-3 分地区广播节目播出情况（2013年）

National Radio Programs by Region (2013)

单位：小时 (hour)

地 区	Region	公共广播节目套数(套) Number of Public Radio Programs (set)	全年公共广播节目播出时间 Broadcasting Hours of Public Radio Programs	#转中央台节目 Relaying Programs of Central Radio Station	#播出自制节目 Own-produced Programs
全 国	**National Total**	**2637**	**13795461**	**1434979**	**9074165**
总局直属	Directly under the State Administration	34	432014	10718	398446
北 京	Beijing	25	172870	2376	137129
天 津	Tianjin	23	149805	2796	90731
河 北	Hebei	133	646445	42391	409539
山 西	Shanxi	111	398437	49043	239431
内蒙古	Inner Mongolia	125	669487	132725	338910
辽 宁	Liaoning	110	673293	35365	470101
吉 林	Jilin	69	454417	24121	321771
黑龙江	Heilongjiang	90	470438	44131	306053
上 海	Shanghai	21	137771	3973	111412
江 苏	Jiangsu	128	800938	51877	623210
浙 江	Zhejiang	110	740977	48753	550776
安 徽	Anhui	105	508540	47300	321528
福 建	Fujian	89	519253	100470	311621
江 西	Jiangxi	105	369701	62485	212976
山 东	Shandong	158	883163	66552	576176
河 南	Henan	151	643749	71520	430246
湖 北	Hubei	87	470737	44625	320636
湖 南	Hunan	100	385904	60089	230117
广 东	Guangdong	129	767484	45326	580589
广 西	Guangxi	65	324793	33048	239239
海 南	Hainan	24	117559	17567	69782
重 庆	Chongqing	35	158143	20605	105158
四 川	Sichuan	123	593509	100164	331553
贵 州	Guizhou	38	225502	24993	140605
云 南	Yunnan	49	293647	31790	215856
西 藏	Tibet	8	42486	1638	32325
陕 西	Shaanxi	107	458273	60807	285911
甘 肃	Gansu	88	309519	61012	166765
青 海	Qinghai	12	74926	9831	52200
宁 夏	Ningxia	24	100453	12135	68321
新 疆	Xinjiang	161	801225	114752	385050
计划单列市	**Cities Specifically Designated in State Plan**	**48**	**337495**	**19433**	**259468**
大 连	Dalian	11	78729	8197	53461
宁 波	Ningbo	13	91006	3834	74352
厦 门	Xiamen	6	40464	388	32840
青 岛	Qingdao	13	92384	6792	71025
深 圳	Shenzhen	5	34913	223	27791

6-3 续表 continued

单位：小时 (hour)

地区	Region	按节目类型分 by Type of Programs 新闻资讯类节目 News Programs	专题服务类节目 Special Subject Programs	综艺类节目 General Entertainment Programs	广播剧类节目 Radio Play Programs	广告类节目 Advertising Programs	其他类节目 Others
全国	**National Total**	**2820086**	**3108653**	**3732369**	**770085**	**1259269**	**2104998**
总局直属	Directly under the State Administration	150206	163562	92581	4686	16518	4462
北京	Beijing	18448	35423	88267	10513	12705	7515
天津	Tianjin	20105	29684	47869	2481	23957	25709
河北	Hebei	107484	144395	253708	28623	60322	51914
山西	Shanxi	83947	88517	108763	33074	23810	60327
内蒙古	Inner Mongolia	111377	152974	215884	45546	48978	94729
辽宁	Liaoning	95486	170418	222101	45483	68352	71453
吉林	Jilin	60353	107213	187503	20883	55184	23282
黑龙江	Heilongjiang	80710	120151	90097	24931	32694	121855
上海	Shanghai	37261	35279	43841	5423	14107	1860
江苏	Jiangsu	150426	179234	188027	42729	101539	138983
浙江	Zhejiang	156168	188969	177616	28500	73230	116493
安徽	Anhui	93210	112987	105257	38136	49997	108953
福建	Fujian	133403	112043	139448	16617	29412	88330
江西	Jiangxi	86334	84652	96882	32643	32200	36991
山东	Shandong	151594	161790	246827	71647	99256	152049
河南	Henan	119774	132840	203310	36396	59262	92167
湖北	Hubei	95865	111258	130796	25474	67287	40058
湖南	Hunan	92854	69093	75923	21098	39771	87164
广东	Guangdong	141488	139945	164765	34820	64821	221645
广西	Guangxi	73695	53015	112071	7597	26859	51558
海南	Hainan	27430	18923	29061	9740	5581	26825
重庆	Chongqing	40512	40844	26977	15824	9699	24287
四川	Sichuan	138183	132770	133188	24710	49648	115011
贵州	Guizhou	41829	46950	49523	13125	23338	50737
云南	Yunnan	69339	62273	63251	18347	30967	49470
西藏	Tibet	7853	12994	16563	1151	2824	1102
陕西	Shaanxi	99563	106287	96048	39040	57471	59863
甘肃	Gansu	85311	59310	63361	20613	25811	55113
青海	Qinghai	15921	15891	27361	3749	3715	8290
宁夏	Ningxia	25415	20023	30880	6516	12143	5476
新疆	Xinjiang	208544	198948	204620	39973	37814	111326
计划单列市	**Cities Specifically Designated in State Plan**	**67811**	**97009**	**68906**	**16717**	**40600**	**46451**
大连	Dalian	16904	22847	15659	5296	10506	7518
宁波	Ningbo	13441	29722	23055	4022	10910	9856
厦门	Xiamen	11271	15973	5472	283	2125	5341
青岛	Qingdao	18092	18098	15948	6360	11373	22514
深圳	Shenzhen	8104	10370	8773	757	5686	1222

6-4 分地区省级广播节目播出情况（2013年）

Provincial Radio Programs by Region (2013)

单位：小时 (hour)

地　区	Region	公共广播节目套数（套） Number of Public Radio Programs (set)	全年公共广播节目播出时间 Broadcasting Hours of Public Radio Programs	#转中央台节目 Relaying Programs of Central Radio Station	#播出自制节目 Own-produced Programs
全　国	**National Total**	**254**	**1983499**	**34845**	**1772555**
北　京	Beijing	16	123172	913	102808
天　津	Tianjin	11	80908	1460	77070
河　北	Hebei	9	68710	617	54125
山　西	Shanxi	7	57670	913	51222
内蒙古	InnerMongolia	9	64206	1278	55585
辽　宁	Liaoning	9	78481	713	69482
吉　林	Jilin	9	78840	862	69980
黑龙江	Heilongjiang	9	57791	596	51098
上　海	Shanghai	11	81326	212	78666
江　苏	Jiangsu	11	83454	1095	75985
浙　江	Zhejiang	7	61270	1095	58574
安　徽	Anhui	9	68820	1011	63255
福　建	Fujian	6	50155	2335	45922
江　西	Jiangxi	6	47085	547	42466
山　东	Shandong	8	67111	365	57433
河　南	Henan	10	87600	1077	79033
湖　北	Hubei	10	85339	1644	77932
湖　南	Hunan	7	59130	1278	53265
广　东	Guangdong	9	78080	183	76694
广　西	Guangxi	6	42705	1825	39326
海　南	Hainan	4	29067	365	25258
重　庆	Chongqing	6	51243	665	48650
四　川	Sichuan	8	60483	727	58060
贵　州	Guizhou	7	61320	560	52875
云　南	Yunnan	9	59735	2460	52762
西　藏	Tibet	4	29352	1278	24333
陕　西	Shaanxi	10	83281	1095	69784
甘　肃	Gansu	6	40247	665	38233
青　海	Qinghai	4	28559	2566	21968
宁　夏	Ningxia	5	35140	1706	28362
新　疆	Xinjiang	12	83220	2745	72353

6-4 续表 continued

单位：小时 (hour)

地区	Region	新闻资讯类节目 News Programs	专题服务类节目 Special Subject Programs	综艺类节目 General Entertainment Programs	广播剧类节目 Radio Play Programs	广告类节目 Advertising Programs	其他类节目 Others
		按节目类型分 by Type of Programs					
全国	**National Total**	**312153**	**499611**	**570819**	**89072**	**279160**	**232681**
北京	Beijing	12923	27069	69522	1967	9755	1933
天津	Tianjin	11473	16108	34772	365	18189	
河北	Hebei	12795	22999	25862	1936	3408	1707
山西	Shanxi	5854	11729	12683	1101	8251	18051
内蒙古	InnerMongolia	9132	23022	17653	9751	4237	410
辽宁	Liaoning	7592	29373	17389	1018	11028	12078
吉林	Jilin	8393	15043	20384	7770	18954	8295
黑龙江	Heilongjiang	7491	14151	10210	7228	10039	8671
上海	Shanghai	19846	26065	25512	390	9512	
江苏	Jiangsu	13398	16117	27898	158	23382	2499
浙江	Zhejiang	14890	16700	15160	1987	6649	5882
安徽	Anhui	5228	20414	13948	1675	13361	14192
福建	Fujian	12030	10497	10636	268	3239	13483
江西	Jiangxi	5409	17525	11243	3176	7308	2424
山东	Shandong	8316	14715	21372	2509	11449	8747
河南	Henan	12245	15968	36328	4522	11606	6928
湖北	Hubei	12863	21722	31731	1476	11918	5627
湖南	Hunan	10181	16242	2007	1095	4514	25090
广东	Guangdong	6526	11229	8845	11183	10524	29770
广西	Guangxi	9920	8321	13195	613	4606	6050
海南	Hainan	5319	6414	5656	705	1125	9846
重庆	Chongqing	12289	18015	9617	3496	3917	3906
四川	Sichuan	13363	12439	22565	10	7613	4493
贵州	Guizhou	4137	17250	16432	3113	8170	12217
云南	Yunnan	18376	12969	10846	4125	10614	2805
西藏	Tibet	4045	10180	12014	556	2555	
陕西	Shaanxi	10916	21631	12422	5008	21842	11461
甘肃	Gansu	6486	6092	9345	1841	8143	8338
青海	Qinghai	7458	6034	5815	384	1991	6876
宁夏	Ningxia	6562	7758	11706	3436	5146	530
新疆	Xinjiang	16687	25810	28044	6205	6108	366

6-5 分地区地市级广播节目播出情况（2013年）
Radio Programs at Prefecture Level by Region (2013)

单位：小时 (hour)

地区	Region	公共广播节目套数（套） Number of Public Radio Programs (set)	全年公共广播节目播出时间 Broadcasting Hours of Public Radio Programs	#转中央台节目 Relaying Programs of Central Radio Station	#播出自制节目 Own-produced Programs
全国	**National Total**	**752**	**5128270**	**240037**	**4056251**
河北	Hebei	42	272220	7650	215078
山西	Shanxi	23	142620	9045	108420
内蒙古	Inner Mongolia	41	275857	14234	209762
辽宁	Liaoning	42	300172	8117	225177
吉林	Jilin	29	217384	8599	167632
黑龙江	Heilongjiang	26	227084	6507	194558
江苏	Jiangsu	51	366447	18904	307888
浙江	Zhejiang	37	276009	9823	232305
安徽	Anhui	36	230333	12045	172216
福建	Fujian	24	179217	7124	153298
江西	Jiangxi	20	132591	7945	100748
山东	Shandong	51	359045	15419	273944
河南	Henan	35	218723	11380	180038
湖北	Hubei	24	166236	8937	135376
湖南	Hunan	21	149640	12603	115378
广东	Guangdong	53	340079	5258	294613
广西	Guangxi	25	164716	5177	135278
海南	Hainan	4	27676	913	20349
四川	Sichuan	38	241135	12020	185546
贵州	Guizhou	16	103730	7829	68662
云南	Yunnan	26	172217	11250	139644
西藏	Tibet	4	13134	360	7992
陕西	Shaanxi	25	175414	6925	143235
甘肃	Gansu	15	96219	9119	64839
青海	Qinghai	6	33955	2520	27241
宁夏	Ningxia	6	39555	2566	31384
新疆	Xinjiang	32	206864	17770	145653
计划单列市	**Cities Specifically Designated in State Plan**	**26**	**193579**	**5323**	**159837**
大连	Dalian	6	48003	417	43023
宁波	Ningbo	5	35377	913	30491
厦门	Xiamen	5	34442	388	28278
青岛	Qingdao	6	49093	3600	38081
深圳	Shenzhen	4	26666	5	19965

6-5 续表 continued

单位：小时 (hour)

地　区	Region	按节目类型分 by Type of Programs 新闻资讯类节目 News Programs	专题服务类节目 Special Subject Programs	综艺类节目 General Entertainment Programs	广播剧类节目 Radio Play Programs	广告类节目 Advertising Programs	其他类节目 Others
全　国	**National Total**	**884263**	**1248488**	**1314257**	**281854**	**608885**	**790522**
河　北	Hebei	35953	71658	80343	15320	34844	34102
山　西	Shanxi	28773	39620	37363	11613	12229	13022
内蒙古	Inner Mongolia	39545	76829	92756	17994	35932	12801
辽　宁	Liaoning	47263	78408	91036	20284	41112	22069
吉　林	Jilin	27256	54595	95667	5539	25276	9051
黑龙江	Heilongjiang	24703	75562	39645	7979	19692	59505
江　苏	Jiangsu	66607	88864	70238	22013	48505	70219
浙　江	Zhejiang	54658	80093	61784	8877	29102	41496
安　徽	Anhui	34926	47528	39529	22698	23450	62202
福　建	Fujian	43269	44923	46910	6929	20265	16921
江　西	Jiangxi	20641	31895	36478	10136	15350	18093
山　东	Shandong	64960	70052	79829	26690	49981	67533
河　南	Henan	32554	59045	56355	7398	24962	38410
湖　北	Hubei	32452	40259	34906	9717	33110	15792
湖　南	Hunan	26808	20987	40091	7772	23482	30500
广　东	Guangdong	58729	73123	70319	9922	32426	95560
广　西	Guangxi	30048	27871	60816	3295	14843	27843
海　南	Hainan	3072	5426	5840	730	2355	10253
四　川	Sichuan	50139	68275	48954	10695	25860	37212
贵　州	Guizhou	20681	22923	26316	7822	12874	13114
云　南	Yunnan	35085	38594	37772	9120	16992	34654
西　藏	Tibet	3808	2813	4548	594	269	1102
陕　西	Shaanxi	27507	39787	47320	15039	24193	21567
甘　肃	Gansu	19030	18988	26469	7491	14459	9781
青　海	Qinghai	7101	8752	12426	2999	1724	954
宁　夏	Ningxia	8557	7664	12030	1908	6663	2735
新　疆	Xinjiang	40140	53955	58519	11283	18934	24033
计划单列市	**Cities Specifically Designated in State Plan**	**47369**	**58624**	**36111**	**6510**	**21538**	**23427**
大　连	Dalian	12857	13829	12285	1195	7556	282
宁　波	Ningbo	6371	16338	7271	1486	3729	183
厦　门	Xiamen	10237	12445	4012	283	2125	5341
青　岛	Qingdao	10539	7268	5231	2890	6274	16892
深　圳	Shenzhen	7366	8745	7313	657	1854	730

6-6 分地区县级广播节目播出情况（2013年）

Radio Programs at County Level by Region (2013)

单位：小时 (hour)

地区	Region	公共广播节目套数（套） Number of Public Radio Programs (set)	全年公共广播节目播出时间 Broadcasting Hours of Public Radio Programs	#转中央台节目 Relaying Programs of Central Radio Station	#播出自制节目 Own-produced Programs
全　国	**National Total**	**1597**	**6251678**	**1149379**	**2846913**
北　京	Beijing	9	49698	1464	34321
天　津	Tianjin	12	68896	1336	13661
河　北	Hebei	82	305516	34124	140337
山　西	Shanxi	81	198148	39086	79790
内蒙古	Inner Mongolia	75	329423	117213	73564
辽　宁	Liaoning	59	294640	26536	175442
吉　林	Jilin	31	158193	14661	84159
黑龙江	Heilongjiang	55	185563	37029	60398
上　海	Shanghai	10	56445	3761	32746
江　苏	Jiangsu	66	351037	31877	239337
浙　江	Zhejiang	66	403698	37835	259897
安　徽	Anhui	60	209388	34244	86056
福　建	Fujian	59	289881	91010	112402
江　西	Jiangxi	79	190025	53993	69762
山　东	Shandong	99	457008	50769	244800
河　南	Henan	106	337426	59064	171175
湖　北	Hubei	53	219163	34044	107329
湖　南	Hunan	72	177134	46208	61474
广　东	Guangdong	67	349325	39886	209282
广　西	Guangxi	34	117373	26046	64635
海　南	Hainan	16	60817	16289	24176
重　庆	Chongqing	29	106901	19940	56509
四　川	Sichuan	77	291892	87418	87948
贵　州	Guizhou	15	60451	16605	19069
云　南	Yunnan	14	61695	18081	23450
陕　西	Shaanxi	72	199577	52787	72892
甘　肃	Gansu	67	173054	51228	63693
青　海	Qinghai	2	12412	4746	2990
宁　夏	Ningxia	13	25759	7863	8575
新　疆	Xinjiang	117	511141	94236	167045
计划单列市	**Cities Specifically Designated in State Plan**	**22**	**143916**	**14111**	**99632**
大　连	Dalian	5	30727	7780	10438
宁　波	Ningbo	8	55629	2921	43862
厦　门	Xiamen	1	6022		4562
青　岛	Qingdao	7	43291	3192	32944
深　圳	Shenzhen	1	8247	218	7826

6-6 续表 continued

单位：小时 (hour)

地　区	Region	按节目类型分 by Type of Programs					
		新闻资讯类节目 News Programs	专题服务类节目 Special Subject Programs	综艺类节目 General Entertainment Programs	广播剧类节目 Radio Play Programs	广告类节目 Advertising Programs	其他类节目 Others
全　国	**National Total**	**1473464**	**1196992**	**1754711**	**394473**	**354705**	**1077333**
北　京	Beijing	5524	8353	18745	8545	2950	5582
天　津	Tianjin	8631	13575	13097	2116	5768	25709
河　北	Hebei	58735	49737	147503	11367	22070	16104
山　西	Shanxi	49320	37168	58716	20360	3330	29254
内蒙古	Inner Mongolia	62700	53123	105474	17801	8809	81518
辽　宁	Liaoning	40631	62636	113676	24181	16212	37306
吉　林	Jilin	24703	37574	71452	7575	10954	5935
黑龙江	Heilongjiang	48516	30439	40242	9724	2963	53679
上　海	Shanghai	17415	9214	18329	5033	4594	1860
江　苏	Jiangsu	70420	74252	89890	20558	29652	66265
浙　江	Zhejiang	86620	92177	100672	17637	37478	69115
安　徽	Anhui	53055	45045	51780	13763	13185	32559
福　建	Fujian	78104	56623	81902	9419	5907	57925
江　西	Jiangxi	60284	35232	49161	19332	9542	16475
山　东	Shandong	78318	77023	145626	42448	37825	75768
河　南	Henan	74974	57827	110628	24476	22694	46828
湖　北	Hubei	50549	49276	64159	14282	22258	18639
湖　南	Hunan	55865	31864	33824	12231	11775	31574
广　东	Guangdong	76232	55592	85601	13715	21871	96314
广　西	Guangxi	33727	16823	38060	3689	7410	17665
海　南	Hainan	19039	7083	17564	8304	2101	6726
重　庆	Chongqing	28223	22829	17360	12327	5781	20381
四　川	Sichuan	74681	52056	61669	14004	16175	73306
贵　州	Guizhou	17011	6776	6775	2190	2294	25406
云　南	Yunnan	15878	10710	14633	5102	3361	12012
陕　西	Shaanxi	61139	44868	36307	18993	11436	26835
甘　肃	Gansu	59795	34229	27547	11281	3209	36994
青　海	Qinghai	1361	1105	9120	365		460
宁　夏	Ningxia	10296	4602	7144	1173	334	2211
新　疆	Xinjiang	151717	119183	118057	22485	12772	86927
计划单列市	**Cities Specifically Designated in State Plan**	**20443**	**38385**	**32795**	**10208**	**19062**	**23024**
大　连	Dalian	4048	9018	3374	4101	2950	7236
宁　波	Ningbo	7070	13384	15784	2537	7181	9674
厦　门	Xiamen	1034	3528	1460			
青　岛	Qingdao	7554	10830	10717	3470	5099	5622
深　圳	Shenzhen	738	1625	1460	100	3832	492

6-7 分地区电视节目播出情况（2013年）

National TV Programs by Region (2013)

单位：小时 (hour)

地区	Region	公共电视节目套数（套）Number of Public TV Programs (set)	全年公共电视节目播出时间 Broadcasting Hours of Public TV Programs	#转中央台节目 Relaying Programs of CCTV	#播出自制节目 Own-produced Programs
全　国	**National Total**	**3250**	**17057212**	**1242145**	**5739442**
总局直属	Directly under the State Administration	34	270112	2	217700
北　京	Beijing	26	126983	374	60402
天　津	Tianjin	24	168804	6950	57158
河　北	Hebei	178	781739	40016	280742
山　西	Shanxi	116	477807	46041	144893
内蒙古	Inner Mongolia	120	638963	88735	185880
辽　宁	Liaoning	117	734274	18385	287723
吉　林	Jilin	76	504992	13150	199754
黑龙江	Heilongjiang	105	625562	94787	162059
上　海	Shanghai	25	180115	2967	77858
江　苏	Jiangsu	130	821477	30228	337731
浙　江	Zhejiang	114	738055	20998	281144
安　徽	Anhui	112	602604	40213	164125
福　建	Fujian	100	340564	3142	153018
江　西	Jiangxi	112	638828	96269	155115
山　东	Shandong	188	1044781	65069	360452
河　南	Henan	166	882412	71422	309546
湖　北	Hubei	114	683933	27597	251115
湖　南	Hunan	139	744875	85757	212988
广　东	Guangdong	134	703382	35746	211459
广　西	Guangxi	116	543051	26822	192584
海　南	Hainan	15	88300	4327	46999
重　庆	Chongqing	46	299695	15879	105503
四　川	Sichuan	205	1104931	141162	333980
贵　州	Guizhou	102	235020	16415	107451
云　南	Yunnan	159	762972	66271	227215
西　藏	Tibet	12	58484	3294	21718
陕　西	Shaanxi	123	611539	52353	197349
甘　肃	Gansu	106	441917	33453	131713
青　海	Qinghai	16	89313	6016	32197
宁　夏	Ningxia	28	153984	8295	54049
新　疆	Xinjiang	192	957744	80013	177823
计划单列市	**Cities Specifically Designated in State Plan**	**63**	**428126**	**6873**	**157074**
大　连	Dalian	15	103123	1657	43124
宁　波	Ningbo	13	90283	1716	28739
厦　门	Xiamen	9	54571	461	20580
青　岛	Qingdao	15	93539	2355	40971
深　圳	Shenzhen	11	86610	684	23660

6-7 续表 1 continued

单位：小时 (hour)

地　区	Region	按节目类型分类 by Type of Programs 新闻资讯类节目 News Programs	专题服务类节目 Special Subject Programs	综艺益智类节目 General Entertainment and Puzzle Programs	影视剧类节目 Films and TV Plays Programs	广告类节目 Advertising Programs	其他类节目 Others
全　国	**National Total**	**2352285**	**2108918**	**1419911**	**7366010**	**1951125**	**1858964**
总局直属	Directly under the State Administration	69008	81855	37647	48976	7490	25137
北　京	Beijing	22538	52342	6876	26055	9945	9226
天　津	Tianjin	20079	57091	10026	57125	16631	7852
河　北	Hebei	96750	85256	86486	389270	86051	37928
山　西	Shanxi	63150	40069	46243	199043	54198	75104
内蒙古	Inner Mongolia	81200	65250	52515	301535	66544	71919
辽　宁	Liaoning	65293	96591	116766	294864	88295	72464
吉　林	Jilin	46433	81574	101486	198275	57653	19571
黑龙江	Heilongjiang	67689	57785	48159	213774	49838	188316
上　海	Shanghai	32641	36039	10226	65367	17674	18167
江　苏	Jiangsu	110052	109428	57733	334091	119648	90524
浙　江	Zhejiang	98587	84682	32971	332551	122328	66936
安　徽	Anhui	79614	69426	36398	290286	90311	36569
福　建	Fujian	59761	64844	20162	109523	41726	44548
江　西	Jiangxi	78812	62568	44295	305124	67201	80828
山　东	Shandong	120348	126848	110231	470494	129118	87741
河　南	Henan	105550	98030	77020	412683	88537	100592
湖　北	Hubei	82923	88238	49464	321458	102388	39461
湖　南	Hunan	116018	71677	61956	334008	82029	79187
广　东	Guangdong	117019	81957	46492	249195	81957	126761
广　西	Guangxi	90555	66705	28429	213276	88314	55772
海　南	Hainan	15369	8606	6247	33665	14618	9795
重　庆	Chongqing	36442	57308	21761	121922	26102	36161
四　川	Sichuan	172900	127206	75014	470506	116959	142346
贵　州	Guizhou	69482	25367	16288	67260	25586	31038
云　南	Yunnan	114137	75815	53634	362149	75605	81632
西　藏	Tibet	8345	7416	1721	28696	4852	7454
陕　西	Shaanxi	85756	65574	54892	254878	70440	80000
甘　肃	Gansu	58113	44633	25243	229843	34092	49992
青　海	Qinghai	11222	10573	9394	44884	6326	6914
宁　夏	Ningxia	19482	16571	13786	72443	22104	9599
新　疆	Xinjiang	137015	91591	60352	512793	86564	69428
计划单列市	**Cities Specifically Designated in State Plan**	**46850**	**65360**	**30727**	**161635**	**52740**	**70814**
大　连	Dalian	9107	17046	9853	36094	10705	20318
宁　波	Ningbo	7423	7029	4055	45559	14873	11343
厦　门	Xiamen	6353	8062	1036	15997	5348	17776
青　岛	Qingdao	12017	17194	9302	37774	13917	3335
深　圳	Shenzhen	11950	16029	6481	26211	7897	18042

6-7 续表 2 continued

地　区	Region	全年电视剧播出数 Number of TV Plays		#进口电视剧 Number of Imported TV Plays		全年动画电视播出时间(小时) Broadcasting Hours of Cartoon TV Programs	#进口动画电视 Broadcasting Hours of Imported Cartoon TV Programs
		(部) (set)	(集) (part)	(部) (set)	(集) (part)	(hour)	
全　国	**National Total**	**240996**	**6614157**	**3616**	**98939**	**293140**	**14015**
总局直属	Directly under the State Administration	1500	45442	41	1106	4366	978
北　京	Beijing	455	15629	2	47	5603	105
天　津	Tianjin	3309	47140	40	972	2973	503
河　北	Hebei	13140	387461	87	3272	7868	1269
山　西	Shanxi	5989	158738	42	1172	7977	172
内蒙古	Inner Mongolia	12324	292517	65	1535	11230	85
辽　宁	Liaoning	9125	265578	256	7439	7584	450
吉　林	Jilin	7010	211039	207	5978	1692	
黑龙江	Heilongjiang	7794	129081	190	6360	2717	625
上　海	Shanghai	1249	43702	49	1018	13280	2552
江　苏	Jiangsu	9910	294923	65	2242	15521	596
浙　江	Zhejiang	9290	294491	77	1743	17236	195
安　徽	Anhui	10091	266441	175	5267	7630	813
福　建	Fujian	3362	102883			7426	192
江　西	Jiangxi	10178	254276	323	9319	12747	480
山　东	Shandong	11449	348372	102	2722	13562	684
河　南	Henan	15132	433735	52	1289	6990	170
湖　北	Hubei	13162	352351	80	2030	10074	41
湖　南	Hunan	10830	283420	57	2225	22364	869
广　东	Guangdong	5803	203396	54	2127	25207	828
广　西	Guangxi	6573	180736	63	1498	8656	
海　南	Hainan	889	25411			2881	
重　庆	Chongqing	4779	121093	277	6530	6973	41
四　川	Sichuan	17884	481960	181	4907	16230	580
贵　州	Guizhou	2471	57522	107	2352	2038	
云　南	Yunnan	9936	274074			10275	347
西　藏	Tibet	674	23035	3	100	877	
陕　西	Shaanxi	8559	240706	12	543	6775	
甘　肃	Gansu	6773	196668	5	356	8291	
青　海	Qinghai	973	29363			2075	
宁　夏	Ningxia	2026	52549	12	679	3774	
新　疆	Xinjiang	18357	500425	992	24111	20248	1440
计划单列市	**Cities Specifically Designated in State Plan**	**4900**	**152782**	**40**	**955**	**10347**	
大　连	Dalian	797	25652	4	80	2130	
宁　波	Ningbo	1218	40308	2	40	1574	
厦　门	Xiamen	420	14325			35	
青　岛	Qingdao	1404	40530	34	835	2223	
深　圳	Shenzhen	1061	31967			4386	

6-8 分地区省级电视节目播出情况（2013年）
Provincial TV Programs by Region (2013)

单位：小时 (hour)

地 区	Region	公共电视节目套数（套） Number of Public TV Programs (set)	全年公共电视节目播出时间 Broadcasting Hours of Public TV Programs	#转中央台节目 Relaying Programs of CCTV	#播出自制节目 Own-produced Programs
全 国	**National Total**	**281**	**2237960**	**20080**	**918806**
北 京	Beijing	12	94924	191	39755
天 津	Tianjin	11	92800	183	30641
河 北	Hebei	8	68170	228	25621
山 西	Shanxi	7	54884	238	19462
内蒙古	Inner Mongolia	8	66442	228	25077
辽 宁	Liaoning	10	86114	193	22292
吉 林	Jilin	10	83260	188	45036
黑龙江	Heilongjiang	8	67169	242	24756
上 海	Shanghai	16	128479	1087	63554
江 苏	Jiangsu	9	74363	6049	23918
浙 江	Zhejiang	9	76846	250	24307
安 徽	Anhui	6	44029	221	18579
福 建	Fujian	10	83368	230	35315
江 西	Jiangxi	9	74334	2359	25311
山 东	Shandong	10	69818	181	29954
河 南	Henan	9	75323	233	39090
湖 北	Hubei	9	75256	257	36747
湖 南	Hunan	11	92643	202	36916
广 东	Guangdong	14	113995	67	37354
广 西	Guangxi	9	77172	213	30372
海 南	Hainan	6	41982	319	34345
重 庆	Chongqing	12	99013	183	48019
四 川	Sichuan	12	96742	401	40653
贵 州	Guizhou	7	48167	185	28150
云 南	Yunnan	7	55823	222	33575
西 藏	Tibet	3	24621	420	13161
陕 西	Shaanxi	10	74326	998	36161
甘 肃	Gansu	6	46816	183	10147
青 海	Qinghai	4	26219	2030	14499
宁 夏	Ningxia	7	40246	1164	15931
新 疆	Xinjiang	12	84615	939	10107

6-8 续表 1 continued

单位：小时 (hour)

地区	Region	按节目类型分类 by Type of Programs					
		新闻资讯类节目 News Programs	专题服务类节目 Special Subject Programs	综艺益智类节目 General Entertainment and Puzzle Programs	影视剧类节目 Films and TV Plays Programs	广告类节目 Advertising Programs	其他类节目 Others
全国	**National Total**	**293336**	**407454**	**161707**	**776080**	**292015**	**307368**
北京	Beijing	15837	38272	5582	21219	5680	8334
天津	Tianjin	6854	48932	3172	21245	12597	
河北	Hebei	4274	5328	5484	31264	5879	15941
山西	Shanxi	9884	2609	3011	22211	7560	9610
内蒙古	Inner Mongolia	7957	10419	756	29792	8069	9448
辽宁	Liaoning	8343	15942	3349	28345	10950	19186
吉林	Jilin	7054	10400	13244	27454	14459	10649
黑龙江	Heilongjiang	7843	14920	3762	20697	9972	9975
上海	Shanghai	26108	25593	9192	40897	11430	15259
江苏	Jiangsu	8723	10867	5239	29694	7688	12152
浙江	Zhejiang	10256	10750	4345	31026	8912	11557
安徽	Anhui	8875	7750	5395	13606	6671	1733
福建	Fujian	11551	22920	4481	24920	11481	8014
江西	Jiangxi	6220	13363	2894	33125	8928	9804
山东	Shandong	9284	14422	7617	26741	9244	2510
河南	Henan	14681	18798	4782	16686	6053	14324
湖北	Hubei	9172	11620	4816	27860	10290	11498
湖南	Hunan	13352	9769	9877	33397	9664	16585
广东	Guangdong	20722	13508	6972	33577	21248	17969
广西	Guangxi	11599	7441	3847	31305	15472	7508
海南	Hainan	6734	5185	1556	14260	8524	5724
重庆	Chongqing	9477	31633	14618	22719	6371	14195
四川	Sichuan	11469	9942	11274	38640	12367	13050
贵州	Guizhou	5909	8260	2336	14038	5987	11638
云南	Yunnan	8800	10082	7153	19123	9028	1637
西藏	Tibet	2993	2303	698	14681	3402	544
陕西	Shaanxi	10288	6563	5343	17975	13623	20534
甘肃	Gansu	3510	4084	102	20248	4897	13975
青海	Qinghai	3473	3033	2441	11621	2724	2927
宁夏	Ningxia	4655	7059	4685	17697	4380	1770
新疆	Xinjiang	7440	5690	3685	40016	18466	9318

6-8 续表 2 continued

地 区	Region	全年电视剧播出数 Number of TV Plays (部) (set)	(集) (part)	#进口电视剧 Number of Imported TV Plays (部) (set)	(集) (part)	全年动画电视播出时间(小时) Broadcasting Hours of Cartoon TV Programs (hour)	#进口动画电视 Broadcasting Hours of Imported Cartoon TV Programs
全 国	**National Total**	**21283**	**688540**	**383**	**11917**	**78178**	**7151**
北 京	Beijing	425	14534	2	47	5603	105
天 津	Tianjin	2401	24369	40	972	2969	502
河 北	Hebei	1127	35719	1	20	3282	1232
山 西	Shanxi	764	23898	1	36	1845	
内蒙古	Inner Mongolia	1039	29031	2	34	3882	
辽 宁	Liaoning	825	28578			2117	
吉 林	Jilin	613	21848	33	816	92	
黑龙江	Heilongjiang	937	27874			644	
上 海	Shanghai	677	20784	49	1018	12184	2552
江 苏	Jiangsu	776	25391	28	798	5657	292
浙 江	Zhejiang	710	33186	5	216	3547	
安 徽	Anhui	453	15587	70	2134	593	456
福 建	Fujian	717	25727			2117	
江 西	Jiangxi	738	27990	12	441	580	
山 东	Shandong	378	16044			2833	
河 南	Henan	493	16560	17	679	122	
湖 北	Hubei	695	27242	3	126	278	
湖 南	Hunan	699	30064	19	573	4786	804
广 东	Guangdong	440	20398	51	2029	11437	821
广 西	Guangxi	810	27983	28	756	977	
海 南	Hainan	233	6232			2078	
重 庆	Chongqing	361	17724	1	29	4098	41
四 川	Sichuan	1114	43159	9	728	625	
贵 州	Guizhou	270	7798	1	22		
云 南	Yunnan	390	21330			3124	347
西 藏	Tibet	384	14570	3	100	438	
陕 西	Shaanxi	324	9505	8	343	302	
甘 肃	Gansu	598	22578			236	
青 海	Qinghai	302	12564			322	
宁 夏	Ningxia	454	11448			866	
新 疆	Xinjiang	1136	28825			548	

6-9 分地区地市级电视节目播出情况（2013年）

TV Programs at Prefecture Level by Region (2013)

单位：小时 (hour)

地区	Region	公共电视节目套数（套） Number of Public TV Programs (set)	全年公共电视节目播出时间 Broadcasting Hours of Public TV Programs	#转中央台节目 Relaying Programs of CCTV	#播出自制节目 Own-produced Programs
全国	**National Total**	**881**	**5596353**	**139770**	**2216492**
河北	Hebei	30	187706	2647	102118
山西	Shanxi	30	196560	7783	73185
内蒙古	Inner Mongolia	36	219529	8218	88875
辽宁	Liaoning	42	287721	3011	146635
吉林	Jilin	25	179707	1990	74296
黑龙江	Heilongjiang	29	181993	5864	79445
江苏	Jiangsu	53	351359	2159	169599
浙江	Zhejiang	38	275076	3929	114181
安徽	Anhui	41	238333	4893	81007
福建	Fujian	27	191820	1922	79879
江西	Jiangxi	22	134752	4017	48038
山东	Shandong	58	404768	4039	158454
河南	Henan	45	279787	10254	109992
湖北	Hubei	36	257601	2605	113714
湖南	Hunan	31	187340	10195	76702
广东	Guangdong	61	390767	8288	116831
广西	Guangxi	32	195406	2844	83793
海南	Hainan	4	20065	465	4351
四川	Sichuan	48	313367	11320	139827
贵州	Guizhou	22	127017	2912	50406
云南	Yunnan	40	213212	9600	84246
西藏	Tibet	9	33863	2874	8557
陕西	Shaanxi	25	144074	3999	57303
甘肃	Gansu	30	177207	4961	51191
青海	Qinghai	9	48911	3244	14860
宁夏	Ningxia	8	51287	1444	19302
新疆	Xinjiang	50	307124	14296	69705
计划单列市	**Cities Specifically Designated in State Plan**	**36**	**269603**	**1574**	**98664**
大连	Dalian	8	56597	196	28369
宁波	Ningbo	5	37146	183	8589
厦门	Xiamen	6	44984	241	19062
青岛	Qingdao	6	44267	270	18984
深圳	Shenzhen	11	86610	684	23660

6-9 续表 1 continued

单位：小时 (hour)

地 区	Region	按节目类型分类 by Type of Programs 新闻资讯类节目 News Programs	专题服务类节目 Special Subject Programs	综艺益智类节目 General Entertainment and Puzzle Programs	影视剧类节目 Films and TV Plays Programs	广告类节目 Advertising Programs	其他类节目 Others
全 国	**National Total**	**728929**	**794661**	**449456**	**2316485**	**794946**	**511876**
河 北	Hebei	19026	39240	25155	65672	28643	9970
山 西	Shanxi	18114	15908	13845	86411	30187	32094
内蒙古	Inner Mongolia	26905	26004	19541	91884	31897	23298
辽 宁	Liaoning	29635	47163	42458	93963	41323	33179
吉 林	Jilin	21930	48095	24651	59820	20610	4600
黑龙江	Heilongjiang	20379	22084	15149	83027	25424	15931
江 苏	Jiangsu	50320	54550	22221	128690	58558	37020
浙 江	Zhejiang	37785	34853	12071	105810	59284	25272
安 徽	Anhui	32782	36980	13711	100285	37538	17037
福 建	Fujian	26566	30548	13335	78197	21294	21880
江 西	Jiangxi	18946	18274	11307	57083	20434	8708
山 东	Shandong	50143	62350	44133	160002	59717	28424
河 南	Henan	29166	36094	25083	130830	33608	25006
湖 北	Hubei	31934	41985	19981	109548	42200	11954
湖 南	Hunan	36940	19602	11514	75366	28567	15352
广 东	Guangdong	53006	49667	27600	166186	39145	55163
广 西	Guangxi	27319	42046	11525	66734	30750	17032
海 南	Hainan	3114	1500	3346	8660	2480	966
四 川	Sichuan	49859	53312	16292	118355	45368	30181
贵 州	Guizhou	20882	13532	11791	53222	14938	12651
云 南	Yunnan	29726	20199	16187	94184	29993	22923
西 藏	Tibet	5352	5113	1023	14015	1450	6910
陕 西	Shaanxi	19124	14634	9821	61142	25275	14078
甘 肃	Gansu	18873	14146	12698	97135	16063	18291
青 海	Qinghai	6100	5901	6492	23475	3362	3582
宁 夏	Ningxia	6052	3751	3285	23397	11569	3234
新 疆	Xinjiang	38952	37128	15244	163391	35268	17141
计划单列市	**Cities Specifically Designated in State Plan**	**33920**	**51131**	**21234**	**88225**	**30283**	**44811**
大 连	Dalian	5935	13824	6071	13087	3474	14206
宁 波	Ningbo	2777	2477	1110	19414	8922	2446
厦 门	Xiamen	5811	7924	1036	15997	5099	9118
青 岛	Qingdao	7447	10877	6536	13517	4891	999
深 圳	Shenzhen	11950	16029	6481	26211	7897	18042

6-9 续表 2 continued

地 区	Region	全年电视剧播出数 Number of TV Programs (部)(set)	(集)(part)	#进口电视剧 Number of Imported TV Programs (部)(set)	(集)(part)	全年动画电视播出时间(小时) Broadcasting Hours of Cartoon TV Programs (hour)	#进口动画电视 Broadcasting Hours of Imported Cartoon TV Programs
全 国	**National Total**	**73762**	**2132971**	**1180**	**31428**	**85245**	**1860**
河 北	Hebei	1920	59808	8	340	744	20
山 西	Shanxi	2464	69061	20	400	1069	2
内蒙古	Inner Mongolia	3710	90277	36	965	3440	82
辽 宁	Liaoning	2709	88108	26	590	3840	182
吉 林	Jilin	2111	65160	108	3420	1084	
黑龙江	Heilongjiang	2483	65777	185	6200	670	
江 苏	Jiangsu	4543	137721	32	1227	3906	304
浙 江	Zhejiang	2714	94137	20	577	3076	
安 徽	Anhui	3210	95194	59	1865	2737	
福 建	Fujian	2459	71676			4259	192
江 西	Jiangxi	1473	41477	52	1986	3485	130
山 东	Shandong	3785	126525	34	835	6004	
河 南	Henan	4261	127657	35	610	2194	170
湖 北	Hubei	3838	119178	37	794	6058	5
湖 南	Hunan	2211	63935	4	275	2204	
广 东	Guangdong	4350	159104	2	66	11716	
广 西	Guangxi	2839	68311			4384	
海 南	Hainan	312	10330			304	
四 川	Sichuan	4897	126023	91	1993	5709	53
贵 州	Guizhou	2201	49724	106	2330	2038	
云 南	Yunnan	2384	67192			2399	
西 藏	Tibet	290	8465			439	
陕 西	Shaanxi	2028	54452			378	
甘 肃	Gansu	2823	85075			3688	
青 海	Qinghai	617	14942			1112	
宁 夏	Ningxia	597	18402	1	32	1292	
新 疆	Xinjiang	6533	155260	324	6923	7019	720
计划单列市	**Cities Specifically Designated in State Plan**	**2516**	**88439**	**34**	**835**	**8060**	
大 连	Dalian	309	11962			1947	
宁 波	Ningbo	311	16738				
厦 门	Xiamen	420	14325			35	
青 岛	Qingdao	415	13447	34	835	1692	
深 圳	Shenzhen	1061	31967			4386	

6-10 分地区县级电视节目播出情况（2013年）

TV Programs at County Level by Region (2013)

单位：小时 (hour)

地 区	Region	公共电视节目套数（套）Number of Public TV Programs (set)	全年公共电视节目播出时间 Broadcasting Hours of Public TV Programs	#转中央台节目 Relaying Programs of CCTV	#播出自制节目 Own-produced Programs
全 国	**National Total**	**2054**	**8952786**	**1082293**	**2386444**
北 京	Beijing	14	32059	183	20647
天 津	Tianjin	13	76004	6767	26516
河 北	Hebei	140	525863	37140	153004
山 西	Shanxi	79	226363	38020	52245
内蒙古	Inner Mongolia	76	352993	80289	71929
辽 宁	Liaoning	65	360439	15182	118796
吉 林	Jilin	41	242025	10973	80422
黑龙江	Heilongjiang	68	376400	88681	57859
上 海	Shanghai	9	51636	1880	14304
江 苏	Jiangsu	68	395754	22020	144214
浙 江	Zhejiang	67	386133	16819	142656
安 徽	Anhui	65	320242	35099	64538
福 建	Fujian	63	65376	991	37824
江 西	Jiangxi	81	429743	89893	81766
山 东	Shandong	120	570194	60849	172045
河 南	Henan	112	527302	60935	160464
湖 北	Hubei	69	351076	24735	100653
湖 南	Hunan	97	464892	75361	99370
广 东	Guangdong	59	198619	27391	57274
广 西	Guangxi	75	270474	23765	78419
海 南	Hainan	5	26253	3543	8302
重 庆	Chongqing	34	200682	15696	57485
四 川	Sichuan	145	694821	129442	153500
贵 州	Guizhou	73	59836	13318	28894
云 南	Yunnan	112	493938	56449	109395
陕 西	Shaanxi	88	393139	47356	103884
甘 肃	Gansu	70	217894	28309	70375
青 海	Qinghai	3	14183	742	2838
宁 夏	Ningxia	13	62451	5688	18815
新 疆	Xinjiang	130	566005	64777	98011
计划单列市	**Cities Specifically Designated in State Plan**	**27**	**158523**	**5299**	**58410**
大 连	Dalian	7	46526	1461	14755
宁 波	Ningbo	8	53137	1533	20150
厦 门	Xiamen	3	9587	220	1518
青 岛	Qingdao	9	49272	2085	21987

6-10 续表 1 continued

单位：小时 (hour)

地 区	Region	新闻资讯类节目 News Programs	专题服务类节目 Special Subject Programs	综艺益智类节目 General Entertainment and Puzzle Programs	影视剧类节目 Films and TV Plays Programs	广告类节目 Advertising Programs	其他类节目 Others
		按节目类型分类 by Type of Programs					
全 国	**National Total**	**1261013**	**824948**	**771100**	**4224469**	**856674**	**1014582**
北 京	Beijing	6701	14070	1294	4836	4265	892
天 津	Tianjin	13226	8159	6854	35880	4034	7852
河 北	Hebei	73450	40687	55846	292334	51528	12017
山 西	Shanxi	35152	21552	29387	90421	16451	33400
内蒙古	Inner Mongolia	46338	28827	32218	179859	26578	39173
辽 宁	Liaoning	27315	33486	70959	172557	36022	20100
吉 林	Jilin	17449	23079	63590	111001	22585	4321
黑龙江	Heilongjiang	39468	20782	29248	110050	14442	162410
上 海	Shanghai	6533	10446	1034	24470	6244	2909
江 苏	Jiangsu	51009	44012	30273	175707	53402	41352
浙 江	Zhejiang	50546	39079	16555	195715	54132	30106
安 徽	Anhui	37957	24696	17293	176395	46102	17799
福 建	Fujian	21644	11376	2346	6405	8950	14655
江 西	Jiangxi	53647	30932	30094	214916	37839	62316
山 东	Shandong	60920	50076	58481	283752	60157	56808
河 南	Henan	61704	43138	47156	265166	48875	61263
湖 北	Hubei	41817	34633	24667	184051	49898	16009
湖 南	Hunan	65727	42306	40565	225245	43798	47251
广 东	Guangdong	43292	18783	11920	49431	21563	53630
广 西	Guangxi	51636	17219	13057	115237	42092	31233
海 南	Hainan	5521	1921	1345	10746	3615	3104
重 庆	Chongqing	26966	25675	7143	99202	19731	21965
四 川	Sichuan	111572	63951	47448	313510	59225	99115
贵 州	Guizhou	42690	3575	2161		4661	6749
云 南	Yunnan	75611	45533	30295	248842	36584	57072
陕 西	Shaanxi	56344	44377	39728	175760	31542	45388
甘 肃	Gansu	35730	26403	12443	112460	13132	17725
青 海	Qinghai	1649	1639	461	9788	240	405
宁 夏	Ningxia	8776	5760	5816	31349	6155	4595
新 疆	Xinjiang	90623	48773	41424	309385	32831	42969
计划单列市	**Cities Specifically Designated in State Plan**	**12929**	**14230**	**9493**	**73410**	**22457**	**26003**
大 连	Dalian	3172	3222	3782	23007	7231	6112
宁 波	Ningbo	4646	4552	2945	26146	5951	8897
厦 门	Xiamen	542	138			249	8658
青 岛	Qingdao	4570	6318	2766	24258	9026	2336

6-10 续表 2 continued

地区	Region	全年电视剧播出数 Number of TV Plays (部) (set)	全年电视剧播出数 Number of TV Plays (集) (part)	#进口电视剧 Number of Imported TV Plays (部) (set)	#进口电视剧 Number of Imported TV Plays (集) (part)	全年动画电视播出时间(小时) Broadcasting Hours of Cartoon TV Programs (hour)	#进口动画电视 Broadcasting Hours of Imported Cartoon TV Programs
全 国	**National Total**	**144451**	**3747204**	**2012**	**54488**	**125351**	**4025**
北 京	Beijing	30	1095				
天 津	Tianjin	908	22771			4	1
河 北	Hebei	10093	291934	78	2912	3842	17
山 西	Shanxi	2761	65779	21	736	5063	170
内蒙古	Inner Mongolia	7575	173209	27	536	3908	3
辽 宁	Liaoning	5591	148892	230	6849	1627	268
吉 林	Jilin	4286	124031	66	1742	516	
黑龙江	Heilongjiang	4374	35430	5	160	1403	625
上 海	Shanghai	572	22918			1097	
江 苏	Jiangsu	4591	131811	5	217	5959	
浙 江	Zhejiang	5866	167168	52	950	10614	195
安 徽	Anhui	6428	155660	46	1268	4300	357
福 建	Fujian	186	5480			1050	
江 西	Jiangxi	7967	184809	259	6892	8682	350
山 东	Shandong	7286	205803	68	1887	4725	684
河 南	Henan	10378	289518			4675	
湖 北	Hubei	8629	205931	40	1110	3738	36
湖 南	Hunan	7920	189421	34	1377	15375	65
广 东	Guangdong	1013	23894	1	32	2054	7
广 西	Guangxi	2924	84442	35	742	3295	
海 南	Hainan	344	8849			499	
重 庆	Chongqing	4418	103369	276	6501	2875	
四 川	Sichuan	11873	312778	81	2186	9897	527
贵 州	Guizhou						
云 南	Yunnan	7162	185552			4753	
陕 西	Shaanxi	6207	176749	4	200	6095	
甘 肃	Gansu	3352	89015	5	356	4367	
青 海	Qinghai	54	1857			642	
宁 夏	Ningxia	975	22699	11	647	1616	
新 疆	Xinjiang	10688	316340	668	17188	12681	721
计划单列市	**Cities Specifically Designated in State Plan**	**2384**	**64343**	**6**	**120**	**2288**	
大 连	Dalian	488	13690	4	80	183	
宁 波	Ningbo	907	23570	2	40	1574	
厦 门	Xiamen						
青 岛	Qingdao	989	27083			531	

6-11 分地区广播节目制作情况（2013年）
Production of National Radio Programs by Region (2013)

地 区	Region	全年制作广播节目时间（小时）Radio Programs Produced (hour)	#新 闻 资讯类 News Programs	#广播剧类 Radio Plays
全 国	**National Total**	**7391247**	**1397353**	**178163**
总局直属	Directly under the State Administration	288932	94845	754
北 京	Beijing	116173	14281	4215
天 津	Tianjin	81193	12938	183
河 北	Hebei	332520	50854	5415
山 西	Shanxi	176120	34069	4748
内蒙古	Inner Mongolia	267415	42249	13490
辽 宁	Liaoning	393807	55607	7006
吉 林	Jilin	253921	33715	5792
黑龙江	Heilongjiang	293119	38871	13758
上 海	Shanghai	80707	17967	408
江 苏	Jiangsu	600722	108120	16204
浙 江	Zhejiang	493436	92998	10965
安 徽	Anhui	172742	34928	3318
福 建	Fujian	252276	58729	4032
江 西	Jiangxi	182702	38001	3742
山 东	Shandong	500328	88186	14716
河 南	Henan	301634	50966	1369
湖 北	Hubei	242884	47285	2446
湖 南	Hunan	172781	34214	2499
广 东	Guangdong	612440	111031	21420
广 西	Guangxi	188549	36505	484
海 南	Hainan	58825	10094	1440
重 庆	Chongqing	71968	19603	2323
四 川	Sichuan	212853	54670	1918
贵 州	Guizhou	120589	15535	3323
云 南	Yunnan	156399	42671	4731
西 藏	Tibet	29035	4507	4
陕 西	Shaanxi	254575	51026	12594
甘 肃	Gansu	119622	25320	3788
青 海	Qinghai	37555	8719	1554
宁 夏	Ningxia	44648	9827	1503
新 疆	Xinjiang	280777	59022	8028
计划单列市	**Cities Specifically Designated in State Plan**	**246978**	**51627**	**6434**
大 连	Dalian	43247	10607	1025
宁 波	Ningbo	70877	9612	1797
厦 门	Xiamen	32841	10938	281
青 岛	Qingdao	70360	14213	3332
深 圳	Shenzhen	29654	6259	

6-12 分地区省级广播节目制作情况（2013年）

Production of Provincial Radio Programs by Region (2013)

地 区	Region	全年制作广播节目时间（小时） Radio Programs Produced (hour)	#新 闻 资讯类 News Programs	#广播剧类 Radio Plays
全 国	**National Total**	**1650188**	**277206**	**50784**
北 京	Beijing	87410	11450	1380
天 津	Tianjin	66630	8797	
河 北	Hebei	52695	12246	913
山 西	Shanxi	38865	4846	336
内蒙古	Inner Mongolia	64206	9132	9751
辽 宁	Liaoning	69482	6658	218
吉 林	Jilin	69979	7768	4485
黑龙江	Heilongjiang	57480	6970	6278
上 海	Shanghai	64990	15814	390
江 苏	Jiangsu	79888	13398	158
浙 江	Zhejiang	60316	14600	1987
安 徽	Anhui	37360	4399	369
福 建	Fujian	45245	9695	1
江 西	Jiangxi	39776	6358	735
山 东	Shandong	54640	7619	2144
河 南	Henan	78303	11012	1349
湖 北	Hubei	75623	9760	469
湖 南	Hunan	36455	6410	
广 东	Guangdong	77256	6344	10369
广 西	Guangxi	33271	8296	121
海 南	Hainan	25254	4954	704
重 庆	Chongqing	42184	11637	168
四 川	Sichuan	55504	12652	10
贵 州	Guizhou	48881	3947	740
云 南	Yunnan	51463	17711	171
西 藏	Tibet	24333	3133	3
陕 西	Shaanxi	63139	10734	1968
甘 肃	Gansu	39665	6121	1574
青 海	Qinghai	15116	5254	203
宁 夏	Ningxia	22435	4820	1414
新 疆	Xinjiang	72335	14672	2373

6-13 分地区地市级广播节目制作情况（2013年）
Production of Radio Programs at Prefecture Level by Region (2013)

地 区	Region	全年制作广播节目时间（小时）Radio Programs Produced (hour)	#新闻资讯类 News Programs	#广播剧类 Radio Plays
全 国	**National Total**	**3484975**	**615712**	**85141**
河 北	Hebei	183714	23765	4502
山 西	Shanxi	87881	17819	3162
内蒙古	Inner Mongolia	164226	22106	2981
辽 宁	Liaoning	191464	31526	5445
吉 林	Jilin	130575	16740	1117
黑龙江	Heilongjiang	189795	21397	4727
江 苏	Jiangsu	309143	56484	11801
浙 江	Zhejiang	220810	44040	4284
安 徽	Anhui	95640	19048	2180
福 建	Fujian	140175	36295	2269
江 西	Jiangxi	99582	16351	2955
山 东	Shandong	242728	50010	5440
河 南	Henan	133923	21247	20
湖 北	Hubei	112689	23398	1487
湖 南	Hunan	96893	16159	1932
广 东	Guangdong	339059	61985	7313
广 西	Guangxi	119970	22192	30
海 南	Hainan	24018	2463	
四 川	Sichuan	120286	29023	1624
贵 州	Guizhou	60796	9424	2036
云 南	Yunnan	89159	19329	3812
西 藏	Tibet	4702	1374	
陕 西	Shaanxi	134686	22415	8960
甘 肃	Gansu	41675	6572	2002
青 海	Qinghai	21334	3129	1350
宁 夏	Ningxia	17546	3293	89
新 疆	Xinjiang	112506	18128	3625
计划单列市	**Cities Specifically Designated in State Plan**	**153901**	**39901**	**2644**
大 连	Dalian	30856	8751	100
宁 波	Ningbo	30491	5825	1017
厦 门	Xiamen	28279	9904	281
青 岛	Qingdao	38081	9813	1247
深 圳	Shenzhen	26196	5609	

6-14 分地区县级广播制作情况（2013年）

Production of Radio Programs at County Level by Region (2013)

地　区	Region	全年制作广播节目时间（小时）Radio Programs Produced (hour)	#新　闻资讯类 News Programs	#广播剧类 Radio Plays
全　国	**National Total**	**1967149**	**409589**	**41484**
北　京	Beijing	28761	2831	2835
天　津	Tianjin	14562	4142	183
河　北	Hebei	96111	14842	0
山　西	Shanxi	49374	11404	1250
内蒙古	Inner Mongolia	38983	11011	757
辽　宁	Liaoning	132860	17423	1343
吉　林	Jilin	53366	9207	190
黑龙江	Heilongjiang	45844	10504	2753
上　海	Shanghai	15717	2152	18
江　苏	Jiangsu	211690	38238	4245
浙　江	Zhejiang	212310	34358	4694
安　徽	Anhui	39742	11481	769
福　建	Fujian	66856	12739	1762
江　西	Jiangxi	43344	15292	52
山　东	Shandong	202957	30557	7132
河　南	Henan	89408	18708	
湖　北	Hubei	54572	14127	490
湖　南	Hunan	39433	11646	567
广　东	Guangdong	196125	42702	3737
广　西	Guangxi	35308	6017	332
海　南	Hainan	9554	2678	736
重　庆	Chongqing	29784	7966	2155
四　川	Sichuan	37063	12994	284
贵　州	Guizhou	10911	2164	547
云　南	Yunnan	15776	5632	748
陕　西	Shaanxi	56749	17876	1665
甘　肃	Gansu	38282	12628	212
青　海	Qinghai	1105	337	
宁　夏	Ningxia	4667	1714	
新　疆	Xinjiang	95936	26222	2030
计划单列市	**Cities Specifically Designated in State Plan**	**93077**	**11727**	**3790**
大　连	Dalian	12392	1856	925
宁　波	Ningbo	40386	3787	780
厦　门	Xiamen	4562	1034	
青　岛	Qingdao	32280	4400	2085
深　圳	Shenzhen	3458	650	

6-15 分地区电视节目制作情况（2013年）
Production of National TV Programs by Region (2013)

地　区	Region	全年制作电视节目时间（小时）TV Programs Produced (hour)	#新闻资讯类 News Programs	全年制作电视剧数量 Number of TV Plays		全年制作动画电视时间（小时）Cartoon TV TV Programs Produced (hour)	全年电视剧制作投资（万元）Investment in Production of TV Plays (10 000 yuan)	全年动画电视制作投资（万元）Investment in Production of Cartoon TV Programs (10 000 yuan)
				（部）(set)	（集）(part)			
全　国	**National Total**	**3397834**	**866756**	**574**	**18276**	**10887**	**1037305**	**161439**
总局直属	Directly under the State Administration	317568	29658	95	286	35	28971	5753
北　京	Beijing	133946	11111	87	2952	322	448628	25920
天　津	Tianjin	27792	5048	6	224		4935	
河　北	Hebei	159715	29851	3	94	33	2052	2851
山　西	Shanxi	88764	24330	7	199	9	9511	36
内蒙古	Inner Mongolia	70073	23559	1	39	5	2340	3
辽　宁	Liaoning	184837	28684	13	482	11	5513	744
吉　林	Jilin	92169	18220	13	359	92	1173	
黑龙江	Heilongjiang	107224	30123					
上　海	Shanghai	53122	15337	53	1925	119	67896	2014
江　苏	Jiangsu	217672	61432	9	318	36	3488	25635
浙　江	Zhejiang	148609	42730	75	3071	353	243298	16525
安　徽	Anhui	76886	24560	5	175	1576	14297	10581
福　建	Fujian	66182	25189	7	245	537	19546	18462
江　西	Jiangxi	97097	28695	3	93		546	
山　东	Shandong	212823	47796	12	360	2909	20937	896
河　南	Henan	141506	35366					
湖　北	Hubei	106515	30756	5	151	46	13851	12860
湖　南	Hunan	137551	45501	13	487	44	42777	3582
广　东	Guangdong	175786	56878	50	3627	4518	23448	26382
广　西	Guangxi	106334	34943	2	52	71	1520	1100
海　南	Hainan	18087	5288					
重　庆	Chongqing	59503	13123	4	163	44	1175	3555
四　川	Sichuan	126308	43555	4	97	16	3950	30
贵　州	Guizhou	41518	15298	1	35			
云　南	Yunnan	96923	30681	32	660		15733	
西　藏	Tibet	10520	3353	50	1350	75		
陕　西	Shaanxi	118154	36690	22	768	35	61446	2807
甘　肃	Gansu	66597	21681			2	80	1603
青　海	Qinghai	20497	7021					
宁　夏	Ningxia	24460	6672	1	34		100	100
新　疆	Xinjiang	93098	33624	1	30		95	
计划单列市	**Cities Specifically Designated in State Plan**	**110087**	**23776**	**12**	**371**	**3095**	**12297**	**23898**
大　连	Dalian	23683	3730	1	36		113	
宁　波	Ningbo	14568	3454					
厦　门	Xiamen	8057	3293	2	66	34	5646	1697
青　岛	Qingdao	19894	3959	4	101	2886	3800	783
深　圳	Shenzhen	43884	9340	5	168	175	2738	21418

6-16 分地区省级电视节目制作情况（2013年）

Production of Provincial TV Programs by Region (2013)

地 区	Region	全年制作电视节目时间（小时）TV Programs Produced (hour)	#新闻资讯类 News Programs	全年制作电视剧数量 Number of TV Plays（部）(set)	全年制作电视剧数量 Number of TV Plays（集）(part)	全年制作动画电视时间（小时）Cartoon TV TV Programs Produced (hour)	全年电视剧制作投资（万元）Investment in Production of TV Plays (10 000 yuan)	全年动画电视制作投资（万元）Investment in Production of Cartoon TV Programs (10 000 yuan)
全 国	**National Total**	**717042**	**162331**	**410**	**16334**	**6657**	**961254**	**95758**
北 京	Beijing	124577	8482	87	2952	322	448628	25920
天 津	Tianjin	13680	2290	6	224		4935	
河 北	Hebei	24006	2409	3	94	12	2052	2851
山 西	Shanxi	18636	6421	6	164	6	5811	
内蒙古	Inner Mongolia	6693	3762	1	39		2340	
辽 宁	Liaoning	20805	5558	12	446	11	5400	744
吉 林	Jilin	31625	4602	4	88	92	1173	
黑龙江	Heilongjiang	19803	4239					
上 海	Shanghai	47921	13930	53	1925	119	67896	2014
江 苏	Jiangsu	24180	7604	7	258	7	2588	6
浙 江	Zhejiang	22867	6100	75	3071	353	243278	16525
安 徽	Anhui	19711	5413	5	175	623	14297	3091
福 建	Fujian	18102	5363	4	143	486	13800	15133
江 西	Jiangxi	17633	3339	3	93		546	
山 东	Shandong	21623	6424	7	239	1	16907	4
河 南	Henan	17736	6428					
湖 北	Hubei	21714	6238	5	151	46	12039	12860
湖 南	Hunan	22478	5909	10	370	44	22150	3582
广 东	Guangdong	35537	9359	35	3229	4309	16324	3864
广 西	Guangxi	11268	4163	2	52	71	1520	1100
海 南	Hainan	12831	3224					
重 庆	Chongqing	35234	4504	4	163	44	1175	3555
四 川	Sichuan	20639	6458	4	97		3950	
贵 州	Guizhou	19197	5524	1	35			
云 南	Yunnan	13865	2337	3	148		13000	
西 藏	Tibet	4297	996	50	1350	75		
陕 西	Shaanxi	32214	8495	21	764	35	61266	2807
甘 肃	Gansu	11119	2521			2	80	1603
青 海	Qinghai	8025	2497					
宁 夏	Ningxia	8894	3096	1	34		100	100
新 疆	Xinjiang	10131	4646	1	30			

6-17 分地区地市级电视节目制作情况（2013年）

Production of TV Programs at Prefecture Level by Region (2013)

单位：小时 (hour)

地区	Region	全年制作电视节目时间 TV Programs Produced	#新闻资讯类 News Programs	地区	Region	全年制作电视节目时间 TV Programs Produced	#新闻资讯类 News Programs
全国	**National Total**	**1190551**	**317053**	海南	Hainan	3398	1195
河北	Hebei	50742	8669	四川	Sichuan	59061	18585
山西	Shanxi	31631	6837	贵州	Guizhou	14408	4984
内蒙古	Inner Mongolia	33881	9658	云南	Yunnan	40621	11341
辽宁	Liaoning	95144	13697	西藏	Tibet	6223	2357
吉林	Jilin	31433	8780	陕西	Shaanxi	25900	7871
黑龙江	Heilongjiang	43267	14369	甘肃	Gansu	23635	6775
江苏	Jiangsu	121985	33360	青海	Qinghai	11282	3980
浙江	Zhejiang	62833	17875	宁夏	Ningxia	8481	1623
安徽	Anhui	30163	9339	新疆	Xinjiang	37170	9667
福建	Fujian	29940	11213	**计划单列市**	**Cities Specifically Designated in State Plan**	**82960**	**17861**
江西	Jiangxi	29158	8447				
山东	Shandong	101514	22757				
河南	Henan	46369	10220	大连	Dalian	17644	2607
湖北	Hubei	41926	12177	宁波	Ningbo	4796	1440
湖南	Hunan	51948	18526	厦门	Xiamen	7194	2797
广东	Guangdong	102610	27818	青岛	Qingdao	10088	2030
广西	Guangxi	55827	14934	深圳	Shenzhen	43238	8988

6-18 分地区县级电视制作情况（2013年）

Production of TV Programs at County Level by Region (2013)

单位：小时 (hour)

地区	Region	全年制作电视节目时间 TV Programs Produced	#新闻资讯类 News Programs	地区	Region	全年制作电视节目时间 TV Programs Produced	#新闻资讯类 News Programs
全国	**National Total**	**1172673**	**357715**	广东	Guangdong	**37639**	**19701**
北京	Beijing	9369	2629	广西	Guangxi	39239	15846
天津	Tianjin	14111	2758	海南	Hainan	1858	868
河北	Hebei	84966	18772	重庆	Chongqing	24269	8620
山西	Shanxi	38497	11072	四川	Sichuan	46608	18512
内蒙古	Inner Mongolia	29499	10139	贵州	Guizhou	7913	4791
辽宁	Liaoning	68888	9429	云南	Yunnan	42437	17003
吉林	Jilin	29111	4838	陕西	Shaanxi	60040	20324
黑龙江	Heilongjiang	44154	11515	甘肃	Gansu	31844	12385
上海	Shanghai	5201	1408	青海	Qinghai	1190	544
江苏	Jiangsu	71507	20468	宁夏	Ningxia	7086	1953
浙江	Zhejiang	62908	18754	新疆	Xinjiang	45797	19312
安徽	Anhui	27011	9808	**计划单列市**	**Cities Specifically Designated in State Plan**	**27127**	**5915**
福建	Fujian	18140	8613				
江西	Jiangxi	50305	16909				
山东	Shandong	89686	18615	大连	Dalian	6039	1124
河南	Henan	77401	18719	宁波	Ningbo	9773	2014
湖北	Hubei	42875	12341	厦门	Xiamen	863	497
湖南	Hunan	63126	21067	青岛	Qingdao	9806	1929

6-19 分地区广播电视对外宣传情况（2013年）
International Radio and TV Programs by Region (2013)

地　区	Region	对外广播 International Radio Programs		对外电视 International TV Programs	
		对外广播节目播出套数（套） Number of International Radio Programs (set)	对外广播节目播出时间（小时） Broadcasting Hours of International Radio Programs (hour)	对外电视节目播出套数（套） Number of International TV Programs (set)	对外电视节目播出时间（小时） Broadcasting Hours of International TV Programs (hour)
全　国	**National Total**	**257**	**1600112**	**45**	**301170**
总局直属	Directly under the State Administration	230	1558915	15	131400
北　京	Beijing			1	7420
天　津	Tianjin			1	8760
河　北	Hebei			7	65
山　西	Shanxi				
内蒙古	Inner Mongolia	2	11058	1	8601
吉　林	Jilin	1	24	1	12
辽　宁	Liaoning				
黑龙江	Heilongjiang				
上　海	Shanghai			2	16134
江　苏	Jiangsu	1	730	1	8750
浙　江	Anhui			1	8760
安　徽	Fujian	1	300	1	8760
福　建	Shandong	4	16605	2	17520
江　西	Jiangxi				
山　东	Henan	2	96	1	8760
河　南	Hubei			1	52
湖　北	Hubei	1	1965	1	5840
湖　南	Hunan				
广　东	Guangdong	1	150	3	26271
广　西	Guangxi	1	6205	1	8760
海　南	Hainan				
重　庆	Chongqing			1	8719
四　川	Sichuan			1	8760
贵　州	Guizhou	6			
云　南	Yunnan	2	1841	1	8760
西　藏	Tibet	1	1460	1	8610
陕　西	Shaanxi	1	27		
甘　肃	Gansu	1	6		
青　海	Qinghai				
宁　夏	Ningxia				
新　疆	Xinjiang	2	730	1	456
计划单列市	**Cities Specifically Designated in State Plan**	**1**	**500**	**2**	**17520**
厦　门	Xiamen	1	500	1	8760
深　圳	Shenzhen			1	8760

6-20 分地区广播电视节目交易情况（2013年）

Trade of Radio and TV Programs by Region (2013)

地区	Region	全年广播节目播出购买、交换时间（小时）Hours Purchased or Exchanged of Radio Programs (hour)	全年电视节目播出购买、交换时间（小时）Hours Purchased or Exchanged of TV Programs (hour)	全年电视节目国内销售额（万元）Domestic Sales of TV Programs (10 000 yuan)	#电视剧 TV Plays	#动画电视 Cartoon TV Programs
全 国	**National Total**	**1881680**	**8808942**	**1515502**	**1000891**	**170048**
总局直属	Directly under the State Administration	18779	36010	115159	53622	7889
北 京	Beijing	32391	66025	456466	303615	7429
天 津	Tianjin	5922	104111	3641	3547	
河 北	Hebei	164730	426440	2965	2280	
山 西	Shanxi	58142	225090	1787	1536	38
内蒙古	Inner Mongolia	58407	257031	31		
辽 宁	Liaoning	147579	412954	1306	687	403
吉 林	Jilin	91141	283140	1228	1228	
黑龙江	Heilongjiang	48632	218047			
上 海	Shanghai	17436	98384	113764	94204	843
江 苏	Jiangsu	105652	443431	69160	39326	29701
浙 江	Zhejiang	77037	424258	390948	353088	11111
安 徽	Anhui	91553	359470	28978	1700	14123
福 建	Fujian	32675	174083	30880	8941	13882
江 西	Jiangxi	54783	345250	2566	1986	
山 东	Shandong	197731	566263	19534	18913	334
河 南	Henan	86481	451896			
湖 北	Hubei	73035	388884	22505	6469	12358
湖 南	Hunan	38373	365644	40968	18043	1552
广 东	Guangdong	68189	383976	103575	33729	61023
广 西	Guangxi	31469	288751	300	25	90
海 南	Hainan	20162	35031			
重 庆	Chongqing	20514	168232	9142	1519	3466
四 川	Sichuan	79467	498270	3240	3240	
贵 州	Guizhou	36571	91654	184	184	
云 南	Yunnan	33971	398308	6299	6210	
西 藏	Tibet	8163	30579			
陕 西	Shaanxi	67008	304999	89876	46647	5394
甘 肃	Gansu	33066	250377	848		412
青 海	Qinghai	6288	46682			
宁 夏	Ningxia	13360	86106	152	152	
新 疆	Xinjiang	62973	579565			
计划单列市	**Cities Specifically Designated in State Plan**	**48494**	**253910**	**61636**	**9694**	**39689**
大 连	Dalian	11875	56575	73	73	
宁 波	Ningbo	9720	59466			
厦 门	Xiamen	6871	25998	13644	4688	1701
青 岛	Qingdao	13438	49604	297		157
深 圳	Shenzhen	6592	62265	47623	4933	37831

6-21 电视节目进出口情况(2013年)
Statistics on Imported and Exported TV Programs (2013)

指标	Item	合计 Total	欧洲 Europe	非洲 Africa	美洲 America	#美国 United States
全年电视节目进口总额(万元)	Value of Imported TV Programs (10 000 yuan)	58658	12804	126	10898	10456
#电视剧	TV Play	24498	1939		2420	2420
动画电视	Cartoon	4432	420		1159	1147
纪录片	Documentary	9273	4179		1233	1097
全年电视节目进口量(时)	Time of Imported TV Programs (hour)	18943	6657	11	4863	4603
#电视剧 (部/集)	TV Play (set)	213/6547	30/278	0/0	43/970	42/950
动画电视 (时)	Cartoon (hour)	2879	878		805	639
纪录片 (时)	Documentary (hour)	2637	1195		467	417
全年电视节目出口总额(万元)	Value of Exported TV Programs (10 000 yuan)	18166	3922	900	3265	2796
#电视剧	TV Play	9250	624	548	1280	868
动画电视	Cartoon	4894	2127	313	518	518
纪录片	Documentary	2693	362	39	1271	1217
全年电视节目出口量(时)	Time of Exported TV Programs (hour)	21270	1065	1240	10617	9380
#电视剧 (部/集)	TV Play (set)	243/11180	5/184	11/414	45/2840	39/1564
动画电视 (时)	Cartoon (hour)	2507	223	850	417	417
纪录片 (时)	Documentary (hour)	3241	154	80	2055	1809

6-21 续表 continued

指标	Item	亚洲 Asia	#日本 Japan	#韩国 Republic of Korea	#东南亚 Southeast Asia	#中国香港 Hong Kong, China	#中国台湾 Taiwan, China	大洋洲 Oceania
全年电视节目进口总额(万元)	Value of Imported TV Programs (10 000 yuan)	33835	2292	7683	8557	12626	2676	994
#电视剧	TV Play	20139		7404	6536	4368	1830	
动画电视	Cartoon	2854	1970	60		712	111	
纪录片	Documentary	3472	15	22	13	3422		390
全年电视节目进口量(时)	Time of Imported TV Programs (hour)	7294	1299	1383	813	3612	187	119
#电视剧 (部/集)	TV Play (set)	140/5299		43/1706	22/787	70/2640	5/166	
动画电视 (时)	Cartoon (hour)	1196	1004	30		144	18	
纪录片 (时)	Documentary (hour)	960	12	26	2	920		16
全年电视节目出口总额(万元)	Value of Exported TV Programs (10 000 yuan)	9607	2569	1346	1967	1142	2583	472
#电视剧	TV Play	6598	1546	1126	1516	554	1855	201
动画电视	Cartoon	1937	1018	53	290	235	342	
纪录片	Documentary	941	2	166	105	284	384	80
全年电视节目出口量(时)	Time of Exported TV Programs (hour)	8136	561	763	3549	1481	1782	210
#电视剧 (部/集)	TV Play (set)	177/7541	13/575	19/828	93/3798	16/731	36/1609	5/201
动画电视 (时)	Cartoon (hour)	1018	121	45	422	240	190	
纪录片 (时)	Documentary (hour)	943	7	97	155	294	390	10

6-22 分地区中短波和调频广播发射转播情况（2013年）
Transmission and Relay of Medium Short Wave and Frequency Modulation Radio Programs by Region (2013)

地区	Region	中、短波转播发射台（座）Medium Short Wave Transmission and Relaying Stations (set)	中波发射机 Medium Wave Transmitters		#转中央台节目 Relaying Programs of Central Radio Stations		#转省级台节目 Relaying Programs of Provincial Radio Stations	
			数量（部）Number (unit)	功率（千瓦）Power (kw)	数量（部）Number (unit)	功率（千瓦）Power (kw)	数量（部）Number (unit)	功率（千瓦）Power (kw)
全国	**National Total**	**850**	**2397**	**43806**	**828**	**25713**	**1034**	**13206**
总局直属	Directly under the State Administration	35	68	19542	68	19542		
北京	Beijing	1	5	160			5	160
天津	Tianjin	5	24	1558			22	555
河北	Hebei	31	49	352	5	32	23	236
山西	Shanxi	15	40	460	10	73	23	333
内蒙古	Inner Mongolia	57	212	1279	61	195	113	676
辽宁	Liaoning	34	90	1306	23	473	27	546
吉林	Jilin	34	91	867	23	149	43	383
黑龙江	Heilongjiang	43	106	1778	41	950	39	587
上海	Shanghai	3	8	240	2	20	6	220
江苏	Jiangsu	21	104	618	20	101	14	324
浙江	Zhejiang	36	148	400	75	151	44	109
安徽	Anhui	23	108	1416	16	175	57	1024
福建	Fujian	37	96	1274	45	345	38	855
江西	Jiangxi	15	34	240	14	50	14	148
山东	Shandong	30	103	1298	24	257	30	618
河南	Henan	30	103	1212	2	60	48	553
湖北	Hubei	28	86	1371	14	135	49	978
湖南	Hunan	25	45	540	21	66	19	460
广东	Guangdong	27	97	1338	33	656	52	567
广西	Guangxi	20	37	766	13	232	24	534
海南	Hainan	3	7	132	4	62	3	70
重庆	Chongqing	5	13	120	4	62	9	58
四川	Sichuan	36	94	647	44	197	39	410
贵州	Guizhou	11	28	423	15	309	11	103
云南	Yunnan	60	102	1079	51	401	47	567
西藏	Tibet	42	151	179	64	77	77	84
陕西	Shaanxi	14	36	434	6	82	11	297
甘肃	Gansu	30	59	637	25	184	26	391
青海	Qinghai	21	63	804	33	220	28	564
宁夏	Ningxia	12	34	332	14	249	14	68
新疆	Xinjiang	66	156	1004	58	208	79	728
新疆生产建设兵团	Xinjiang Production and Construction Corps.							
计划单列市	**Cities Specifically Designated in State Plan**	**13**	**54**	**587**	**14**	**273**	**12**	**169**
大连	Dalian	5	15	165	4	71	3	61
宁波	Ningbo	3	12	41	3	12	3	3
厦门	Xiamen	2	16	191	4	120	1	10
青岛	Qingdao	1	4	40	1	10	1	10
深圳	Shenzhen	2	7	150	2	60	4	85

6-22 续表 continued

地区	Region	短波发射机 Short Wave Transmitters 数量(部) Number (unit)	功率(千瓦) Power (kw)	调频转播发射台(座) Frequency Modulation Transmission and Relaying Stations (set)	调频发射机 Frequency Modulation Transmitters 数量(部) Number (unit)	功率(千瓦) Power (kw)	#转中央台节目 Relaying Programs of Central Radio Station 数量(部) Number (unit)	功率(千瓦) Power (kw)
全国	**National Total**	**622**	**55286**	**10334**	**19077**	**11184**	**6304**	**2663**
总局直属	Directly under the State Administration	276	51750	2	24	141	24	141
北京	Beijing			17	25	41	3	2
天津	Tianjin	1	3	14	38	110	5	25
河北	Hebei			159	286	238	60	54
山西	Shanxi			119	209	336	99	116
内蒙古	Inner Mongolia	11	430	554	1105	850	384	173
辽宁	Liaoning			231	366	426	124	104
吉林	Jilin			78	280	403	62	108
黑龙江	Heilongjiang			145	536	470	142	141
上海	Shanghai			11	26	102	4	40
江苏	Jiangsu	1	100	94	209	157	33	38
浙江	Zhejiang			97	262	344	48	61
安徽	Anhui			325	595	803	89	135
福建	Fujian	2	58	88	257	247	59	69
江西	Jiangxi			425	553	367	177	106
山东	Shandong	1	1	133	243	496	60	64
河南	Henan			139	190	173	53	45
湖北	Hubei			432	609	559	193	104
湖南	Hunan	1	10	99	173	347	84	105
广东	Guangdong	1	10	91	278	738	59	149
广西	Guangxi	2	100	261	642	658	134	140
海南	Hainan			23	60	154	20	58
重庆	Chongqing			60	261	164	46	27
四川	Sichuan	2	100	1586	2152	672	1510	123
贵州	Guizhou	2	20	261	384	198	76	61
云南	Yunnan	2	100	284	799	333	331	83
西藏	Tibet			2636	5151	102	1346	37
陕西	Shaanxi	1	15	171	378	466	62	51
甘肃	Gansu	2	65	702	985	245	538	73
青海	Qinghai	195	630	214	333	143	185	56
宁夏	Ningxia			24	64	112	33	77
新疆	Xinjiang	122	1894	679	1219	559	261	97
新疆生产建设兵团	Xinjiang Production and Construction Corps.			180	385	30		
计划单列市	**Cities Specifically Designated in State Plan**			**54**	**134**	**283**	**27**	**48**
大连	Dalian			30	59	60	11	7
宁波	Ningbo			11	32	85	7	7
厦门	Xiamen			2	12	25	4	8
青岛	Qingdao			9	20	39	3	6
深圳	Shenzhen			2	11	73	2	20

6-23 分地区电视发射转播情况（2013年）
Transmission and Relay of TV Programs by Region (2013)

地 区	Region	电视转播发射台（座） TV Transmission and Relaying Stations (set)	电视发射机 TV Program Transmitters 数量（部） Number (unit)	功率（千瓦） Power (kw)	#专转中央台发射机 Transmitters for Relaying CCTV Programs 数量（部） Number (unit)	功率（千瓦） Power (kw)	#专转省一套发射机 Transmitters for Relaying Provincial Channel I Programs 数量（部） Number (unit)	功率（千瓦） Power (kw)
全 国	**National Total**	**13365**	**26840**	**15551**	**13899**	**5949**	**9802**	**4661**
总局直属	Directly under the State Administration	**339**	**356**	**1376**	**17**	**216**		
北 京	Beijing	15	31	99	10	9	12	76
天 津	Tianjin	11	34	153	12	37	13	106
河 北	Hebei	253	441	499	201	131	129	224
山 西	Shanxi	180	387	372	225	165	103	123
内蒙古	Inner Mongolia	800	1323	693	734	355	476	205
辽 宁	Liaoning	369	568	579	327	249	119	186
吉 林	Jilin	148	416	474	168	191	180	195
黑龙江	Heilongjiang	181	547	576	373	369	117	123
上 海	Shanghai	11	20	107	4	35	6	62
江 苏	Jiangsu	83	321	520	136	185	66	131
浙 江	Zhejiang	100	255	294	135	74	36	77
安 徽	Anhui	142	479	945	182	213	123	341
福 建	Fujian	73	267	350	148	191	65	97
江 西	Jiangxi	241	434	400	257	190	69	104
山 东	Shandong	151	411	944	173	264	74	304
河 南	Henan	153	399	729	145	169	79	244
湖 北	Hubei	908	1191	584	793	213	192	123
湖 南	Hunan	179	407	455	211	187	111	174
广 东	Guangdong	87	243	795	132	306	55	287
广 西	Guangxi	128	388	570	208	263	110	180
海 南	Hainan	23	66	128	46	88	12	28
重 庆	Chongqing	47	137	101	83	68	24	25
四 川	Sichuan	2195	2920	666	1685	274	987	224
贵 州	Guizhou	91	279	372	160	246	85	104
云 南	Yunnan	185	629	412	349	215	170	106
西 藏	Tibet	2060	6474	111	2429	48	4035	57
陕 西	Shaanxi	124	238	537	127	269	21	109
甘 肃	Gansu	2285	3472	372	2413	237	956	58
青 海	Qinghai	1134	1659	153	1042	76	609	66
宁 夏	Ningxia	26	578	194	455	97	100	74
新 疆	Xinjiang	550	1311	926	519	319	668	449
新疆生产建设兵团	Xinjiang Production and Construction Corps.	93	159	62				
计划单列市	**Cities Specifically Designated in State Plan**	**69**	**161**	**351**	**69**	**121**	**17**	**67**
大 连	Dalian	48	95	113	44	35	11	17
宁 波	Ningbo	8	20	34	10	5	1	10
厦 门	Xiamen	1	8	53	3	21	1	10
青 岛	Qingdao	10	27	72	8	27	1	10
深 圳	Shenzhen	2	11	80	4	33	3	20

6-24 分地区广播电视卫星、微波情况（2013年）

Satellite and Microwave Facilities for Radio and TV Broadcasting by Region (2013)

地区	Region	微波实有站（座）Actual Number of Microwave Stations (set)	微波传送线路长度（公里）Length of Microwave Transmission Lines (km)	#数字微波线路长度 Length of Digital Microwave Lines
全国	**National Total**	**2207**	**80930**	**45035**
总局直属	Directly under the State Administration			
北京	Beijing	46	1775	1688
天津	Tianjin	16	120	50
河北	Hebei	32	1683	1683
山西	Shanxi	82	3717	2735
内蒙古	Inner Mongolia	158	6355	2390
辽宁	Liaoning	90	3765	1781
吉林	Jilin	133	3286	3286
黑龙江	Heilongjiang	64	5169	135
上海	Shanghai			
江苏	Jiangsu	76	3386	1848
浙江	Zhejiang	88	1999	796
安徽	Anhui	100	3790	1972
福建	Fujian	156	3952	1719
江西	Jiangxi	16	2466	420
山东	Shandong	38	1465	1257
河南	Henan	52	1588	174
湖北	Hubei	116	2906	1574
湖南	Hunan	150	5587	3071
广东	Guangdong	212	5940	3692
广西	Guangxi	52	1932	1625
海南	Hainan	80	769	769
重庆	Chongqing	33	1522	1297
四川	Sichuan	71	3534	2928
贵州	Guizhou	9	36	30
云南	Yunnan	119	4962	705
西藏	Tibet			
陕西	Shaanxi	56	2795	2621
甘肃	Gansu	102	3805	3400
青海	Qinghai		35	
宁夏	Ningxia	26	1894	935
新疆	Xinjiang	34	699	458
计划单列市	**Cities Specifically Designated in State Plan**	**31**	**1028**	**901**
大连	Dalian	21	617	490
宁波	Ningbo			
厦门	Xiamen	1	145	145
青岛	Qingdao	1	125	125
深圳	Shenzhen	8	141	141

6-25 分地区广播电视从业人员情况（2013年）

Employees Engaged in Radio and Television Broadcasting Industry by Region (2013)

单位：人 (person)

地区	Region	从业人员 Total Number of Employees	#长期职工 Long-time Employees	按岗位分 by Post 管理人员 Editors and Reporters	专业技术人员 Professional	编辑、记者 Editor、Journalist	播音员、主持人 Announcer、Presenter
全国	**National Total**	**844330**	**789874**	**136281**	**436384**	**146798**	**29683**
总局直属（广电部分）	Directly under the State Administration of Radio, Film and Television	50950	45885	8188	25017	7370	749
北京	Beijing	45150	41602	8356	21464	5642	705
天津	Tianjin	7968	7429	1081	5269	1874	332
河北	Hebei	37932	35250	5311	18579	6682	1666
山西	Shanxi	21688	19832	2865	10673	5263	698
内蒙古	Inner Mongolia	18076	16707	2243	12455	4629	929
辽宁	Liaoning	28436	27669	5213	16698	5268	1028
吉林	Jilin	20759	20657	2589	15139	5005	825
黑龙江	Heilongjiang	18807	18376	2807	11018	4591	805
上海	Shanghai	29549	28048	4633	12848	3222	626
江苏	Jiangsu	52089	48414	8220	27643	8263	1824
浙江	Zhejiang	44752	40753	5156	23287	7566	1728
安徽	Anhui	22517	22000	3747	14096	4753	1262
福建	Fujian	26015	24221	3974	11029	3729	675
江西	Jiangxi	19616	18369	3737	7761	2879	847
山东	Shandong	52959	48422	6628	30928	11087	2494
河南	Henan	51704	49403	7582	20366	9366	1461
湖北	Hubei	38197	37210	6608	20056	5902	1187
湖南	Hunan	39413	37243	7224	18886	5417	1082
广东	Guangdong	49730	45173	8946	23504	6696	1666
广西	Guangxi	15594	14490	3307	9543	3531	759
海南	Hainan	5047	5017	794	3601	1277	163
重庆	Chongqing	12317	11697	2505	6172	1571	320
四川	Sichuan	39183	36282	8725	19047	5017	1656
贵州	Guizhou	15115	14142	3258	7326	3061	563
云南	Yunnan	17966	16766	2432	10339	4121	849
西藏	Tibet	3923	3667	638	2291	487	127
陕西	Shaanxi	19266	18192	3209	10188	4079	827
甘肃	Gansu	14919	13817	3097	6394	2742	594
青海	Qinghai	3543	2868	358	2577	874	228
宁夏	Ningxia	4877	4686	947	2676	1054	155
新疆	Xinjiang	16273	15587	1903	9514	3780	853
计划单列市	**Cities Specifically Designated in State Plan**	**22691**	**20793**	**2942**	**12980**	**4885**	**881**
大连	Dalian	3228	3037	545	2055	925	135
宁波	Ningbo	4899	4405	535	2060	766	236
厦门	Xiamen	2604	2531	388	1408	555	80
青岛	Qingdao	4521	4242	562	2682	1261	216
深圳	Shenzhen	7439	6578	912	4775	1378	214

6-25 续表 continued

单位：人 (person)

地 区	Region	工程技术人员 Engineering Technicians	艺术人员 Art Personnel	经营人员 Management	其他人员 Others	按职称分 by Title 正 高 Senior	副 高 Sub-Senior	中 级 Middle	初 级 及以下 Junior and Below
全 国	**National Total**	**152130**	**17907**	**42069**	**271665**	**7052**	**31807**	**124730**	**392037**
总局直属（广电部分）	Directly under the State Administration of Radio, Film and Television	11927	1109	1587	17745	974	2986	8177	33674
北 京	Beijing	5693	1752	4154	15330	534	1234	3877	14114
天 津	Tianjin	1150	185	250	1618	264	583	1061	4912
河 北	Hebei	6160	842	1150	14042	437	1606	5343	14670
山 西	Shanxi	3386	75	202	8150	160	621	3821	5966
内蒙古	Inner Mongolia	3370	332	107	3378	283	1493	4135	7552
辽 宁	Liaoning	6970	1396	713	6525	478	1469	6846	11803
吉 林	Jilin	5168	207	3495	3031	260	1445	3675	11181
黑龙江	Heilongjiang	4016	483	516	4982	424	1556	4260	6182
上 海	Shanghai	3383	1719	2298	12068	280	972	4696	14830
江 苏	Jiangsu	10111	579	3267	16226	294	1424	7069	27220
浙 江	Zhejiang	7604	1216	2543	16309	257	1528	6603	19840
安 徽	Anhui	4563	583	2170	4674	95	737	3521	10745
福 建	Fujian	2933	465	1341	11012	136	808	2560	11779
江 西	Jiangxi	2494	120	297	8118	98	544	2028	7435
山 东	Shandong	11337	706	2949	15403	472	2515	8735	28793
河 南	Henan	6664	378	1261	23756	114	1194	6249	21796
湖 北	Hubei	7326	626	2271	11533	242	1283	7447	18773
湖 南	Hunan	6418	852	2248	13303	108	780	5064	23657
广 东	Guangdong	9673	1192	1805	17280	192	1181	6410	26761
广 西	Guangxi	3791	220	676	2744	73	520	2755	7787
海 南	Hainan	1692	157	84	652	12	132	447	2984
重 庆	Chongqing	1793	337	691	3640	75	477	1678	5822
四 川	Sichuan	5853	951	3716	11411	111	786	4024	17974
贵 州	Guizhou	2375	98	408	4531	57	380	1888	5625
云 南	Yunnan	4186	191	392	5195	98	817	3216	6233
西 藏	Tibet	824	67	2	994	52	164	497	2063
陕 西	Shaanxi	3647	309	756	5869	127	647	2531	5960
甘 肃	Gansu	1943	215	503	5428	91	508	1668	5801
青 海	Qinghai	1171	91	4	608	40	279	713	1678
宁 夏	Ningxia	906	96	145	1254	88	312	954	2549
新 疆	Xinjiang	3603	358	68	4856	126	826	2782	5878
计划单列市	**Cities Specifically Designated in State Plan**	**4686**	**595**	**927**	**6769**	**183**	**1115**	**3229**	**12565**
大 连	Dalian	575	88	225	628	56	231	693	1291
宁 波	Ningbo	805	24	69	2304	13	130	607	2468
厦 门	Xiamen	432	94	174	808	23	136	373	865
青 岛	Qingdao	781	97	102	1277	36	248	683	2694
深 圳	Shenzhen	2093	292	357	1752	55	370	873	5247

6-26 分地区广播电视收入情况（2013年）

Revenue of Radio and Television Broadcasting Industry by Region (2013)

单位：万元 (10 000 yuan)

地 区	Region	总收入 Total Revenue	事业、企业单位实际创收 Revenue from Institutions and Enterprises	#广告收入 Revenue from Advertising	#有线广播电视收视费收入 Revenue from Subscription of Cable Radio and TV Programs
全 国	**National Total**	**37348848**	**32427688**	**13870071**	**4378749**
总局直属（广电部分）	Directly under the State Administration of Radio, Film and Television	6355319	5572583	3364784	109658
北 京	Beijing	4187070	3609470	1698425	106736
天 津	Tianjin	466794	392208	168321	53826
河 北	Hebei	574191	496934	224172	166455
山 西	Shanxi	353459	239882	107462	95234
内蒙古	Inner Mongolia	373872	200979	49552	100038
辽 宁	Liaoning	816578	698829	297012	201280
吉 林	Jilin	439455	341388	134649	104342
黑龙江	Heilongjiang	548639	478609	223281	151528
上 海	Shanghai	3229097	3107051	720188	136036
江 苏	Jiangsu	2597395	2448388	998275	396323
浙 江	Zhejiang	3045362	2905907	817921	309492
安 徽	Anhui	832176	731051	434438	43525
福 建	Fujian	891679	607826	213940	102851
江 西	Jiangxi	529238	460933	181291	131301
山 东	Shandong	1453627	1356440	613082	337482
河 南	Henan	636740	469795	239507	99315
湖 北	Hubei	820199	731245	266136	221720
湖 南	Hunan	1895665	1793999	917295	191519
广 东	Guangdong	2364526	2218181	931329	446981
广 西	Guangxi	478871	368608	130798	89420
海 南	Hainan	139581	100284	59653	26005
重 庆	Chongqing	389124	352510	124597	99241
四 川	Sichuan	1157753	890342	310947	232851
贵 州	Guizhou	545929	474240	128813	78371
云 南	Yunnan	512362	352605	151177	95453
西 藏	Tibet	97695	23797	16489	4000
陕 西	Shaanxi	705516	575941	207236	109295
甘 肃	Gansu	265706	134663	38751	52323
青 海	Qinghai	126821	37370	5978	17482
宁 夏	Ningxia	129178	95600	25588	24800
新 疆	Xinjiang	365961	140957	55794	39572
新疆生产建讠兵团	Xinjiang Production and Construction Corps.	23269	19074	13192	4296
计划单列市	**Cities Specifically Designated in State Plan**	**191856**	**1044533**	**474944**	**141102**
大 连	Dalian	124575	107242	47994	18495
宁 波	Ningbo	191471	160464	54103	49179
厦 门	Xiamen	139247	79949	37818	
青 岛	Qingdao	129787	122632	76727	4465
深 圳	Shenzhen	666775	574246	258301	68964

6-27 分地区广播电视行政事业单位财务收支情况（2013年）
Financial Indicators of Administrative Organs and Institutions of Broadcasting Industry by Region (2013)

单位：万元 (10 000 yuan)

地 区	Region	总收入 Total Revenue	#财政补助收入 Government Subsidies	#事业收入 Undertaking Revenue	#经营收入 Business Income	总支出 Total Expenditure
全 国	**National Total**	**15058411**	**4370100**	**9056792**	**816365**	**14037023**
总局直属（广电部分）	Directly under the State Administration of Radio, Film and Television	3709989	675795	2905564		3436951
北 京	Beijing	701314	212095	386261	4	694837
天 津	Tianjin	236164	42871	151497	44	246705
河 北	Hebei	309453	87706	195122	15659	315407
山 西	Shanxi	267297	106440	128775	6176	256862
内蒙古	Inner Mongolia	232034	210268	14086	779	280735
辽 宁	Liaoning	450978	115780	322570	3394	443001
吉 林	Jilin	233786	200539	29681	36	223645
黑龙江	Heilongjiang	355666	73024	229793	45569	326102
上 海	Shanghai	79671	59891	4915		76570
江 苏	Jiangsu	771930	94847	488893	136223	774429
浙 江	Zhejiang	710978	119134	438459	92729	678398
安 徽	Anhui	531321	95155	426334	2205	478550
福 建	Fujian	329641	154598	149404	833	298556
江 西	Jiangxi	231302	164850	51143	7900	219180
山 东	Shandong	698731	95598	547397	30638	661272
河 南	Henan	429993	154973	243084	11074	426392
湖 北	Hubei	367543	79838	271733	2438	359499
湖 南	Hunan	1041749	101831	864559	40744	753801
广 东	Guangdong	1038330	108765	590348	284781	1007739
广 西	Guangxi	250472	125292	86788	27258	243882
海 南	Hainan	100164	37794	22005	424	60586
重 庆	Chongqing	43763	32280	4171	2972	48268
四 川	Sichuan	455131	273009	93284	50978	418001
贵 州	Guizhou	84530	70401	9362	814	83409
云 南	Yunnan	309510	162574	134218	3435	289662
西 藏	Tibet	97695	74180	21017	1637	86884
陕 西	Shaanxi	341548	128100	162387	41122	239507
甘 肃	Gansu	162483	125950	28796	544	160035
青 海	Qinghai	97254	85524	8261	4	79139
宁 夏	Ningxia	71840	39800	26702	2151	68514
新 疆	Xinjiang	292884	261197	20182	3800	300504
新疆生产建设兵团	Xinjiang Production and Construction Corps.	23269				
计划单列市	**Cities Specifically Designated in State Plan**	**642041**	**81366**	**223412**	**289458**	**598186**
大 连	Dalian	65244	19179	45040		59438
宁 波	Ningbo	153785	16785	83606	32840	139846
厦 门	Xiamen	65305	36136	21634	643	60085
青 岛	Qingdao	78383	6676	67647	2716	73768
深 圳	Shenzhen	279324	2590	5485	253259	265048

6-28 分地区广播电视行政事业单位实际创收情况（2013年）
Actual Revenue of Administrative Organs and Institutions of Broadcasting Industry by Region (2013)

单位：万元 (10 000 yuan)

地　区	Region	实际创收收入 Actual Revenue	广告收入 Revenue from Advertising	广播广告收入 Radio Advertising Revenue	电视广告收入 TV Advertising Revenue	其它广告收入 Other Advertising Revenue	网络收入 Revenue from Network Services
全　国	**National Total**	**10888124**	**8872233**	**1058235**	**7681892**	**132105**	**1101984**
总局直属（广电部分）	Directly under the State Administration of Radio, Film and Television	3010048	2761532	52435	2707021	2076	84153
北　京	Beijing	430296	389727	72867	316209	650	
天　津	Tianjin	169449	74039	47859	25989	192	
河　北	Hebei	238184	199797	43520	150956	5321	30604
山　西	Shanxi	155401	103431	22654	78970	1806	40237
内蒙古	Inner Mongolia	59141	49552	13085	35906	561	3400
辽　宁	Liaoning	339821	268022	65998	201327	697	57065
吉　林	Jilin	143877	131189	28107	103056	26	4203
黑龙江	Heilongjiang	285637	223099	50185	167768	5145	13232
上　海	Shanghai	16664	3204	463	2424	317	540
江　苏	Jiangsu	670697	401539	78826	304188	18525	199166
浙　江	Zhejiang	588882	257669	56452	191204	10013	263227
安　徽	Anhui	432230	406704	30340	374423	1941	15812
福　建	Fujian	155738	143195	18753	123712	730	64
江　西	Jiangxi	162987	146024	13303	130940	1781	6829
山　东	Shandong	613015	537212	101652	419981	15579	18148
河　南	Henan	267904	226740	36851	187531	2358	31061
湖　北	Hubei	292424	198905	40509	155066	3330	76969
湖　南	Hunan	945835	832891	37332	786688	8870	58329
广　东	Guangdong	922152	719422	104073	609887	5463	168587
广　西	Guangxi	146619	123828	16228	102184	5416	53
海　南	Hainan	60867	59653	4440	52469	2744	504
重　庆	Chongqing	12914	7629	203	6820	607	951
四　川	Sichuan	186063	125129	26222	94788	4120	9942
贵　州	Guizhou	20427	18459	6721	10948	791	
云　南	Yunnan	151286	137673	22875	114347	450	
西　藏	Tibet	23797	16489	71	16302	116	4647
陕　西	Shaanxi	216241	200543	39995	128783	31765	192
甘　肃	Gansu	31505	10306	2098	8068	140	
青　海	Qinghai	8319	5978	1510	4411	57	91
宁　夏	Ningxia	41987	23667	2479	21096	92	1
新　疆	Xinjiang	68643	55794	20127	35239	428	9684
新疆生产建设兵团	Xinjiang Production and Construction Corps.	19074	13192		13192		4296
计划单列市	**Cities Specifically Designated in State Plan**	**528197**	**407444**	**70220**	**335320**	**1904**	**79443**
大　连	Dalian	48369	38431	15886	22545		3432
宁　波	Ningbo	123028	40070	2527	36551	992	69030
厦　门	Xiamen	22330	18645	4536	14109		
青　岛	Qingdao	74921	61730	14982	45837	912	1345
深　圳	Shenzhen	259549	248568	32289	216279		5636

6-28 续表 continued

单位：万元 (10 000 yuan)

地区	Region	有线广播电视收视费收入 Revenue from Subscription of Cable Programs	付费数字电视收入 Revenue from Pay Digital TV Programs	三网融合业务收入 Revenue from Three Networks Convergence	其它网络收入 Revenue from Other Network Services	广播电视节目销售收入 Sales Revenue from Radio and TV Programs	其它创收收入 Revenue from Other Services
全国	**National Total**	**1101984**	**854025**	**46219**	**181823**	**41738**	**872172**
总局直属（广电部分）	Directly under the State Administration of Radio, Film and Television	84153	77408	6745		3136	161228
北京	Beijing					941	39629
天津	Tianjin					146	95264
河北	Hebei	30604	26125	760	3690	311	7472
山西	Shanxi	40237	34842	424	4959	442	11292
内蒙古	Inner Mongolia	3400	3045	35	320		6189
辽宁	Liaoning	57065	53494	7	3564		14734
吉林	Jilin	4203	3876		327		8485
黑龙江	Heilongjiang	13232	13212	0		710	48596
上海	Shanghai	540			540	1177	11742
江苏	Jiangsu	199166	136572	8237	51087	1107	68885
浙江	Zhejiang	263227	159091	16911	76396	70	67916
安徽	Anhui	15812	14470	532	699		9715
福建	Fujian	64			64	72	12407
江西	Jiangxi	6829	5532	880	416		10134
山东	Shandong	18148	11634	3132	3377	18193	39462
河南	Henan	31061	27661	390	3009		10103
湖北	Hubei	76969	68109	1063	6860	171	16379
湖南	Hunan	58329	46533	1734	7719	9649	44967
广东	Guangdong	168587	147556	3239	15429	4913	29229
广西	Guangxi	53	53				22738
海南	Hainan	504	492		12		710
重庆	Chongqing	951	920		31	2	4332
四川	Sichuan	9942	6317	1861	1764	486	50507
贵州	Guizhou						1967
云南	Yunnan						13613
西藏	Tibet	4647	4000	107	540		2661
陕西	Shaanxi	192	192			210	15296
甘肃	Gansu						21199
青海	Qinghai	91	46		45		2250
宁夏	Ningxia	1			1	4	18319
新疆	Xinjiang	9684	8550	161	974		3164
新疆生产建设兵团	Xinjiang Production and Construction Corps.	4296	4296				1586
计划单列市	**Cities Specifically Designated in State Plan**		**48949**	**4938**	**21451**	**46**	**41264**
大连	Dalian		3432				6506
宁波	Ningbo		41355	4219	20766		13927
厦门	Xiamen					46	3639
青岛	Qingdao		1189		156		11846
深圳	Shenzhen		2973	719	529		5345

6-29 分地区广播电视行政事业单位资产负债情况（2013年）

Assets and Liabilities of Administrative Organs and Institutions of Broadcasting Industry by Region (2013)

单位：万元 (10 000 yuan)

地区	Region	资产总额 Total Assets	#固定资产原价 Original Value of Fixed Assets
全国	**National Total**	**34930792**	**15114014**
总局直属（广电部分）	Directly under the State Administration of Radio, Film and Television	10534533	2501281
北京	Beijing	1230179	509466
天津	Tianjin	616437	241900
河北	Hebei	604971	408257
山西	Shanxi	471239	250252
内蒙古	Inner Mongolia	415374	225470
辽宁	Liaoning	981170	518758
吉林	Jilin	604111	336992
黑龙江	Heilongjiang	658706	348890
上海	Shanghai	180155	82730
江苏	Jiangsu	2815854	928100
浙江	Zhejiang	1950316	1130962
安徽	Anhui	695188	381434
福建	Fujian	833177	538085
江西	Jiangxi	355963	210060
山东	Shandong	1923450	1338888
河南	Henan	734856	522750
湖北	Hubei	852951	475351
湖南	Hunan	2141576	621890
广东	Guangdong	2473064	1255668
广西	Guangxi	458400	270054
海南	Hainan	120982	73116
重庆	Chongqing	102075	71829
四川	Sichuan	711472	443140
贵州	Guizhou	252983	175586
云南	Yunnan	521567	292703
西藏	Tibet	159751	122885
陕西	Shaanxi	616617	243911
甘肃	Gansu	269606	172192
青海	Qinghai	91632	44857
宁夏	Ningxia	110381	93027
新疆	Xinjiang	442053	283530
计划单列市	**Cities Specifically Designated in State Plan**	**1568908**	**896520**
大连	Dalian	167820	89253
宁波	Ningbo	499405	291250
厦门	Xiamen	190842	95202
青岛	Qingdao	232289	203760
深圳	Shenzhen	478554	217056

6-30 分地区广播电视企业单位经营情况（2013年）

Business Condition of Radio and TV Enterprises by Region (2013)

单位：万元 (10 000 yuan)

地 区	Region	总收入 Total Revenue	#主营业务收入 Revenue from Principal Business	本年应缴税金 Taxes Payable During the Year	营业利润 Business Profit
全 国	**National Total**	**22290436**	**21509390**	**1256048**	**2149719**
总局直属（广电部分）	Directly under the State Administration of Radio, Film and Television	2645330	2534062	205797	141834
北 京	Beijing	3485757	3342876	237116	144247
天 津	Tianjin	230630	222758	13724	6510
河 北	Hebei	264738	255236	8584	4437
山 西	Shanxi	86162	83942	2056	2240
内蒙古	Inner Mongolia	141838	141838	3144	40740
辽 宁	Liaoning	365600	356988	25564	9233
吉 林	Jilin	205669	195414	17896	36991
黑龙江	Heilongjiang	192973	176409	9814	13837
上 海	Shanghai	3149427	3074822	216443	233832
江 苏	Jiangsu	1825464	1738539	46785	341695
浙 江	Zhejiang	2334384	2265838	162579	464960
安 徽	Anhui	300855	294710	13628	35884
福 建	Fujian	562038	542938	26269	57737
江 西	Jiangxi	297936	292430	12056	28502
山 东	Shandong	754895	737348	26479	47198
河 南	Henan	206748	198284	11149	10442
湖 北	Hubei	452655	431397	10506	15398
湖 南	Hunan	853916	838892	22447	78432
广 东	Guangdong	1326196	1273064	81429	211577
广 西	Guangxi	228399	218329	7251	28424
海 南	Hainan	39417	37476	-230	631
重 庆	Chongqing	345361	335821	12042	28738
四 川	Sichuan	702622	679691	29874	57947
贵 州	Guizhou	461399	452692	32532	59300
云 南	Yunnan	202852	182775	5118	9766
陕 西	Shaanxi	363969	358904	8842	26054
甘 肃	Gansu	103224	100162	461	957
青 海	Qinghai	29567	29052	1063	1621
宁 夏	Ningxia	57338	47984	1670	3810
新 疆	Xinjiang	73078	68719	3955	6741
计划单列市	**Cities Specifically Designated in State Plan**	**549815**	**525283**	**34043**	
大 连	Dalian	59331	58100	2566	
宁 波	Ningbo	37686	36337	2172	
厦 门	Xiamen	73943	72147	2103	
青 岛	Qingdao	51404	47274	2073	
深 圳	Shenzhen	327451	311425	25128	

6-31 分地区广播电视企业单位创收情况（2013年）

Actual Revenue of Broadcasting Enterprises by Region (2013)

单位：万元 (10 000 yuan)

地 区	Region	实际创收收入 Actual Revenue	广告收入 Revenue from Advertising	广播广告收入 Radio Advertising	电视广告收入 TV Advertising	其它广告收入 Other Advertising	网络收入 Revenue from Network Services
全 国	**National Total**	**21539564**	**4997838**	**341009**	**3510737**	**1146092**	**6447104**
总局直属（广电部分）	Directly under the State Administration of Radio, Film and Television	2562534	603252	35239	514460	53553	171062
北 京	Beijing	3179174	1308698	21527	488596	798575	442142
天 津	Tianjin	222758	94282		83093	11189	98863
河 北	Hebei	258750	24375	4641	8914	10820	166563
山 西	Shanxi	84481	4031	170	1685	2176	71368
内蒙古	Inner Mongolia	141838					141807
辽 宁	Liaoning	359008	28990	9091	16227	3671	202839
吉 林	Jilin	197511	3460		3093	367	188528
黑龙江	Heilongjiang	192973	182			182	165826
上 海	Shanghai	3090387	716983	54322	560014	102647	307092
江 苏	Jiangsu	1777691	596736	49690	533393	13654	525899
浙 江	Zhejiang	2317024	560251	69165	458604	32482	337348
安 徽	Anhui	298821	27735		18406	9329	120634
福 建	Fujian	452088	70745	13385	33896	23464	208757
江 西	Jiangxi	297946	35266		31951	3316	170328
山 东	Shandong	743425	75869	11926	58234	5709	494942
河 南	Henan	201891	12768		4491	8277	103156
湖 北	Hubei	438821	67231	3827	54639	8764	218158
湖 南	Hunan	848164	84404	915	74246	9243	230441
广 东	Guangdong	1296030	211907	18229	173481	20196	591017
广 西	Guangxi	221989	6971	218	313	6439	181311
海 南	Hainan	39417					37476
重 庆	Chongqing	339597	116967	17551	90813	8604	176400
四 川	Sichuan	704278	185817	16244	164843	4731	437395
贵 州	Guizhou	453813	110353	9788	96375	4190	149463
云 南	Yunnan	201319	13505		10583	2921	160153
陕 西	Shaanxi	359700	6693		6593	100	162658
甘 肃	Gansu	103158	28445	5079	23187	179	67460
青 海	Qinghai	29052					24088
宁 夏	Ningxia	53613	1921		607	1314	29000
新 疆	Xinjiang	72314					64931
计划单列市	**Cities Specifically Designated in State Plan**	**516336**	**67499**	**26610**	**34507**	**6382**	**179880**
大 连	Dalian	58873	9563	3937	5082	544	16837
宁 波	Ningbo	37436	14033	7487	6042	504	22304
厦 门	Xiamen	57619	19173	3172	11457	4543	
青 岛	Qingdao	47710	14997	11365	3160	472	10591
深 圳	Shenzhen	314697	9733	650	8764	319	130149

6-31 续表 continued

单位：万元 (10 000 yuan)

地 区	Region	有线广播电视收视费收入 Subscription of Cable Programs	付费数字电视收入 Pay Digital TV Programs	三网融合业务收入 Revenue from Three Networks Coverage	其它网络收 入 Revenue from Other Network Services	广播电视节目销售收入 Sales Revenue from Radio and TV Programs	其它创收收 入 Revenue from Other Services
全 国	**National Total**	**3524724**	**539763**	**481455**	**1901162**	**1764506**	**8330116**
总局直属（广电部分）	Directly under the State Administration of Radio, Film and Television	32250	27743	53658	57412	118261	1669959
北 京	Beijing	106736	6236	86996	242174	537168	891166
天 津	Tianjin	53826	2046	15928	27063	12362	17252
河 北	Hebei	140331	3901	2077	20254	3179	64633
山 西	Shanxi	60392	168	313	10495	1825	7256
内蒙古	Inner Mongolia	96993	12960		31854	31	
辽 宁	Liaoning	147785	3647	8275	43131	1380	125800
吉 林	Jilin	100466	28892	5045	54125	1554	3968
黑龙江	Heilongjiang	138316	8409	455	18645		26965
上 海	Shanghai	136036	29459	12941	128655	112767	1953545
江 苏	Jiangsu	259752	38825	40894	186429	93575	561481
浙 江	Zhejiang	150402	21691	61617	103639	425439	993985
安 徽	Anhui	29055	58191	3804	29584	29871	120582
福 建	Fujian	102851	21456	5835	78616	33748	138838
江 西	Jiangxi	125769	14753	1416	28390	3314	89038
山 东	Shandong	325848	25130	10897	133066	9068	163546
河 南	Henan	71654	1990	6068	23444	5	85963
湖 北	Hubei	153611	18632	12709	33206	40332	113100
湖 南	Hunan	144986	25813	15590	44053	50088	483231
广 东	Guangdong	299425	31352	35448	224792	177248	315858
广 西	Guangxi	89367	10736	4208	77000	300	33407
海 南	Hainan	25513	849		11114		1941
重 庆	Chongqing	98321	13786	20874	43419	9385	36845
四 川	Sichuan	226533	47775	33048	130039	3351	77715
贵 州	Guizhou	78371	28587	1328	41177	2085	191912
云 南	Yunnan	95453	23337	12004	29360	6478	21183
陕 西	Shaanxi	109103	28000	25555		90602	99747
甘 肃	Gansu	52323	3310	913	10913	936	6317
青 海	Qinghai	17436	2023	281	4348		4964
宁 夏	Ningxia	24800			4200	156	22536
新 疆	Xinjiang	31022	65	3278	30566		7383
计划单列市	**Cities Specifically Designated in State Plan**	**92153**	**21874**	**34544**	**31310**	**76369**	**192587**
大 连	Dalian	15063	380	214	1180	73	32400
宁 波	Ningbo	7824	4305	1842	8333		1100
厦 门	Xiamen					13598	24849
青 岛	Qingdao	3276			7315	919	21203
深 圳	Shenzhen	65991	17189	32488	14481	61780	113036

6-32 分地区广播电视企业资产负债情况（2013年）
Assets and Liabilities of Broadcasting Enterprises by Region (2013)

单位：万元 (10 000 yuan)

地　区	Region	资产总额 Total Assets	负债总额 Total Liabilities	所有者权益 Owners' Equity
全　国	**National Total**	**54265881**	**26267701**	**27998180**
总局直属（广电部分）	Directly under the State Administration of Radio, Film and Television	3810769	1756753	2054017
北　京	Beijing	7837870	4557187	3280684
天　津	Tianjin	407860	285470	122389
河　北	Hebei	606438	389492	216946
山　西	Shanxi	313907	189388	124519
内蒙古	Inner Mongolia	260221	98935	161286
辽　宁	Liaoning	1429920	1021266	408654
吉　林	Jilin	1331673	487982	843691
黑龙江	Heilongjiang	458532	222374	236158
上　海	Shanghai	7775597	2828030	4947566
江　苏	Jiangsu	5734712	2685051	3049662
浙　江	Zhejiang	4716089	2067683	2648406
安　徽	Anhui	804482	482284	322198
福　建	Fujian	935216	521295	413921
江　西	Jiangxi	691689	518755	172935
山　东	Shandong	1714197	60906	1653291
河　南	Henan	891244	625728	265516
湖　北	Hubei	1526933	768062	758872
湖　南	Hunan	2295255	867813	1427442
广　东	Guangdong	3667724	1426536	2241188
广　西	Guangxi	476856	254212	222644
海　南	Hainan	155154	71932	83222
重　庆	Chongqing	943112	632314	310798
四　川	Sichuan	1993430	1447876	545553
贵　州	Guizhou	630541	328004	302537
云　南	Yunnan	1222328	782461	439867
陕　西	Shaanxi	796782	499712	297071
甘　肃	Gansu	379133	166980	212153
青　海	Qinghai	68750	36591	32159
宁　夏	Ningxia	142741	69084	73656
新　疆	Xinjiang	246726	117545	129181
计划单列市	**Cities Specifically Designated in State Plan**	**1012731**	**363190**	**649542**
大　连	Dalian	166039	80280	85759
宁　波	Ningbo	93789	38710	55078
厦　门	Xiamen	136259	66900	69358
青　岛	Qingdao	83113	60992	22121
深　圳	Shenzhen	533532	116307	417225

6-33 分地区少数民族广播电视宣传覆盖情况（2013年）
Publicity and Coverage of Radio and TV Programs for Minority Population by Region (2013)

地　区	Region	制作广播节目时间（小时）Radio Programs Produced (hour)	制作电视节目时间（小时）TV Programs Produced (hour)	广播综合覆盖(%) Radio Program Coverage (%)	电视综合覆盖(%) TV Program Coverage (%)
全　国	**National Total**	**106490**	**40564**	**95.55**	**97.71**
总局直属	Directly under the State Administration	6999			
河　北	Hebei			90.02	98.50
内蒙古	Inner Mongolia	21366	6940	91.99	97.64
辽　宁	Liaoning	2006		79.84	95.53
吉　林	Jilin	9675	2204	87.16	98.24
黑龙江	Heilongjiang	1070		92.07	92.66
浙　江	Zhejiang	2	8	46.74	100.00
湖　北	Hubei			81.83	98.97
湖　南	Hunan			55.44	95.18
广　东	Guangdong	160		65.02	100.00
广　西	Guangxi	450	445	75.66	98.00
海　南	Hainan				93.75
重　庆	Chongqing				97.78
四　川	Sichuan	7185	3349	54.67	93.21
贵　州	Guizhou	185		38.88	94.51
云　南	Yunnan	9136	4043	68.87	97.36
西　藏	Tibet	10969	737	17.72	95.51
陕　西	Shaanxi	365			
甘　肃	Gansu	1388	832	49.57	97.27
青　海	Qinghai	4591	2073	10.27	95.67
宁　夏	Ningxia			93.06	99.09
新　疆	Xinjiang	30945	19932	51.47	95.95

七、文　化
Culture

7-1 全国主要文化机构情况

Number of Institutions in Cultural Industry

单位：个 (unit)

年 份 Year	公共图书馆 Public Libraries	文化馆(站) Cultural Centers	省级、地市级文化馆 Art Centers at Provincial & Prefecture Level	县市级文化馆 Cultural Centers at County & City Level	乡镇(街道)文化站 Township (sub-district) Cultural Centers	博物馆 Museums	艺术表演团体 Art Performance Troupes	艺术表演场馆 Art Performance Places
1978	1218	6893	92	2748	4053	349	3150	1095
1980	1732	8739	218	2912	5609	365	3533	1444
1985	2344	8576	335	2960	5281	711	3317	1377
1986	2406	8913	337	2993	5583	777	3195	2058
1987	2440	8974	348	2973	5653	827	3094	2148
1988	2485	9045	358	2975	5712	903	2985	2081
1989	2512	9037	366	2955	5716	967	2850	2050
1990	2527	9216	366	2955	5895	1013	2805	1955
1991	2535	10507	371	2894	7242	1075	2772	2068
1992	2558	9564	372	2900	6292	1106	2753	2037
1993	2572	10155	370	2886	6899	1130	2707	2024
1994	2589	11276	374	2887	8015	1161	2698	1998
1995	2615	13487	373	2886	10228	1194	2682	1958
1996	2620	45253	392	2892	41969	1219	2664	1934
1997	2628	45449	385	2901	42163	1282	2663	1947
1998	2662	45834	386	2901	42547	1339	2652	1929
1999	2669	45837	389	2905	42543	1363	2632	1911
2000	2675	45321	390	2907	42024	1392	2619	1900
2001	2696	43379	399	2842	40138	1461	2605	1854
2002	2697	42516	389	2854	39273	1511	2587	1829
2003	2709	41816	382	2846	38588	1515	2601	1900
2004	2720	41402	380	2841	38181	1548	2759	1928
2005	2762	41588	375	2851	38362	1581	2805	1866
2006	2778	40088	395	2819	36874	1617	2866	1839
2007	2799	40601	411	2806	37384	1722	4512	1732
2008	2820	41156	389	2829	37938	1893	5114	1662
2009	2850	41959	361	2862	38736	2252	6139	1499
2010	2884	43382	374	2890	40118	2435	6864	1461
2011	2952	43675	379	2906	40390	2650	7055	1429
2012	3076	43876	382	2919	40575	3069	7321	1279
2013	3112	44260	385	2930	40945	3473	8180	1344

注：1.2007年以前艺术表演团体为文化系统内数据，2007年起含非文化部门单位。艺术表演场馆不含民营艺术表演场馆。
2.1996年以前文化站数据未包括其他部门所属乡镇文化站。1996-1998年包括其他部门所属文化站，1999年以后，其他部门所属文化站划归文化部门管理。

a) Art performance troupes and art performance places referred to that of Culture System before 2007, and include non-cultural department since 2007.
b) Culture stations did not include township culture stations of other department before 1996, and included culture stations of other department from 1996 to 1998. Since 1999, culture stations of other department was put under Culture Department's administration.

7-2 全国文化文物机构人员情况(2013年)
Number and Personnel in Culture and Cultural Relics Institutions (2013)

机构类别	Category of Institution	机构(个) Number of Institutions (unit)	文化部门 Cultural Department	国有经济 State-owned Economy	集体经济 Collective-owned Economy	其他经济 Other Economy	其他部门 Other Department
总计	**Total**	**292884**	**64686**	**63522**	**311**	**853**	**228198**
艺术业	Arts	9557	3353	2853	201	299	6204
公共图书馆业	Public Libraries	3112	3112	3112			
群众文化服务业	Mass Culture	44260	44260	44260			
艺术教育业	Culture and Education	139	139	134	2	3	
文化市场经营机构	Business Units Dealing in Culture Market	220665					220665
文艺科研机构	Art Research Institutions	225	224	221		3	1
文物业	Cultural Relics	7737	6884	6662	64	158	852
其他	Others	7189	6714	6280	44	390	475

7-2 续表 continued

机构类别	Category of Institution	从业人员(人) Number of Employed Persons (person)	文化部门 Cultural Department	国有经济 State-owned Economy	集体经济 Collective-owned Economy	其他经济 Other Economy	其他部门 Other Department
总计	**Total**	**2154948**	**638537**	**580314**	**7454**	**50769**	**1516411**
艺术业	Arts	287183	139900	116239	6747	16914	147283
公共图书馆业	Public Libraries	56320	56320	56320			
群众文化服务业	Mass Culture	164355	164355	164355			
艺术教育业	Culture and Education	12680	12680	12566	16	98	
文化市场经营机构	Business Units Dealing in Culture Market	1313900					1313900
文艺科研机构	Art Research Institutions	4739	4732	4589		143	7
文物业	Cultural Relics	137173	120282	117531	258	2493	16891
其他	Others	178598	140268	108714	433	31121	38330

7-3 全国文化系统艺术表演场馆基本情况(2013年)
Basic Statistics on Art Performance Places (2013)

项　目	Item	机构数（个）Number of Institutions (unit)	从业人员（人）Number of Employed Persons (person)	座席数（个）Seating Capacity (unit)	演(映)出场次（万场次）Number of Performances (10 000 shows)	#艺术演出 Art Performances
总　计	**Total**	**1344**	**26036**	**1027946**	**82.93**	**6.60**
按登记注册类型分	By Status of Registration					
国 有	State-owned	1227	22011	920635	52.72	4.80
集 体	Collective-owned	20	233	10830	0.24	0.14
其 他	Others	97	3792	96481	29.97	1.67
按性质分	By Type of Units					
执行事业会计制度	Adopting Institution Accounting System	964	16430	710195	26.39	3.00
执行企业会计制度	Adopting Enterprise Accounting System	380	9606	317751	56.54	3.60
按机构类型分	By Type of Troupes					
剧场	Theaters	575	11280	436776	13.02	2.79
影剧院	Music Halls and Cinemas	612	10437	452527	63.30	1.95
书场、曲艺场	Storytelling, Recitation and Ballad Places	10	136	808	0.14	0.14
杂技、马戏场	Acrobatics and Circus Places	2	46	3462	0.01	0.01
音乐厅	Concert Halls	13	474	12832	0.20	0.17
综合性	General Performance Theaters	101	3213	105952	5.75	1.52
其他艺术表演场馆	Others	31	450	15589	0.52	0.04
按隶属关系分	By Jurisdiction of Management					
中央	Run by Central Government	7	176	5657	0.08	0.08
省、区、市	Run by Provinces, Autonomous Regions and Municipalities	108	4362	91915	11.95	1.15
地、市	Run by Prefectures (Cities)	367	9283	259040	39.72	2.64
县、市及以下	Run by Counties (Cities) and Others	862	12215	671334	31.18	2.73

7-3 续表 continued

项 目	Item	观众人次（万人次）Number of Audience (10 000 person-times)	#艺术演出 Art Performances	收入合计（万元）Total Income (10 000 yuan)	#财政拨款 Government	#演出收入 Performance Income	支出合计（万元）Expenses (10 000 yuan)
总 计	**Total**	**7776**	**2662**	**426361**	**160313**	**82489**	**417103**
按登记注册类型分	By Status of Registration						
国 有	State-owned	5618	2254	329804	135798	62844	316166
集 体	Collective-owned	64	32	2107	741	166	1646
其 他	Others	2094	376	94450	23773	19479	99291
按性质分	By Type of Units						
执行事业会计制度	Adopting Institution Accounting System	3489	1579	245059	116214	43654	234739
执行企业会计制度	Adopting Enterprise Accounting System	4287	1083	181302	44099	38835	182364
按机构类型分	By Type of Troupes						
剧场	Theaters	2332	1395	230011	106780	53729	216282
影剧院	Music Halls and Cinemas	4110	672	104009	18939	8825	103574
书场、曲艺场	Storytelling, Recitation and Ballad Places	13	13	1687	851	101	1676
杂技、马戏场	Acrobatics and Circus Places	9	9	312		110	312
音乐厅	Concert Halls	165	138	16687	4485	4972	14959
综合性	General Performance Theaters	1065	410	69382	26934	13691	75908
其他艺术表演场馆	Others	83	26	4273	2324	1061	4392
按隶属关系分	By Jurisdiction of Management						
中央	Run by Central Government	43	43	4331	26	2111	4136
省、区、市	Run by Provinces, Autonomous Regions and Municipalities	1123	751	166998	72963	43395	157554
地、市	Run by Prefectures (Cities)	2829	859	152284	45588	21381	160016
县、市及以下	Run by Counties (Cities) and Others	3781	1009	102748	41736	15602	95397

7-4 全国艺术表演团体基本情况(2013年)

项　目	Item	机构 (个) Number of Institutions (unit)	从业人员 (人) Number of Employed Persons (person)	剧团原创首演剧目 (个) Plays Showed this Year (unit)	演出场次 (万场次) Number of Performance (10 000 shows)	#国内演出 Domestic Performance	#农村 Rural Performance
总 计	**Total**	**8180**	**260865**	**1357**	**165.11**	**162.81**	**105.07**
按登记注册类型分	By Status of Registration						
国有	State-owned	1752	99035	996	29.63	27.79	18.16
集体	Collective-owned	185	6633	91	5.81	5.62	3.48
其他	Others	6243	155197	270	129.66	129.40	83.43
按隶属关系分	By Jurisdiction of Management						
中央	Run by Central Government	20	5313	26	0.34	0.32	0.07
省、区、市	Run by Provinces, Autonomous Regions and Municipalities	190	28985	259	6.43	5.95	1.73
地、市	Run by Prefectures (Cities)	505	39501	340	9.61	9.00	4.65
县、市及以下	Run by Counties (Cities) and Others	7465	187066	732	148.73	147.55	98.63
按性质分	By Type of Units						
执行事业会计制度	Adopting Institution Accounting System	1601	86470	831	29.21	27.71	18.24
执行企业会计制度	Adopting Enterprise Accounting System	6579	174395	526	135.90	135.10	86.84
按管理部门分	By Management Authority						
文化部门	Cultural Departments	2067	117004	1288	39.81	37.57	23.67
其他部门	Other Departments	6113	143861	69	125.30	125.24	81.41
按剧种分	By Type of Art						
话剧、儿童剧、滑稽剧类	Drama, Children's Play and Comedy Troupes	530	16921	118	6.42	6.36	2.97
歌舞、音乐类	Song and Dance, Light Music Troupes	2074	76184	392	28.54	27.97	14.65
京剧、昆曲类	Philharmonic and Chorus Troupes	121	7857	45	2.27	2.25	1.52
地方戏曲类	Ulanmuchi (Equestrian Art Troupes)	2384	86110	578	49.38	49.16	42.15
杂技、魔术、马戏类	Local Opera Troupes	403	12844	18	18.03	17.00	4.47
曲艺类	Local Beijing Opera Troupes	168	3894	33	6.65	6.54	3.12
乌兰牧骑	Recitation and Ballad Troupes, Acrobatics	120	3862	45	1.23	1.19	0.80
综合性艺术表演团体	and Circus Troupes, Puppet Show Troupes	2380	53193	128	52.59	52.35	35.42

Basic Statistics on Art Performance Troupes (2013)

国内演出观众人次（万人次）Number of Domestic Audience (10 000 person-times)	#农村 Rural Audience	收入合计（万元）Total Income (10 000 yuan)	#财政拨款 Government Budget	#演出收入 Performance Income	支出合计（万元）Total Expenses (10 000 yuan)	政府采购的公益演出活动 Public Shows under Government Procurement	
						演出场次（万场次）Number of Performances (10 000 shows)	观众人次（万人次）Number of Audience (10 000 person-times)
90064	**52973**	**2800266**	**1393811**	**735532**	**2331821**	**9.18**	**9098.21**
28605	19068	1206700	884140	94407	1163324	7.22	7294.06
3449	2596	49920	29121	6387	48531	0.54	432.22
58010	31309	1543647	480550	634738	1119966	1.42	1371.94
542	87	143381	83423	6898	125197	0.04	50.51
4751	1826	567803	396524	80161	565662	1.42	1478.19
8969	5077	463286	349633	47164	444010	2.29	2317.29
75802	45984	1625796	564231	601309	1196952	5.43	5252.23
26404	18359	1045394	797247	133270	1012711	6.22	6331.17
63660	34615	1754872	596564	602262	1319110	2.95	2767.04
34766	23095	1378684	984108	145443	1335598	8.90	8716.30
55298	29879	1421582	409703	590089	996223	0.27	381.91
3678	1452	204833	85138	77548	174773	0.36	265.11
24312	7035	711460	380436	197610	665242	2.33	1995.38
1345	859	391627	357441	13474	137017	0.28	179.50
37759	31184	548132	319395	145432	482310	4.54	5006.11
6188	2479	159399	53402	77892	137274	0.24	200.92
1397	789	54595	24471	22905	49309	0.21	175.94
1007	614	25155	23928	347	24890	0.19	122.43
14378	8560	705064	149601	200324	661007	1.03	1152.84

7-5 全国公共图书馆基本情况（2013年）
Basic Statistics on Public Libraries (2013)

指标	Item	总计 Total	#少儿图书馆 Children's Libraries	按隶属关系分 By Jurisdiction of Management 中央 Run by Central Government	省、区、直辖市(级) Run by Provinces, Autonomous Regions and Municipalities	地市级 Prefecture Level	县市级 County (City) Level	#县图书馆 Run by Counties
机构数（个）	Number of Institutions (unit)	3112	105	1	39	360	2712	1632
从业人员（人）	Number of Employed Persons (person)	56320	2170	1727	7913	14183	32497	15559
总藏量（万册件）	Total Collections (10000 copies)	74896	3165	3244	18105	19501	34046	13735
当年购买的报刊种类（万种）	Kinds of Newspapers and Periodicals Purchased This Year (10 000 kinds)	109.12	3.42	1.85	16.56	28.61	62.10	27.40
有效借书证数（万个）	Accumulative Number of Library Cards Distributed (10 000 units)	2877	144	176	459	1010	1232	360
总流通人次（万人次）	Total Number of Circulation (10 000 person-times)	49232	2132	419	7755	14615	26443	8933
#书刊文献外借人次	Borrowing from Libraries	20552	977		2569	6054	11929	4734
书刊文献外借册次（万册次）	Number of Books and Periodicals Lent to Readers (10 000 copies-times)	40868	2285		8265	11878	20725	7153
组织各类讲座次数(次)	Number of Lectures (time)	49474	2622	237	4166	13280	31791	14264
举办展览（个）	Exhibitions Held (unit)	15848	488	53	1327	3371	11097	5795
举办培训班（个）	Training Classes Held (unit)	26198	1719	32	2605	6104	17457	9007
计算机（台）	Computers (set)	195413	6648	3180	19963	41929	130341	68487
#电子阅览室终端数	Terminals in Electronic Media Reading Rooms	116274	3286	368	8261	22369	85276	46032
阅览室坐席数（万个）	Seats of Reading Room (10 000 units)	80.98	2.66	0.44	6.70	20.02	53.82	25.01

7-6 全国群众文化机构基本情况（2013年）
Basic Statistics on Cultural Institutions (2013)

指　标	Item	总计 Total	省、区、直辖市(级) Provincial Level	地市级 Prefecture Level	县市级 County (City) Level	#县文化馆 County Cultural Center	乡镇(街道)文化站 Township (sub-district) Cultural Stations	#乡镇文化站 Township Cultural Stations
机构数 (个)	Institutions (unit)	44260	31	354	2930	1671	40945	34343
从业人员 (人)	Number of Employed Persons (person)	164355	1900	10349	43672	23534	108434	87922
组织文艺活动 (次)	Art Performances and Story-telling Sessions (time)	740611	2066	22022	146316	66732	570207	398373
参加文艺活动人次 (万人次)	Person-times Attending Art and Cultural Activities (10 000 person-times)	31379	583	2862	12620	6009	15314	11097
举办训练班 (次)	Number of Training Courses (time)	390758	2019	22780	83533	31090	282426	179747
参加培训人次(万人次)	Attending Training (10 000 person-times)	3105	40	178	643	249	2244	1488
举办展览个数 (个)	Number of Exhibitions (unit)	138225	372	3326	19033	9962	115494	88539
参观展览人次(万人次)	Visiting Exhibitions (10 000 person-times)	9246	255	991	2907	5093	5093	3899
组织各类理论研讨和讲座次数 (次)	Number of Theoretical Lectures (time)	23637	577	4030	19030			
参加研讨和讲座人次 (万人次)	Attending Theoretical Lectures (10 000 person-times)	441	31	77	333			
藏书 (万册)	Books Collected (10 000 copies)	23013	16	50	486	203	22461	17200
拥有计算机台数 (台)	Computer Owned (unit)	292218	2250	6308	28242	13062	255418	200735
本年收入合计 (亿元)	Revenue this Year (100 million yuan)	166.76	7.03	19.76	53.73	23.77	86.24	67.62
本年支出合计 (亿元)	Expenditure this Year (100 million yuan)	163.54	6.80	18.70	52.96	23.49	85.08	66.22
馆办文艺团体 (个)	Art Performance Troupes Run by Centers (unit)	6022	93	972	4957	2397		
馆办文艺团体演出场次 (场次)	Number of Art Performances Run by Centers (time)	151351	1347	42830	107174	56954		
馆办老年大学 (个)	Aging College Run by Centers (unit)	724	13	79	632	333		
群众业余文艺团体(个)	Part-time Art Troupes (unit)	342649	92	5693	54770	26992	282094	204395

7-7 全国文物业基本情况（2013年）
Statistics on Cultural Relics (2013)

项　目	Item	机　构（个）Number of Institutions (unit)	从业人员（人）Number of Employed Persons (person)	本年收入合计（万元）Total Revenue this Year (10 000 yuan)	本年支出合计（万元）Total Expenditure this Year (10 000 yuan)	资产总计（万元）Total Assets (10 000 yuan)	实际使用房屋建筑面积（万平方米）Floor Space of Buildings Actually Used (10 000 sq.m)
总　计	**Total**	**7737**	**137173**	**3645841**	**3415825**	**7674904**	**2115**
按单位性质分	By Kind of Units						
文物科研机构	Scientific and Research Agencies	115	5243	208924	170898	323566	96
文物保护管理机构	Agencies of Cultural Relics Preservation	2809	35334	819557	705411	1031355	245
博物馆	Museums	3473	79075	1755739	1706897	5485990	1700
文物商店	Cultural Relics Shops	71	1596	89630	71732	217327	15
其他文物机构	Other Agencies	1269	15925	771991	760887	616666	58
按隶属关系分	By Jurisdiction of Management						
中　央	Central Level	12	3432	194905	174240	611066	64
省、区、市	Provincial Level	297	18147	989394	950265	1926941	248
地、市	Prefecture Level	1444	40402	1088734	988398	2252594	746
县、市	County or City Level	5984	75192	1372808	1302922	2884303	1057
按管理部门分	By Department of Management						
文物部门	Cultural Relics Department	6885	120282	3340921	3095884	5848663	1757
其他部门	Other Department	852	16891	304920	319941	1826241	358

7-7 续表 continued

项　目	Item	文物藏品（件/套）Number of Collections (piece/set)	#一级品 Grade One	本年从有关部门接收文物数（件/套）Accepted Cultural Relics from Department This Year (piece/set)	本年藏品征集数（件/套）Collection of Cultural Relics (piece/set)	举办陈列展览（个）Exhibition & Displays (unit)	参观人次（万人次）Spectators (10 000 person-times)
总　计	**Total**	**38408146**	**96816**	**127264**	**313553**	**8392**	**9644**
按单位性质分	By Kind of Units						
文物科研机构	Scientific and Research Agencies	1594975	2328	46	50	10	23
文物保护管理机构	Agencies of Cultural Relics Preservation	1906829	8457	14144	8425	732	449
博物馆	Museums	27191601	85707	113070	304839	7650	9172
文物商店	Cultural Relics Shops	7632366	59				
其他文物机构	Other Agencies	82375	265	4	239		
按隶属关系分	By Jurisdiction of Management						
中　央	Central Level	2956953	20138	11312	2502	30	133
省、区、市	Provincial Level	14929635	29878	4514	45472	422	938
地、市	Prefecture Level	8583810	25736	31673	97894	2067	3222
县、市	County or City Level	11937748	21064	79765	167685	5873	5351
按管理部门分	By Department of Management						
文物部门	Cultural Relics Department	30406952	92442	78312	191743	6810	8536
其他部门	Other Department	8001194	4374	48952	121810	1582	1108

7-8 分地区艺术表演团体、艺术表演场馆演出情况(2013年)
Statistics on Performance of Art Performance Troupes and Art Performance Places by Region (2013)

地 区	Region	艺术表演团体 Art Performance Troupes						艺术表演场馆 Art Performance Places				
		机构数 (个) Number of Institutions (unit)	演出场次 (万场次) Number of Performances (10 000 shows)	#国内演出 Domestic Performances	#农村 Rural Performances	国内演出观众人次 (万人次) Number of Domestic Audience (10 000 person-times)	#农村 Rural Audience	机构数 (个) Number of Institutions (unit)	演(映)出场次 (万场次) Number of Performances (10 000 shows)	#艺术演出 Art Performances	观众人次 (万人次) Number of Audience (10 000 person-times)	#艺术演出 Art Performances
全 国	**National Total**	**8180**	**165.11**	**162.81**	**105.07**	**90064**	**52973**	**1344**	**82.93**	**6.60**	**7776**	**2662**
中 央	Central Level	20	0.34	0.32	0.07	542	87	7	0.08	0.08	43	43
北 京	Beijing	292	2.24	2.17	0.62	983	270	17	1.20	0.29	210	168
天 津	Tianjin	58	0.69	0.69	0.21	285	101	26	1.37	0.15	139	63
河 北	Hebei	500	7.53	6.97	4.73	5183	3745	77	1.79	0.14	204	60
山 西	Shanxi	226	3.93	3.89	3.33	3701	3160	100	9.81	0.85	517	160
内蒙古	Inner Mongolia	144	2.66	2.55	1.31	1373	746	18	0.33	0.04	87	30
辽 宁	Liaoning	212	1.81	1.63	0.41	851	269	33	0.43	0.18	152	94
吉 林	Jilin	54	0.64	0.64	0.36	424	283	26	1.86	0.12	179	44
黑龙江	Heilongjiang	35	0.50	0.47	0.12	404	86	35	0.12	0.03	55	16
上 海	Shanghai	148	3.41	3.39	0.91	1175	209	27	1.53	0.31	215	169
江 苏	Jiangsu	291	7.90	7.73	4.20	2663	1474	110	36.82	1.49	2160	273
浙 江	Zhejiang	733	14.55	14.53	11.75	9272	6827	61	4.07	0.42	894	261
安 徽	Anhui	991	31.73	31.66	24.46	8578	6038	48	1.71	0.30	259	105
福 建	Fujian	506	11.02	11.00	9.81	4157	3555	57	4.74	0.08	223	42
江 西	Jiangxi	229	5.09	5.06	3.12	2379	1825	51	0.76	0.27	204	95
山 东	Shandong	414	5.41	5.31	2.95	3602	2344	93	1.14	0.20	299	162
河 南	Henan	429	26.10	26.06	13.70	9122	6631	139	0.96	0.16	229	107
湖 北	Hubei	307	3.73	3.69	2.32	2880	1870	53	2.50	0.21	256	140
湖 南	Hunan	227	3.55	3.53	2.05	1775	945	58	2.76	0.27	329	129
广 东	Guangdong	405	4.24	4.20	2.80	4601	2913	45	1.28	0.22	315	150
广 西	Guangxi	59	1.54	1.46	0.37	882	332	19	1.82	0.12	123	58
海 南	Hainan	67	0.95	0.95	0.59	972	739	7	0.07	0.03	51	26
重 庆	Chongqing	443	4.81	4.74	3.58	1410	903	15	0.06	0.05	19	18
四 川	Sichuan	510	7.65	7.59	4.20	12541	1305	42	0.37	0.10	83	51
贵 州	Guizhou	106	1.63	1.51	0.66	1229	705	6				
云 南	Yunnan	259	3.87	3.82	1.52	2325	1084	18	0.13	0.09	65	40
西 藏	Tibet	79	0.46	0.37	0.27	257	161	14	0.05	0.04	10	10
陕 西	Shaanxi	119	2.48	2.44	1.66	2681	1880	86	0.82	0.23	248	102
甘 肃	Gansu	124	1.93	1.92	1.44	2190	1555	22	0.42	0.02	46	14
青 海	Qinghai	37	0.31	0.29	0.14	163	66	16	0.40	0.02	52	4
宁 夏	Ningxia	33	0.93	0.86	0.46	596	352	3	0.05	0.00	11	1
新 疆	Xinjiang	123	1.45	1.40	0.97	866	516	15	3.48	0.08	98	27

7-9 分地区公共图书馆基本情况(2013年)

Statistics on Public Libraries by Region (2013)

地区	Region	公共图书馆(个) Number of Public Library (unit)	总藏量(万册件) Total Collections (10 000 copies)	人均拥有公共图书馆藏量(册) Collections of Public Libraries Owned Per Person (copy)	有效借书证数(万个) Accumulative Number of Library Cards Distributed (10 000 units)	总流通人次(万人次) Total Number of Circulation (10 000 person-times)	#书刊文献外借人次 Borrowing from Libraries	书刊文献外借册次(万册次) Number of Books and Periodicals Lent to Readers (10 000 copiestimes)	阅览室座席数(个) Seats of Reading Room (unit)
总计	**National Total**	**3112**	**74896**	**0.55**	**2877**	**49232**	**20552**	**40868**	**809767**
中央	Central Level	1	3244		176	419			4411
北京	Beijing	24	2072	0.98	79	1033	325	893	16002
天津	Tianjin	31	1474	1.00	58	714	292	658	13526
河北	Hebei	173	1937	0.26	66	1079	478	727	30348
山西	Shanxi	127	1466	0.40	25	603	280	404	26050
内蒙古	Inner Mongolia	116	1325	0.53	22	575	285	578	24363
辽宁	Liaoning	129	3355	0.76	102	1939	773	1750	30523
吉林	Jilin	66	1597	0.58	28	540	241	462	15645
黑龙江	Heilongjiang	107	1843	0.48	90	822	303	575	21952
上海	Shanghai	25	7239	3.00	158	3605	1717	6316	22593
江苏	Jiangsu	113	5770	0.73	367	5047	2450	3997	44431
浙江	Zhejiang	98	5165	0.94	322	4946	1912	3919	42423
安徽	Anhui	107	1776	0.29	65	1347	798	1258	27298
福建	Fujian	91	2467	0.65	79	1809	724	1805	28524
江西	Jiangxi	114	1990	0.44	70	1165	675	947	28283
山东	Shandong	153	4422	0.45	158	2355	1430	2158	47068
河南	Henan	157	2218	0.24	83	1785	960	1465	39766
湖北	Hubei	112	2648	0.46	108	1763	952	1570	34860
湖南	Hunan	136	2282	0.34	78	1694	801	1424	30438
广东	Guangdong	137	6101	0.57	410	7357	1588	3499	75838
广西	Guangxi	112	2110	0.45	46	1471	439	854	27046
海南	Hainan	21	377	0.42	13	247	64	153	5671
重庆	Chongqing	43	1129	0.38	37	1147	429	969	17369
四川	Sichuan	197	3048	0.38	59	1738	789	1374	40983
贵州	Guizhou	94	1156	0.33	32	467	262	337	19224
云南	Yunnan	152	1765	0.38	41	1223	507	870	26376
西藏	Tibet	78	100	0.32	1	11	4	9	1961
陕西	Shaanxi	114	1377	0.37	30	879	335	609	18116
甘肃	Gansu	103	1226	0.47	27	616	304	526	17403
青海	Qinghai	49	379	0.66	11	114	59	89	3576
宁夏	Ningxia	26	595	0.91	11	221	131	253	7344
新疆	Xinjiang	106	1242	0.55	25	502	244	419	20356

7-9 续表 continued

地 区	Region	每万人拥有公共图书馆建筑面积（平方米）Floor Space of Buildings of Public Libraries Owned per 10 000 Population (sq.m)	组织各类讲座次数（次）Number of Lectures (time)	参加讲座人次（万人次）Attending Lectures (10 000 person-times)	举办展览（个）Exhibitions Held (unit)	参观展览人次（万人次）Visiting Exhibitions (10 000 person-times)	举办培训班（个）Training Classes Held (unit)	参加培训人次（万人次）Attending Training (10 000 person-times)	计算机（台）Computers (set)	电子阅览室终端数 Terminals in Electronic Media Reading Rooms
总 计	**National Total**	**85.1**	**49474**	**864.77**	**15848**	**3353.77**	**26198**	**192.70**	**195413**	**116274**
中 央	Central Level		237	6.06	53	57.75	32	0.31	3180	368
北 京	Beijing	113.8	1731	19.47	296	152.37	717	4.53	3601	1725
天 津	Tianjin	168.1	921	12.33	191	90.28	520	2.86	3148	1522
河 北	Hebei	52.9	1941	32.57	500	120.56	635	5.53	6774	4171
山 西	Shanxi	108.1	1647	23.63	489	69.96	1041	6.40	5821	3976
内蒙古	Inner Mongolia	131.5	971	14.40	295	50.23	401	2.44	5918	3885
辽 宁	Liaoning	103.4	2099	34.60	635	178.20	1374	6.97	7032	3508
吉 林	Jilin	70.6	973	20.41	259	45.10	279	2.52	4335	2146
黑龙江	Heilongjiang	72.3	918	17.68	421	60.10	403	3.08	5649	3834
上 海	Shanghai	171.5	1643	22.20	389	84.06	652	7.25	7071	3121
江 苏	Jiangsu	112.1	3003	63.91	911	171.33	1665	12.01	10100	5300
浙 江	Zhejiang	135.8	2645	53.95	1228	334.16	2280	13.19	9521	5396
安 徽	Anhui	58.7	1431	24.46	538	73.80	718	5.17	7132	5003
福 建	Fujian	93.4	2265	30.07	638	179.48	674	5.05	5539	3372
江 西	Jiangxi	75.9	1409	41.12	628	147.43	540	5.62	6867	4234
山 东	Shandong	73.5	2661	50.18	863	97.31	1182	8.54	10637	6780
河 南	Henan	56.8	2454	47.39	737	89.75	876	7.52	8369	5625
湖 北	Hubei	88.3	1682	35.37	487	133.20	1029	9.26	7088	4621
湖 南	Hunan	56.9	2347	47.22	545	71.51	1248	13.80	6098	4414
广 东	Guangdong	102.8	4295	80.62	1318	514.79	1827	12.14	18588	7875
广 西	Guangxi	59.6	1505	26.12	634	105.60	1301	7.16	5763	3887
海 南	Hainan	91.4	124	2.21	144	18.62	174	1.45	1484	952
重 庆	Chongqing	85.1	990	11.79	387	77.32	1100	7.51	3890	2530
四 川	Sichuan	59.5	2680	33.46	806	108.60	1333	10.14	9831	6600
贵 州	Guizhou	59.9	1414	13.58	289	23.06	471	3.90	4780	2941
云 南	Yunnan	73.2	1894	27.70	720	123.14	1412	11.52	7214	5029
西 藏	Tibet	120.6	27	0.24	19	1.66	24	0.04	738	581
陕 西	Shaanxi	64.1	1323	17.31	461	70.51	956	8.75	5781	3498
甘 肃	Gansu	74.9	1024	27.02	354	33.76	346	2.77	4499	2818
青 海	Qinghai	79.5	244	2.64	88	2.75	179	0.92	1942	1353
宁 夏	Ningxia	163.7	248	4.47	47	5.30	199	0.18	2052	1571
新 疆	Xinjiang	90.9	728	20.61	478	62.06	610	4.20	4971	3638

7-10 分地区博物馆基本情况(2013年)

Statistics on Museums by Region (2013)

地 区 Region	机构 (个) Number of Institutions (unit)	从业人员 (人) Number of Employed Persons (person)	文物藏品 (件/套) Number of Collections (piece/set)	本年从有关部门接收文物数 (件/套) Accepted Cultural Relics from Department This Year (piece/set)	本年修复文物数 (件/套) Cultural Relics Repaired This Year (piece/set)	基本陈列 (个) Displays (unit)	举办展览 (个) Exhibition (unit)	参观人次 (万人次) Spectators (10 000 person-times)
总 计 National Total	**3473**	**79075**	**27191601**	**113070**	**304839**	**7650**	**9172**	**63776**
中 央 Central Level	5	2869	2956953	11312	2502	30	133	2522
北 京 Beijing	41	1101	1142291	1	574	70	131	501
天 津 Tianjin	20	669	688456		80	60	50	546
河 北 Hebei	103	3126	271992	448	1056	190	289	2480
山 西 Shanxi	97	2215	598381	3	1447	110	123	1030
内蒙古 Inner Mongolia	72	1412	498069	753	2886	214	119	908
辽 宁 Liaoning	63	2164	444906	26	5799	183	126	1178
吉 林 Jilin	73	1214	361260	15894	8289	105	257	726
黑龙江 Heilongjiang	156	2369	487097	635	6818	284	286	1824
上 海 Shanghai	100	3131	2282961	216	24293	240	390	1768
江 苏 Jiangsu	292	5668	1662661	599	7618	698	960	6118
浙 江 Zhejiang	183	3788	1002041	33	13980	392	1029	3789
安 徽 Anhui	154	2500	670420	1156	2119	378	353	2037
福 建 Fujian	98	1798	482562	4470	8021	243	371	2125
江 西 Jiangxi	137	2972	448996	292	2298	272	225	2657
山 东 Shandong	194	4748	1352501	2559	6114	729	690	4336
河 南 Henan	222	5885	964804	14630	45731	430	477	4181
湖 北 Hubei	170	3360	1668740	471	22159	426	370	2358
湖 南 Hunan	103	2515	510258	16	2919	188	211	2836
广 东 Guangdong	175	3396	996706	1338	7404	394	769	3599
广 西 Guangxi	104	1696	397058	1256	9356	179	171	1253
海 南 Hainan	18	235	39895	15	753	28	59	274
重 庆 Chongqing	71	1897	679375	64	2339	184	129	1916
四 川 Sichuan	188	5417	3141223	230	90739	349	289	4834
贵 州 Guizhou	75	1261	94124	332	1505	111	101	1265
云 南 Yunnan	84	942	1191016	333	2554	208	157	1238
西 藏 Tibet	2	75	63150		180	7	13	34
陕 西 Shaanxi	221	6225	1174563	49106	17966	425	422	2875
甘 肃 Gansu	143	2871	506315	5771	3040	327	289	1767
青 海 Qinghai	22	196	183255	42	574	30	34	54
宁 夏 Ningxia	11	248	74808	136	1504	28	31	111
新 疆 Xinjiang	76	1112	154764	933	2222	138	118	636

八、体　育

Sports

8-1 体育系统机构人员情况（2013年）

Number of Institutions and Engaged Persons of Physical Education System (2013)

单位：个，人 (unit, person)

指 标	Item	合 计 Total		国家级 National Level	
		机构 Institutions	人员 Persons	机构 Institutions	人员 Persons
总计	**Total**	**7089**	**152342**	**44**	**5047**
体育行政机关	Administrative Agencies of Physical Culture and Sports	3025	27708	1	219
运动项目管理部门	Sports Events Management	300	32358	23	1187
本科院校	Colleges	7	3866	1	1032
职业、运动技术学院	Sports Technical Institutes	20	6859		
体育运动学校	Physical Education and Sports Schools	268	17243		
竞技体校	Competitive Sports School	16	839		
少儿体育运动学校（业余体校）	Spare-time Sports School	1460	21056		
单项运动学校	Physical Education and Sports Schools	23	380		
体育中学	Secondiary Schools of Physical Education	30	1610		
训练基地	Training Bases	80	5652	5	680
体育场馆	Stadium and Gymnasium	676	15001	1	352
科研所	Science and Technology Institute	57	1514	1	273
其他事业单位	Other Institutions	1011	15781	11	835
其他	Others	116	2475	1	469

8-1 续表 continued

单位：个，人 (unit, person)

指 标	Item	省级 Provincial Level		地级 Prefectural Level		县级 County Level	
		机构 Institutions	人员 Persons	机构 Institutions	人员 Persons	机构 Institutions	人员 Persons
总计	**Total**	**707**	**59048**	**1892**	**47197**	**4446**	**41050**
体育行政机关	Administrative Agencies of Physical Culture and Sports	45	1825	447	7342	2532	18322
运动项目管理部门	Sports Events Management	206	27381	61	3540	10	250
本科院校	Colleges	6	2834				
职业、运动技术学院	Sports Technical Institutes	16	6813	3	46	1	
体育运动学校	Physical Education and Sports Schools	39	3613	183	12550	46	1080
竞技体校	Competitive Sports School	1	318	10	411	5	110
少儿体育运动学校（业余体校）	Spare-time Sports School	21	468	310	8271	1129	12317
单项运动学校	Physical Education and Sports Schools	6	104	13	249	4	27
体育中学	Scondary Schools of Physical Education			16	1017	14	593
训练基地	Training Bases	33	4362	35	450	7	160
体育场馆	Stadium and Gymnasium	57	3173	387	8622	231	2854
科研所	Science and Technology Institute	29	993	26	248	1	
其他事业单位	Other Institutions	228	5930	355	4054	417	4962
其他	Others	20	1234	46	397	49	375

8-2 运动员获世界冠军情况
World Championships Won by Chinese Athletes

年 份 Year	项 数 (项) Number of Events (Item)	人 数 (人) Number of Persons (person)	个 数 (个) Number of Champions (time)
1978	4	4	4
1979	12	20	12
1980	3	3	3
1981	25	53	25
1982	12	31	13
1983	37	50	39
1984	33	46	37
1985	42	70	46
1986	26	56	26
1987	64	72	69
1988	54	59	54
1989	80	83	82
1990	54	61	54
1991	88	86	93
1992	86	68	89
1993	101	106	103
1994	79	86	79
1995	98	187	102
1996	72	58	75
1997	87	96	92
1998	75	89	83
1999	91	129	92
2000	92	109	110
2001	79	138	90
2002	99	123	110
2003	17	94	84
2004	27	175	101
2005	22	159	106
2006	24	169	141
2007	22	217	123
2008	24	151	120
2009	30	223	142
2010	22	180	108
2011	24	198	138
2012	24	140	107
2013	22	164	124

8-3 运动员分项创世界纪录情况（2013年）
World Records Chalked up by Chinese Athletes by Events (2013)

单位：项、人、次 (unit, person, time)

项 目	Item	项 数 Number of Events	人(队) 数 Number of Persons/teams	次 数 Number of Times
总 计	**Total**	**13**	**7人3队**	**13**
游 泳	Swimming			
自行车	Cycling	1	1人	1
射 击	Shooting	4	1人3队	4
举 重	Weightlifting	4	2人	4
滑 冰	Skating	1	1人	1
滑 翔	Gliding			
航海模型	Marine modeling	3	2人	3

8-4 分地区体育系统机构人员情况（2013年）

Number of Institutions and Employees in Sports Bureaus by Region (2013)

单位：个，人 (unit,person)

地 区	Region	合 计 Total		#行政机关 Administrative Organs		#优秀运动队 Excellent Sports Teams		#体育运动学校 Physical Education and Sports Schools		#业余体校 Spare-time Sports Schools	
		机构数 Insti-tutions	人数 Persons	机构数 Insti-tutions	人数 Persons	机构数 Insti-tutions	人数 Persons	机构数 Insti-tutions	人数 Persons	机构数 Insti-tutions	人数 Persons
全 国	**National Total**	**7089**	**152342**	**3025**	**27708**	**300**	**32358**	**268**	**17243**	**1460**	**21056**
国家直属	Directly Under the Jurisdiction of State	44	5047	1	219	23	1187				
地区合计	Sub-total of Provinces	7045	147295	3024	27489	277	31171	268	17243	1460	21056
北 京	Beijing	138	5559	18	445	7	2149	5	234	28	1024
天 津	Tianjin	95	2887	20	261	8	1305	4	147	15	275
河 北	Hebei	331	5999	155	1157	13	1339	7	676	70	1023
山 西	Shanxi	225	4511	96	1033	14	785	12	935	33	603
内蒙古	Inner Mongolia	218	3312	113	560	5	977	6	367	47	635
辽 宁	Liaoning	317	7378	118	916	14	2071	27	1542	62	808
吉 林	Jilin	216	4956	71	622	13	1019	14	525	62	1378
黑龙江	Heilongjiang	298	4706	128	771	21	1745	7	410	86	857
上 海	Shanghai	150	5188	19	230	4	496	9	406	34	945
江 苏	Jiangsu	379	9620	115	1462	6	1786	18	1330	61	1072
浙 江	Zhejiang	257	6355	105	987	2	104	11	469	46	1033
安 徽	Anhui	191	4149	128	1025	7	1167	6	278	16	284
福 建	Fujian	256	5272	94	626	17	1820	5	382	84	1029
江 西	Jiangxi	261	3774	113	829	11	947	8	262	78	807
山 东	Shandong	280	11097	106	2728	17	1666	18	1618	12	340
河 南	Henan	287	7020	150	1625	10	1376	18	1158	26	474
湖 北	Hubei	328	5505	120	1193	16	1150	13	444	69	673
湖 南	Hunan	318	5262	140	1192	11	1024	5	411	97	1089
广 东	Guangdong	400	10933	158	1837	18	1081	20	2038	55	1846
广 西	Guangxi	249	3558	123	932		898	9	514	69	599
海 南	Hainan	53	1129	23	342	2	42	1	455	15	169
重 庆	Chongqing	90	1705	38	482	2	433	9	278	18	207
四 川	Sichuan	466	5843	201	1265	13	915	2	74	154	1503
贵 州	Guizhou	136	2177	98	685	7	421	3	171	3	92
云 南	Yunnan	272	4295	146	1632	8	431	3	122	55	504
西 藏	Tibet	96	749	82	243	3	310	1	55	5	50
陕 西	Shaanxi	230	5054	79	514	12	831	12	608	51	534
甘 肃	Gansu	156	3856	81	859	5	1095	10	902	19	287
青 海	Qinghai	86	1155	55	148	3	514			16	165
宁 夏	Ningxia	40	1292	20	227	1	522	2	87	4	132
新 疆	Xinjiang	226	2999	111	661	7	752	3	345	70	619

8-5 分地区优秀运动队人员情况（2013年）

Persons in Excellent Sports Teams by Region (2013)

单位：人 (person)

地区	Region	合计 Total	#教练员 Coaches	#运动员 Athletes	#科研人员 Scientific Research Personnel	#卫生技术人员 Medical Technical Personnel	#文化教师 Full-time Teachers	#管理人员 Managerial Personnel
全国	**National Total**	**32358**	**4118**	**18679**	**74**	**463**	**210**	**5356**
国家直属	Directly Under the Jurisdiction of State	1187	25	5	7	9		878
地区合计	Sub-total of Provinces	31171	4093	18674	67	454	210	4478
北京	Beijing	2149	193	1088	8	59	11	292
天津	Tianjin	1305	182	780	1	12	1	141
河北	Hebei	1339	148	909	3	13		176
山西	Shanxi	785	110	277	1	17		271
内蒙古	Inner Mongolia	977	81	662		15		145
辽宁	Liaoning	2071	277	1436	3	7	8	207
吉林	Jilin	1019	138	668	2	4		150
黑龙江	Heilongjiang	1745	327	971	11	28		180
上海	Shanghai	496	85	199	4	4		80
江苏	Jiangsu	1786	195	967	5	36	155	213
浙江	Zhejiang	104	12	30	4	3	1	26
安徽	Anhui	1167	153	777		5		154
福建	Fujian	1820	279	1232	2	22	1	106
江西	Jiangxi	947	108	571		2		191
山东	Shandong	1666	293	1040	7	31	1	261
河南	Henan	1376	185	808	1	18		288
湖北	Hubei	1150	216	701		8		154
湖南	Hunan	1024	122	562		8		243
广东	Guangdong	1081	126	575	13	15	1	153
广西	Guangxi	898	100	510		44	21	110
海南	Hainan	42	3	31				5
重庆	Chongqing	433	39	336		9		42
四川	Sichuan	915	147	524	1	8		134
贵州	Guizhou	421	59	174		15		113
云南	Yunnan	431	68	231		11		73
西藏	Tibet	310	32	179		17		70
陕西	Shaanxi	831	113	436	1	2		172
甘肃	Gansu	1095	122	683		11	9	167
青海	Qinghai	514	35	391		5		53
宁夏	Ningxia	522	75	398		3	1	23
新疆	Xinjiang	752	70	528		22		85

8-6 分地区分技术等级运动员发展人数（2013年）
Certified Athletes by Region and Technical Grade (2013)

单位：人 (person)

地 区	Region	合 计 Total	#女 Female	国际级运动健将 International Master of Sports	#女 Female	运动健将 Master of Sports	#女 Female	一 级运动员 First Grade	#女 Female	二 级运动员 Second Grade	#女 Female
总　计	**Total**	**51089**	**18102**	**130**	**66**	**1283**	**565**	**9197**	**3498**	**40479**	**13973**
国家直属	Directly Under the Jurisdiction of State	557	206	23	8	84	32	24	3	426	163
地方合计	Sub-total of Provinces	50532	17896	107	58	1199	533	9173	3495	40053	13810
北 京	Beijing	1676	612	5	2	69	26	325	129	1277	455
天 津	Tianjin	1100	446	7	3	62	33	203	79	828	331
河 北	Hebei	2679	963	5	3	38	8	504	234	2132	718
山 西	Shanxi	1610	712			38	17	272	107	1300	588
内蒙古	Inner Mongolia	1468	440	2	2	22	8	272	106	1172	324
辽 宁	Liaoning	2716	1031	5	3	79	36	756	263	1876	729
吉 林	Jilin	1244	371	2	1	32	16	220	65	990	289
黑龙江	Heilongjiang	1149	426	4	4	71	29	316	135	758	258
上 海	Shanghai	2162	897					711	309	1451	588
江 苏	Jiangsu	3331	1293	9	7	113	65	692	316	2517	905
浙 江	Zhejiang	2256	881	10	5	85	37	545	202	1616	637
安 徽	Anhui	1849	715	3	2	30	17	380	161	1436	535
福 建	Fujian	1463	555	3	3			201	78	1259	474
江 西	Jiangxi	1111	338	4	2	19	13	151	51	937	272
山 东	Shandong	4650	1346	23	10	110	49	572	94	3945	1193
河 南	Henan	4000	1307	2	2	48	22	492	192	3458	1091
湖 北	Hubei	2344	472					214	66	2130	406
湖 南	Hunan	1656	645	3	2	32	19	552	222	1069	402
广 东	Guangdong	2253	892	10	5	148	57	428	135	1667	695
广 西	Guangxi	642	271	1		26	9	133	61	482	201
海 南	Hainan	478	111			4	1	65	24	409	86
重 庆	Chongqing	1811	694	1		14	6	230	96	1566	592
四 川	Sichuan	1950	860	4	2	66	30	374	179	1506	649
贵 州	Guizhou	301	108					50	15	251	93
云 南	Yunnan	1379	426	2		18	9	158	52	1201	365
西 藏	Tibet	8	5			5	2	2	2	1	1
陕 西	Shaanxi	685	245	1		35	18	52	27	597	200
甘 肃	Gansu	924	277					132	38	792	239
青 海	Qinghai	41	15			4	1	29	11	8	3
宁 夏	Ningxia	499	187					10	3	489	184
新 疆	Xinjiang	1097	355	1		31	5	132	43	933	307

8-7 分项目分技术等级运动员发展人数（2013年）

Certified Athletes by Type of Sports and Technical Grade (2013)

单位：人　　(person)

项目	Item	合计 Total	#女 Female	国际级运动健将 International Master of Sports	#女 Female	运动健将 Master of Sports	#女 Female	一级运动员 First Grade	#女 Female	二级运动员 Second Grade	#女 Female
总计	**Total**	**51089**	**18102**	**130**	**66**	**1283**	**565**	**9197**	**3498**	**40479**	**13973**
田径	Track and Field Events	8350	2549	10	5	89	36	830	304	7421	2204
游泳	Swimming	2865	1269	4	3	72	35	626	264	2163	967
跳水	Diving	123	67	6	4	32	19	54	28	31	16
水球	Water Polo	125	55			22	10	83	34	20	11
花样游泳	Synchronized Swimming	47	47			6	6	2	2	39	39
体操	Gymnastics	329	164	5	3	38	24	118	60	168	77
艺术体操	Rhythmic Gymnastics	88	81			20	20	14	11	54	50
蹦床	Trampoline	80	37			10	4	34	14	36	19
举重	Weightlifting	397	161	4	2	27	13	112	45	254	101
拳击	Boxing	1015	267	2	2	19	7	239	58	755	200
摔跤	Wrestling	1416	347	1	1	32	17	85	26	1298	303
中国式摔跤	Chinese Wrestling	563	158			21	17	108	44	434	97
柔道	Judo	971	390			53	16	297	124	621	250
跆拳道	Taekwondo	1895	772	1		27	12	479	210	1388	550
自行车	Bicycles	402	133	1	1	45	11	215	83	141	38
击剑	Fencing	450	203			10	8	127	64	313	131
马术	Equestrian	4	1					2		2	1
现代五项	Modern Pentathlon	37	10	6	2	8	2	18	4	5	2
射击	Shooting	1155	512	4	3	33	19	559	239	559	251
射箭	Archery	260	115	2	2	19	7	75	29	164	77
赛艇	Rowing	780	317	19	6	48	33	312	132	401	146
皮划艇	Canoe Kayak	679	170			27	6	308	72	343	92
帆船	Sailing	117	44	7	7	4	2	79	28	27	7
帆板	Windsurfing	29	12					13	3	16	9
足球	Football	5137	1389			81	35	1135	276	3921	1078
篮球	Basketball	6719	2244	14	8	134	43	879	316	5692	1877
排球	Volleyball	3189	1404	1	1	9	4	544	237	2635	1162
沙滩排球	Beach Volleyball	109	48					1	1	108	47
乒乓球	Table Tennis	2729	1207	2	2	42	23	172	75	2513	1107
羽毛球	Badminton	725	299			11	7	105	47	609	245
网球	Tennis	1419	625			5	5	41	17	1373	603
手球	Handball	759	299			21	7	62	28	676	264
曲棍球	Hockey	310	179	1	1	32	9	67	29	210	140
棒球	Baseball	291						72		202	

8-7 续表 continued

单位：人 (person)

项目	Item	合计 Total	#女 Female	国际级运动健将 International Master of Sports	#女 Female	运动健将 Master of Sports	#女 Female	一级运动员 First Grade	#女 Female	二级运动员 Second Grade	#女 Female
垒球	Softball	236	220	3	3	6	6	109	109	118	102
速度滑冰	Speed Skating	168	40	2	1	10	1	74	18	82	20
短道速滑	Short Track Speed Skating	89	40	1	1	8	2	55	26	25	11
花样滑冰	Figure Skating	27	17	1	1	1		18	12	7	4
冰球	Ice Hockey	58	18			29	14	7	4	22	
冰壶	Curling	39	24			1	1	18	11	20	12
高山滑雪	Alpine Skiing	22	8					10	3	12	5
越野滑雪	Cross-Country Skiing	44	14			5	2	14	7	25	5
跳台滑雪	Ski Jumping										
自由式滑雪	Freestyle Skiing	2	1					1		1	1
单板滑雪	Snowboard Skiing	17	9	1	1	3	1	11	7	2	
冬季两项	Biathlon	3						3	1		
技巧	Acrobatics	55				2	2	45	24	8	7
软式网球	Soft Tennis	33	9					17	3	16	6
武术	Wushu	4314	1302			64	25	371	137	3878	1140
滑水	Water-skiing	16	3	1	1			15	2		
蹼泳	Fin Swimming	38	11			3	2	18	7	17	2
围棋	Weiqi	748	114	6	1	10	1	36	3	696	109
国际象棋	Chess	387	156	1	1	8	1	78	35	300	119
象棋	Chinese Chess	302	113	3		11	7	41	17	247	89
登山	Mountaineering	36	12			23	11	9	1	4	
攀岩	Rock Climbing	30	11			1	1	8	3	21	7
摩托车	Motorcycling										
铁人三项	Triathlon	12	5			2	1	2		8	4
高尔夫球	Golf	6	3			1	1	3	1	2	1
橄榄球	Rugby	201	103			31	11	52	26	118	66
车辆模型	Model Car	7						3		4	
航海模型	Model Ship	57	19			7	1	24	9	26	9
航空模型	Model Aeroplane	38	4	1		1		12	2	24	2
跳伞	Parachuting	4	2	1		2	2			1	
滑翔	Hang Gliding										
速度轮滑	Roller Skating	16	5	1		4	2	5	1	6	2
健美	Bodybuilding	171	76	8		25	10	52	22	86	44
摩托艇	Motorboat	12	3	2	1	3		7	2		
公开水域游泳	Open Water Swimming										
健美操	Aerobics	293	147	6	2	8	3	207	99	72	43
五人制足球	Five-a-side Football	33	6							33	6
无线电测向	Radio Direction Finding	11						5	2	6	2
军事五项	Military Pentathlon										

8-8 分地区在岗专职教练员人数（2013年）

Coaches with Full-time Contracts by Region (2013)

单位：人　　　　(person)

地　区	Region	合　计 Total	一　线 First Grade	二　线 Second Grade	三　线 Third Grade
全　国	**National Total**	**22716**	**5944**	**4590**	**12182**
国家直属	Directly Under the Jurisdiction of State	99	76	10	13
地区合计	Sub-total of Provinces	22617	5868	4580	12169
北　京	Beijing	752	193	107	452
天　津	Tianjin	420	161	40	219
河　北	Hebei	857	144	260	453
山　西	Shanxi	460	148	152	160
内蒙古	Inner Mongolia	358	79	115	164
辽　宁	Liaoning	1332	567	236	529
吉　林	Jilin	697	107	75	515
黑龙江	Heilongjiang	1033	235	168	630
上　海	Shanghai	1010	247	146	617
江　苏	Jiangsu	1356	277	424	655
浙　江	Zhejiang	888	362	152	374
安　徽	Anhui	657	134	124	399
福　建	Fujian	1026	178	127	721
江　西	Jiangxi	545	115	92	338
山　东	Shandong	2026	667	564	795
河　南	Henan	950	206	440	304
湖　北	Hubei	823	252	139	432
湖　南	Hunan	864	107	148	609
广　东	Guangdong	1401	394	288	719
广　西	Guangxi	774	261	71	442
海　南	Hainan	130	39	5	86
重　庆	Chongqing	267	108	69	90
四　川	Sichuan	1073	192	55	826
贵　州	Guizhou	217	84	37	96
云　南	Yunnan	741	90	159	492
西　藏	Tibet	50	26	15	9
陕　西	Shaanxi	454	95	123	236
甘　肃	Gansu	526	262	91	173
青　海	Qinghai	154	33		121
宁　夏	Ningxia	145	31	30	84
新　疆	Xinjiang	631	74	128	429

8-9 分项目专职教练员人数（2013年）

Coaches with Full-time Contracts by Sports Item (2013)

单位：人 (person)

项 目	Item	合 计 Total	一 线 First Grade	二 线 Second Grade	三 线 Third Grade
全国	**National Total**	**23822**	**6251**	**4813**	**12758**
田径	Track and Field Events	5201	971	912	3318
游泳	Swimming	1523	316	322	885
跳水	Diving	244	119	48	77
水球	Water Polo	41	21	5	15
花样游泳	Synchronized Swimming	58	36	5	17
体操	Gymnastics	908	302	153	453
艺术体操	Rhythmic Gymnastics	103	43	14	46
蹦床	Trampoline	179	75	27	77
举重	Weightlifting	1288	287	261	740
拳击	Boxing	458	154	128	176
国际式摔跤	International Wrestling	1096	292	266	538
中国式摔跤	Chinese Wrestling	104	30	32	42
柔道	Judo	847	203	233	411
跆拳道	Taekwondo	581	112	140	329
自行车	Bicycles	337	181	72	84
击剑	Fencing	347	124	82	141
马术	Equestrian	24	24		
现代五项	Modern Pentathlon	36	31	2	3
射击	Shooting	1297	392	335	570
射箭	Archery	295	81	60	154
赛艇	Rowing	341	152	59	130
皮划艇	Canoe Kayak	408	159	84	165
帆船	Sailing	125	69	20	36
足球	Football	1122	243	255	624
篮球	Basketball	1654	279	291	1084
排球	Volleyball	628	180	133	315
沙滩排球	Beach Volleyball	59	41	3	15
乒乓球	Table Tennis	996	202	155	639
羽毛球	Badminton	520	149	87	284
网球	Tennis	447	144	79	224
手球	Handball	174	69	48	57
曲棍球	Hockey	137	72	22	43
棒球	Baseball	87	42	11	34
垒球	Softball	81	37	14	30
速度滑冰	Speed Skating	290	57	42	191
短道速滑	Short Track Speed Skating	98	21	21	56
花样滑冰	Figure Skating	55	21	17	17
冰球	Ice Hockey	63	27	25	11
冰壶	Curling	9	6		3
高山滑雪	Alpine Skiing	28	8	5	15
越野滑雪	Cross-Country Skiing	54	12	15	27
跳台滑雪	Ski Jumping	8	3	2	3
自由式滑雪	Freestyle Skiing	7	4	3	
单板滑雪	Snowboard Skiing	11	7	2	2
冬季两项	Biathlon	2	1	1	
技巧	Acrobatics	48	30	4	14

8-9 续表 continued

单位：人 (person)

项目	Item	合计 Total	一线 First Grade	二线 Second Grade	三线 Third Grade
健美操	Aerobics	45	4	9	32
街舞	Hip Hop Dance				
软式网球	Soft Tennis	1	1		
武术	Wushu	904	211	233	460
滑水	Water-ski	13	13		
潜水	Dive	4			4
蹼泳	Fin Swimming	25	13	3	9
摩托艇	Motorboat	7	2	2	3
围棋	Weiqi	69	27	6	36
国际象棋	Chess	48	19	5	24
中国象棋	Chinese Chess	50	24	3	23
桥牌	Bridge	1	1		
登山	Mountaineering	13	12		1
摩托车	Motorcycles	5	4	1	
汽车	Motor Vehicles				
铁人三项	Triathlon	16	9	6	1
高尔夫球	Golf	11	5	4	2
保龄球	Bowling	1		1	
掷球	Boules	6	1	2	3
台球	Billiards				
藤球	Sepaktakraw	1		1	
壁球	Squash	2		1	1
橄榄球	Rugby	24	7	9	8
车辆模型	Model Car	1			1
航海模型	Model Ship	23	8	7	8
定向	Orienteering	9	1	3	5
航空模型	Model Aeroplane	29	15	7	7
跳伞	Parachuting	27	27		
滑翔	Hang Gliding	3	3		
运动飞机	Sport Plane				
热气球	Fire Balloon				
轮滑	Roller Skating	8	4	1	3
业余无线电	Amateur Radio	7	2	3	2
毽球	Jianqiu				
门球	Gateball	2			2
舞龙舞狮	Dragon and Lion Dance	1			1
龙舟	Dragon Boat	1			1
钓鱼	Fishing				
风筝	Kite				
信鸽	Carrier Pigeon				
体育舞蹈	Dance Sports	13	2	4	7
健美	Bodybuilding				
拔河	Tug of War				
飞镖	Dart				
救生	Lifesaving				
健身气功	Qigong	4			4
电子竞技	E-sports	3	3		
其它	others	26	4	7	15

8-10 分地区分等级教练员发展人数（2013年）

Certified Coaches by Region and Grade (2013)

单位：人 (person)

地 区	Region	合 计 Total	#女 Female	国家级 National Level	#女 Female	高 级 Senior Grade	#女 Female	一 级 Medium Grade	#女 Female	二 级 Junior Grade	#女 Female	三 级 Junior Grade	#女 Female
总 计	**Total**	**1518**	**417**	**75**	**7**	**247**	**67**	**411**	**110**	**497**	**146**	**288**	**87**
国家直属	Directly Under the Jurisdiction of State	13	2	4		2	1			5	1	2	
地方合计	Sub-total of Provinces	1505	415	71	7	245	66	411	110	492	145	286	87
北 京	Beijing	27	6	1		7	2	8	3	11	1		
天 津	Tianjin	32	7	6		5	1	6	2	7	3	8	1
河 北	Hebei	27	7	1	1	2		10	3	10	3	4	
山 西	Shanxi	47	15			8	2	17	5	16	6	6	2
内蒙古	Inner Mongolia	23	7			6	2	5	1	7	1	5	3
辽 宁	Liaoning	98	26	7		18	4	20	7	33	11	20	4
吉 林	Jilin	44	10	1		17	4	10	3	12	2	4	1
黑龙江	Heilongjiang	49	8	6	1	14	3	9		7	3	13	1
上 海	Shanghai	48	17	5	1	10	2	10	4	10	4	13	6
江 苏	Jiangsu	85	22	6	1	4	1	26	5	30	9	19	6
浙 江	Zhejiang	79	25	2		19	7	21	7	26	8	11	3
安 徽	Anhui	16	3	2		2	1	3		5	1	4	1
福 建	Fujian	130	49	3		22	13	34	12	48	14	23	10
江 西	Jiangxi	27	9	1		4	2	7	2	8	1	7	4
山 东	Shandong	165	47	3		29	7	41	13	75	23	17	4
河 南	Henan	42	10	2		5	1	17	3	15	5	3	1
湖 北	Hubei	40	4			3	1	22	1	6	1	9	1
湖 南	Hunan	52	17			7		13	5	19	6	13	6
广 东	Guangdong	119	30	14	1	25	6	39	11	27	7	14	5
广 西	Guangxi	33	12	4	2			9	1	16	7	4	2
海 南	Hainan	8	3			1		1	1	4	1	2	1
重 庆	Chongqing	31	10			1	1	5	1	14	4	11	4
四 川	Sichuan	64	15	1		11	2	14	3	15	6	23	4
贵 州	Guizhou	8	5	1		2	1	4	3			1	1
云 南	Yunnan	89	20	3		4	1	19	6	39	9	24	4
西 藏	Tibet	4						3		1			
陕 西	Shaanxi	34	7	2		5		15	3	5		7	4
甘 肃	Gansu	42	10			12	2	11	2	15	4	4	2
青 海	Qinghai												
宁 夏	Ningxia	13	5			2		2	1	5	3	4	1
新 疆	Xinjiang	29	9					10	2	6	2	13	5

8-11 分地区分文化程度在队优秀运动员人数（2013年）

Excellent Athletes with Contracts by Educational Attainment and Region (2013)

单位：人 (person)

地 区	Region	合 计 Total	研究生以上 Post-graduates and Above	本 科 Under-graduates	大 专 Junior College	中学(中专)以下 Secondary Technical Schools
全 国	**National Total**	**23537**	**86**	**5874**	**2352**	**15225**
国家直属	Directly Under the Jurisdiction of State	92	6	29	1	56
地方合计	Sub-total of Provinces	23445	80	5845	2351	15169
北 京	Beijing	1088	6	204	84	794
天 津	Tianjin	780	3	212	161	404
河 北	Hebei	910	4	175	5	726
山 西	Shanxi	371	1	110	36	224
内蒙古	Inner Mongolia	672		59	22	591
辽 宁	Liaoning	1920	11	358	197	1354
吉 林	Jilin	722	3	532	11	176
黑龙江	Heilongjiang	983	3	262	89	629
上 海	Shanghai	790	1	52	110	627
江 苏	Jiangsu	1539	11	397	51	1080
浙 江	Zhejiang	954		672	49	233
安 徽	Anhui	648	1	74	106	467
福 建	Fujian	1223		122	147	954
江 西	Jiangxi	583	1	99	42	441
山 东	Shandong	1365	6	687	200	472
河 南	Henan	541	13	261	87	180
湖 北	Hubei	1010	3	244	38	725
湖 南	Hunan	562	2	58	27	475
广 东	Guangdong	1360	1	132	69	1158
广 西	Guangxi	858	3	144	29	682
海 南	Hainan	86		42		44
重 庆	Chongqing	439		76	26	337
四 川	Sichuan	961	3	340	200	418
贵 州	Guizhou	177	1	16	7	153
云 南	Yunnan	446		82	123	241
西 藏	Tibet	180	1	8	65	106
陕 西	Shaanxi	484	1	138	21	324
甘 肃	Gansu	776	1	161	170	444
青 海	Qinghai	330		22	78	230
宁 夏	Ningxia	219		50		169
新 疆	Xinjiang	468		56	101	311

8-12 分项目分文化程度在队优秀运动员人数（2013年）
Excellent Athletes with Contracts by Educational Attainment and Sports Item (2013)

单位：人 (person)

项 目	Item	合 计 Total	研究生以上 Post-graduates and Above	大 学 Under-graduates	大 专 Junior College	中学(中专)以下 Secondary Technical Schools
全国	**National Total**	**23537**	**86**	**5874**	**2352**	**15225**
田径	Track and Field Events	2554	18	604	113	1819
游泳	Swimming	1102	9	279	11	803
跳水	Diving	497		82	11	404
水球	Water Polo	160		45	20	95
花样游泳	Synchronized Swimming	141		41	5	95
体操	Gymnastics	654	2	80	41	531
艺术体操	Rhythmic Gymnastics	165	1	29	14	121
蹦床	Trampoline	319	1	41	11	266
举重	Weightlifting	904	3	242	104	555
拳击	Boxing	732	1	185	66	480
国际式摔跤	International Wrestling	1454	1	276	165	1012
中国式摔跤	Chinese Wrestling	122		35	23	64
柔道	Judo	1014	3	241	204	566
跆拳道	Taekwondo	633	1	163	27	442
自行车	Bicycles	702	1	160	115	426
击剑	Fencing	570	9	162	100	299
马术	Equestrian	134		2	16	116
现代五项	Modern Pentathlon	141		6	15	120
射击	Shooting	1460	1	299	345	815
射箭	Archery	385		77	66	242
赛艇	Rowing	900		252	91	557
皮划艇	Canoe Kayak	703	1	157	92	453
帆船	Sailing	274		81	28	165
足球	Football	607	6	112	29	460
篮球	Basketball	751	2	229	28	492
排球	Volleyball	644	4	264	35	341
沙滩排球	Beach Volleyball	112		47	14	51
乒乓球	Table Tennis	836	2	138	83	613
羽毛球	Badminton	589	1	173	73	342
网球	Tennis	450	1	131	28	290
手球	Handball	436		105	46	285
曲棍球	Hockey	443		133	58	252
棒球	Baseball	202	3	119	24	56
垒球	Softball	141		48	19	74
速度滑冰	Speed Skating	265		115	15	135
短道速滑	Short Track Speed Skating	156	4	81	4	67
花样滑冰	Figure Skating	63	3	29	1	30
冰球	Ice Hockey	63		24	3	36
冰壶	Curling	14		7		7
高山滑雪	Alpine Skiing	22		10		12
越野滑雪	Cross-Country Skiing	32		20		12
跳台滑雪	Ski Jumping	11		6		5
自由式滑雪	Freestyle Skiing	36	2	15		19
单板滑雪	Snowboard Skiing	57		11		46
冬季两项	Biathlon	8		7	1	
技巧	Acrobatics	73		28	7	38

8-12 续表 continued

单位：人 (person)

项 目	Item	合 计 Total	研究生以上 Post-graduates and Above	大 学 Under-graduates	大 专 Junior College	中学(中专)以下 Secondary Technical Schools
健美操	Aerobics					
街舞	Hip Hop Dance					
软式网球	Soft Tennis					
武术	Wushu	912	1	261	35	615
滑水	Water-ski	5		2	2	1
潜水	Dive					
蹼泳	Fin Swimming	73	1	10	9	53
摩托艇	Motorboat	11		1	9	1
围棋	Weiqi	111		20	5	86
国际象棋	Chess	85	2	39	6	38
中国象棋	Chinese Chess	75		19	17	39
桥牌	Bridge	14		14		
登山	Mountaineering	23		4	12	7
摩托车	Motorcycles	16			4	12
汽车	Motor Vehicles					
铁人三项	Triathlon	94		35	33	26
高尔夫球	Golf	29		1		28
保龄球	Bowling					
掷球	Boules					
台球	Billiards					
藤球	Sepaktakraw					
壁球	Squash					
橄榄球	Rugby	151	2	39	4	106
车辆模型	Model Car					
航海模型	Model Ship	22		6	13	3
定向	Orienteering					
航空模型	Model Aeroplane	57		4	24	29
跳伞	Parachuting	87		9	21	57
滑翔	Hang Gliding	6		1	2	3
运动飞机	Sport Plane					
热气球	Fire Balloon					
轮滑	Roller Skating	16		6		10
业余无线电	Amateur Radio	1				1
毽球	Jianqiu					
门球	Gateball					
舞龙舞狮	Dragon and Lion Dance					
龙舟	Dragon Boat					
钓鱼	Fishing					
风筝	Kite					
信鸽	Carrier Pigeon					
体育舞蹈	Dance Sports					
健美	Bodybuilding					
拔河	Tug of War					
飞镖	Dart					
救生	Lifesaving					
健身气功	Qigong					
电子竞技	E-sports	7		6		1
其他	others	11		6	5	

8-13 分地区分技术等级在队优秀运动员人数（2013年）
Excellent Athletes with Contracts by Technical Level and Region (2013)

单位：人 (person)

地 区	Region	合 计 Total	国际级运动健将 International Level	国家级运动健将 National Level	一 级 First Grade	二 级 Second Grade	三 级 Third Grade	无等级 No Grade
全 国	**National Total**	**23536**	**854**	**5971**	**7555**	**2274**	**371**	**6511**
国家直属	Directly Under the Jurisdiction of State	92	47	22	8	1		14
地方合计	Sub-total of Provinces	23444	807	5949	7547	2273	371	6497
北 京	Beijing	1088	44	328	320	92		304
天 津	Tianjin	780	29	273	230	11		237
河 北	Hebei	910	28	203	422	194		63
山 西	Shanxi	371	7	88	92	95	9	80
内蒙古	Inner Mongolia	672	7	103	250	88	2	222
辽 宁	Liaoning	1920	67	419	386	144		904
吉 林	Jilin	722	15	280	221	206		
黑龙江	Heilongjiang	983	27	255	412	46	12	231
上 海	Shanghai	790	52	469	141	17		111
江 苏	Jiangsu	1539	79	448	518	201		293
浙 江	Zhejiang	954	32	160	681	20		61
安 徽	Anhui	648	20	185	186	121		136
福 建	Fujian	1223	44	254	374	208	14	329
江 西	Jiangxi	583	13	64	276	132	5	93
山 东	Shandong	1365	69	519	426	28		323
河 南	Henan	541	38	226	203	47	5	22
湖 北	Hubei	1009	20	205	280	86		418
湖 南	Hunan	562	37	152	165			208
广 东	Guangdong	1360	40	299	209	26		786
广 西	Guangxi	858	14	144	227	81	236	156
海 南	Hainan	86	3	11	30	4		38
重 庆	Chongqing	439	8	45	159	23		204
四 川	Sichuan	961	36	350	462	36		77
贵 州	Guizhou	177	4	26	100	17		30
云 南	Yunnan	446	16	106	150	63	10	101
西 藏	Tibet	180	8	14	25	38	19	76
陕 西	Shaanxi	484	19	119	155	70		121
甘 肃	Gansu	776	6	89	144	7	55	475
青 海	Qinghai	330	15	12	68	9		226
宁 夏	Ningxia	219	2	13	97	7		100
新 疆	Xinjiang	468	8	90	138	156	4	72

8-14 分项目分性别和民族在队优秀运动员人数（2013年）
Excellent Athletes with Contracts by Sex, Nationality and Sports Item (2013)

单位：人 (person)

项 目	Item	合 计 Total	#女 Female	#汉 族 Han Nationality
全国	**National Total**	**23537**	**10282**	**21396**
田径	Track and Field Events	2554	1089	2356
游泳	Swimming	1102	511	1048
跳水	Diving	497	255	478
水球	Water Polo	160	56	143
花样游泳	Synchronized Swimming	141	141	138
体操	Gymnastics	654	291	612
艺术体操	Rhythmic Gymnastics	165	165	153
蹦床	Trampoline	319	153	294
举重	Weightlifting	904	364	784
拳击	Boxing	732	249	671
国际式摔跤	International Wrestling	1454	424	1013
中国式摔跤	Chinese Wrestling	122	23	101
柔道	Judo	1014	497	815
跆拳道	Taekwondo	633	286	592
自行车	Bicycles	702	307	658
击剑	Fencing	570	266	546
马术	Equestrian	134	25	37
现代五项	Modern Pentathlon	141	62	134
射击	Shooting	1460	618	1388
射箭	Archery	385	173	294
赛艇	Rowing	900	386	863
皮划艇	Canoe Kayak	703	212	667
帆船	Sailing	274	115	263
足球	Football	607	348	552
篮球	Basketball	751	374	706
排球	Volleyball	644	309	618
沙滩排球	Beach Volleyball	112	62	107
乒乓球	Table Tennis	836	394	812
羽毛球	Badminton	589	270	578
网球	Tennis	450	218	438
手球	Handball	436	229	411
曲棍球	Hockey	443	271	391
棒球	Baseball	202	1	194
垒球	Softball	141	140	131
速度滑冰	Speed Skating	265	105	240
短道速滑	Short Track Speed Skating	156	71	148
花样滑冰	Figure Skating	63	33	60
冰球	Ice Hockey	63		62
冰壶	Curling	14	5	14
高山滑雪	Alpine Skiing	22	13	20
越野滑雪	Cross-Country Skiing	32	14	29
跳台滑雪	Ski Jumping	11	3	10
自由式滑雪	Freestyle Skiing	36	16	36
单板滑雪	Snowboard Skiing	57	26	48
冬季两项	Biathlon	8	3	8
技巧	Acrobatics	73	38	69

8-14 续表 continued

单位：人 (person)

项 目	Item	合 计 Total	#女 Female	#汉 族 Han Nationality
健美操	Aerobics			
街舞	Hip Hop Dance			
软式网球	Soft Tennis			
武术	Wushu	912	309	852
滑水	Water-ski	5	3	5
潜水	Dive			
蹼泳	Fin Swimming	73	38	57
摩托艇	Motorboat	11	4	10
围棋	Weiqi	111	26	105
国际象棋	Chess	85	40	84
中国象棋	Chinese Chess	75	23	73
桥牌	Bridge	14	8	14
登山	Mountaineering	23	6	
摩托车	Motorcycles	16		6
汽车	Motor Vehicles			
铁人三项	Triathlon	94	42	89
高尔夫球	Golf	29	18	29
保龄球	Bowling			
掷球	Boules			
台球	Billiards			
藤球	Sepaktakraw			
壁球	Squash			
橄榄球	Rugby	151	103	138
车辆模型	Model Car			
航海模型	Model Ship	22	1	22
定向	Orienteering			
航空模型	Model Aeroplane	57		57
跳伞	Parachuting	87	33	86
滑翔	Hang Gliding	6	2	5
运动飞机	Sport Plane			
热气球	Fire Balloon			
轮滑	Roller Skating	16	10	16
业余无线电	Amateur Radio	1	1	
毽球	Jianqiu			
门球	Gateball			
舞龙舞狮	Dragon and Lion Dance			
龙舟	Dragon Boat			
钓鱼	Fishing			
风筝	Kite			
信鸽	Carrier Pigeon			
体育舞蹈	Dance Sports			
健美	Bodybuilding			
拔河	Tug of War			
飞镖	Dart			
救生	Lifesaving			
健身气功	Qigong			
电子竞技	E-sports	7		7
其他	others	11		

九、残疾人事业
Undertaking for Disabled Persons

9-1 残疾人事业基本情况
Basic Statistics on the Work for Persons with Disabilities

项目	Item	2010	2011	2012	2013
康复	**Rehabilitation**				
视力残疾康复	Rehabilitation of Persons with Visual Disability				
白内障复明手术 (万例)	Sight-restoring Surgeries for Cataract Patients (10 000 cases)	79.9	75.8	79.6	74.6
#贫困白内障患者免费手术	Free Surgeries for Poor Cataract Patients	27.3	31.0	33.4	29.1
低视力者配用助视器 (万人)	Persons with Low-vision Fitted with Vision-aids (10 000 persons)	3.3	3.6	11.7	12.9
盲人定向行走训练 (万人)	Blind Persons Receiving Orientation Skill Training (10 000 persons)	1.6	2.5	12.0	12.0
听力语言残疾康复	Rehabilitation of Persons with Hearing and Speech Disability				
新收训聋儿 (万人)	Deaf Children Newly Trained in the year (10 000 persons)	1.9	1.8	2.0	2.0
培训聋儿家长 (万人)	Parents Trained (10 000 persons)	2.3	2.9	3.9	3.9
肢体残疾康复 (万人)	Rehabilitation of Persons with Physical Disability (10 000 persons)				
肢体残疾(脑瘫)儿童机构康复训练	Rehabilitation Training Institutions for Children with Mobility Impairment(Cerebral Palsy)	2.1	1.8	3.0	3.5
肢体残疾人社区、家庭康复训练	Persons with Mobility Impairment Receiving Rehabilitation Training in Communities and Families	11.5	14.9	32.8	31.8
智力残疾康复 (万人)	Rehabilitation of Persons with Intellectual Disability (10 000 persons)				
智力残疾儿童康复训练	Children with Intellectual Disability Receiving Rehabilitation Training	2.7	2.8	11.5	10.1
成年智力残疾人社区、家庭康复	Adults with Intellectual Disability Trained in Communities and Families			2.5	3.1
精神病防治康复	Prevention and Rehabilitation of Mental Illness (PRMI)				
监护精神病人 (万人)	People with Mental Illness under Guardianship (10 000 persons)	416.2	421.2	449.0	461.9
显好率 (%)	Significant Improvement Rate (%)	68.4	68.4	67.2	66.2
社会参与率 (%)	Social Involvement Rate (%)	54.5	53.8	52.6	51.4
孤独症儿童机构训练 (人)	Children with Autism Trained in Institutions (person)	5620	6910	11119	16656
残疾人辅助器具供应服务	Provision of Assistive Devices				
辅助器具供应 (万件)	Assistive Devices Provided (10 000 pieces)	113.9	74.3	114.5	128.3
残疾人假肢装配 (万例)	Prosthesis Installed for the Disabled (10 000 cases)	3.0	3.1	3.9	2.9
残疾人矫形器装配 (万例)	Orthotic Devices for the Disabled (10 000 cases)	2.6	1.5	4.0	4.7
教育	**Education**				
未入学学龄残疾儿童少年 (万人)	School-age Disabled Children Unable to Enter School (10 000 persons)	14.6	12.6	9.1	8.4
特殊教育普通高中在校生 (人)	Students at Special Education Senior High Schools (person)	6067	7207	7043	7313
残疾人中等职业教育在校生 (人)	Students at Secondary Vocational Schools for PWDs (person)	11506	11572	10442	11350
高等院校录取残疾考生 (人)	Disable Students Admitted to Higher Education Institutions (person)	8731	8027	8363	8926
就业	**Employment**				
城镇残疾人新增安排就业 (万人)	Newly Employed PWDs in Urban Areas in the Year (10 000 persons)	32.4	31.8	32.9	36.9
集中就业	Employed in Collective Form	10.2	9.7	10.2	10.7
按比例就业	Employed by Quota Scheme	8.6	7.5	8.0	8.7
个体及其他形式就业	Self-employed or Employed in Other Forms	13.7	14.6	14.7	17.5
社会保障 (万人)	**Social Security (10 000 persons)**				
城镇残疾职工参加社会保险	Urban Workers with Disabilities Covered by Social Insurance	283.2	299.3	280.9	296.7
残疾居民参加城镇居民医疗保险	Residents with Disabilities Covered by the Medical Insurance for Urban Residents	355.9	433.1	498.6	547.3
农村残疾人参加新型农村社会养老保险	Rural PWDs Covered by New Types of Rural Social Pension Insurance	487.1	1232.5	1338.4	1638.3
城乡残疾人纳入最低生活保障	PWDs Covered by the Basic Living Allowance System	927.1	1031.4	1070.5	1093.0
托养残疾人	Fostered PWDs	57.9	60.7	74.7	94.4
扶贫	**Poverty Alleviation**				
扶持农村贫困残疾人 (万人次)	Impoverished PWDs Assisted in Rural Areas (10 000 person-times)	204.0	211.8	229.9	238.7
农村残疾人实用技术培训(万人次)	Vocational Skills Training for PWDs (10 000 person-times)	85.5	92.3	86.1	85.6
农村贫困残疾人危房改造 (万户)	Dilapidated House Renovation for Poor PWDs (10 000 households)	11.8	9.4	13.2	12.2
受益残疾人 (万人)	PWDs Benefited (10 000 persons)	14.5	11.5	15.7	14.4
维权	**Rights Protection**				
贫困残疾人家庭无障碍改造(万户)	Barrier Free Home Renovation for poor PWDs (10 000 households)		10.2	14.1	13.6
残疾人机动轮椅车燃油补贴(万人)	Fuel Subsidy for Motor Wheelchairs of PWDs (10 000 persons)	49.1	41.9	55.4	65.7
组织建设	**Organization Development**				
残疾人人口库持证残疾人 (万人)	PWDs with Disability Certificate in the PWD Database(10 000 persons)	1793.7	2195.1	2527.2	2811.5

注：根据第二次全国残疾人抽样调查及第六次全国人口普查的结果推算，2010年末我国残疾人总数8502万人。
According to the Second China National Sample Survey on Disability and the Six National Population Census results, it is estimated that by the end of 2010, there were 85.02 million persons with disabilities.

9-2 分地区社区康复服务情况（2013年）
Community-based Rehabilitation by Region (2013)

单位：个 (unit)

地区	Region	开展社区康复服务工作的市辖区 Districts under Cities Where Community-based Rehabilitation Has Been Conducted		开展社区康复服务工作的县（市） Counties(Cities)Where Community-based Rehabilitation Has Been Conducted	
		本年新开展 Newly Introduced In the Year	累计数 Accumulative Number	本年新开展 Newly Introduced In the Year	累计数 Accumulative Number
全　国	**National Total**	**20**	**901**	**118**	**2014**
北　京	Beijing		14		2
天　津	Tianjin		13		3
河　北	Hebei		37		138
山　西	Shanxi		23	3	90
内蒙古	Inner Mongolia		22		81
辽　宁	Liaoning		62		44
吉　林	Jilin		30		40
黑龙江	Heilongjiang		57		62
上　海	Shanghai		16		1
江　苏	Jiangsu	1	58		46
浙　江	Zhejiang	2	32	2	56
安　徽	Anhui	2	44		56
福　建	Fujian	1	26		58
江　西	Jiangxi		23	2	79
山　东	Shandong	2	56	1	90
河　南	Henan	2	59	1	104
湖　北	Hubei		39		59
湖　南	Hunan	1	37		88
广　东	Guangdong	1	59		67
广　西	Guangxi		36		75
海　南	Hainan		3	2	10
重　庆	Chongqing		21		19
四　川	Sichuan	4	31	4	100
贵　州	Guizhou	1	10	13	75
云　南	Yunnan		11	14	108
西　藏	Tibet		1	4	11
陕　西	Shaanxi	2	28		83
甘　肃	Gansu		18		69
青　海	Qinghai		4		42
宁　夏	Ningxia		9		13
新　疆	Xinjiang	1	11	1	80
新疆兵团	Xinjiang Corps		11	54	127
黑龙江农垦	Heilongjiang Land Reclamation			17	38

9-3 分地区视力残疾康复（2013年）

Rehabilitation of Persons with Visual Disability by Region (2013)

地 区	Region	白内障复明（例）Sight-Restoring Surgeries for Cataract Patients (case)		低视力康复（人）Rehabilitation of Persons with Low-vision (person)		盲人定向行走训练（人）Blind Persons Who Have Gotten Orientation Skills Training (person)
		白内障复明手术 Sight-Restoring Surgeries for Cataract Patients	#贫困白内障患者免费手术 Free Surgeries for Poor Cataract Patients	低视力配用助视器 Persons Fitted with Vision-aids	培训低视力儿童家长 Trained Parents of Children with Low Vision	
全 国	**National Total**	**745905**	**290721**	**129436**	**38070**	**119793**
北 京	Beijing	11124	1197	1514	17	1447
天 津	Tianjin	5296	1536	1300	501	1071
河 北	Hebei	30414	3367	6054	2047	6005
山 西	Shanxi	23612	5012	103	2390	6089
内蒙古	Inner Mongolia	10538	5346	2445	1053	2519
辽 宁	Liaoning	19800	5873	7979	1126	4656
吉 林	Jilin	15441	2812	3756	1400	4250
黑龙江	Heilongjiang	11216	3148	4172	239	4145
上 海	Shanghai	51381	3989	10938	1348	1817
江 苏	Jiangsu	57879	14578	5911	1310	7514
浙 江	Zhejiang	33297	16954	1560	523	3879
安 徽	Anhui	34438	11804	4752	993	6732
福 建	Fujian	16178	10734	4245	1833	4478
江 西	Jiangxi	19312	3526	1752	706	4750
山 东	Shandong	54291	19701	3602	906	6169
河 南	Henan	19519	9903	9120	3952	8644
湖 北	Hubei	30428	12576	6074	10170	6080
湖 南	Hunan	29456	14242	6605	2313	5567
广 东	Guangdong	91901	27747	2769	918	6838
广 西	Guangxi	23172	11775	7697	305	2493
海 南	Hainan	2894	1651	2927	11	997
重 庆	Chongqing	17429	7320	2611	381	1141
四 川	Sichuan	37773	24410	5640	565	6878
贵 州	Guizhou	15686	9220	3807	228	2275
云 南	Yunnan	35327	32179	6126	1289	2910
西 藏	Tibet	909	290	20		281
陕 西	Shaanxi	14302	9020	2497	55	3764
甘 肃	Gansu	10755	7331	3127	580	2126
青 海	Qinghai	3613	3505	1927	87	1157
宁 夏	Ningxia	2780	2120	1077	261	1219
新 疆	Xinjiang	13550	7009	6163	309	1641
新疆兵团	Xinjiang Corps	1750	694	1026	194	121
黑龙江农垦	Heilongjiang Land Reclamation	444	152	140	60	140

9-4 分地区听力语言残疾康复（2013年）

Rehabilitation of Persons with Hearing and Speech Disabilities by Region (2013)

单位：人 (person)

地区	Region	新收训聋儿 Newly Trained Deaf Children	培训聋儿家长 Parents Trained	培训专业人员 Professionals Trained	在岗专业人员 On-job Professionals		
					教师 Teachers	医技人员 Doctors and Technicians	管理人员 Managerial Personnel
全国	**National Total**	**20365**	**39376**	**6448**	**9586**	**1695**	**2325**
中央级	Central Level	126	126		52	20	68
北京	Beijing	182	330	277	219	38	53
天津	Tianjin	69	99	34	51	10	17
河北	Hebei	2077	2452	148	838	132	258
山西	Shanxi	435	1218	445	405	39	101
内蒙古	Inner Mongolia	418	803	62	280	57	60
辽宁	Liaoning	601	930	312	435	51	103
吉林	Jilin	378	994	308	214	31	49
黑龙江	Heilongjiang	410	747	25	315	47	67
上海	Shanghai	140	354	159	96	6	25
江苏	Jiangsu	1064	2670	469	665	101	146
浙江	Zhejiang	583	1016	152	196	54	44
安徽	Anhui	1924	4978	593	504	31	98
福建	Fujian	467	1014	121	294	84	59
江西	Jiangxi	630	899	91	161	31	40
山东	Shandong	1390	2794	409	736	215	199
河南	Henan	2388	3137	379	939	178	177
湖北	Hubei	833	1178	50	269	78	81
湖南	Hunan	917	1780	311	435	64	127
广东	Guangdong	1019	3723	1058	649	78	109
广西	Guangxi	545	1099	68	221	34	50
海南	Hainan	108	157	2	53	11	10
重庆	Chongqing	334	714	380	135	11	28
四川	Sichuan	859	1563	168	362	84	84
贵州	Guizhou	381	759	96	178	41	75
云南	Yunnan	573	1135	68	213	24	28
西藏	Tibet	13	13		6	2	1
陕西	Shaanxi	626	1264	108	410	55	97
甘肃	Gansu	396	454	6	97	47	33
青海	Qinghai	132	196	64	20	7	4
宁夏	Ningxia	80	199	40	41	2	6
新疆	Xinjiang	220	449	45	97	32	28
新疆兵团	Xinjiang Corps	31	100				
黑龙江农垦	Heilongjiang Land Reclamation	16	32				

9-5 分地区肢体残疾康复（2013年）
Rehabilitation of Persons with Physical Disability by Region (2013)

地 区	Region	肢体残疾康复训练（人）Persons with Physical Disability Receiving Rehabilitation Training (person)	脑瘫儿童机构康复训练 Systematic Rehabilitation Training for Children with Cerebral Palsy	肢体残疾儿童社区、家庭康复训练 Children with Physical Disability Receiving Rehabilitation Training in Communities and Families	肢体残疾人社区、家庭康复训练 Persons with Physical Disability Receiving Rehabilitation Training in Communities and Families	贫困肢体残疾儿童矫治手术（例）Orthopedic Surgeries Conducted for Poor Children with Physical Disability (case)	麻风畸残矫治手术（例）Orthopedic Surgeries Conducted for Persons with Leprosy-induced Disability (case)
全 国	**National Total**	**353726**	**35399**	**29866**	**288461**	**6721**	**418**
北 京	Beijing	5954	267	103	5584		
天 津	Tianjin	3433	150	153	3130	19	
河 北	Hebei	10638	400	1351	8887	515	
山 西	Shanxi	5579	570	415	4594	321	
内蒙古	Inner Mongolia	6260	442	614	5204	113	
辽 宁	Liaoning	15004	799	1111	13094	331	
吉 林	Jilin	4937	473	167	4297	174	
黑龙江	Heilongjiang	5421	346	326	4749	133	
上 海	Shanghai	5438	650	531	4257	6	
江 苏	Jiangsu	36223	5163	1661	29399	196	
浙 江	Zhejiang	7834	572	509	6753	96	
安 徽	Anhui	17625	1381	743	15501	266	84
福 建	Fujian	10389	1404	1264	7721	103	
江 西	Jiangxi	10784	822	670	9292	173	110
山 东	Shandong	53908	3301	1531	49076	421	
河 南	Henan	15363	2850	3768	8745	464	
湖 北	Hubei	12328	2058	1132	9138	275	
湖 南	Hunan	12788	1338	967	10483	378	100
广 东	Guangdong	32972	3381	2697	26894	57	108
广 西	Guangxi	7845	614	1519	5712	203	
海 南	Hainan	1152	50	418	684		
重 庆	Chongqing	7301	283	606	6412	211	
四 川	Sichuan	22314	5285	2662	14367	556	16
贵 州	Guizhou	1813	398	341	1074	218	
云 南	Yunnan	11409	492	1735	9182	406	
西 藏	Tibet	504	90	116	298	25	
陕 西	Shaanxi	9422	421	697	8304	323	
甘 肃	Gansu	5176	439	865	3872	414	
青 海	Qinghai	1261	147	159	955	93	
宁 夏	Ningxia	5238	175	233	4830	71	
新 疆	Xinjiang	4972	586	555	3831	78	
新疆兵团	Xinjiang Corps	2124	25	247	1852	54	
黑龙江农垦	Heilongjiang Land Reclamation	317	27		290	28	

9-6 分地区智力残疾康复（2013年）
Rehabilitation of Persons with Intellectual Disability by Region (2013)

地 区	Region	智力残疾儿童训练（人）Poor Children with Intellectual Disability Receiving Rehabilitation Training (person)	机 构康复训练 Trained in Institutions	社区、家庭康复训练 Trained in Communities and Families	康复、管理技术人员培训（人次）Training for Managerial and Technical Personnel (person-time)
全 国	**National Total**	**100663**	**23859**	**76804**	**16074**
北 京	Beijing	616	477	139	1767
天 津	Tianjin	896	139	757	57
河 北	Hebei	4931	526	4405	461
山 西	Shanxi	2391	260	2131	183
内蒙古	Inner Mongolia	2151	457	1694	185
辽 宁	Liaoning	3304	697	2607	1257
吉 林	Jilin	1844	197	1647	243
黑龙江	Heilongjiang	2415	278	2137	107
上 海	Shanghai	2615	1156	1459	1174
江 苏	Jiangsu	7184	2532	4652	1984
浙 江	Zhejiang	3102	659	2443	1750
安 徽	Anhui	6202	1245	4957	206
福 建	Fujian	3102	999	2103	512
江 西	Jiangxi	3303	695	2608	115
山 东	Shandong	7860	2261	5599	1103
河 南	Henan	7944	1479	6465	156
湖 北	Hubei	4479	899	3580	246
湖 南	Hunan	4745	1069	3676	236
广 东	Guangdong	7397	3177	4220	678
广 西	Guangxi	3437	559	2878	143
海 南	Hainan	554	70	484	28
重 庆	Chongqing	2191	285	1906	192
四 川	Sichuan	5915	1100	4815	1008
贵 州	Guizhou	739	370	369	165
云 南	Yunnan	3097	521	2576	1562
西 藏	Tibet	107	5	102	1
陕 西	Shaanxi	2775	610	2165	256
甘 肃	Gansu	1889	392	1497	55
青 海	Qinghai	471	112	359	192
宁 夏	Ningxia	611	152	459	8
新 疆	Xinjiang	1954	410	1544	44
新疆兵团	Xinjiang Corps	272	19	253	
黑龙江农垦	Heilongjiang Land Reclamation	170	52	118	

9-7 分地区精神病防治康复情况（2013年）

Prevention and Rehabilitation of Mental Illness by Region (2013)

地 区	Region	开展精防康复工作县(市、区)(个) Counties/cities/Districts Where Prevention and Rehabilitation of Mental Illness Have Been Conducted (unit)	精 神病人数(万人) People with Mental Illness In These Counties/Cities/Districts (10 000 persons)	监 护病人数(万人) People with Mental Illness Sunder Guardianship (10 000 persons)	显 好病人数(万人) People with Mental Illness Who Have Gotten Effective Treatment (10 000 persons)	参与社会总人数(万人) People with Mental Illness Who Have Participated into Social Life after Rehabilitation (10 000 persons)	肇事率(%) Violent Events Rate (%)
全 国	**National Total**	**2627**	**584.0**	**461.9**	**305.6**	**237.5**	**0.17**
北 京	Beijing	16	6.9	6.0	3.5	2.6	0.02
天 津	Tianjin	16	6.3	6.0	4.8	4.2	0.00
河 北	Hebei	170	26.0	22.7	14.9	11.9	0.06
山 西	Shanxi	64	9.9	8.1	5.6	4.2	0.05
内蒙古	Inner Mongolia	84	7.1	5.8	3.6	3.1	0.23
辽 宁	Liaoning	107	27.1	24.4	16.5	12.9	0.01
吉 林	Jilin	63	16.0	15.5	10.7	8.9	0.03
黑龙江	Heilongjiang	124	18.3	15.0	9.7	6.1	0.05
上 海	Shanghai	17	11.4	11.1	11.0	9.6	
江 苏	Jiangsu	104	52.8	42.4	31.6	26.5	0.02
浙 江	Zhejiang	75	19.0	17.4	12.1	10.3	0.23
安 徽	Anhui	88	27.2	22.3	12.9	10.5	0.02
福 建	Fujian	84	12.2	10.7	7.7	5.7	0.10
江 西	Jiangxi	101	18.4	14.7	8.4	6.2	1.32
山 东	Shandong	138	38.6	32.3	23.7	19.8	0.04
河 南	Henan	156	43.9	20.4	10.8	8.0	0.28
湖 北	Hubei	92	34.7	22.6	14.1	10.6	0.19
湖 南	Hunan	120	33.3	31.8	15.5	11.5	0.07
广 东	Guangdong	129	38.9	30.6	20.8	15.3	0.21
广 西	Guangxi	92	12.4	9.6	6.6	5.1	0.48
海 南	Hainan	13	1.6	1.1	0.2	0.1	0.13
重 庆	Chongqing	40	18.0	14.6	12.1	9.6	0.19
四 川	Sichuan	143	40.1	31.7	19.5	11.0	0.43
贵 州	Guizhou	86	7.8	6.5	4.5	3.7	0.48
云 南	Yunnan	123	15.2	10.0	6.1	5.0	0.23
西 藏	Tibet						
陕 西	Shaanxi	110	20.3	11.8	7.9	6.5	0.12
甘 肃	Gansu	60	12.0	10.3	7.2	5.6	0.07
青 海	Qinghai	34	0.4	0.2	0.1	0.1	
宁 夏	Ningxia	21	3.6	3.2	2.3	1.9	0.28
新 疆	Xinjiang	69	2.3	1.6	0.8	0.5	0.01
新疆兵团	Xinjiang Corps	6	1.0	0.7	0.5	0.4	0.14
黑龙江农垦	Heilongjiang Land Reclamation	82	1.4	0.7	0.2	0.1	

9-8 分地区孤独症儿童康复训练(2013年)

Rehabilitation Training for Children with Autism by Region (2013)

地 区	Region	孤独症儿童康复训练机构(个) Rehabilitation Institutions for Children with Autism (unit)	机构内教师(人) Teachers Working in Those Institutions (person)	机构内在训儿童(人) Children with Autism Trained in Those Institutions (person)	贫困孤独症儿童救助(人) Poor Children with Autism Supported (person)	儿童训练后走向(人) Directions in which Children Have Gone After Rehabilitation(person)		
						普幼及普小 Ordinary Kindergartens or Primary Schools	特殊教育学校 Special Education Schools	其他 Other Directions
全 国	**National Total**	**1108**	**7660**	**16656**	**8732**	**1051**	**675**	**1468**
北 京	Beijing	24	248	420	38	50	62	17
天 津	Tianjin	13	257	105	117	5	2	
河 北	Hebei	32	133	409	245	19	6	32
山 西	Shanxi	14	99	311	222	8	10	22
内蒙古	Inner Mongolia	30	136	449	382	52	30	48
辽 宁	Liaoning	47	300	664	277	10	80	17
吉 林	Jilin	39	479	612	541	43	60	42
黑龙江	Heilongjiang	35	255	385	179	63	2	40
上 海	Shanghai	30	194	298	261	25	59	48
江 苏	Jiangsu	88	622	940	399	60	65	41
浙 江	Zhejiang	39	322	358	206	24	28	16
安 徽	Anhui	52	300	755	288	48	17	46
福 建	Fujian	56	449	907	438	17	14	51
江 西	Jiangxi	28	89	471	20	8	4	
山 东	Shandong	101	806	1402	741	80	63	71
河 南	Henan	100	523	1158	340	184	34	352
湖 北	Hubei	32	222	586	440	16		40
湖 南	Hunan	44	294	501	423	49	10	56
广 东	Guangdong	118	1033	3000	1581	133	54	222
广 西	Guangxi	15	161	399	143	6	6	85
海 南	Hainan	2	15	7	25	1		
重 庆	Chongqing	18	166	329	360	7		14
四 川	Sichuan	46	184	459	135	57	33	27
贵 州	Guizhou	18	87	309	255	33	11	85
云 南	Yunnan	22	43	161	85	4	3	32
西 藏	Tibet							
陕 西	Shaanxi	20	99	419	430	18	3	24
甘 肃	Gansu	15	62	68	84	9	1	10
青 海	Qinghai	7	8	161	25	1		17
宁 夏	Ningxia	15	43	163	45	20		4
新 疆	Xinjiang	6	25	406	7	1		1
新疆兵团	Xinjiang Corps	1	5	24			17	
黑龙江农垦	Heilongjiang Land Reclamation	1	1	20			1	8

9-9 分地区辅助器具供应服务（2013年）

Provision of Assistive Devices by Region (2013)

地 区	Region	辅助器具供应（件）Assistive Devices Provided (piece)	矫形器装配（例）Orthotic Devices Fitted (case)	#贫困残疾人矫形器装配 Orthoses Fitted for Poor PWDs	普及型假肢装配（例）Cost-effective Artificial Limbs Fitted (case)	#贫困残疾人假肢装配 Cost-effective Artificial Limbs Fittied for Poor PWDs	其他辅助器具供应（件）Other Assistive Devices Provided (piece)	#贫困残疾人免费发放 Assistive Devices Provided to PWDs by State Project
全 国	**National Total**	**1283422**	**47159**	**11762**	**29447**	**21285**	**1206816**	**328984**
北 京	Beijing	9872	283	212	592	357	8997	3988
天 津	Tianjin	33608	318	196	290	290	33000	5608
河 北	Hebei	28872	639	639	896	837	27337	21477
山 西	Shanxi	17967	172	3	395	90	17400	708
内蒙古	Inner Mongolia	17065	78	59	856	595	16131	4747
辽 宁	Liaoning	39238	426	344	2097	1353	36715	23949
吉 林	Jilin	9978	373	188	386	380	9219	6654
黑龙江	Heilongjiang	13474	92	61	705	509	12677	5914
上 海	Shanghai	195304	29432		552		165320	
江 苏	Jiangsu	94021	2022	1391	1659	1070	90340	15845
浙 江	Zhejiang	27613	152	32	1146	648	26315	1821
安 徽	Anhui	19704	836	613	827	738	18041	12223
福 建	Fujian	19786	406	366	480	332	18900	8181
江 西	Jiangxi	14794	258	258	950	587	13586	7563
山 东	Shandong	97433	624	296	1722	1123	95087	14549
河 南	Henan	119910	787		92		119031	
湖 北	Hubei	43117	786	683	1311	1247	41020	20651
湖 南	Hunan	66752	1062	793	2373	1431	63317	15131
广 东	Guangdong	54505	3834	2233	2599	1502	48072	7108
广 西	Guangxi	29332	213	201	1224	1136	27895	22285
海 南	Hainan	5866	6	6	464	374	5396	3773
重 庆	Chongqing	14500	104	77	232	221	14164	6998
四 川	Sichuan	80906	608	223	1597	1123	78701	18531
贵 州	Guizhou	19289	223	204	813	734	18253	8836
云 南	Yunnan	46816	874	765	1228	1016	44714	20988
西 藏	Tibet	275			60	8	215	80
陕 西	Shaanxi	55396	782	414	1371	1196	53243	21450
甘 肃	Gansu	18385	349	347	726	725	17310	8895
青 海	Qinghai	20909	591	546	719	678	19599	7004
宁 夏	Ningxia	23558	183	152	285	281	23090	7458
新 疆	Xinjiang	37829	506	322	523	427	36800	22374
新疆兵团	Xinjiang Corps	4996	36	34	102	102	4858	2122
黑龙江农垦	Heilongjiang Land Reclamation	2352	104	104	175	175	2073	2073

9-10 分地区未入学学龄残疾儿童少年情况（2013年）
School-age Children with Disabilities Unable to Enter Schools by Region (2013)

单位：人 (person)

地 区	Region	未入学学龄残疾儿童少年合计 Total School-age Children with Disabilities Unable to Enter Schools	视力残疾 Visual Disability	听力残疾 Hearing Disability	言语残疾 Speech Disability	肢体残疾 Physical Disability	智力残疾 Mental Disability	精神残疾 Psychiatric Disability	多重残疾 Multiple Disability
全 国	**National Total**	**83532**	**5015**	**5445**	**5067**	**25782**	**26434**	**3413**	**12376**
北 京	Beijing	243	3	1	1	72	112	18	36
天 津	Tianjin	445	9	16	13	150	230	1	26
河 北	Hebei	1135	45	72	69	439	362	22	126
山 西	Shanxi	2481	122	181	163	761	887	62	305
内蒙古	Inner Mongolia	1576	56	62	83	482	516	67	310
辽 宁	Liaoning	2094	67	104	59	716	805	145	198
吉 林	Jilin	2896	78	133	148	907	1136	202	292
黑龙江	Heilongjiang	1037	40	57	33	292	400	82	133
上 海	Shanghai	9				5	3		1
江 苏	Jiangsu	1435	52	129	16	478	642	33	85
浙 江	Zhejiang	526	10	33	8	172	217	21	65
安 徽	Anhui	5034	153	262	217	1429	1757	283	933
福 建	Fujian	1474	44	95	33	392	682	76	152
江 西	Jiangxi	5234	538	563	449	1176	1536	251	721
山 东	Shandong	3752	262	154	126	1105	1408	210	487
河 南	Henan	7948	377	610	591	2994	2619	98	659
湖 北	Hubei	2461	178	204	125	799	654	102	399
湖 南	Hunan	5839	276	232	327	2114	1595	163	1132
广 东	Guangdong	4303	154	160	180	1123	1546	346	794
广 西	Guangxi	4804	228	240	386	1395	1302	144	1109
海 南	Hainan	443	18	13	35	126	132	24	95
重 庆	Chongqing	943	59	47	56	312	389	33	47
四 川	Sichuan	4436	381	310	322	1548	1295	105	475
贵 州	Guizhou	4427	666	564	424	1026	1006	240	501
云 南	Yunnan	4878	306	316	392	1577	1241	95	951
西 藏	Tibet	178	20	13	26	74	10	7	28
陕 西	Shaanxi	4017	316	398	216	1201	1048	173	665
甘 肃	Gansu	3137	194	186	170	1106	829	123	529
青 海	Qinghai	928	61	61	51	309	296	15	135
宁 夏	Ningxia	1021	72	46	56	262	383	37	165
新 疆	Xinjiang	4183	224	177	279	1171	1304	224	804
新疆兵团	Xinjiang Corps	49	4	1	2	16	14	5	7
黑龙江农垦	Heilongjiang Land Reclamation	166	2	5	11	53	78	6	11

9-11 分地区特殊教育普通高中情况（2013年）
Special Education Senior High Schools by Region (2013)

单位：个，人 (unit,person)

地区	Region	盲普通高中 Senior High Schools for Students with Visual Disability	聋普通高中 Senior High Schools for Students with Hearing Disability	招生数 Newly Enrolled Students		在校生数 Students at Schools		毕业生数 Graduates	
				盲 Visual Disability	聋 Hearing Disability	盲 Visual Disability	聋 Hearing Disability	盲 Visual Disability	聋 Hearing Disability
全　国	**National Total**	**27**	**125**	**340**	**2366**	**1609**	**5704**	**286**	**1540**
北　京	Beijing	1	1	1		16	98	1	32
天　津	Tianjin	1	1	13	25	29	105	7	51
河　北	Hebei	2	11	50	183	101	360	20	105
山　西	Shanxi	1	4	40	177	32	359	35	89
内蒙古	Inner Mongolia		3	5	71	7	89	8	22
辽　宁	Liaoning	2	8	6	32	22	144	7	31
吉　林	Jilin		4		23		41		12
黑龙江	Heilongjiang		1						
上　海	Shanghai	1		9		186		10	
江　苏	Jiangsu		4	5	139	5	392		114
浙　江	Zhejiang		4		63		182		50
安　徽	Anhui		3	7	174	7	414		117
福　建	Fujian	6	13	10	194	108	626	12	181
江　西	Jiangxi		4		60		140	6	34
山　东	Shandong	1	16	22	349	41	591	9	123
河　南	Henan	1	3	10	95	26	217	10	103
湖　北	Hubei		7		170		334	1	83
湖　南	Hunan	2	9	8	237	16	319	7	153
广　东	Guangdong		5	4	47	15	125	4	39
广　西	Guangxi	3	7	5	39	40	221	2	36
海　南	Hainan					610		103	
重　庆	Chongqing	1	1	72	2	193	8	22	2
四　川	Sichuan	1	5	12	70	58	161	12	49
贵　州	Guizhou		5	11	62	14	198		45
云　南	Yunnan								
西　藏	Tibet								
陕　西	Shaanxi	1	2		30	8	98		17
甘　肃	Gansu	2	1	31	91	40	125	10	30
青　海	Qinghai		2	14	3		54		2
宁　夏	Ningxia	1		5	8	35	246		10
新　疆	Xinjiang		1		22		57		10
新疆兵团	Xinjiang Corps								
黑龙江农垦	Heilongjiang Land Reclamation								

9-12 分地区残疾人中等职业教育情况（2013年）
Secondary Vocational Schools for PWDs by Region (2013)

单位：个，人 (unit,perso

地 区	Region	残疾人中等职业学校（班） Secondary Vocational Schools/classes for PWDs	招生数 Newly Enrolled Students			在校生数 Students at Schools			毕业生数 Graduates		
			盲 Visual Disability	聋 Hearing Disability	肢残 Physical Disability	盲 Visual Disability	聋 Hearing Disability	肢残 Physical Disability	盲 Visual Disability	聋 Hearing Disability	肢残 Physical Disability
全 国	**National Total**	**198**	**1323**	**1905**	**2127**	**2916**	**5101**	**3333**	**2192**	**1543**	**4037**
北 京	Beijing	3	41	14		98	115		48	56	11
天 津	Tianjin	1									
河 北	Hebei	3	40	10	51	38	8	45	17	16	40
山 西	Shanxi	1	100		15	256		30	59		8
内蒙古	Inner Mongolia	8	1	5	7	102	88	23	160	14	13
辽 宁	Liaoning	9	45	39		219	82		28	13	
吉 林	Jilin	5	160	56		319	164		90	28	
黑龙江	Heilongjiang	7	2	55	8	2	86	13		9	
上 海	Shanghai	2		31			163			48	
江 苏	Jiangsu	15	49	321	44	171	678	166	45	155	94
浙 江	Zhejiang	16	14	181	23	30	601	52		205	6
安 徽	Anhui	6	82	111	95	197	236	227	61	76	41
福 建	Fujian	7	9	13	2	11	29	2	6	11	
江 西	Jiangxi	2	8	16	20	23	40	65	5	10	16
山 东	Shandong	22	172	226	115	399	659	257	163	277	129
河 南	Henan	7	34	73	9	75	179	16	58	55	15
湖 北	Hubei	8	20	7	76	20	26	114	19	7	50
湖 南	Hunan	21	86	157	176	288	428	375	121	135	125
广 东	Guangdong	8	95	53	81	221	300	334	73	40	111
广 西	Guangxi	7	1	31	30	3	77	89		38	39
海 南	Hainan	2			4			4			1
重 庆	Chongqing	5	47	30	88	42	81	124	951	26	2170
四 川	Sichuan	10		29	52	30	49	170	8	32	25
贵 州	Guizhou	1					13				
云 南	Yunnan	5	79	132	95	70	308	202	83	99	63
西 藏	Tibet										
陕 西	Shaanxi	8	183	269	1096	141	576	682	120	131	972
甘 肃	Gansu	4		30	5	14	30	1	16	25	60
青 海	Qinghai	2					15	14			
宁 夏	Ningxia	1						15	2		
新 疆	Xinjiang	2	55	16	35	147	70	313	59	37	48
新疆兵团	Xinjiang Corps										
黑龙江农垦	Heilongjiang Land Reclamation										

9-13 分地区高等教育录取残疾学生情况（2013年）
Admission of Students with Disabilities of Higher Education Institutions by Region (2013)

单位：人 (person)

地 区	Region	残疾考生达到普通高等院校录取分数线 Disabled Students Who Passed the Admission Line of Ordinary Higher Education Institutions	#录取人数 Students Enrolled	本科 Undergraduates	专科（高职） Postsecondary Specialised College (Vocational College)	高等特殊教育院校录取人数 Disabled Students Admitted into Higher Special Education Institutions	本科 Undergraduates	专科（高职） Postsecondary Specialised College (Vocational College)
全 国	**National Total**	**11604**	**7538**	**3795**	**3743**	**1388**	**596**	**792**
北 京	Beijing	70	70	29	41	163	106	57
天 津	Tianjin	102	97	51	46	123	123	
河 北	Hebei	343	308	190	118			
山 西	Shanxi	168	168	75	93			
内蒙古	Inner Mongolia	770	445	214	231			
辽 宁	Liaoning	272	269	136	133			
吉 林	Jilin	151	151	101	50	195	195	
黑龙江	Heilongjiang	189	189	117	72			
上 海	Shanghai	55	55	32	23			
江 苏	Jiangsu	426	426	222	204	232	25	207
浙 江	Zhejiang	1212	308	102	206			
安 徽	Anhui	384	332	166	166			
福 建	Fujian	326	317	141	176	30		30
江 西	Jiangxi	252	235	130	105			
山 东	Shandong	362	353	203	150	25		25
河 南	Henan	388	388	220	168	413	127	286
湖 北	Hubei	308	305	140	165			
湖 南	Hunan	744	268	178	90	120		120
广 东	Guangdong	377	342	62	280	37		37
广 西	Guangxi	429	201	89	112			
海 南	Hainan	1090	54	33	21			
重 庆	Chongqing	197	194	107	87	20	20	
四 川	Sichuan	332	295	140	155			
贵 州	Guizhou	378	339	169	170			
云 南	Yunnan	429	413	224	189			
西 藏	Tibet	266	8	4	4			
陕 西	Shaanxi	291	291	168	123	30		30
甘 肃	Gansu	803	247	103	144			
青 海	Qinghai	75	75	45	30			
宁 夏	Ningxia	125	121	66	55			
新 疆	Xinjiang	257	241	116	125			
新疆兵团	Xinjiang Corps	33	33	22	11			
黑龙江农垦	Heilongjiang Land Reclamation							

9-14 分地区残疾人就业情况（2013年）
Employment of PWDs in Urban and Rural Areas by Region (2013)

单位：万人 (10 000 persons)

地 区	Region	城镇残疾人就业状况 Employment of PWDs in Urban Areas		农村残疾人就业状况 Employment of PWDs in Rural Areas		
		就业人数合计 PWDs Employed	#本年度安排 Newly Employed During the Year	实际就业人数 PWDs Employed	#从事农业生产劳动 Engaged in Farming	#从事其他形式就业 Engaged in Other Forms of employment
全 国	**National Total**	**445.6**	**36.9**	**1757.2**	**1385.4**	**371.7**
北 京	Beijing	7.2	0.3	6.4	4.0	2.4
天 津	Tianjin	3.8	0.3	6.8	4.8	2.0
河 北	Hebei	20.3	1.2	89.1	70.3	18.7
山 西	Shanxi	12.1	0.8	40.0	28.8	11.2
内蒙古	Inner Mongolia	11.7	0.7	27.8	22.6	5.2
辽 宁	Liaoning	31.5	0.9	39.9	29.1	10.9
吉 林	Jilin	15.9	0.9	30.5	25.4	5.1
黑龙江	Heilongjiang	12.6	1.4	24.2	19.7	4.5
上 海	Shanghai	6.7	0.3	2.5	0.5	2.0
江 苏	Jiangsu	30.7	2.2	68.3	51.9	16.4
浙 江	Zhejiang	20.6	1.3	32.3	21.3	11.0
安 徽	Anhui	17.2	3.4	83.5	67.9	15.6
福 建	Fujian	12.3	0.8	32.4	25.0	7.4
江 西	Jiangxi	15.3	1.4	55.9	42.0	14.0
山 东	Shandong	24.7	2.1	139.4	110.3	29.2
河 南	Henan	31.5	3.7	190.8	154.0	36.8
湖 北	Hubei	23.0	3.3	90.3	68.6	21.6
湖 南	Hunan	27.9	1.4	93.1	68.3	24.8
广 东	Guangdong	20.2	2.0	61.4	50.2	11.2
广 西	Guangxi	7.7	0.5	64.0	50.9	13.0
海 南	Hainan	1.2	0.2	6.7	5.6	1.0
重 庆	Chongqing	13.8	0.7	50.1	40.5	9.5
四 川	Sichuan	26.9	3.2	180.5	143.7	36.8
贵 州	Guizhou	8.1	0.6	79.2	62.5	16.7
云 南	Yunnan	7.6	0.4	97.3	84.2	13.1
西 藏	Tibet	0.2	…	1.9	1.9	0.1
陕 西	Shaanxi	10.6	0.8	70.5	53.4	17.1
甘 肃	Gansu	10.6	0.9	53.9	44.7	9.1
青 海	Qinghai	0.6	0.1	4.7	4.0	0.7
宁 夏	Ningxia	2.4	0.1	11.0	9.5	1.5
新 疆	Xinjiang	7.2	0.6	23.0	20.0	3.0
新疆兵团	Xinjiang Corps	1.8	0.2			
黑龙江农垦	Heilongjiang Land Reclamation	1.6	…			

9-15 分地区残疾人职业培训(2013年)

Vocational Training for PWDs by Region (2013)

地区	Region	职业培训基地 (个) Vocational Training Base (unit)	残联兴办 Established by Disabled Persons' Federations	依托社会机构兴办 Established by Social Organizations	本年度城镇职业培训 (人) PWDs in Urban Areas Receiving Vocational Training (person)
全国	**National Total**	**5357**	**2022**	**3335**	**378247**
北京	Beijing	62	8	54	10471
天津	Tianjin	30	6	24	2837
河北	Hebei	386	267	119	20775
山西	Shanxi	512	282	230	8422
内蒙古	Inner Mongolia	66	20	46	12213
辽宁	Liaoning	158	60	98	14869
吉林	Jilin	180	52	128	13823
黑龙江	Heilongjiang	94	32	62	12399
上海	Shanghai	16	6	10	11666
江苏	Jiangsu	216	71	145	23208
浙江	Zhejiang	291	104	187	14397
安徽	Anhui	86	23	63	12114
福建	Fujian	201	79	122	8799
江西	Jiangxi	227	44	183	3802
山东	Shandong	683	103	580	22642
河南	Henan	230	49	181	51062
湖北	Hubei	269	205	64	10749
湖南	Hunan	185	75	110	6368
广东	Guangdong	130	56	74	13117
广西	Guangxi	65	28	37	6327
海南	Hainan	12	3	9	2322
重庆	Chongqing	32	5	27	4762
四川	Sichuan	517	240	277	31184
贵州	Guizhou	40	10	30	4423
云南	Yunnan	111	36	75	8451
西藏	Tibet	5	3	2	193
陕西	Shaanxi	80	21	59	12337
甘肃	Gansu	42	19	23	19494
青海	Qinghai	28	15	13	2131
宁夏	Ningxia	31	3	28	2861
新疆	Xinjiang	370	96	274	9257
新疆兵团	Xinjiang Corps	2	1	1	772
黑龙江农垦	Heilongjiang Land Reclamation				

9-16 分地区城镇残疾人参加社会保险情况（2013年）
PWDs Covered by Social Insurance in Urban Areas by Region (2013)

单位：万人 (10 000 persons)

地区	Region	城镇残疾职工参加社会保险合计 Urban Workers with Disabilities Covered by Social Insurance	残疾居民参加城镇居民医疗保险 PWDs Covered by Medical Insurance for Urban Residents	残疾居民参加城镇居民养老保险试点 PWDs Covered by New Types of Pension Insurance Pilot for Urban Residents				
				实际参保残疾人 People Who Actually have the Endowment Insurance	享受养老保金 PWDs Covered by the Insurance Pension	60周岁以下参保残疾人 PWDs under Age 60	#全部代缴 Paid by Subsidy Totally	#部分代缴 Paid by Subsidy Partially
全国	**National Total**	**296.7**	**547.3**	**401.4**	**162.0**	**239.5**	**76.7**	**53.1**
北京	Beijing	6.6	4.9	2.6	0.3	2.3	1.5	0.5
天津	Tianjin	4.0	7.2	2.0	1.0	1.0	0.7	0.3
河北	Hebei	9.8	15.2	13.4	4.4	9.0	1.4	2.7
山西	Shanxi	10.2	22.7	20.1	11.5	8.7	2.5	1.3
内蒙古	Inner Mongolia	6.4	13.5	6.2	2.4	3.8	1.3	1.0
辽宁	Liaoning	19.5	19.2	18.8	6.3	12.5	4.3	5.0
吉林	Jilin	6.7	21.3	8.6	1.9	6.7	3.9	1.2
黑龙江	Heilongjiang	7.0	15.7	12.5	5.8	6.8	0.8	2.0
上海	Shanghai	7.4	2.9	2.4	…	2.4	2.3	0.1
江苏	Jiangsu	27.7	41.1	30.6	17.3	13.2	5.4	2.3
浙江	Zhejiang	16.4	12.7	7.9	3.4	4.5	2.5	0.6
安徽	Anhui	8.4	30.0	17.8	7.8	10.0	4.0	0.8
福建	Fujian	5.0	13.4	10.4	5.1	5.3	2.0	2.0
江西	Jiangxi	10.9	22.9	11.4	5.9	5.6	1.6	2.7
山东	Shandong	20.4	16.6	22.5	9.1	13.5	4.3	2.6
河南	Henan	25.0	38.4	29.2	12.6	16.6	3.9	1.9
湖北	Hubei	16.5	30.3	22.5	6.5	16.0	8.2	4.3
湖南	Hunan	20.1	30.1	32.1	13.2	18.8	4.9	3.0
广东	Guangdong	13.7	30.6	9.2	3.3	6.0	1.7	1.6
广西	Guangxi	4.6	16.9	17.9	9.1	8.7	2.1	0.5
海南	Hainan	0.8	5.0	5.2	1.8	3.4	0.7	0.1
重庆	Chongqing	7.3	17.5	13.3	5.3	7.9	1.3	5.0
四川	Sichuan	13.3	33.7	26.4	7.1	19.3	4.6	1.9
贵州	Guizhou	3.9	10.8	9.4	5.9	3.5	1.0	0.8
云南	Yunnan	5.8	11.5	12.2	2.0	10.2	2.4	1.7
西藏	Tibet	0.7	0.4	0.2	0.1	0.1	0.1	…
陕西	Shaanxi	6.7	20.0	8.9	3.3	5.6	1.7	2.7
甘肃	Gansu	2.9	19.2	12.6	4.1	8.5	3.1	1.5
青海	Qinghai	0.5	1.3	0.8	0.6	0.2	0.1	0.0
宁夏	Ningxia	0.9	4.8	4.9	2.3	2.6	0.9	1.2
新疆	Xinjiang	5.6	9.5	8.2	2.1	6.1	1.0	1.7
新疆兵团	Xinjiang Corps	1.4	2.3	0.9	0.3	0.6	0.4	…
黑龙江农垦	Heilongjiang Land Reclamation	0.8	5.6					

9-17 分地区残疾人参加新型农村社会养老保险(2013年)

PWDs Covered by New Types of Rural Pension Insurance by Region (2013)

单位：万人 (10 000 persons)

地 区	Region	参保残疾人 PWDs Covered by the Insurance	享受养老保金 PWDs Covered by the Insurance Pension	重度残疾人 Persons with Severe Disability	60周岁以下参保残疾人 PWDs under Age 60	重度残疾人 Persons with Severe Disability	全部或部分代缴 Paid by Subsidy Totally or Partially	其他残疾人 Other PWDs	全部或部分代缴 Paid by Subsidy Totally or Partially
全 国	**National Total**	**1638.3**	**628.1**	**178.5**	**1010.2**	**314.0**	**302.9**	**696.2**	**175.2**
北 京	Beijing	7.9	1.3	0.7	6.5	3.0	3.0	3.5	2.5
天 津	Tianjin	3.8	2.5	0.9	1.3	0.9	0.9	0.4	0.4
河 北	Hebei	115.1	35.3	9.0	79.8	16.1	16.0	63.7	17.7
山 西	Shanxi	74.1	37.2	4.9	36.9	11.6	11.1	25.3	4.5
内蒙古	Inner Mongolia	21.7	9.9	3.8	11.8	4.0	3.5	7.7	2.8
辽 宁	Liaoning	33.2	8.5	2.7	24.6	5.7	5.5	18.9	14.5
吉 林	Jilin	12.1	3.5	1.2	8.6	2.8	2.8	5.7	3.4
黑龙江	Heilongjiang	12.7	6.3	0.7	6.4	1.6	1.6	4.8	0.9
上 海	Shanghai	2.6	1.1	0.2	1.5	1.0	1.0	0.5	0.5
江 苏	Jiangsu	52.0	18.0	6.8	34.0	8.3	8.2	25.7	10.6
浙 江	Zhejiang	34.8	18.1	4.9	16.7	5.9	5.6	10.8	5.7
安 徽	Anhui	82.1	31.6	11.0	50.5	17.9	17.1	32.6	2.9
福 建	Fujian	44.4	22.5	8.4	21.9	10.4	10.2	11.5	7.3
江 西	Jiangxi	46.7	24.8	3.9	22.0	6.0	5.9	16.0	2.9
山 东	Shandong	112.7	42.5	14.0	70.2	21.6	20.6	48.6	17.4
河 南	Henan	200.0	85.9	15.7	114.1	49.2	48.0	64.9	1.5
湖 北	Hubei	84.9	35.7	8.9	49.2	15.3	13.8	33.9	11.2
湖 南	Hunan	130.5	49.9	17.7	80.6	23.0	22.7	57.5	4.9
广 东	Guangdong	49.1	19.0	8.3	30.1	11.9	11.5	18.2	6.0
广 西	Guangxi	72.7	34.0	10.6	38.8	11.3	10.5	27.5	5.3
海 南	Hainan	12.8	4.5	1.3	8.3	2.7	2.6	5.6	0.1
重 庆	Chongqing	30.1	13.2	4.0	16.9	6.1	6.1	10.8	6.7
四 川	Sichuan	145.8	33.9	11.5	111.9	24.8	24.8	87.1	8.3
贵 州	Guizhou	42.7	20.6	5.0	22.1	6.8	6.8	15.3	2.3
云 南	Yunnan	63.9	18.6	6.2	45.3	12.1	11.6	33.2	11.1
西 藏	Tibet	1.5	0.7	0.2	0.8	0.1	0.1	0.6	0.5
陕 西	Shaanxi	34.5	9.7	3.5	24.9	7.9	7.4	17.0	10.6
甘 肃	Gansu	79.3	25.4	6.6	53.8	17.6	16.0	36.3	5.0
青 海	Qinghai	4.2	2.8	0.3	1.4	1.0	1.0	0.3	…
宁 夏	Ningxia	14.0	5.8	3.8	8.2	3.7	3.6	4.5	2.5
新 疆	Xinjiang	16.8	5.4	1.6	11.4	3.7	3.1	7.7	5.3
新疆兵团	Xinjiang Corps								
黑龙江农垦	Heilongjiang Land Reclamation								

9-18 分地区残疾人社会救助与社会福利（2013年）
Social Relief and Welfare for PWDs by Region (2013)

单位：万人 (10 000 persons)

地　区	Region	社会救助 Social Relief						社会福利 Social Welfare	
		城镇 in Urban Areas			农村 in Rural Areas				
		已纳入最低生活保障范围 PWDs who Should be Covered by Basic Living Allowance System	集中供养 PWDs Living in Welfare Institutions	其他救助救济 Other Assistance and Relief	已纳入最低生活保障范围 PWDs who Should be Covered by Basic Living Allowance System	五保供养 PWDs Living in Welfare Institutions	其他救助救济 Other Assistance and Relief	享受生活补贴 PWDs with Living Allowance	享受护理补贴 PWDs with Personal Care Allowance
全　国	**National Total**	**264.80**	**11.67**	**69.68**	**828.24**	**65.24**	**196.32**	**366.18**	**91.98**
北　京	Beijing	1.99	0.01	0.73	2.20	0.09	1.39	12.38	
天　津	Tianjin	3.36	0.01	1.09	2.30	0.37	0.93	5.87	0.74
河　北	Hebei	6.77	0.37	1.13	34.72	2.40	4.08	1.79	…
山　西	Shanxi	6.70	0.13	1.68	23.77	2.54	4.81	1.01	1.49
内蒙古	Inner Mongolia	9.30	0.25	4.83	20.91	1.32	8.34	20.60	19.87
辽　宁	Liaoning	15.87	0.45	2.00	18.45	2.33	3.16	0.15	0.19
吉　林	Jilin	13.27	0.65	1.64	15.23	1.03	1.44		
黑龙江	Heilongjiang	16.23	0.35	1.67	13.97	1.02	3.00	0.60	0.78
上　海	Shanghai	1.53	0.01	5.72	0.28	0.01	1.96	4.19	4.19
江　苏	Jiangsu	9.16	0.77	4.62	22.65	2.22	10.39	28.08	11.65
浙　江	Zhejiang	2.79	0.32	1.46	14.99	0.66	8.07	20.09	7.36
安　徽	Anhui	11.48	0.57	0.95	39.67	3.76	5.22	27.43	0.67
福　建	Fujian	3.81	0.15	1.23	19.29	1.12	5.49	25.24	1.71
江　西	Jiangxi	10.75	1.08	1.52	25.85	2.61	3.87		
山　东	Shandong	7.77	0.78	2.09	35.17	3.09	6.73	21.40	1.23
河　南	Henan	19.63	0.89	4.28	67.48	5.54	13.58	30.96	0.14
湖　北	Hubei	18.46	1.23	2.47	53.03	4.15	6.83	20.14	0.31
湖　南	Hunan	20.95	0.78	4.48	65.72	6.80	11.58	12.17	0.01
广　东	Guangdong	9.19	0.38	3.30	27.84	2.41	4.44	36.28	29.94
广　西	Guangxi	7.04	0.20	0.75	40.60	4.17	5.57	0.53	0.02
海　南	Hainan	1.44	0.03	0.88	4.61	0.21	1.11	0.17	3.04
重　庆	Chongqing	6.26	0.37	2.77	12.80	1.81	5.70	0.76	0.81
四　川	Sichuan	15.97	0.81	5.73	73.80	5.29	16.26	4.44	1.23
贵　州	Guizhou	5.39	0.18	0.99	44.69	1.27	7.01		
云　南	Yunnan	8.07	0.28	1.81	57.28	4.46	9.79	2.08	0.06
西　藏	Tibet	0.09		0.06	1.57	0.04	0.08	0.26	
陕　西	Shaanxi	7.19	0.31	5.70	31.69	2.12	34.03	76.92	0.04
甘　肃	Gansu	11.37	0.10	1.25	33.35	1.83	8.87	1.91	5.70
青　海	Qinghai	0.57	0.07	0.07	2.28	0.17	0.57	1.93	
宁　夏	Ningxia	1.47	0.03	0.61	7.31	0.15	1.05	7.78	
新　疆	Xinjiang	5.79	0.09	0.93	14.73	0.27	0.97	1.03	0.79
新疆兵团	Xinjiang Corps	2.08	0.02	0.81					
黑龙江农垦	Heilongjiang Land Reclamation	3.06	0.01	0.42					

9-19 分地区托养服务机构建设情况（2013年）

Development of Fostering Service Institutions by Region (2013)

地 区	Region	寄宿制托养服务 Boarding Fostering Services				
		寄宿制托养服务机构合计（个）Boarding Fostering Institutions (unit)	托养残疾人（人）PWDs in the Boarding Fostering Institutions (person)	#智力残疾人 Persons with Intellectual Disability	#精神残疾人 Persons with Psychiatric Disability	#重度残疾人 Persons with Severe Disabilities
全 国	**National Total**	**1750**	**50061**	**12546**	**17174**	**7644**
北 京	Beijing	29	256	126	33	11
天 津	Tianjin	14	232	69	44	22
河 北	Hebei	54	1847	367	916	366
山 西	Shanxi	51	593	198	212	86
内蒙古	Inner Mongolia	68	1797	383	144	558
辽 宁	Liaoning	77	4334	1089	1731	1195
吉 林	Jilin	6	479	48	325	14
黑龙江	Heilongjiang	39	2074	500	891	200
上 海	Shanghai	365	5443	2312	1942	
江 苏	Jiangsu	40	1276	400	94	268
浙 江	Zhejiang	451	8138	1662	2473	2081
安 徽	Anhui	12	683	84	370	186
福 建	Fujian	15	726	173	374	60
江 西	Jiangxi	10	978	674	192	
山 东	Shandong	168	5695	1803	1776	1207
河 南	Henan	5	296	30	97	9
湖 北	Hubei	62	1049	398	322	59
湖 南	Hunan	20	754	268	199	109
广 东	Guangdong	20	881	240	311	128
广 西	Guangxi	3	172	2	170	
海 南	Hainan	6	410	109	238	1
重 庆	Chongqing	19	591	68	338	102
四 川	Sichuan	39	1453	164	866	88
贵 州	Guizhou	4	318	33	248	37
云 南	Yunnan	17	674	67	556	35
西 藏	Tibet					
陕 西	Shaanxi	61	5917	663	1320	382
甘 肃	Gansu	21	925	216	100	173
青 海	Qinghai	24	369	87	101	11
宁 夏	Ningxia	5	204	47	105	11
新 疆	Xinjiang	16	586	161	75	174
新疆兵团	Xinjiang Corps	23	540	64	335	48
黑龙江农垦	Heilongjiang Land Reclamation	6	371	41	276	23

9-19 续表 1 continued

地 区	Region	日间照料托养服务 Day-Care Fostering Service				
		日间照料托养服务机构（个） Day-Care Fostering Institutions (unit)	托养残疾人（人） PWDs in the Institutions (person)	#智力残疾人 Persons with Intellectual Disability	#精神残疾人 Persons with Psychiatric Disability	#重度残疾人 Persons with Severe Disabilities
全 国	**National Total**	**2000**	**56833**	**27715**	**14934**	**3620**
北 京	Beijing					
天 津	Tianjin	68	981	606	127	150
河 北	Hebei	12	319	85	5	164
山 西	Shanxi	6	679	177	129	302
内蒙古	Inner Mongolia	8	128	49	29	9
辽 宁	Liaoning	104	2257	1832	130	53
吉 林	Jilin	1	20	15	3	2
黑龙江	Heilongjiang	2	80	45	35	
上 海	Shanghai	416	13394	8005	3000	
江 苏	Jiangsu	299	5440	2310	1258	732
浙 江	Zhejiang	132	3550	1552	1269	208
安 徽	Anhui	15	301	140	58	13
福 建	Fujian	49	1134	465	209	55
江 西	Jiangxi	3	71	43	9	6
山 东	Shandong	37	3645	1676	1363	200
河 南	Henan	1	30	6	9	15
湖 北	Hubei	124	6620	3089	2320	221
湖 南	Hunan	50	1216	608	359	110
广 东	Guangdong	328	9684	4021	2986	569
广 西	Guangxi	24	906	462	182	73
海 南	Hainan					
重 庆	Chongqing	52	466	106	78	162
四 川	Sichuan	106	2216	1416	313	129
贵 州	Guizhou	4	38	29		
云 南	Yunnan	3	63	23	21	18
西 藏	Tibet					
陕 西	Shaanxi	20	340	142	121	25
甘 肃	Gansu	7	543	83	42	
青 海	Qinghai	4	45	4	4	25
宁 夏	Ningxia	34	1197	170	584	129
新 疆	Xinjiang	88	1390	542	240	245
新疆兵团	Xinjiang Corps	2	70	14	51	5
黑龙江农垦	Heilongjiang Land Reclamation	1	10			

9-19 续表 2 continued

地 区	Region	综合托养服务机构 Combined Fostering Services					本年度享受居家托养服务残疾人（人） PWDs Enjoying Fostering Service at Home in 2013 (person)
		综合托养服务机构合计（个） Combined Fostering Services Facilities (unit)	托养残疾人（人） PWDs in the Institutions (person)	#智力残疾人 Persons with Intellectual Disability	#精神残疾人 Persons with Psychiatric Disability	#重度残疾人 Persons with Severe Disabilities	
全 国	**National Total**	**1927**	**52874**	**14424**	**8893**	**11113**	**784313**
北 京	Beijing	51	951	393	110	193	98541
天 津	Tianjin	2	32	13	6	13	15107
河 北	Hebei	81	2215	554	776	565	18556
山 西	Shanxi	31	692	124	114	182	14690
内蒙古	Inner Mongolia	34	845	212	43	251	18261
辽 宁	Liaoning	37	1168	386	153	294	23662
吉 林	Jilin	8	313	11	18	134	15426
黑龙江	Heilongjiang	60	2183	603	433	604	18092
上 海	Shanghai						19520
江 苏	Jiangsu	783	17193	6548	2257	3880	74307
浙 江	Zhejiang	174	3975	508	855	850	67802
安 徽	Anhui	54	1654	165	40	233	16003
福 建	Fujian	46	2168	871	276	480	23498
江 西	Jiangxi	8	214	40	51	30	14598
山 东	Shandong	235	6237	1854	1236	1227	34978
河 南	Henan	40	2532	354	381	524	20539
湖 北	Hubei	23	275	13	16	21	13970
湖 南	Hunan	41	1529	307	389	313	19853
广 东	Guangdong	37	2263	275	117	494	19592
广 西	Guangxi	3	73		50		19442
海 南	Hainan						11752
重 庆	Chongqing	26	977	141	690	53	14556
四 川	Sichuan	32	909	202	199	99	47982
贵 州	Guizhou	6	164	32	25	27	13625
云 南	Yunnan	23	703	143	333	59	20382
西 藏	Tibet						6733
陕 西	Shaanxi	47	1935	446	191	298	17545
甘 肃	Gansu	19	1210	142	54	172	24857
青 海	Qinghai	13	189	19	21	44	15322
宁 夏	Ningxia	5	160	41	23	21	14127
新 疆	Xinjiang	6	55	6	2	47	23089
新疆兵团	Xinjiang Corps	2	60	21	34	5	6364
黑龙江农垦	Heilongjiang Land Reclamation						1542

9-20 分地区农村残疾人扶贫开发（2013年）
Poverty Alleviation for PWDs in Rural Areas by Region (2013)

地区	Region	贫困残疾人扶持效果 Results of Assisting PWDs to Get Rid of Poverty			
		本年扶持贫困残疾人户（万户） Poor Households with Disabled Member Assisted in 2013 (10 000 households)	本年扶持贫困残疾人（万人） PWDs Assisted in 2013 (10 000 persons)	本年实际脱贫（万人） Rural PWDs who Got Rid of Poverty in 2013 (10 000 persons)	本年返贫（万人） Reimpoverished PWDs in 2013 (10 000 persons)
全国	**National Total**	**155.0**	**238.7**	**120.6**	**19.4**
北京	Beijing	0.9	0.9	0.4	
天津	Tianjin	2.0	2.4		
河北	Hebei	17.0	20.6	12.5	1.0
山西	Shanxi	6.2	9.8	4.1	1.2
内蒙古	Inner Mongolia	2.0	4.1	3.9	0.8
辽宁	Liaoning	5.5	6.9	3.7	0.4
吉林	Jilin	1.8	3.0	2.1	0.1
黑龙江	Heilongjiang	1.8	1.9	1.4	0.1
上海	Shanghai	0.4	0.5	…	
江苏	Jiangsu	2.2	3.1	2.2	0.1
浙江	Zhejiang	7.2	10.5	2.4	0.5
安徽	Anhui	11.3	15.8	2.9	0.7
福建	Fujian	2.4	3.0	1.5	0.1
江西	Jiangxi	2.6	4.1	6.8	0.4
山东	Shandong	8.2	11.9	5.6	0.4
河南	Henan	5.8	16.8	8.4	0.7
湖北	Hubei	5.8	11.2	6.0	0.5
湖南	Hunan	5.3	8.7	4.4	0.9
广东	Guangdong	2.5	4.7	2.1	0.1
广西	Guangxi	2.4	4.8	3.6	0.6
海南	Hainan	0.4	0.7	0.2	…
重庆	Chongqing	4.1	4.7	2.3	1.3
四川	Sichuan	15.9	25.4	12.1	2.6
贵州	Guizhou	6.9	10.7	6.9	1.2
云南	Yunnan	6.0	8.4	3.3	1.6
西藏	Tibet	…	…	…	
陕西	Shaanxi	13.8	23.7	8.6	1.4
甘肃	Gansu	7.9	11.6	9.7	2.2
青海	Qinghai	1.1	1.3	0.7	0.0
宁夏	Ningxia	1.4	1.5	1.3	0.2
新疆	Xinjiang	2.8	3.5	1.1	0.2
新疆兵团	Xinjiang Corps	1.0	2.0	0.2	…
黑龙江农垦	Heilongjiang Land Reclamation	0.4	0.5	0.2	

9-20 续表 continued

地区	Region	残疾人扶贫基地建设 Poverty Alleviation bases for PWDs 残疾人扶贫基地(个) Poverty Alleviation Bases for PWDs (unit)	安置残疾人就业(人) Providing Employment for Disabled Persons (person)	扶持带动贫困残疾人(人) Supporting and Leading Disabled Persons (person)	本年度危房改造实际完成(户) Houses Reconstructed for PWDs in 2013 (household)	本年度危房改造项目受益贫困残疾人(人) Poor PWDs who Benefited by House Renovation Project in 2013 (person)
全 国	**National Total**	**6201**	**164155**	**246017**	**122280**	**144359**
北 京	Beijing	128	4575	4444	731	803
天 津	Tianjin	165	2149	3010	109	109
河 北	Hebei	128	2296	6906	3468	4389
山 西	Shanxi	312	5019	6721	1805	2351
内蒙古	Inner Mongolia	98	2213	3154	7473	9152
辽 宁	Liaoning	50	1491	2143	1486	1484
吉 林	Jilin	236	3915	10476	1226	1408
黑龙江	Heilongjiang	171	5335	8875	2392	2659
上 海	Shanghai	58	2174	1776	388	388
江 苏	Jiangsu	446	11608	16951	992	1133
浙 江	Zhejiang	1262	9786	25738	4030	4864
安 徽	Anhui	90	1752	3396	11029	13942
福 建	Fujian	174	4772	10595	3905	5678
江 西	Jiangxi	164	2251	2922	4788	5433
山 东	Shandong	821	16073	28007	3721	4719
河 南	Henan	273	9797	15944	2233	3135
湖 北	Hubei	100	2665	11169	1200	1525
湖 南	Hunan	184	4529	10878	7639	8430
广 东	Guangdong	82	3506	5158	1486	1655
广 西	Guangxi	133	2315	13471	7853	9303
海 南	Hainan	9	127	644	2622	2724
重 庆	Chongqing	100	1378	2097	3355	3655
四 川	Sichuan	343	52991	23184	3046	3660
贵 州	Guizhou	134	975	3548	2306	3226
云 南	Yunnan	107	1301	4415	6435	7270
西 藏	Tibet				74	69
陕 西	Shaanxi	198	3632	10022	4432	5675
甘 肃	Gansu	44	1745	2124	9932	13045
青 海	Qinghai	29	350	390	2554	2621
宁 夏	Ningxia	26	686	2950	283	311
新 疆	Xinjiang	114	2263	4029	15280	15490
新疆兵团	Xinjiang Corps	18	328	808	3407	3428
黑龙江农垦	Heilongjiang Land Reclamation	4	158	72	600	625

9-21 分地区市和市辖区(不含直辖市、县级市)专门协会数（2013年）
Special Associations in Cities and Districts (Excluding Municipalities and Cities at County Level) by Region (2013)

单位：个 (unit)

地区	Region	盲人协会 Associations of Persons with Visual Disability	聋人协会 Associations of Persons with Hearing Disability	肢残人协会 Associations of Persons with Physical Disability	智力残疾人及亲友协会 Associations of Persons with Intellectual Disability and Their Relatives and Friends	精神残疾人及亲友协会 Associations of Persons with Psychiatric Disability and Their Relatives and Friends
全 国	**National Total**	**1190**	**1188**	**1192**	**1148**	**1151**
北 京	Beijing	14	14	14	14	14
天 津	Tianjin	16	16	16	16	16
河 北	Hebei	48	48	48	47	47
山 西	Shanxi	30	30	30	28	28
内蒙古	Inner Mongolia	30	30	30	28	28
辽 宁	Liaoning	74	74	74	74	74
吉 林	Jilin	32	31	32	31	31
黑龙江	Heilongjiang	81	81	81	81	81
上 海	Shanghai	16	16	16	16	16
江 苏	Jiangsu	65	65	65	64	65
浙 江	Zhejiang	38	38	38	24	25
安 徽	Anhui	54	54	55	53	53
福 建	Fujian	33	33	33	29	29
江 西	Jiangxi	24	24	24	24	24
山 东	Shandong	70	70	70	67	67
河 南	Henan	68	68	68	68	68
湖 北	Hubei	48	48	48	43	44
湖 南	Hunan	51	51	51	50	50
广 东	Guangdong	75	75	75	74	74
广 西	Guangxi	49	49	49	49	49
海 南	Hainan	5	5	5	5	5
重 庆	Chongqing	20	20	20	19	19
四 川	Sichuan	66	66	66	65	65
贵 州	Guizhou	19	19	19	19	19
云 南	Yunnan	28	28	28	28	28
西 藏	Tibet	2	1	2	1	1
陕 西	Shaanxi	35	35	35	35	35
甘 肃	Gansu	32	32	32	32	32
青 海	Qinghai	12	12	12	12	12
宁 夏	Ningxia	11	11	11	11	11
新 疆	Xinjiang	25	25	25	24	24
新疆兵团	Xinjiang Corps	10	10	11	8	8
黑龙江农垦	Heilongjiang Land Reclamation	9	9	9	9	9

9-22 分地区县(含县级市)专门协会数（2013年）

Special Associations in Counties (Inc. Cities at County Level) by Region (2013)

单位：个 (unit)

地 区	Region	盲人协会 Associations of Persons with Visual Disability	聋人协会 Associations of Persons with Hearing Disability	肢残人协会 Associations of Persons with Physical Disability	智力残疾人及亲友协会 Associations of Persons with Intellectual Disability and Their Relatives and Friends	精神残疾人及亲友协会 Associations of Persons with Psychiatric Disability and Their Relatives and Friends
全 国	**National Total**	**1920**	**1909**	**1925**	**1853**	**1852**
北 京	Beijing	2	2	2	2	2
天 津	Tianjin	3	3	3	3	3
河 北	Hebei	135	135	135	134	134
山 西	Shanxi	76	76	76	75	74
内蒙古	Inner Mongolia	83	83	83	77	77
辽 宁	Liaoning	44	44	44	44	44
吉 林	Jilin	40	40	40	40	40
黑龙江	Heilongjiang	64	64	64	64	64
上 海	Shanghai	1	1	1	1	1
江 苏	Jiangsu	43	43	43	43	43
浙 江	Zhejiang	54	53	55	39	39
安 徽	Anhui	55	54	56	52	51
福 建	Fujian	58	58	58	50	50
江 西	Jiangxi	61	61	61	60	60
山 东	Shandong	89	84	87	81	81
河 南	Henan	108	108	108	108	108
湖 北	Hubei	63	62	63	57	57
湖 南	Hunan	81	81	81	79	79
广 东	Guangdong	69	69	69	69	69
广 西	Guangxi	75	75	75	75	75
海 南	Hainan	12	12	12	12	12
重 庆	Chongqing	19	18	19	17	17
四 川	Sichuan	121	121	121	120	120
贵 州	Guizhou	71	71	73	70	70
云 南	Yunnan	107	107	109	102	102
西 藏	Tibet	3	2	2	2	3
陕 西	Shaanxi	83	83	83	81	82
甘 肃	Gansu	67	67	67	67	67
青 海	Qinghai	42	42	42	42	42
宁 夏	Ningxia	8	8	8	7	7
新 疆	Xinjiang	81	81	81	78	78
新疆兵团	Xinjiang Corps	3	2	5	3	2
黑龙江农垦	Heilongjiang Land Reclamation	99	99	99	99	99

9-23 分地区盲人按摩情况(2013年)
Blind Massage by Region (2013)

地 区	Region	保健按摩人员培训(人) Blind Health-care Masseurs Trained (person)	医疗按摩人员培训(人) Blind Therapeutical Masseurs Trained (person)	按摩机构(个) Institutions of Blind Massage (unit)	
				医疗按摩机构 Therapeutical Blind Massage Clinics	保健按摩机构 Health-care Blind Massage Houses
全 国	**National Total**	**20111**	**5694**	**936**	**14704**
北 京	Beijing	1115	23	2	409
天 津	Tianjin	36	22	4	164
河 北	Hebei	1100	1076	56	426
山 西	Shanxi	656	151	51	383
内蒙古	Inner Mongolia	332	155	42	262
辽 宁	Liaoning	541	152	26	1108
吉 林	Jilin	1092	321	40	287
黑龙江	Heilongjiang	280	50	40	230
上 海	Shanghai	341	16		113
江 苏	Jiangsu	775	86	26	946
浙 江	Zhejiang	643	257	29	1060
安 徽	Anhui	1013	69	90	305
福 建	Fujian	523	472	7	262
江 西	Jiangxi	619	295	70	532
山 东	Shandong	800	275	77	1236
河 南	Henan	2092	674	90	517
湖 北	Hubei	671	286	49	790
湖 南	Hunan	1302	194	17	531
广 东	Guangdong	896	282	8	752
广 西	Guangxi	609	64	7	155
海 南	Hainan	195	30	2	146
重 庆	Chongqing	298	143	9	703
四 川	Sichuan	1064	58	42	1381
贵 州	Guizhou	467	27	4	370
云 南	Yunnan	597	88	11	656
西 藏	Tibet	13	13		17
陕 西	Shaanxi	1016	85	79	304
甘 肃	Gansu	371	112	28	209
青 海	Qinghai	266	68	3	203
宁 夏	Ningxia	174	60	1	117
新 疆	Xinjiang	196	90	18	102
新疆兵团	Xinjiang Corps	18		7	26
黑龙江农垦	Heilongjiang Land Reclamation			1	2

9-24 分地区省级文化体育情况（2013年）
Culture and Sports Activities at Provincial Level by Region (2013)

地 区	Region	盲文及盲人有声读物阅览室（个） Reading Rooms with Braille and Audio Reading Materials (unit)	体 育 Sports 残疾人群众体育健身活动（次） Massive Sports and Fitness Activities for PWDs (time)	群体活动参加人数（人次） Participants in Mass Activities (person-time)	残疾人体育比赛（次） Sports Events for PWDs (time)	参赛残疾运动员（人次） Disabled Athletes Participating in the Sports Events (person-time)	残疾人体育基地（个） Sports Training Bases for PWDs (unit)	残疾人体育训练基地在编人员（人） Full-time Staff at Sports Training Bases for PWDs (person)	聘任教练员（人） Stable Coaches (person)
全 国	**National Total**	**69**	**254**	**58239**	**114**	**13139**	**207**	**542**	**700**
北 京	Beijing	6	25	15200	15	392	10	65	30
天 津	Tianjin	2	11	4860	8	2500	5	42	18
河 北	Hebei	1	16	650	20	700	16	50	53
山 西	Shanxi	2	4	350	2	294			18
内蒙古	Inner Mongolia	1	5	150			2	18	5
辽 宁	Liaoning	1					28	50	25
吉 林	Jilin	5	3	2000	2	300	16	46	10
黑龙江	Heilongjiang	1	2	480	2	200	3	3	8
上 海	Shanghai	1	27	4200	21	4500	5	16	160
江 苏	Jiangsu	1	8	3210	2	532	1	20	31
浙 江	Zhejiang	1	4	1000	2	350	6	60	25
安 徽	Anhui	1			5	182	1	6	15
福 建	Fujian	2	30	2800	1	200	15	38	58
江 西	Jiangxi	1	3	620	1	210	2	8	13
山 东	Shandong	1					4	36	12
河 南	Henan	3	3	1500			6	6	10
湖 北	Hubei	20	24	2500	1	100	10	10	24
湖 南	Hunan	6	7	345	3	512	8	8	16
广 东	Guangdong	2	8	1130	8	430	12		27
广 西	Guangxi	1	1	92	1	272	1		11
海 南	Hainan	1	3	180	1	167			
重 庆	Chongqing	1	3	1780	1	65	5	5	15
四 川	Sichuan		5	4000	1	72	5	5	33
贵 州	Guizhou		1	30			4	8	11
云 南	Yunnan	1	2	1237					18
西 藏	Tibet		1	10					
陕 西	Shaanxi	1	43	3800	8	213	25	25	12
甘 肃	Gansu	1	2	3000	4	148	9	9	17
青 海	Qinghai	1	8	2000	5	800	1	1	6
宁 夏	Ningxia	1	1	750			2	2	5
新 疆	Xinjiang	3	2	200			5	5	12
新疆兵团	Xinjiang Corps		2	165					2
黑龙江农垦	Heilongjiang Land Reclamation								

9-25 分地区地市级文化体育情况（2013年）
Culture and Sports Activities at Prefecture Level by Region (2013)

地 区	Region	盲文及盲人有声读物阅览室（个）Reading Rooms with Braille and Audio Reading Materials (unit)	残疾人体育活动（次）Sports Activity of PWDs (time)	残疾人体育活动参加残疾人（人次）Participants with Disabilities in Sports Activity of PWDs (person-time)	残疾人群众体育活动示范点（个）Sports Activity Demonstration Sites for PWDs (unit)	残疾人体育健身指导员（人）Coaches for Fitness Activity for PWDs (person)
全 国	**National Total**	**527**	**4568**	**635535**	**1591**	**11574**
北 京	Beijing	18	1350	88696	79	528
天 津	Tianjin	22	176	7209	39	356
河 北	Hebei	18	129	14600	121	1280
山 西	Shanxi	13	67	1923	32	273
内蒙古	InnerMongolia	19	17	3052	19	37
辽 宁	Liaoning	22	107	45132	54	612
吉 林	Jilin	9	100	8539	170	598
黑龙江	Heilongjiang	27	21	4293	5	237
上 海	Shanghai	41	1044	272821	202	469
江 苏	Jiangsu	17	96	7772	95	68
浙 江	Zhejiang	14	71	7843	135	984
安 徽	Anhui	23	92	4934	49	349
福 建	Fujian	33	60	4134	38	611
江 西	Jiangxi	9	11	715	4	12
山 东	Shandong	23	104	8526	56	288
河 南	Henan	17	56	7425	19	974
湖 北	Hubei	11	211	13165	63	191
湖 南	Hunan	26	121	8675	51	584
广 东	Guangdong	39	96	10806	42	373
广 西	Guangxi	6	30	3554	13	192
海 南	Hainan	1	2	100	3	2
重 庆	Chongqing	19	336	31795	104	427
四 川	Sichuan	38	74	4976	113	1604
贵 州	Guizhou	8	10	1064	3	31
云 南	Yunnan	12	39	1469	12	43
西 藏	Tibet					
陕 西	Shaanxi	17	64	3149	28	83
甘 肃	Gansu	10	36	63975	16	202
青 海	Qinghai	4	5	220	1	2
宁 夏	Ningxia	5	9	458	19	51
新 疆	Xinjiang	5	18	2973	4	26
新疆兵团	Xinjiang Corps	1	16	1542	2	87
黑龙江农垦	Heilongjiang Land Reclamation					

9-26 分地区法规体系和政策文件(2013年)

Policy Laws and Regulations by Region (2013)

单位：个 (unit)

地 区	Region	制定或修改关于残疾人的专门法规、规章 Laws and Regulations Enacted or Reviewed Specially for PWDs	省级 Provincial Level	地市级 Prefectural/ City Level	制定或修改保障残疾人权益的规范性文件 Regulations Enacted Or Reviewed Directly Related to PWDs	省级 Provincial Level	地市级 Prefectural/ City Level	县级 County Level
全 国	**National Total**	**31**	**5**	**26**	**543**	**30**	**76**	**437**
北 京	Beijing							
天 津	Tianjin				15	12		3
河 北	Hebei	3	1	2	51	5	7	39
山 西	Shanxi	1		1	12		2	10
内蒙古	Inner Mongolia				5			5
辽 宁	Liaoning	2		2	7		1	6
吉 林	Jilin	1		1	17		3	14
黑龙江	Heilongjiang	1		1	1			1
上 海	Shanghai				4			4
江 苏	Jiangsu				34		2	32
浙 江	Zhejiang	3	1	2	51	2	7	42
安 徽	Anhui				9		4	5
福 建	Fujian				7		7	
江 西	Jiangxi	2		2	22		5	17
山 东	Shandong	4	1	3	67	1	8	58
河 南	Henan	1		1	17	1	6	10
湖 北	Hubei	2		2	13		2	11
湖 南	Hunan				20		2	18
广 东	Guangdong				12		5	7
广 西	Guangxi				11		2	9
海 南	Hainan							
重 庆	Chongqing				19	1		18
四 川	Sichuan	2	1	1	47	3	4	40
贵 州	Guizhou	1		1	8	1		7
云 南	Yunnan				7		1	6
西 藏	Tibet				2			2
陕 西	Shaanxi				2			2
甘 肃	Gansu	5	1	4	70		8	62
青 海	Qinghai				6	4		2
宁 夏	Ningxia	2		2	4			4
新 疆	Xinjiang	1		1	3			3
新疆兵团	Xinjiang Corps							
黑龙江农垦	Heilongjiang Land Reclamation							

9-27 分地区执法检查情况（2013年）

Inspection on Law Enforcement by Region (2013)

单位：次 (time)

地区	Region	人大执法检查或专题调研 Inspections and Investigations by Officials of People's Congresses				政协视察或专题调研 Inspection and Investigations by People's Political Consultative Conferences			
		合计 Total	省级 Provincial Level	地市级 Prefecture/City Level	县级 County Level	合计 Total	省级 Provincial Level	地市级 Prefecture/City Level	县级 County Level
全国	**National Total**	**799**	**16**	**114**	**669**	**746**	**12**	**102**	**632**
北京	Beijing	5			5	4			4
天津	Tianjin	11	1		10	2			2
河北	Hebei	67	1	8	58	56	1	5	50
山西	Shanxi	42		7	35	29		3	26
内蒙古	Inner Mongolia	14		1	13	11			11
辽宁	Liaoning	24		4	20	22		4	18
吉林	Jilin	13			13	10			10
黑龙江	Heilongjiang	15		4	11	16	2	3	11
上海	Shanghai	8	5		3	2	1		1
江苏	Jiangsu	45	1	6	38	45		6	39
浙江	Zhejiang	58		7	51	84	1	11	72
安徽	Anhui	30	1	4	25	39	1	8	30
福建	Fujian	26		4	22	32		4	28
江西	Jiangxi	25	1	3	21	23	2	3	18
山东	Shandong	76		14	62	56		7	49
河南	Henan	29	1	9	19	28		6	22
湖北	Hubei	39	1	10	28	36	1	9	26
湖南	Hunan	36		2	34	33		3	30
广东	Guangdong	19		5	14	14		10	4
广西	Guangxi	8		2	6	4		1	3
海南	Hainan	4		2	2	2			2
重庆	Chongqing	21			21	29			29
四川	Sichuan	41	1	5	35	60	1	9	50
贵州	Guizhou	19	1	2	16	7		1	6
云南	Yunnan	26		4	22	21			21
西藏	Tibet	1	1						
陕西	Shaanxi	12		1	11	12	1		11
甘肃	Gansu	56		8	48	43	1	5	37
青海	Qinghai	9			9	9		2	7
宁夏	Ningxia	6		1	5	6		1	5
新疆	Xinjiang	14	1	1	12	11		1	10
新疆兵团	Xinjiang Corps								
黑龙江农垦	Heilongjiang Land Reclamation								

9-28 分地区法律服务和法律援助（2013年）
Legal Service and Legal Aid by Region (2013)

地区	Region	残疾人法律援助中心(工作站)（个）Legal Aid Centers (Station) for PWDs (unit)				残疾人法律援助中心(工作站)办理的案件（件）Cases Handled by Legal Aid Centers(Stations) (case)			
		合计 Total	省级 Provincial Level	地市级 Prefecture/City Level	县级 County Level	合计 Total	省级 Provincial Level	地市级 Prefecture/City Level	县级 County Level
全国	**National Total**	**3096**	**28**	**332**	**2736**	**23498**	**433**	**5708**	**17357**
北京	Beijing	17	1		16	337	6		331
天津	Tianjin								
河北	Hebei	186	1	11	174	2471	29	1177	1265
山西	Shanxi	120		10	110	674		357	317
内蒙古	Inner Mongolia	102	1	12	89	359	1	52	306
辽宁	Liaoning	115	1	14	100	989	2	252	735
吉林	Jilin	66	1	8	57	396	10	48	338
黑龙江	Heilongjiang	119	1	13	105	857	20	221	616
上海	Shanghai	18	1		17	210			210
江苏	Jiangsu	111	1	13	97	948	3	132	813
浙江	Zhejiang	98	1	11	86	1009	5	159	845
安徽	Anhui	115	1	15	99	1132	12	184	936
福建	Fujian	93	1	9	83	993	8	217	768
江西	Jiangxi	94	1	9	84	804	13	161	630
山东	Shandong	152	1	17	134	1453	1	508	944
河南	Henan	165	1	17	147	712	7	219	486
湖北	Hubei	95	1	13	81	1369	195	231	943
湖南	Hunan	118	1	13	104	753	9	72	672
广东	Guangdong	124	1	20	103	624	5	247	372
广西	Guangxi	119	1	14	104	606	1	93	512
海南	Hainan	17		2	15	75		16	59
重庆	Chongqing	41	1		40	1271			1271
四川	Sichuan	139	1	15	123	1074	4	101	969
贵州	Guizhou	85	1	7	77	200	1	12	187
云南	Yunnan	134	1	14	119	836	8	100	728
西藏	Tibet	8	1	7		2		2	
陕西	Shaanxi	107	1	9	97	646	11	411	224
甘肃	Gansu	95	1	15	79	939	2	72	865
青海	Qinghai	55	1	8	46	154	3	19	132
宁夏	Ningxia	25		5	20	372		284	88
新疆	Xinjiang	87	1	9	77	751	2	171	578
新疆兵团	Xinjiang Corps	166	1	14	151	339	75	180	84
黑龙江农垦	Heilongjiang Land Reclamation	110		8	102	143		10	133

9-29 分地区无障碍建设情况(2013年)
Accessibility Environment Building by Region (2013)

单位：个 (unit)

地 区	Region	无障碍建设与管理法规、政府令 Regulations and Decrees on Accessible Environment Building and Management				系统开展无障碍建设市、县 Cities (Prefectures) and Counties That Systematic Accessibility Construction Has Been Carried out		
		合 计 Total	省 级 Provincial Level	地市级 Prefecture/City Level	县 级 County Level	合 计 Total	地市级 Prefecture/City Level	县 级 County Level
全 国	**National Total**	**444**	**11**	**87**	**346**	**1419**	**210**	**1209**
北 京	Beijing	2	2			16		16
天 津	Tianjin	9	1		8	16	16	
河 北	Hebei	44	1	5	38	183	11	172
山 西	Shanxi	9		1	8	68	11	57
内蒙古	Inner Mongolia	5			5	62	6	56
辽 宁	Liaoning	6		4	2	5	4	1
吉 林	Jilin	12		4	8	12	4	8
黑龙江	Heilongjiang	4			4	27	4	23
上 海	Shanghai	5	1		4	17		17
江 苏	Jiangsu	22		11	11	61	13	48
浙 江	Zhejiang	24		3	21	26	2	24
安 徽	Anhui	10	1	2	7	77	16	61
福 建	Fujian	24		5	19	48	9	39
江 西	Jiangxi	7		2	5	58	11	47
山 东	Shandong	32	1	5	26	56	5	51
河 南	Henan	29		6	23	58	5	53
湖 北	Hubei	6		3	3	76	17	59
湖 南	Hunan	22		7	15	6	6	
广 东	Guangdong	30	1	9	20	65	10	55
广 西	Guangxi	11		2	9	125	14	111
海 南	Hainan					2	2	
重 庆	Chongqing	6			6	38		38
四 川	Sichuan	23	2		21	35	7	28
贵 州	Guizhou	14		2	12	26	2	24
云 南	Yunnan	18		3	15	74	5	69
西 藏	Tibet							
陕 西	Shaanxi	13		2	11	43	3	40
甘 肃	Gansu	39	1	8	30	101	15	86
青 海	Qinghai	1			1	11	3	8
宁 夏	Ningxia	5		1	4	23	5	18
新 疆	Xinjiang	10			10	2	2	
新疆兵团	Xinjiang Corps							
黑龙江农垦	Heilongjiang Land Reclamation	2		2		2	2	

9-30 分地区贫困残疾人家庭无障碍改造(2013年)

Accessibility Renovation for Homes of Poor Disabled Persons by Region (2013)

单位：户 (household)

地 区	Region	贫困残疾人家庭无障碍改造 Accessibility Renovation for Homes of Poor Disabled Persons 合计 Total	省级 Provincial Level	地市级 Prefecture/City Level	县级 County Level
全 国	**National Total**	**135838**	**10786**	**8174**	**116878**
北 京	Beijing	15825			15825
天 津	Tianjin	1584			1584
河 北	Hebei	1983		319	1664
山 西	Shanxi	1989			1989
内蒙古	Inner Mongolia	6873		200	6673
辽 宁	Liaoning	8533		120	8413
吉 林	Jilin	890		120	770
黑龙江	Heilongjiang	3490		20	3470
上 海	Shanghai	2921	666		2255
江 苏	Jiangsu	16525			16525
浙 江	Zhejiang	7131		1761	5370
安 徽	Anhui	1271		220	1051
福 建	Fujian	3853		45	3808
江 西	Jiangxi	1131		72	1059
山 东	Shandong	18613	8300	545	9768
河 南	Henan	2003		272	1731
湖 北	Hubei	2467	1000	519	948
湖 南	Hunan	1861		50	1811
广 东	Guangdong	6560	200	2332	4028
广 西	Guangxi	3780		11	3769
海 南	Hainan	551		115	436
重 庆	Chongqing	3952			3952
四 川	Sichuan	12688		545	12143
贵 州	Guizhou	1185	600	50	535
云 南	Yunnan	1241			1241
西 藏	Tibet	202		87	115
陕 西	Shaanxi	1091		200	891
甘 肃	Gansu	1218		40	1178
青 海	Qinghai	1198		38	1160
宁 夏	Ningxia	1162		343	819
新 疆	Xinjiang	1717		75	1642
新疆兵团	Xinjiang Corps	200		75	125
黑龙江农垦	Heilongjiang Land Reclamation	150	20		130

9-31 分地区基层残疾人组织建设情况（2013年）
Disabled Persons' Federations at Grassroots Level by Region (2013)

地区	Region	乡、镇、街道残联 Disabled Persons' Federations in Township (Town, Street)		村、社区残疾人组织 Disabled Persons' Organizations in Villages and Communities		
		残联数（个） Disabled Persons' Federations (unit)	助残志愿者登记在册数（万人） Registered Volunteers Assisting the Disabled (10 000 persons)	村委会残疾人协会(小组)数（个） Disabled Persons' Associations in Villages (unit)	社区残疾人协会数（个） Disabled Persons' Associations in Communities (unit)	助残志愿者登记在册数（万人） Registered Volunteers Assisting the Disabled (10 000 persons)
全　国	**National Total**	**39666**	**155.6**	**514622**	**66609**	**139.4**
北　京	Beijing	323	0.4	3594	2039	0.6
天　津	Tianjin	242	7.6	3352	1259	7.1
河　北	Hebei	2271	15.3	48413	3006	11.3
山　西	Shanxi	1459	1.6	20678	1620	1.9
内蒙古	Inner Mongolia	1102	0.9	10891	1835	
辽　宁	Liaoning	1513	1.8	11536	3866	3.3
吉　林	Jilin	911	6.1	9355	1507	6.9
黑龙江	Heilongjiang	1319	14.6	6981	2154	9.8
上　海	Shanghai	218	0.4	1274	2778	
江　苏	Jiangsu	1337	4.9	15676	4701	7.1
浙　江	Zhejiang	1309	1.7	17700	2396	2.4
安　徽	Anhui	1478	0.7	13034	2116	2.1
福　建	Fujian	1077	4.9	12743	1756	3.2
江　西	Jiangxi	1556	2.6	15451	2216	1.7
山　东	Shandong	1805	12.5	60886	4468	6.2
河　南	Henan	2355	17.9	43407	3310	20.3
湖　北	Hubei	1251	3.4	20390	2786	3.9
湖　南	Hunan	2407	8.8	36618	3070	11.1
广　东	Guangdong	1605	22.2	18082	5014	12.9
广　西	Guangxi	1237	0.8	14279	1428	0.7
海　南	Hainan	227	0.6	2367	276	
重　庆	Chongqing	1012	0.9	8734	1862	0.7
四　川	Sichuan	4302	7.0	39855	3765	8.0
贵　州	Guizhou	1425	3.1	12363	842	1.2
云　南	Yunnan	1360	0.6	12615	1397	
西　藏	Tibet					
陕　西	Shaanxi	1543	2.9	26353	1803	6.5
甘　肃	Gansu	1369	9.0	16089	1125	6.7
青　海	Qinghai	404	0.1	4165	350	
宁　夏	Ningxia	225	2.0	1660	339	1.4
新　疆	Xinjiang	1016	0.3	6081	1519	
新疆兵团	Xinjiang Corps	7	0.1		3	
黑龙江农垦	Heilongjiang Land Reclamation	1			3	

9-32 分地区残疾人服务设施建设(2013年)
Service Facilities for PWDs by Region (2013)

地区	Region	已投入使用综合服务设施 Comprehensive Service Facilities in Operation			已投入使用康复设施 Rehabilitation Service Facilities in Operation			已投入使用托养设施 Fostering Service Facilities in Operation		
		项目个数(个) Number of Projects (unit)	建设规模(平方米) Construction Area (Square meters)	总投资(万元) Total Investment (10 000 Yuan)	项目个数(个) Number of Projects (unit)	建设规模(平方米) Construction Area (Square meters)	总投资(万元) Total Investment (10 000 Yuan)	项目个数(个) Number of Projects (unit)	建设规模(平方米) Construction Area (Square meters)	总投资(万元) Total Investment (10 000 Yuan)
全 国	**National Total**	**2094**	**4241338**	**1195573.4**	**542**	**1007332**	**327475.1**	**353**	**782398**	**195743.5**
北 京	Beijing	4	55621	29679.5	3	13221	8273.7			
天 津	Tianjin	24	88532	46817.3	8	9550	1966.0	16	10613	3866.0
河 北	Hebei	146	145790	28347.7	7	33979	8178.1	8	31219	5550.1
山 西	Shanxi	52	108182	28489.8	32	71946	17293.4	1	2000	400.0
内蒙古	Inner Mongolia	65	54516	8906.8	2	4005	430.0	4	4496	500.0
辽 宁	Liaoning	126	249023	81402.2	13	57927	11813.9	16	22898	10368.5
吉 林	Jilin	45	77648	19854.4	8	27941	10356.0	1	3345	1452.0
黑龙江	Heilongjiang	101	108296	36933.9	3	4246	307.0	3	10817	3346.0
上 海	Shanghai	6	11497	6738.5	1	49734	45000.0			
江 苏	Jiangsu	73	405092	139575.1	47	119259	30456.0	40	174136	54361.0
浙 江	Zhejiang	71	429389	158245.1	21	136598	40983.4	12	89766	32383.0
安 徽	Anhui	71	142314	44092.1	4	11932	2318.0			
福 建	Fujian	78	152741	50529.7	208	26808	3935.3	40	54247	10362.2
江 西	Jiangxi	20	29213	7367.0	7	11520	6406.0	2	650	65.0
山 东	Shandong	136	333071	66015.9	27	78168	27728.0	25	74631	20986.0
河 南	Henan	134	178147	28293.8	6	44942	9304.0	2	5400	1500.0
湖 北	Hubei	68	107958	22566.5	11	22737	4445.0	28	32938	5079.5
湖 南	Hunan	93	121628	23428.9	18	16645	3245.5	32	28568	3384.1
广 东	Guangdong	85	342616	109419.6	49	90618	25771.8	33	45321	8842.1
广 西	Guangxi	94	129906	21962.4	1	660	125.0	2	920	70.2
海 南	Hainan	7	6306	1731.0						
重 庆	Chongqing	28	85417	25116.2	4	4613	1200.0	1	68	197.9
四 川	Sichuan	82	185735	52203.4	25	112549	55821.0	9	20732	4214.7
贵 州	Guizhou	59	52786	8872.2	3	11397	2519.9	1	1640	252.0
云 南	Yunnan	126	158312	25964.2						
西 藏	Tibet									
陕 西	Shaanxi	76	146942	31195.3	19	29026	4492.7	37	93257	12396.3
甘 肃	Gansu	92	97181	30511.2	2	1300	347.0	4	10575	1864.0
青 海	Qinghai	31	17911	4011.2	3	4088	973.0			
宁 夏	Ningxia	17	29792	6957.1						
新 疆	Xinjiang	68	177847	48768.6	8	5350	1657.0	7	10302	2326.0
新疆兵团	Xinjiang Corps	10	6983	968.0	2	6574	2128.5	27	45338	6629.9
黑龙江农垦	Heilongjiang Land Reclamation	6	4949	608.6				2	8521	5347.0

9-33 分地区残疾人人口基础数据库主要数据
Brief Data of the National Basic Information Database of Persons with Disabilities by Region

单位：万人 (10 000 persons)

地区	Region	入库残疾人 PWDs in the Database	已办理残疾人证 PWDs with Disabled Persons Certificate	视力残疾人 Persons with Visual Disability	听力残疾人 Persons with Hearing Disability	言语残疾人 Persons with Speech Disability	肢体残疾人 Persons with Physical Disability	智力残疾人 Persons with Mental Disability	精神残疾人 Persons with Psychiatric Disability	多重残疾人 Persons with Multiple Disabilities
全国	**National Total**	**4020.02**	**2811.51**	**336.53**	**221.14**	**52.93**	**1653.47**	**230.79**	**196.18**	**120.47**
北京	Beijing	49.40	45.89	4.90	3.08	0.28	26.12	5.08	4.68	1.74
天津	Tianjin	26.41	24.23	2.24	1.58	0.35	14.75	2.75	2.28	0.30
河北	Hebei	238.73	152.29	14.04	10.97	3.99	100.20	11.47	6.40	5.22
山西	Shanxi	109.79	78.92	8.29	6.21	1.79	49.52	7.04	3.53	2.54
内蒙古	Inner Mongolia	113.88	69.25	7.25	6.34	1.60	42.32	5.56	3.54	2.65
辽宁	Liaoning	117.26	83.32	8.91	6.26	0.87	46.50	10.12	7.83	2.83
吉林	Jilin	78.66	64.50	7.26	5.24	1.19	37.96	5.87	4.89	2.09
黑龙江	Heilongjiang	90.30	80.69	8.55	6.33	1.13	50.58	6.57	4.98	2.57
上海	Shanghai	56.62	39.12	7.28	3.69	0.43	17.27	5.73	4.65	0.07
江苏	Jiangsu	286.61	134.76	16.63	8.21	0.91	75.62	17.20	12.11	4.08
浙江	Zhejiang	101.10	100.95	11.15	11.85	1.62	53.98	10.14	9.33	2.88
安徽	Anhui	208.44	138.58	15.97	8.97	2.91	74.65	12.84	14.33	8.92
福建	Fujian	110.00	104.66	17.15	16.66	1.26	50.07	8.01	6.88	4.63
江西	Jiangxi	107.26	88.55	9.94	7.05	1.35	51.43	7.00	7.26	4.52
山东	Shandong	232.72	190.38	15.99	12.37	2.48	121.14	16.78	13.25	8.36
河南	Henan	387.15	167.47	15.73	12.63	4.88	108.64	14.05	6.73	4.80
湖北	Hubei	162.08	105.32	13.87	6.51	2.96	57.86	8.68	9.99	5.45
湖南	Hunan	227.43	114.18	14.46	5.73	2.37	68.25	8.52	8.20	6.65
广东	Guangdong	157.77	112.96	11.28	7.92	2.10	60.42	11.16	13.76	6.33
广西	Guangxi	202.39	139.80	19.35	13.47	2.25	85.07	6.44	6.21	7.02
海南	Hainan	14.94	13.46	1.51	0.46	0.26	7.77	1.12	1.66	0.67
重庆	Chongqing	85.38	76.43	12.42	4.36	1.27	42.85	6.14	6.60	2.80
四川	Sichuan	267.35	202.68	30.39	14.51	3.57	122.21	13.59	12.44	5.97
贵州	Guizhou	137.51	82.21	10.49	4.51	1.76	54.36	3.77	2.54	4.78
云南	Yunnan	124.26	109.07	14.76	7.78	2.76	66.82	5.98	6.16	4.82
西藏	Tibet	6.90	6.80	1.13	0.71	0.35	3.35	0.21	0.40	0.64
陕西	Shaanxi	142.72	133.67	16.75	14.95	3.01	77.75	6.97	6.72	7.52
甘肃	Gansu	70.53	61.76	6.84	4.66	1.11	36.36	4.84	3.01	4.95
青海	Qinghai	14.68	13.79	1.74	1.67	0.32	7.59	1.08	0.36	1.03
宁夏	Ningxia	27.93	21.92	2.77	2.14	0.42	12.52	1.78	1.31	0.99
新疆	Xinjiang	53.47	44.19	6.32	3.69	1.21	24.31	3.34	2.95	2.38
新疆兵团	Xinjiang Corps	3.35	3.21	0.35	0.22	0.06	1.77	0.33	0.40	0.08
黑龙江农垦	Heilongjiang Land Reclamation	6.99	6.47	0.83	0.43	0.08	3.48	0.63	0.82	0.20

注：1.数据为截止到2013年12月31日全国残疾人人口基础数据库入库数据。
a)Data in this table is the data in the PWDs Database by December 31,2013.

十、公共管理和社会组织

Public Administration and Membership Organization

10-1 历届全国人民代表大会代表人数

Number of Deputies to All the Previous National People's Congresses

单位：人 (person)

届别	Congress	年份 Year	代表总数 Total Number of Deputies	#女代表 Female Deputies	#少数民族代表 Ethnic Minority Deputies	占代表总数比重(%) As Percentage to Total Deputies (%) 女代表 Female Deputies	少数民族代表 Ethnic Minority Deputies
一　届	First Congress	1954	1226	147	177	12.0	14.4
二　届	Second Congress	1959	1226	150	180	12.2	14.7
三　届	Third Congress	1964	3040	542	373	17.8	12.3
四　届	Fourth Congress	1975	2885	653	270	22.6	9.4
五　届	Fifth Congress	1978	3497	740	381	21.2	10.9
六　届	Sixth Congress	1983	2978	632	404	21.2	13.6
七　届	Seventh Congress	1988	2970	634	445	21.3	15.0
八　届	Eighth Congress	1993	2978	626	439	21.0	14.7
九　届	Ninth Congress	1998	2979	650	428	21.8	14.4
十　届	Tenth Congress	2003	2984	604	415	20.2	13.9
十一届	Eleventh Congress	2008	2987	637	411	21.3	13.8
十二届	Twelfth Congress	2013	2987	699	409	23.4	13.7

10-2 历届全国政治协商会议委员人数

Number of Deputies to All the Previous Chinese People's Political Consultative Conferences

单位：人 (person)

届别	Congress	年份 Year	委员总数 Total Number of Deputies	#中国共产党委员 Deputies from the Communist Party of China	#少数民族委员 Ethnic Minority Deputies	占委员总数比重(%) As Percentage to Total Deputies (%) 中国共产党委员 Deputies from the Communist Party of China	少数民族委员 Ethnic Minority Deputies
六　届	Sixth Congress	1983	2042	811	179	39.7	8.8
七　届	Seventh Congress	1988	2038	832	221	40.8	10.8
八　届	Eighth Congress	1993	2093	831	241	39.7	11.5
九　届	Ninth Congress	1998	2195	875	258	39.9	11.8
十　届	Tenth Congress	2003	2238	895	262	40.0	11.7
十一届	Eleventh Congress	2008	2237	892	250	39.9	11.2
十二届	Twelfth Congress	2013	2237	893	258	39.9	11.5

10-3 公安机关立案的刑事案件及构成

Criminal Cases Registered in Public Security Organs and Its Composition

案件类别	Category of Cases	立 案 (起) Number of Cases Registered (case)		构 成 (%) Composition (%)	
		2012	2013	2012	2013
合计	**Total**	**6551440**	**6598247**	**100.00**	**100.00**
杀人	Homicide	11286	10640	0.17	0.16
伤害	Injury	163620	161910	2.50	2.45
抢劫	Robbery	180159	146193	2.75	2.22
强奸	Rape	33835	34102	0.52	0.52
拐卖妇女儿童	Abducting Women or Children	18532	20735	0.28	0.31
盗窃	Larceny	4284670	4506414	65.40	68.30
诈骗	Fraud	555823	676771	8.48	10.26
走私	Smuggling	1575	1853	0.02	0.03
伪造、变造货币,出售、购买、运输、持有、使用假币	Forging Currency, Selling, Buying, Transporting, Holding and Using Counterfeit Currency	2194	768	0.03	0.01
其他	Others	1299746	1038861	19.85	15.74

注：2013年共破获刑事案件 2647659 起。

a) The solved criminal cases in 2013 are 2647659 cases.

10-4 公安机关受理和查处治安案件数(2013年)
Cases of Offence Against Public Order Handled by Public Security Organs (2013)

案件类别	Category of Cases	受理 (起) Number of Cases Accepted to be Treated (case)	查处 (起) Number of Cases Investigated and Treated (case)	每万人口受理案件数 (起) Number of Cases Accepted per 10 000 Population (case/10 000 persons)
合计	**Total**	**13307501**	**12746493**	**97.3**
扰乱单位秩序	Disturbing Business Orders	130652	128897	1.0
扰乱公共场所秩序	Disturbing the Orders in Public Places	464682	460004	3.4
寻衅滋事	Causing Quarrels and Making Troubles	90037	85183	0.7
阻碍执行职务	Obstructing Government Workers in Performing Their Duties	33229	32566	0.2
非法携带枪支、弹药、管制工具	Violation of Firearms Control Regulations	63802	63015	0.5
违反危险物质管理规定	Violation of Explosives Control Regulations	19579	19088	0.1
殴打他人	Battering Other Persons	4119105	3992598	30.1
故意伤害	Willfully Injuring Others	294449	277698	2.2
盗窃	Stealing Property	2161720	1920436	15.8
敲诈勒索	Extortion and Blackmail	16079	14137	0.1
抢夺	Robbery and Snatch	30111	24768	0.2
盗窃、损毁公共设施	Stealing and Damaging Public Facilities	12573	11239	0.1
伪造、变造、倒卖有价票证、凭证	Forge/alter/scalp Valuable Coupons or Certificates	7174	7050	0.1
违反旅馆业管理	Violating the Hotel Management Regulations	135868	134759	1.0
违反房屋出租管理	Violating the Rent Control Regulations	208415	207604	1.5
诈骗	Swindling, Seizing and Extorting Property	317701	271918	2.3
卖淫、嫖娼	Prostitution or Soliciting Prostitutes	84375	83891	0.6
赌博	Gambling	393829	390697	2.9
毒品违法活动	Illegal Drug Related Action	540306	536691	4.0
其他	Others	4183815	4084254	30.6

10-5 交通事故情况（2013年）
Basic Statistics on Traffic Accidents (2013)

类　别	Type	发生数（起）Number of Traffic Accidents (case)	死亡人数（人）Number of Deaths (person)	受伤人数（人）Number of Injuries (person)	直接财产损失（万元）Direct Property Losses (10 000 yuan)
总计	**Total**	**198394**	**58539**	**213724**	**103896.6**
#重大事故	Serious Accidents	16	208	259	258.5
#特大事故	Extraordinarily Serious Accidents				
机动车	Vehicles	183404	55316	198317	100034.1
#汽车	Motor Vehicles	138113	42927	143672	90267.1
摩托车	Motorcycles	40858	10463	50635	7643.0
拖拉机	Tractors	3093	1259	2833	864.9
非机动车	Non-motor-driven Vehicles	12839	2019	14261	2368.8
#自行车	Bicycles	1304	300	1209	316.4
行人乘车人	Pedestrians and Passengers	2088	1185	1086	1479.5
其他	Others	63	19	60	14.2

10-6 各地区交通事故情况（2013年）

Basic Statistics on Traffic Accidents by Region (2013)

地 区	Region	发生数（起）Number of Traffic Accidents (case)	死亡人数（人）Number of Deaths (person)	受伤人数（人）Number of Injuries (person)	直接财产损失（万元）Direct Property Losses (10 000 yuan)
全 国	**National Total**	**198394**	**58539**	**213724**	**103896.6**
北 京	Beijing	3063	860	3359	2805.2
天 津	Tianjin	4313	836	4920	3924.2
河 北	Hebei	5204	2501	4770	3938.3
山 西	Shanxi	5303	2133	5520	2889.6
内蒙古	Inner Mongolia	3643	1096	3514	1607.3
辽 宁	Liaoning	5777	2015	5527	2880.4
吉 林	Jilin	2458	1345	2310	3118.5
黑龙江	Heilongjiang	3283	1158	3294	3760.1
上 海	Shanghai	2011	914	1458	986.2
江 苏	Jiangsu	13395	4679	12177	6764.1
浙 江	Zhejiang	18298	4860	18558	7522.8
安 徽	Anhui	17610	2669	20343	7375.6
福 建	Fujian	8521	2138	9501	3408.1
江 西	Jiangxi	2880	1351	2935	3738.2
山 东	Shandong	12879	3748	11971	4970.6
河 南	Henan	6449	1633	6569	3034.9
湖 北	Hubei	5798	1801	6353	4472.8
湖 南	Hunan	8699	1882	11293	6455.5
广 东	Guangdong	25424	5647	28435	8016.9
广 西	Guangxi	3821	2172	3922	1735.4
海 南	Hainan	1976	493	2720	935.0
重 庆	Chongqing	5642	970	7883	1579.3
四 川	Sichuan	9571	2658	11414	5910.5
贵 州	Guizhou	1241	847	1677	1477.9
云 南	Yunnan	3748	1747	4573	2051.6
西 藏	Tibet	717	290	881	865.1
陕 西	Shaanxi	5952	1800	5452	3696.2
甘 肃	Gansu	2915	1435	3336	1212.2
青 海	Qinghai	1065	532	1233	645.2
宁 夏	Ningxia	1794	400	2179	799.5
新 疆	Xinjiang	4944	1929	5647	1319.3

10-7 人民检察院直接立案侦查案件情况（2013年）

Cases under Direct Investigation by People's Procuratorate (2013)

案件分类	Category of Cases	受案（件）Cases Accepted (case)	立案件数（件）Number of Cases Registered (case)	#大案 Major Case	立案人数（人）Person of Cases Registered (person)	#要案 Key Case	结案件数（件）Number of Cases Settled (case)	结案人数（人）Person of Cases Settled (person)
合计	**Total**	**49044**	**37551**	**27681**	**51306**	**2871**	**35903**	**49225**
贪污	Corruption	14381	9494	6865	16167	370	9199	15647
贿赂	Bribery	18885	15940	13395	18101	1867	14778	16808
挪用公款	Misappropriation of Public Funds	2839	2695	2237	3511	105	2730	3547
集体私分	Collective Illegal Possession of Public Funds	212	160		376	59	186	430
巨额财产来源不明	Unstated Source of Large Amount of Properties	129	15		15	5	3	4
滥用职权	Abuse of Power	4945	3650	2462	5043	296	3401	4718
玩忽职守	Dereliction of Duty	5454	4261	2187	5764	125	4217	5680
徇私舞弊	Fraudulent Practice	1164	638	270	874	26	632	865
其他	Others	1035	698	265	1455	18	757	1526

注：结案中含上年旧存（以下各表同）。

a) Data of cases settled include cases turned over from previous year. The same applies to the tables following.

10-8 人民检察院审查批准、决定逮捕犯罪嫌疑人和提起公诉被告人情况（2013年）

Arrests of Criminal Suspects and Defendants under Public Prosecution Approved by People's Procuratorate (2013)

案件分类	Category of Cases	批捕、决定逮捕合计 Total of Arrests 件 (case)	人 (person)	决定起诉合计 Total of Public Prosecutions 件 (case)	人 (person)
合计	**Total**	**642671**	**896403**	**958727**	**1369865**
危害公共安全案	Offences Against Public Security	46974	51042	194456	201442
破坏社会主义市场经济秩序案	Offences Against Socialist Economic Order	32146	47017	51727	84202
侵犯公民人身、民主权利案	Offences Against Citizens' Personal and Democratic Rights	125158	161807	176505	237959
侵犯财产案	Offences Against Properties	255104	360344	301184	444401
妨害社会管理秩序案	Offences Against Social Management of Order	168062	258530	202172	355250
危害国防利益案	Offences Against National Defense	203	274	247	338
军人违反职责案	Offences on Dereliction of Duty by Servicemen		6	5	5
贪污贿赂案	Offences on Corruption and Bribery	12963	14679	24780	34722
渎职侵权案	Offences on Abuse and Dereliction of Duty	1529	1767	7044	10162
其他	Others	532	937	607	1384

10-9 人民检察院处理申诉案件情况（2013年）
Appeals Handled by People's Procuratorate (2013)

单位：件 (case)

案件分类	Category of Cases	受案 Cases Accepted	立案复查 Cases Registered for Reinvestigation	结案 Cases Settled	#改变原决定 Original Decision Changed
合计	**Total**	**22646**	**15805**	**15268**	**1636**
不服检察机关处理决定	Appeals against Decision of Procuratorate's Offices	9259	6645	6402	1636
不服不批捕	Appeals against Rejection of Arrest	1468	992	980	136
不服不起诉	Appeals against Rejection of Prosecuting	4357	3258	3060	359
不服撤案	Appeals against Withdrawal of the Case	63	42	43	10
不服原免予起诉	Appeals against Original Exemption of Lawsuit	74	52	56	6
其他	Others	3297	2301	2263	1125
不服法院刑事判决裁定	Appeals against Judgment of Criminal Case	13387	9160	8866	
刑罚执行中被害人申诉	Appeals of the Victim at the Punishment	4761	3361	3245	
刑罚执行中被告人申诉	Appeals of the Defendant at the Punishment	4876	3320	3246	
刑罚执行完毕后被害人申诉	Appeals of the Victim after the Punishment	1162	863	820	
刑罚执行完毕后被告人申诉	Appeals of the Defendant after the Punishment	2588	1616	1555	

10-10 人民检察院出庭公诉情况（2013年）
Public Prosecutions Appearing in Court by People's Procuratorate (2013)

单位：件 (case)

案件类别	Category of Cases	适用简易程序 Summary Procedure Applied	出庭公诉 Public Prosecutions Appearing in Court	一审 First Instance	二审 Second Instance	#上诉案 Appeal Cases	#抗诉案 Procuratoral Appeal Cases	再审 Retrial
合计	**Total**	**490021**	**420415**	**396010**	**23735**		**5421**	**670**
贪污贿赂	Embezzlement and Bribery	4127	21302	19208	2029		672	65
渎职侵权	Dereliction of Duty and Infringement of Citizens' Right	1070	5702	5481	212		117	9
刑事案件	Criminal Cases	484824	393411	371321	21494		4632	596
军人违反职责	Servicemen's Transgression of Duties							

10-11 人民检察院办理刑事抗诉案件情况（2013年）
Criminal Appeals Handled by People's Procuratorate (2013)

案件类别	Category of Cases	提出抗诉 Presenting Procuratoral Appeal (件) (case)	审判结果合计 Total Result of Judgement (件) (case)	改判 Revising Judgment (件) (case)	改判 Revising Judgment (人) (person)	维持原判 Affirming Original Judgment (件) (case)	发回重审 Remanding for Retrial (件) (case)
合计	**Total**	**6354**	**4458**	**2490**	**3636**	**807**	**1161**
二审小计	Sub-total of Second Instance	5421	3715	2121	3161	740	854
贪污贿赂案件	Embazzlement and Bribery Cases	672	475	210	264	132	133
渎职侵权案件	Dereliction of Duty and Infingement of Citizens' Right Cases	117	76	26	30	16	34
刑事案件	Criminal Cases	4632	3164	1885	2867	592	687
再审小计	Sub-total of Retrial	933	743	369	475	67	307
贪污贿赂案件	Embazzlement and Bribery Cases	68	65	35	48	4	26
渎职侵权案件	Dereliction of Duty and Infingement of Citizens' Right Cases	16	9	2	4		7
刑事案件	Criminal Cases	729	596	275	366	56	265
申诉部门小计	Sub-total of Appeals	120	73	57	57	7	9

10-12 人民检察院办理民事、行政抗诉案件情况（2013年）
Civil and Administrative Appeals Handled by People's Procuratorate (2013)

单位：件 (case)

案件类别	Category of Cases	合计 Total	民事案件 Civil Cases	行政案件 Administrative Cases
受理	Cases Accepted	164029	133041	30988
提请抗诉	Submitting Procuratoral Appeal	6016	5609	407
抗诉	Procuratoral Appeal	6018	5727	291
提出再审检察建议	Giving Retrial Procuratorate Suggestion	9520	9186	334
抗诉案件再审	Retrial of Procuratoral Appeal	5962	5781	181
改判	Revising Judgment	2225	2157	68
发回重审	Remanding for Retrial	686	653	33
调解	Mediation	1380	1374	6
维持原判	Affirming Original Judgment	1183	1120	63
其他	Others	488	477	11

10-13 人民检察院受理举报、控告和申诉案件情况（2013年）
Cases of Reporting, Accusation and Petition Handled by People's Procuratorate (2013)

单位：件 (case)

案件类别	Category of Cases	受理 Cases Accepted	处理 Cases Handled	#分送检察机关 Handled by General Office of People's Procuratorate	#转其他机关 Transfering to Other Organs
合　计	**Total**	**378582**	**365982**	**203988**	**71231**
首次举报	First Report of an Offence	140392	137280	98402	8491
首次控告	First Accusation	75990	71288	28995	23930
首次申诉	First Petition	162200	157414	76591	38810

10-14 人民检察院纠正违法情况
Law-breaking Cases Rectified by People's Procuratorate

项　目	Item	2012	2013
书面提出纠正	**Written Rectification**		
件次合计 (件次)	Total of Written Rectification (Case-times)	119445	147316
立案监督小计	Sub-total of Supervision of Cases Filing	49842	57381
监督立案	Supervision of Cases Filing	29372	31754
监督撤案	Supervision of Cases Withdrawed	20470	25627
侦查监督小计	Sub-total of Supervision of Investigation	57280	72718
审查批捕环节	Supervision of Investigation in the Process of Arrests Approved	30584	37684
审查起诉环节	Supervision of Investigation in the Process of Prosecution	26696	35034
刑事审判监督	Supervision of Criminal Trial	12323	17217
刑罚执行监督人次小计(人次)	Sub-total of Supervision of Punishment Execution (person-times)	47911	60750
监管活动	Administration of Prison and Custody	32472	43389
超期羁押	Excessive Custody	588	455
减刑、假释、保外就医	Commutation of Sentence, Parole and Released on Parole for Medical Treatment	14851	16906
已纠正	**Rectified**		
件次合计 (件次)	Total of Rectified (Case-times)	115381	141780
立案监督小计	Sub-total of Supervision of Cases Filing	48000	54570
监督立案	Supervision of Cases Filing	27837	29359
监督撤案	Supervision of Cases Withdrawed	20163	25211
侦查监督小计	Sub-total of Supervision of Investigation	55582	70432
审查批捕环节	Supervision of Investigation in the Process of Arrests Approved	30238	36650
审查起诉环节	Supervision of Investigation in the Process of Prosecution	25344	33782
刑事审判监督	Supervision of Criminal Trial	11799	16778
刑罚执行监督人次小计(人次)	Sub-total of Supervision of Punishment Execution (person-times)	47253	60013
监管活动	Administration of Prison and Custody	32165	42873
超期羁押	Excessive Custody	578	432
减刑、假释、保外就医	Commutation of Sentence, Parole and Released on Parole for Medical Treatment	14510	16708

10-15 人民法院审理一审案件情况

First Trial Cases by Courts

单位：件 (case)

年 份 Year	收 案 Cases Accepted	刑 事 Criminal	民 事 Civil	经济纠纷 Economic Disputes	行 政 Administrative	海事海商 Maritime Affairs
1978	447755	146968	300787			
1979	513789	123846	389943			
1980	763535	197856	565679			
1981	906051	232125	673926			
1982	1024160	245219	778941			
1983	1343164	542648	756436	43553	527	
1984	1355460	431357	838307	84813	983	
1985	1319741	246655	846391	225541	916	238
1986	1611282	299720	989409	321220	632	301
1987	1875229	289614	1213219	366110	5940	346
1988	2290624	313306	1455130	513046	8573	569
1989	2913515	392564	1815385	694907	9934	725
1990	2916774	459656	1851897	591462	13006	753
1991	2901685	427840	1880635	566592	25667	951
1992	3051157	422991	1948786	650601	27125	1654
1993	3414845	403267	2089257	892580	27911	1830
1994	3955475	482927	2383764	1051742	35083	1959
1995	4545676	495741	2718533	1275959	52596	2847
1996	5312580	618826	3093995	1515848	79966	3945
1997	5288379	436894	3277572	1478822	90557	4534
1998	5410798	482164	3375069	1450049	98350	5166
1999	5692434	540008	3519244	1529877	97569	5736
2000	5356294	560432	3412259	1290867	85760	6976
2001	5344934	628996	3459025	1149101	100921	6891
2002	5132199	631348	4420123		80728	
2003	5130760	632605	4410236		87919	
2004	5072881	647541	4332727		92613	
2005	5161170	684897	4380095		96178	
2006	5183794	702445	4385732		95617	
2007	5550062	724112	4724440		101510	
2008	6288831	767842	5412591		108398	
2009	6688963	768507	5800144		120312	
2010	6999350	779595	6090622		129133	
2011	7596116	845714	6614049		136353	
2012	8442657	996611	7316463		129583	
2013	8876733	971567	7781972		123194	

注：1.一审案件指人民法院按照诉讼级别管辖按第一审程序审理的案件。
2.2002年起，经济纠纷和海事海商并入民事案件中。

a) First trial cases refer to cases accepted by people's courts according to the first trial proceedings.
b) Data of civil cases include cases of economic disputes and maritime affairs since 2002.

10-16 人民法院审理刑事一审案件收结案情况（2013年）
First Trial Criminal Cases Accepted and Settled by Courts (2013)

单位：件 (case)

项目	Item	收案 Cases Accepted	结案 Cases Settled
合计	**Total**	**971567**	**953976**
危害公共安全罪	Offences Against Public Security	193275	190435
破坏社会主义市场经济秩序罪	Offences Against Socialist Economic Order	51987	50410
侵犯公民人身权利民主权利罪	Offences Against Citizens' Personal and Democratic Rights	186280	182199
侵犯财产罪	Offences Against Properties	306014	303324
妨害社会管理秩序罪	Offences Against Social Management of Order	201688	197353
危害国防利益罪	Offences Against National Defense	247	236
贪污贿赂罪	Offences on Corruption and Bribery	25416	23941
渎职罪	Offences on Dereliction of Duty	5703	5185
其他	Others	957	893
合计中含自诉案件	Private Prosecution Among the Total	8240	8224

注：结案中含上年旧存(以下各表同)。
a) Data of cases settled include cases turned over from previous year. The same applies to the tables following.

10-17 人民法院审理刑事案件罪犯情况
Criminal Offenders Heard by Courts

单位：人 (person)

年份 Year	刑事罪犯总数 Number of Offenders	#青少年罪犯 Young Offenders	不满18岁 Less Than 18 Years	18-25岁 Between 18 and 25 Years	青少年罪犯占刑事罪犯比重(%) Proportion of Young Offenders in the Total (%)
1997	526312	199212	30446	168766	37.9
1998	528301	208076	33612	174464	39.4
1999	602380	221153	40014	181139	36.7
2000	639814	220981	41709	179272	34.5
2001	746328	253465	49883	203582	34.0
2002	701858	217909	50030	167879	31.0
2003	742261	231715	58870	172845	31.2
2004	764441	248834	70086	178748	32.6
2005	842545	285801	82692	203109	33.9
2006	889042	303631	83697	219934	34.2
2007	931745	316298	87506	228792	33.9
2008	1007304	322061	88891	233170	32.0
2009	996666	302023	77604	224419	30.3
2010	1006420	287978	68193	219785	28.6
2011	1050747	282429	67280	215149	26.9
2012	1173406	282990	63782	219208	24.1
2013	1157784	265439	55817	209622	22.9

10-18 人民法院审理婚姻家庭、继承一审案件收结案情况（2013年）
First Trial Civil Cases of Marriage, Family Affairs and Inheritance Accepted and Settled by Courts (2013)

单位：件 (case)

项目	Item	收案 Cases Accepted	结案 Cases Settled	调解 Mediation	判决 Judgment	驳回 Reject	撤诉 With-drawal	其他 Other
合计	**Total**	**1651666**	**1611903**	**770437**	**441084**	**6761**	**381538**	**12083**
婚姻家庭	Marriage and Family Affairs	1526279	1500618	713186	410394	5388	360550	11100
离婚	Divorce	1304841	1283427	605491	355797	4321	309066	8752
赡养纠纷	Support Disputes	25128	24434	9596	6635	87	7769	347
抚养、扶养关系纠纷	Upbringing Disputes	48229	47657	30280	8439	145	8501	292
抚育费纠纷	Upbringing Fee Disputes	27394	26829	12297	7888	151	6230	263
其他	Others	120687	118271	55522	31635	684	28984	1446
继承	Inheritance	125387	111285	57251	30690	1373	20988	983
法定继承	Legal Inheritance	45785	44207	30478	7193	252	6012	272
遗嘱继承	Testament Inheritance	6203	5879	2840	1908	47	1033	51
其他	Others	73399	61199	23933	21589	1074	13943	660

10-19 人民法院审理合同纠纷一审案件收结案情况（2013年）
First Trial Cases of Contract Disputes Accepted and Settled by Courts (2013)

单位：件 (case)

项目	Item	收案 Cases Accepted	结案 Cases Settled	调解 Mediation	判决 Judgment	驳回 Reject	撤诉 With-drawal	其他 Other
合计	**Total**	**4121224**	**3957002**	**1385334**	**1282387**	**49352**	**1174796**	**65133**
借款合同	Loan Contracts	1486786	1419959	481853	544786	13709	357704	21907
买卖合同	Trade Contracts	620185	595807	226115	190425	5687	163042	10538
电信合同	Telecom Contracts	122138	122361	41890	2539	98	76857	977
租赁合同	Lease Contracts	154242	146671	44634	53975	1763	44161	2138
劳动争议	Work Disputes	366668	354725	153959	113368	7255	72990	7153
房地产合同	Real Estate Contracts	163960	158243	65513	55134	1575	33553	2468
供用动力合同	Power Supply Contracts	61226	61170	20023	5817	492	34739	99
建设工程合同	Construction Contracts	99955	91940	26885	35831	1745	24495	2984
农村承包合同	Rural Contracts	23117	22853	8122	6020	411	7633	667
承揽合同	Contracts for Work	70191	66872	24104	21653	685	18857	1573
其他	Others	952756	916401	292236	252839	15932	340765	14629

10-20 人民法院审理权属、侵权纠纷及其他民事一审案件收结案情况（2013年）
First Trial Cases of Disputes of Right, Infringement of Right and Other Civil Affairs Accepted and Settled by Courts (2013)

单位：件 (case)

项目	Item	收案 Cases Accepted	结案 Cases Settled	调解 Mediation	判决 Judgment	驳回 Reject	撤诉 Withdrawal	其他 Other
合计	**Total**	**2009082**	**1941679**	**692219**	**592560**	**24877**	**330857**	**301166**
所有权及其相关权利	Ownership and Related Rights	262050	251233	79460	84090	6806	75900	4977
特别程序	Special Proceedings	392691	389546	13604	56588	11890	27893	279571
人身权纠纷	Personal Rights	987571	953359	488101	320410	2754	132448	9646
#人身损害赔偿	Compensate for Personal Harm	953888	921164	475739	308301	2414	125535	9175
特殊侵权纠纷	Disputes of Special Infringement of Right	191068	176927	65442	77963	1186	30108	2228
不当得利	Unjustified Enrichment	26854	25498	6410	9570	523	8437	558
票据、证券、股票纠纷	Disputes of Bill, Securities and Stocks	24997	22404	5217	9593	607	5785	1202
其他	Other	123851	122712	33985	34346	1111	50286	2984

10-21 人民法院审理知识产权一审案件收结案情况（2013年）
First Trial Cases of Intellectual Property Rights Accepted and Concluded by Courts (2013)

单位：件 (case)

项目	Item	收案 Cases Accepted	结案 Cases Concluded	调解 Mediation	判决 Judgement	驳回 Reject	撤诉 Withdrawal	其他 Others
合　计	**Total**	**88583**	**88286**	**19339**	**25855**	**546**	**41095**	**1451**
著作权	Copyright	51351	52254	12025	14848	231	24333	817
商标权	Trademark Right	23272	22358	4938	6304	157	10721	238
专利权	Patent Right	9195	9174	1399	2943	91	4581	160
技术合同	Technical Contracts	949	908	193	318	19	289	89
植物新品种纠纷	Plant Variety Disputes	200	177	22	41	1	104	9
不正当竞争	Unfair Competition	1302	1195	283	450	15	383	64
其　他	Others	2314	2220	479	951	32	684	74

10-22 人民法院审理海事海商一审案件收结案情况（2013年）

First Trial Cases of Maritime and Marine Accepted and Concluded by Courts (2013)

单位：件 (case)

项 目	Item	收 案 Cases Accepted	结 案 Cases Concluded	调 解 Mediation	判 决 Judgement	驳 回 Reject	撤 诉 Withdrawal	其 他 Others
合 计	**Total**	**11224**	**11300**	**3318**	**4094**	**197**	**3527**	**164**
海事侵权纠纷	Maritime Tort Disputes	1258	1277	475	427	63	273	39
海上人身损害赔偿	Compensation for Maritime Personal Harm	578	539	204	197	21	105	12
其 他	Others	680	738	271	230	42	168	27
海商合同	Marine Contracts	9741	9777	2791	3540	133	3190	123
海上货物运输合同	Contracts of Carriage of Goods by Sea	1783	1788	433	464	34	830	27
海员劳务合同	Contrats of Employment with Mariners	3148	3146	1119	1256	58	688	25
船舶建造买卖合同	Contracts of Ship Building and Sale	529	538	169	227	7	125	10
船舶租用合同	Charter Party	340	330	90	122	3	113	2
海上保险合同	Marine Insurance Contracts	357	328	113	111	4	96	4
其 他	Others	3584	3647	867	1360	27	1338	55
其他海事海商纠纷	Other Maritime and Marine Disputes	225	246	52	127	1	64	2

10-23 人民法院审理行政一审案件收结案情况（2013年）

First Trial Administrative Cases Accepted and Settled by Courts (2013)

单位：件 (case)

项 目	Item	收 案 Cases Accepted	结 案 Cases Settled	维 持 Affirmation of Original Judgement	撤 销 Cancel	驳 回 Reject	撤 诉 With-drawal	单独赔偿 Separate Compen-sation	其 他 Other
合计	**Total**	**123194**	**120675**	**12800**	**7258**	**8639**	**50521**	**309**	**41148**
土地等资源	Land	18394	17957	1549	1612	1755	6477	40	6524
公安	Public Security	10533	10231	1866	370	395	4739	35	2826
城建	City Construction	19972	19722	1272	1355	1905	8155	60	6975
交通运输	Traffic and Transport	2497	2509	203	62	43	1638	6	557
工商	Industry and Commerce	3785	3701	198	181	246	2038	1	1037
环保	Environment Protection	1102	1090	97	11	74	598		310
计划生育	Family Planning	8203	8153	178	28	59	6158		1730
税务	Tax	362	393	30	15	40	198	1	109
卫生	Health	927	906	59	20	42	436	2	347
乡政府	Townships Government	2116	2062	209	183	241	808	14	607
劳动和社会保障	Labour and Social Security	11704	11445	2401	925	345	4443	5	3326
其他	Other	43599	42506	4738	2496	3494	14833	145	16800

10-24 律师、公证和调解工作基本情况

Basic Statistics on Lawyers, Notarization and Mediation

项　目	Item	2008	2009	2010	2011	2012	2013
律师工作	**Lawyers**						
律师事务所 (个)	Number of Law Offices (unit)	14467	15888	17230	18235	19361	20609
律师数 (人)	Number of Lawyers (person)	156710	173327	195170	214968	232384	248623
#专职律师	Full-time Lawyers	140135	155457	176219	192546	208356	225267
兼职律师	Part-time Lawyers	8116	8764	9294	9740	10108	10550
聘请担任常年法律顾问的单位 (处)	Number of Units with Permanent Legal Advisors (unit)	314876	338179	369129	392456	447993	456847
民事诉讼代理 (件)	Agent of Civil Cases (case)	1401147	1499105	1569043	1693635	1779118	1887156
刑事诉讼辩护及代理(件)	Agent and Defender of Criminal Cases (case)	511971	564204	530800	569330	576050	592486
行政诉讼代理 (件)	Agent of Administrative Action (case)	54666	57286	51011	52136	43312	75659
非诉讼法律事务 (件)	Agent of Non-Litigious Legal Affairs (case)	729218	569304	549453	625229	585358	817703
解答法律询问 (万人次)	Agent of Legal Advisory Services (10 000 person-times)	350.9	383.1	474.5	513.6	436.9	452.3
代写法律事务文书 (万件)	Agent of Legal Documents Written on Behalf of Clients (10 000 cases)	721.0	684.2	723.7	787.4	733.0	706.8
公证工作	**Notarization**						
公证处 (个)	Number of Notary Offices (unit)	3035	3023	3026	3006	3007	2987
公证人员 (人)	Notarial Personnel (person)	33462	23077	24185	25609	26527	29039
#公证员	Notaries	22284	11282	11457	12163	12333	12725
公证员助理	Assistant Notaries	5469	5895	6678	7089	7650	9121
办理公证文书 (万件)	Number of Notarized Documents (10 000 cases)	949.0	1075.1	1104.8	1076.6	1120.8	1258.9
人民调解工作	**Number of People's Mediation**						
专职司法助理员 (人)	Number of Full-time Judicial Assistants (person)	74147	72704	72698	95430	95920	86736
人民调解委员会 (万个)	Number of People's Mediation Committees (10 000 units)	82.7	82.4	81.8	81.1	81.7	82.0
调解人员 (万人)	Number of Mediators (10 000 persons)	479.3	493.9	466.9	433.6	428.1	422.9
调解民间纠纷 (万件)	Number of Civil Disputes Mediated (10 000 cases)	498.1	579.7	841.8	893.5	926.6	943.9

注：2011年起，专职司法助理员统计口径有所调整，地方司法所事业编制专职司法助理员纳入统计。

a) Since 2011, statistical scope of Full-time Judicial Assistants was adjusted, full-time judicial assistants of local office of justice was included in.

10-25 律师人员构成情况

Basic Statistics on Composition of Lawyers

单位：人 (person)

项 目	Item	2008	2009	2010	2011	2012	2013	2013年比2012年增减(%) Change in 2013 over 2012(%)
律师数	**Total Number**	**156710**	**173327**	**195170**	**214968**	**232384**	**248623**	**6.99**
#女律师	Female	33755	39018	47210	52262	61717	69383	12.42
#中共党员	Communist Party Members	45033	50062	53991	62881	64576	67969	5.25
#博 士	With Doctor's Degree	1903	2092	2340	3242	3399	4054	19.27
硕士、双学士	With Master's Degree and Dual Bachlors' Degree	21046	24435	27081	31885	35612	38094	6.97
法律专业本科	Undergraduates Majoring in Law	94167	108657	124835	141230	150046	163864	9.21
其他专业本科	Undergraduates Majoring in Other Subjects	17699	19857	19634	19419	21760	25194	15.78

10-26 国内公证业务分类(2013年)

Domestic Notarial Services by Type (2013)

分 类	Item	办证件数(件) Number of Notarial Documents Issued (case)	比 重(%) Percentage (%)
合计	**Total**	**8949765**	**100.00**
合同(协议)	Contracts (Agreements)	2528789	28.26
继承	Inheritance	792586	8.86
单方法律行为	Unilateral Legal Acts	2880111	32.18
现场监督	Field Supervision	254334	2.84
保全证据	Evidence Preservation	215956	2.41
公司章程	Corporation Constitutions	2158	0.02
组织资格	Organization Qualification	3462	0.04
财产权	Property Rights	10400	0.12
身份	Identity	14588	0.16
收养关系	Adoptive Relationship	3093	0.03
婚姻状况	Marital Status	14296	0.16
亲属关系	Kinship Confirmation	85339	0.95
有无违法犯罪记录	Illegal and Criminal Record Check	19791	0.22
其他有法律意义事实	Other Facts of Legal Significance	64615	0.72
证书(执照)	Certificate (Licence)	29523	0.33
签名(印章)	Signature (Seal)	389785	4.36
文本相符	Conformity of Documentation	240715	2.69
赋予执行效力	Executor Force	695887	7.78
执行证书	Certificate of Execution	19028	0.21
抵押登记	Mortgage Registration	76946	0.86
提存	Drawing	6156	0.07
保管	Storage	5482	0.06
其他	Others	596725	6.67

10-27 国内合同(协议)类公证业务分类(2013年)
Domestic Notarization of Contracts (Agreements) by Type (2013)

分 类	Item	办证件数 (件) Number of Notarial Documents Issued (case)	比 重 (%) Percentage (%)
合计	**Total**	**2528789**	**100.00**
买卖合同	Trade Contracts	331291	13.10
赠与合同	Gift Contracts	173026	6.84
借款合同	Contracts for Loan of Money	945446	37.39
租赁合同	Leasing Contracts	21145	0.84
承揽合同	Contracts of Hired Work	1314	0.05
建设工程合同	Contracts for Construction Projects	10534	0.42
委托合同	Agency Appointment Contracts	92535	3.66
担保合同	Guarantee Contracts	113413	4.48
土地使用合同	Land Use Contracts	37684	1.49
知识产权合同	Intellectual Property Contracts	656	0.03
承包合同	Contract Agreements	13689	0.54
企业经营合同	Enterprise Operating Contracts	2689	0.11
劳动(劳务)合同	Labor (Labor Service) Contracts	26996	1.07
其他合同	Other Contracts	177165	7.01
合伙协议	Partnership Agreements	6157	0.24
财产分割协议	Property Division Agreements	29613	1.17
财产约定协议	Property Agreement	61673	2.44
抚养协议	Child Support Agreements	7057	0.28
出国留学协议	Studying Abroad Agreement	12207	0.48
拆迁安置协议	Removal and Resettlement Agreements	79284	3.14
赔偿协议	Compensation Agreements	7956	0.31
还款协议	Payment Contracts	70211	2.78
其他	Others	307048	12.14

10-28 涉外公证文书分类(2013年)

Foreign-Related Notarial Documents by Type (2013)

分　类	Item	办证件数 (件) Number of Notarial Documents Issued (case)	比　重 (%) Percentage (%)
合　计	**Total**	**3444415**	**100.00**
合同(协议)	Contracts (Agreements)	5449	0.16
继承	Inheritance	1139	0.03
委托	Power of Attorney	52349	1.52
声明	Declaration	59874	1.74
遗嘱	Testaments	181	0.01
其他单方法律行为	Other Unilateral Legal Acts	20223	0.59
公司章程	Corporation Constitutions	3565	0.10
组织资格	Organization Qualification	4719	0.14
收养关系	Adoptive Relationship	5789	0.17
婚姻关系	Marital Relationship	156798	4.55
亲属关系	Kinship Confirmation	357590	10.38
出生	Births	471521	13.69
死亡	Deaths	10170	0.30
生存、居住	Survival and Residence	14720	0.43
学历(学位)	Education Background (Academic Degree)	206369	5.99
经历	Resume	16627	0.48
职务(职称)	Professional Titles	8787	0.26
身份	Identity	10513	0.31
有无违法犯罪记录	Illegal and Criminal Record Check	423687	12.30
其他有法律意义事实	Other Facts of Legal Significance	49233	1.43
证书(执照)	Certificate (Licence)	227228	6.60
签名(印章)	Signature (Seal)	147615	4.29
文本相符	Conformity of Documentation	733994	21.31
其他	Others	456275	13.25

10-29 调解民间纠纷分类

Number of Civil Disputes Mediated by Type

项　目	Item	调解纠纷（件） Civil Disputes (case)		各类纠纷所占比重（%） Percentage(%)	
		2012	2013	2012	2013
合　计	**Total**	**9265855**	**9439429**	**100.0**	**100.0**
#婚姻家庭	Family Disputes	1772695	1750137	19.1	18.9
房屋、宅基地	Housing and Housing Sites	626444	625880	6.8	6.8
邻　里	Neighbor Disputes	2213346	2276627	23.9	24.6
损害赔偿	Compensation for Damages	730610	745469	7.9	8.0

10-30 工会组织情况

Basic Statistics on Trade Unions

年 份 Year	工会基层组织数（万个） Number of Grassroot Trade Unions (10 000 units)	全国已建工会组织的基层单位的职工与会员人数（万人） Membership and Staff and Workers in Grassroot Trade Unions (10 000 persons)				工会专职工作人员人数（万人） Number of Full-time Personnel of Trade Unions (10 000 persons)
		职工人数 Staff and Workers	#女性 Female	会员人数 Membership	#女性 Female	
1979	32.9	6897.2	2171.7	5147.3		17.9
1980	37.6	7448.2	2518.6	6116.5		24.3
1985	46.5	9643.0	3596.7	8525.8	3149.2	38.1
1990	60.6	11156.9	4291.0	10135.6	3897.7	55.6
1991	61.4	11351.4	4394.8	10389.1	3991.6	58.0
1992	61.7	11223.9	4377.1	10322.5	3974.0	58.0
1993	62.7	11103.8	4359.9	10176.1	3949.6	55.4
1994	58.3	11269.6	4483.2	10202.5	4018.1	56.0
1995	59.3	11321.4	4515.3	10399.6	4116.5	46.8
1996	58.6	11181.4	4500.0	10211.9	4093.1	60.5
1997	51.0	10111.5	4004.8	9131.0	3579.4	57.7
1998	50.4	9716.5	3882.0	8913.4	3546.7	48.4
1999	50.9	9683.0	3797.9	8689.9	3406.2	49.7
2000	85.9	11472.1	4534.5	10361.5	3917.3	48.2
2001	153.8	12997.0	5087.9	12152.3	4696.6	
2002	171.3	14461.5	5157.6	13397.8	4665.2	47.2
2003	90.6	13301.6	5079.3	12340.5	4601.2	46.5
2004	102.0	14436.7	5502.6	13694.9	5135.3	45.6
2005	117.4	15985.3	6016.3	15029.4	5574.8	47.7
2006	132.4	18143.6	6719.3	16994.2	6177.8	54.3
2007	150.8	20452.4	7494.5	19329.0	7042.2	60.2
2008	172.5	22487.5	8168.8	21217.1	7773.8	70.5
2009	184.5	24535.3	8652.6	22634.4	8248.4	74.6
2010	197.6	25345.4	9288.1	23996.5	8871.5	86.4
2011	232.0	27304.7	10211.2	25885.1	9763.6	99.8
2012	266.3	29371.5	11014.5	28021.3	10611.0	107.9
2013	276.7	29946.2	11227.6	28786.9	10886.0	115.6

注：因指标解释调整，2003年以前的工会基层组织数包含部分覆盖单位数。

a) Because of the adjustment of indicator explanation, the number of grassroot trade unions before 2003 contained part of cover units.

10-31 分地区按登记注册类型分基层工会组织情况（2013年）

单位：个

地区	Region	总计 Total	国有企业 State-owned Enterprises	集体企业 Collective-owned Enterprises	股份合作企业 Share-holding Enterprises	联营企业 Joint-owned Enterprises	有限责任公司 Limited Liability Corporations
全国	**National Total**	**2767232**	**80317**	**72606**	**38629**	**8161**	**179658**
北京	Beijing	32518	1449	1638	648	64	9655
天津	Tianjin	21972	1144	532	282	29	1451
河北	Hebei	131188	3980	3912	1052	463	3672
山西	Shanxi	58688	3938	3284	502	91	2598
内蒙古	Inner Mongolia	73676	1972	558	620	131	5696
辽宁	Liaoning	93575	2469	1809	878	125	5746
吉林	Jilin	40440	1608	604	359	59	2042
黑龙江	Heilongjiang	69342	6224	1940	586	118	3257
上海	Shanghai	56480	2004	2118	1196	79	3720
江苏	Jiangsu	145467	2412	2855	2949	584	9720
浙江	Zhejiang	149865	1940	1417	6675	419	16387
安徽	Anhui	119568	3246	6295	1603	325	8319
福建	Fujian	107396	2998	1793	1118	349	2964
江西	Jiangxi	77312	3363	1657	1689	328	3248
山东	Shandong	214271	4882	6494	2716	303	13849
河南	Henan	202769	5037	6328	2207	601	8072
湖北	Hubei	130513	2825	7409	1962	861	5472
湖南	Hunan	123329	3839	4526	2248	624	5439
广东	Guangdong	247173	5559	5617	1988	358	14872
广西	Guangxi	90320	3543	1978	529	974	3548
海南	Hainan	17414	925	626	218	76	5760
重庆	Chongqing	58182	868	967	934	255	4738
四川	Sichuan	156340	2644	1623	1464	208	12763
贵州	Guizhou	64753	2323	896	1525	229	4299
云南	Yunnan	95428	1453	933	633	107	6835
西藏	Tibet	4308	191	89	42	8	38
陕西	Shaanxi	97158	3521	3727	1126	280	10677
甘肃	Gansu	35123	1312	469	425	71	1467
青海	Qinghai	14828	442	115	118	18	502
宁夏	Ningxia	13322	382	100	67	3	630
新疆	Xinjiang	24514	1824	297	270	21	2222

注：北京市的各项数据中包括国家机关工委和中直机关工委的数据。

a) Data for Beijing include figures of Work Committee for Offices Directly under the CCCPC and State Organs

Number of Grassroot Trade Unions by Region and Status of Registration (2013)

(unit)

股份有限公司 Share-holding Corporations Ltd.	私营企业 Private Enterprises	其他内资企业 Other Domestic Enterprises	个体经营户 Self-employed Business	港澳台商投资企业 Hong Kong, Macao and Taiwan Funded Enterprises	外商投资企业 Foreign Funded Enterprises	事业 Institutions	机关 Government Agencies	其他 Others
67205	**1478358**	**12513**	**103255**	**34206**	**49025**	**308648**	**182292**	**152359**
1417	6134	88	673	347	826	4711	1492	3376
392	11121	17	269	286	1277	3006	1220	946
2206	69344	3423	3663	235	670	12712	10528	15328
1737	24648	51	1930	113	327	11402	5324	2743
1218	45457	61	2248	47	179	8249	6180	1060
2107	50361	165	4982	369	1980	11130	5065	6389
979	25685	32	387	52	165	5679	2050	739
1547	35772	31	2379	175	298	8555	5652	2808
1619	29488	776	524	2275	5423	5391	1447	420
4295	84435	263	2165	3860	7549	12393	5728	6259
5573	83620	303	1724	2326	3482	12678	6697	6624
3090	64677	114	8101	182	408	11741	6017	5450
2010	70985	1189	1313	3252	2455	8827	5279	2864
1267	40150	133	2723	269	1027	11765	7039	2654
6843	123806	608	10449	939	6926	17085	9427	9944
3474	121587	279	13290	156	296	22963	10363	8116
2389	74518	652	4392	269	712	16037	6912	6103
3960	63705	889	7312	147	263	15164	10186	5027
3045	149470	1733	8583	17610	11581	17454	8151	1152
1994	53993	201	3012	372	607	10140	6757	2672
676	4297	18	531	96	184	2205	1346	456
1771	30260	42	2912	89	255	6285	3895	4911
4381	53871	1137	7897	395	885	24246	18247	26579
3141	22840	145	1016	26	66	9511	6693	12043
2290	62031	48	1378	150	292	8448	8663	2167
27	463	1	493		1	299	1934	722
2005	41923	82	4629	83	693	13076	6655	8681
648	14937	14	918	34	78	7493	5705	1552
166	5544	2	1506	7	23	2279	1979	2127
243	6770	3	881	12	37	1755	1216	1223
695	6466	13	975	33	60	5969	4445	1224

10-32 分地区各级工会劳动法律监督工作情况（2013年）
Legal Supervision on Labor Laws by Trade Unions at All Levels by Region (2013)

单位：个，件 (unit,case)

地　区	Region	基层工会劳动法律监督组织 Supervision Organizations in Grassroot Trade Unions			基层以上工会劳动法律监督组织 Supervision Organizations in Trade Unions above Grassroot Level		
		组织个数 Number of Organizations	受理违法、违规案件数 Number of Illegal and Irregular Cases Accepted	提请劳动监察部门处理的案件 Cases Delivered to Labor Supervision Departments	组织个数 Number of Organizations	受理案件数 Number of Cases Accepted	提请劳动监察部门处理的案件 Cases Delivered to Labor Supervision Departments
全　国	**National Total**	**886101**	**98730**	**10371**	**24243**	**43294**	**8056**
北　京	Beijing	5835	2044	136	240	840	218
天　津	Tianjin	15756	4647	28	381	455	63
河　北	Hebei	68843	5732	1305	2093	925	108
山　西	Shanxi	27218	2955	25	502	453	59
内蒙古	Inner Mongolia	20986	292	6	62	334	31
辽　宁	Liaoning	39078	2575	430	1380	1624	186
吉　林	Jilin	9931	3388	11	165	131	17
黑龙江	Heilongjiang	24415	1562	33	450	604	124
上　海	Shanghai	11003	193	26	1352	1431	335
江　苏	Jiangsu	93340	6179	954	4503	3987	764
浙　江	Zhejiang	65531	5068	504	1385	7188	1527
安　徽	Anhui	11839	3326	802	359	1093	644
福　建	Fujian	18605	6105	612	797	2093	250
江　西	Jiangxi	64277	7090	191	1476	2493	192
山　东	Shandong	79692	5091	859	1750	2667	357
河　南	Henan	17488	4551	750	376	812	172
湖　北	Hubei	21955	1685	292	620	1358	235
湖　南	Hunan	13829	3467	170	438	1847	369
广　东	Guangdong	66790	5900	1105	1236	4656	758
广　西	Guangxi	26495	813	284	597	402	58
海　南	Hainan	897	62	15	55	173	39
重　庆	Chongqing	12732	2144	194	310	1443	428
四　川	Sichuan	96322	21085	1293	2034	3352	528
贵　州	Guizhou	21254	180	20	91	190	51
云　南	Yunnan	16940	354	32	519	925	76
西　藏	Tibet	41	1		3	4	
陕　西	Shaanxi	13402	345	41	363	498	110
甘　肃	Gansu	8064	802	103	351	373	108
青　海	Qinghai	2440	84	11	66	37	25
宁　夏	Ningxia	6047	617	60	196	653	94
新　疆	Xinjiang	5056	393	79	93	253	130

注：北京市的各项数据中包括国家机关工委和中直机关工委的数据。

a) Data for Beijing include figures of Work Committee for Offices Directly under the CCCPC and State Organs Work Committee of the CPC.

附　　录

Appendix

附录1　主要统计指标解释

教育

普通高等学校　指通过国家普通高等教育招生考试，招收高中毕业生为主要培养对象，实施高等学历教育的全日制大学、独立设置的学院、独立学院和高等专科学校、高等职业学校及其他机构。

大学、独立设置的学院主要实施本科及本科层次以上的教育。独立学院主要实施本科层次的教育。高等专科学校、高等职业学校实施专科层次的教育。其他机构是指承担国家普通招生计划任务不计校数的机构，包括普通高等学校分校、大专班等。

独立学院　指由普通本科高校按新机制、新模式举办的本科层次的二级学院。一些普通本科高校按公办机制和模式建立的二级学院、“分校”或其他类似的二级办学机构不属此范畴。

成人高等学校　指通过国家成人高等教育招生考试，招收具有高中毕业或同等学力的人员为主要培养对象，利用函授、业余、脱产等多种形式，对其实施高等学历教育的学校。包括：职工高等学校、农民高等学校、管理干部学院、教育学院、独立函授学院、广播电视大学、其他机构。其他机构是指承担国家成人招生计划任务不计校数的机构。

民办的其他高等教育机构　指经省、自治区、直辖市教育行政部门审批并颁发办学许可证，不具有颁发普通本专科和成人本专科学历文凭资格的实施高等教育的单位。

中等职业教育　调整后的中等职业学校是指将普通中等专业学校（中等技术学校、中等师范学校）、成人中等专业学校、职业高中学校、其他机构等各种实施中等职业教育的办学类型，通过合并、共建、联办、划转等形式调整为统一的办学类型。

其他机构　指承担中等职业教育不计校数的教育机构（包括停办的学校和高等学校附设的中等职业教育机构）。

职业初中　指经县或县以上教育行政部门批准设立，招收小学毕业生实施初级中等职业技术教育的教学机构。

初等教育　指由县或县以上教育行政部门批准，招收学龄儿童实施初等教育的教学机构。

特殊教育　指独立设置的招收盲聋哑和智残儿童，以及其他特殊需要的儿童、青少年进行普通或职业初、中等教育的独立设置学校。

学前教育　包括幼儿园和学前班。学前班是指在部分不能满足学龄前幼儿三年入园的地区，组织学龄前儿童进行学前一年教育的一种组织形式。学前班是农村发展学前教育的重要形式，也是城市弥补幼儿园数量不足的一种辅助形式。

完全中学　指普通初、高中合设的教育机构。

在职人员攻读博士、硕士学位　指经国务院学位委员会批准的，为提高在职人员业务水平，通过攻读博士、硕士学位入学全国联考所招收的学生。培养的学生只有学位没有学历。

自考助学班学生　指为参加高等教育自学考试的学生举办的全日制教学辅导班所招收的学生。

学历文凭考试学生　指民办的其他高等教育机构中所招收参加高等教育学历文凭考试的全日制专科学生。

普通预科生　指经教育部和国家民委批准下达预科招生计划，招收的少数民族和港澳、华侨、台籍学生，经过一年的文化补习，合格者升入普通高等学校有关专业学习。

进修及培训　指在高等教育学校（机构）进行的各类非学历教育。

高等教育资格证书培训 指由各类高等教育机构举办的，招收具有高中毕业文化程度，从事专业技术工作或专业性较强的管理工作人员，经过学习及考试合格，取得达到岗位要求的专业知识水平的非学历教育。证书教育形式包括单科班和专业证书班。

高等教育岗位证书培训 指由各类高等教育机构举办的，以提高本职工作能力为目的的非学历教育和培训活动。接受培训的各类人员按要求经考核合格，颁发岗位合格证书和上岗任职聘任书。岗位培训形式包括资格性培训和适应性培训。

中等教育资格证书培训 指接受培训的各类人员经过学习及考试合格，取得达到岗位要求的职业资格证书。

中等教育岗位证书培训 指接受培训的各类人员经过学习及考试合格，颁发岗位合格证书和上岗任职聘任书。

小学学龄儿童净入学率 指调查范围内已入小学学习的学龄儿童占校内外学龄儿童总数的比重。

教职工（基础教育） 指编制在学校，并从事教学、管理和后勤保障工作的固定人员（不包括临时工和聘任教师）。

教职工按工作性质可分为教师、行政人员、教辅人员和工勤人员。

教职工（高等和中职教育） 指在学校（机构）工作并由学校（机构）支付工资的教职工人数，人员包括①在编人员，即根据原人事管理制度，人事关系和档案均在学校的人员；②聘任制人员，即人事制度改革后，高校（机构）招聘录用的长期、全时工作人员。聘任制人员的人事关系在学校但档案不在学校。

教职工数包括校本部教职工、科研机构人员、校办企业职工、其他附设机构人员。

专任教师 是指具有教师资格，专门从事教学工作的人员。

国家财政性教育经费 包括公共财政预算教育经费，各级政府征收用于教育的税费，企业办学中的企业拨款，校办产业和社会服务收入用于教育的经费，其他属于国家财政性教育经费。其中，企业办学中的企业拨款是指中央和地方所属企业在企业营业外资金列支或企业自有资金列支，并实际拨付所属学校的办学经费；校办产业和社会服务收入用于教育的经费是指学校举办的校办产业和各种经营取得的收益及投资收益中用于补充教育经费的部分。

卫生

医疗卫生机构 指从卫生行政部门取得《医疗机构执业许可证》、《计划生育技术服务许可证》，或从民政、工商行政、机构编制管理部门取得法人单位登记证书，为社会提供医疗保健、疾病控制、卫生监督服务或从事医学科研和医学在职培训等工作的单位。医疗卫生机构包括医院、基层医疗卫生机构、专业公共卫生机构、其他医疗卫生机构。

医院 包括综合医院、中医医院、中西医结合医院、民族医院、各类专科医院和护理院，不包括专科疾病防治院、妇幼保健院和疗养院。

基层医疗卫生机构 包括社区卫生服务中心、社区卫生服务站、街道卫生院、乡镇卫生院、村卫生室、门诊部、诊所(医务室)。

专业公共卫生机构 包括疾病预防控制中心、专科疾病防治机构、妇幼保健机构（含妇幼保健计划生育服务中心）、健康教育机构、急救中心（站）、采供血机构、卫生监督机构、取得《医疗机构执业许可证》或《计划生育技术服务许可证》的计划生育技术服务机构。

其他医疗卫生机构 包括疗养院、临床检验中心、医学科研机构、医学在职教育机构、医学考试中心、农村改水中心、人才交流中心、统计信息中心等卫生事业单位。

卫生人员 指在医院、基层医疗卫生机构、专业公共卫生机构及其他医疗卫生机构工作的职工，包括卫生技术人员、乡村医生和卫生员、其他技术人员、管理人员和工勤人员。一律按支付年底工资的在岗职工统计，包括各类聘任人员(含合同工)及返聘本单位半年以上人员，不包括临时工、离退休人员、退职人员、离开本单位仍保留劳动关系人员、本单位返聘和临聘不足半年人员。

卫生技术人员 包括执业医师、执业助理医师、注册护士、药师（士）、检验技师（士）、影像技师、卫生监督员和见习医（药、护、技）师（士）等卫生专业人员。不包括从事管理工作的卫生技术人员(如院长、副院长、党委书记等)。

执业医师 指《医师执业证》“级别”为“执业医师”且实际从事医疗、预防保健工作的人员，不包括实际从事管理工作的执业医师。执业医师类别分为临床、中医、口腔和公共卫生四类。

执业(助理)医师 指《医师执业证》“级别”为“执业助理医师”且实际从事医疗、预防保健工作的人员，不包括实际从事管理工作的执业助理医师。执业助理医师类别分为临床、中医、口腔和公共卫生四类。

每千人口执业(助理)医师 每千人口执业(助理)医师=（执业医师数+执业助理医师数)/人口数×1000。人口数系年末常住人口。

每千人口卫生技术人员 每千人口卫生技术人员=卫生技术人员数/人口数×1000。人口数系年末常住人口。

每千人口医疗卫生机构床位 每千人口医疗卫生机构床位=医疗卫生机构床位数/人口数×1000。人口数系年末常住人口。

甲乙类法定报告传染病发病率 是指某年某地区每10万人口中甲、乙类法定报告传染病发病数。即甲乙类法定报告传染病发病率=甲、乙类法定报告传染病发病数/人口数×100000。

甲乙类法定报告传染病死亡率 是指某年某地区每10万人口中甲、乙类法定报告传染病死亡数。即甲乙类法定报告传染病死亡率=甲、乙类法定报告传染病死亡数/人口数×100000。

甲乙类法定报告传染病病死率 是指某年某地区甲、乙类法定报告传染病死亡数与发病数之比。即甲乙类法定报告传染病病死率=甲、乙类法定报告传染病死亡数/发病数×100%。

粗死亡率 指年内一定地区的死亡人数与同期平均人数之比，一般以‰表示。

病死率 表示一定时期内(通常为一年)，患某种疾病的死亡人数与患某种疾病发病人数之比，一般以%表示。

孕产妇死亡率 指年内每10万名孕产妇的死亡人数。孕产妇死亡指从妊娠期至产后42天内，由于任何妊娠或妊娠处理有关的原因导致的死亡，但不包括意外原因死亡者。按国际通用计算方法，“孕产妇总数”以“活产数”代替计算。

活产数 指年内妊娠满28周及以上（如孕周不清楚，可参考出生体重达1000克及以上)，娩出后有心跳、呼吸、脐带搏动、随意肌收缩四项生命体征之一的新生儿数。

5岁以下儿童死亡率 指年内未满5岁儿童死亡人数与 活产数之比，一般以‰表示。

新生儿死亡率 指年内新生儿死亡数与活产数之比。一般以‰表示。新生儿死亡指出生至28天以内(即0-27天)死亡人数。

参加新农合人数 指根据本地新农合实施方案到年内新农合筹资截止时已缴纳新农合资金的人口数。

新农合当年基金支出 指本年度实际从新农合基金帐户中支出用于新农合补偿的资金。

新农合补偿受益人次 指年内新农合参合人员因病就医获得补偿的人次数，包括住院、家庭帐户形式、门诊、特殊病种大额门诊、住院正常分娩、体检和其他补偿人次之和。

新农合本年度筹资总额 指为本年度筹集的、实际进入新农合专用帐户的基金数额。包括本年度中央及地方财政配套资金、农民个人缴纳资金（含民政部门及其他相关部门代缴的救助资金)、新农合基金本年度产生的全部利息收入及其他渠道实际筹集到的新农合基金额。筹资数额以进入新农合专用帐户的基金数额为准，不含上年结转资金。

卫生总费用 指一个国家或地区在一定时期内，为开展卫生服务活动从全社会筹集的卫生资源的货币总额，按来源法核算。它反映一定经济条件下，政府、社会和居民个人对卫生保健的重视程度和费用负担水平，以及卫生筹资模式的主要特征和卫生筹资的公平性合理性。

政府卫生支出 指各级政府用于医疗卫生服务、医疗保障补助、卫生和医疗保险行政管理、人口与计划生育事务支出等各项事业的经费。

社会卫生支出 指政府支出外的社会各界对卫生事业的资金投入。包括社会医疗保障支出、商业健康保险费、社会办医支出、社会捐赠援助、行政事业性收费收入等。

个人现金卫生支出 指城乡居民在接受各类医疗卫生服务时的现金支付，包括享受各种医疗保险制度的居民就医时自付的费用。可分为城镇居民、农村居民个人现金卫生支出，反映城乡居民医疗卫生费用的负担程度。

人均卫生费用 即某年卫生总费用与同期平均人口数之比。

卫生总费用占GDP比重 指某年卫生总费用与同期国内生产总值（GDP）之比。是用来反映一定时期国家对卫生事业的资金投入力度，以及政府和全社会对卫生事业、居民健康的重视程度。

社会服务

社会工作师 指通过全国社会工作师职业水平考试并取得社会工作师职业水平证书的人员。

城市老年收养性福利机构 指提供食宿的、不以盈利为目的、城市中主要收养社会“三无”对象和家庭无力照顾的老年人的社会福利事业单位的总称。

农村老年收养性福利机构（农村五保供养福利机构） 指提供食宿的、不以盈利为目的、农村（乡、镇）中主要收养“五保户”和家庭无力照顾的老年人的社会福利单位的总称。

社区服务机构数 指报告期末设立的社区服务指导中心、社区服务中心、社区服务站、其他社区服务机构的总和数。具有面向老人及其家庭的商品递送、医疗保健、家庭保洁、日间照料、陪伴服务等为社区居家养老服务的设施和突出综合服务的职能。包括党员活动室、就业保障网络、社区卫生服务站、文化活动室、图书室、“爱心超市”、社区捐助接收站点、警务站（室）、老年活动室、未成年人文化活动场所等具有综合服务功能的机构。

社区服务机构覆盖率 计算公式为：

$$社区服务机构覆盖率 = \frac{社区服务机构数}{村委会数 + 居委会数} \times 100\%$$

军供站 即军队供应管理单位，指地方政府委托民政部门管理的、独立核算的、为战时或平时军队来往服务的军用饮食供应站、军用供水站、军人转运接待站等单位的总称。

社会福利企业 指以集中安置有一定劳动能力的残疾人就业为目的（残疾职工占生产人员10%以上）、带有社会福利性质的企业总称。社会福利企业分类为：社会福利工厂、假肢厂、其他福利企业。性质分为：国有、集体和其他性质。

民办非企业 指企业事业单位、社会团体和其他社会力量以及公民个人利用非国有资产举办的，从事非营利性社会服务活动的社会组织。

每千人口社会服务床位数 指老年及残疾人床位数、智障和精神疾病床位数、儿童床位数、救助及其他社会服务床位数的总和除以当年期末人口数乘以1000。计算公式为：

$$每千人口社会服务床位数 = \frac{社会服务床位数}{年末人口数} \times 1000$$

其中，老年及残疾人床位数包括城市养老服务机构、农村养老服务机构、社会福利院、光荣院、荣誉军人康复医院、复员军人疗养院中的相关床位数；智障和精神疾病床位数包括复退军人精神病院和社会福利医院中的相关床位数；儿童床位数包括儿童福利院和流浪儿童救助保护中心中的相关床位数；救助及其他社会服务床位数包括社区养老服务中心、社区养老服务站、生活无着人员救助管理站、其他收养机构、军休所、军供站的相关床位数。

孤儿数 指失去父母或查找不到生父母的未满 18 周岁的未成年人的人数。由地方县级以上民政部门依据有关规定和条件认定。

家庭儿童收养登记总数 指中国公民收养查找不到生父母的弃婴、儿童和福利机构抚养的孤儿以及外国人收养中国儿童并在中国县级及以上民政部门办理儿童收养登记后取得合法收养关系的总件数。县级及以上民政部门办理儿童收养登记一次为一件。

中国公民收养登记 指收养人是中国公民（包括港澳台居民及华侨）的儿童收养登记。

外国公民收养登记 指收养人是具有外国国籍（包括无国籍人）的人员。夫妻共同收养有一方是外国人的，按外国人办理收养登记。

城市居民最低生活保障人数 指在报告期末家庭平均收入在当地规定的最低生活保障线以下的城镇居民数。包括“三无”对象，失业人员和在职、下岗、退休人员等。

农村居民最低生活保障人数 指报告期末在建立农村最低生活保障制度的地区，得到当地政府或集体给予最低生活保障的农业人口家庭人数。

五保户 指无法定抚养义务人，或者虽有法定抚养义务人，但是抚养人无抚养能力的；无劳动能力的；无生活来源的老年人、残疾人和未成年人。

传统救济人数 指国家规定由民政部门救济的特殊人员和 60 年代精简退职老职工救济人员。特殊人员包括麻风病人、原国民党起义、投诚人员、归侨、台胞台属、宽大释放人员、摘掉右派帽子人员、因公负伤的下乡知青、因计划生育手术事故造成死亡和丧失劳动能力人员等传统民政救济对象。

定期抚恤人数 指报告期末革命烈士家属、因公牺牲、病故军人家属中符合抚恤条件，国家给予定期发放抚恤金的人数。

定期补助人数 指报告期末由国家定期发放给带病回乡不能参加生产劳动、生活特别困难的复员、退伍军人，完全丧失劳动能力、生活困难的复员军人，红军失散人员，以及用抚恤费开支的其他享受定期发放的人员总和。

在乡红军老战士（红军失散人员、西路军）等 指 1937 年 7 月 6 日以前入伍参加中国工农红军（包括西路军、抗日联军和中国共产党领导的脱产游击队）；有退伍手续或确切的证明；没有投敌叛变行为，回到地方以后，继续保持革命传统的人员及因伤、因病、因战斗失利或组织动员分散隐蔽离队失散的红军失散人员，并在离队后表现较好，经当地群众公认，乡、镇人民政府审查，县、市人民政府批准的人员。

在乡复员军人 指在 1954 年 11 月 1 日以前自愿参军并复员的军士、兵，或虽系义务兵入伍，但后改志愿兵或干部按复员处理的人员。

零散烈士纪念建筑物数 指报告期末不设有烈士纪念建筑物管理单位的烈士纪念建筑物的总数。包括褒扬革命烈士的纪念碑、塔、馆、亭、祠和烈士陵园数。

精简退职老职工 指 1957 年底以前参加工作，在 1961 年到 1965 年 6 月 9 日期间被精简的老职工。

40%救济 指由民政部门对精简退职老职工中的老弱病残者给予本人原标准工资 40%的救济。

精简退职职工定救 指对不符合 40%救济条件而生活确有困难的精简退职职工由民政部门给予半年以上的生活救济。

福利彩票公益金 指根据国家有关规定发行中国福利彩票筹集的专项用于发展社会福利事业的预算外资金。社会福利基金收入包括：销售中国福利彩票总额扣除兑奖和管理费用后的净收入；彩票销售中的不设奖池的弃奖收入；社会福利基金的银行存款利息。

新闻出版

使用“中国标准书号”合计 使用统一书号的主要有两类：1.各级技术标准文献；2.年画、年历画、台历、无书名页的单张美术印刷品或折页美术印刷品，不另加封面的出版物（如活页文选、活页歌篇、小件印品）等。

不使用“中国标准书号”部分合计 指图片、图标（GB）、部标（BB）等标准类文件印品、活页文选、活页歌篇、小件印品等。

少年儿童读物类图书和课本出版种数 少年儿童读物指供初中及初中以下少年儿童阅读的书籍，课本指供大、中、小学生及业余教育使用的书籍。

档案

国家综合档案馆 指由中央或地方各级档案行政管理部门直接管理的，按行政区划或历史时期设置的，收集和管理所辖范围内多种门类档案的档案馆。

广播电视

公共广播节目套数 指经国家广电总局批准的、广播电视播出机构开办的不向听众收取收听费用，以为大众提供公共广播服务为主要目的，用固定频率播出，并编有整套自办节目时间表的广播节目套数。

全年制作广播节目时间 指广播电视节目制作机构全年自采、自编、自录的及合作制作、加工制作的各类广播节目，包括直播广播节目。

全年公共广播节目播出时间 指广播电视播出机构自办节目频率内公共节目全年播出的时间（含节目重复播出时间）。

公共电视节目套数 指经国家广电总局批准的、广播电视播出机构开办的不向观众收取收看费用，以为大众提供公共电视服务为主要目的，用固定频率播出的自办电视节目套数。

付费电视节目套数/时间 指经国家广电总局批准的、广播电视播出机构开办的向观众收取收看费用，以个性化、对象化、专业化为主的电视节目套数以及全年播出时间（含重复播出时间）。

全年制作电视节目时间 指广播电视节目制作机构全年自采、自编、自录的及合作制作、加工制作的各类电视节目，包括直播电视节目。

全年公共电视节目播出时间 指广播电视播出机构自办节目频道内全年播出公共电视节目的时间（含重复播出时间）。

中、短波转播发射台 指经省以上广电行政部门批准的有固定人员编制，固定频率和播出时间的中、短波发射台和转播台。

调频转播发射台 指经省以上广电行政部门批准的有固定人员编制，固定频率和播出时间的调频发射台和转播台。

电视转播发射台 指经省以上广电部门批准的有固定人员编制，固定频率和播出时间的电视发射台和转播台。

有线广播电视用户数 指通过广播电视有线传输网收看电视节目的家庭用户数，包括接收模拟信号和接收数字信号的有线电视用户数。

数字电视用户数 指通过广播电视有线传输网收看数字信号电视节目的家庭用户数。

广播节目综合人口覆盖率 指根据国家广电总局制定的《广播电视人口覆盖率统计技术标准和方法》

进行统计调查的，在对象区内能接收到由中央、省、地市或县通过无线、有线或卫星等各种技术方式转播的各级广播节目的人口数占全部总人口数的百分比。

电视发射转播台 经省以上广电部门批准的有固定人员编制，固定频率和播出时间的电视发射台和转播台。

电视节目综合人口覆盖率 根据国家广电总局制定的《广播电视人口覆盖率统计技术标准和方法》进行统计调查的，在对象区内能接收到由中央、省、地市、或县通过无线、有线或卫星等各种技术方式转播的中央电视节目的人口数占全部总人口数的百分比。

有线广播电视入户率 计算公式为:（有线广播电视用户数/全国总户数）×100%

文化

艺术表演团体 指由文化部门主办或实行行业管理（经文化市场行政部门审批或已申报登记并领取相关许可证），专门从事表演艺术等活动的各类专业艺术表演团体，含民间职业剧团。不包括群众业余文艺表演团体。

艺术表演场馆 指由文化部门主办或实行行业管理（经文化市场行政部门审批或已申报登记并领取相关许可证），有观众席、舞台、灯光设备，公开售票、专供文艺团体演出的文化活动场所。

文物及文化保护 指对具有历史、文化、艺术、科学价值，并经有关部门鉴定，列入文物保护范围的不可移动文物的保护和管理活动；对我国语言、文字、民间文化艺术、民俗等非物质遗产的文化保护和管理活动。包括近现代重要史迹及具有代表性、纪念性的建筑物的保护（含革命遗址、纪念碑、名人故居）；寺庙、清真寺、教学及各种祠、堂、碑遗址的保护；古文化遗址、古墓地、古建筑、石窟寺、石记得等的保护；民族语言、文字遗产保护；民间艺术（民间传说、神话、歌谣、故事、音乐、舞蹈、戏曲、曲艺皮影、绘画、剪纸等）遗产保护；民间、民俗传统活动（传统节日、庆典、民族艺术活动、民族体育活动等）遗产保护；民族制作（建筑风格、服饰、家具、木器、陶器、铜器等）遗产保护；其他未列明的文物与文化保护。

博物馆 指为了研究、教育、欣赏的目的，收藏、保护、展示人类活动和自然环境的见证物，向公众开放，非营利性、永久性社会服务机构，包括以博物馆（院）、纪念馆（舍）、美术（艺术）馆、科技馆、陈列馆等专有名称开展活动的单位。

总藏量 指图书馆已编目的古籍、图书、期刊和报纸的合订本、小册子、手稿，以及缩微制品、录像带、录音带、光盘等视听文献资料数量之和。

藏品 指文博机构根据收藏品的文化属性、自然属性等情况，所划分的文物藏品、标本藏品、模型藏品（含具有收藏、展示价值的雕塑、绘画等艺术作品）和复制品藏品的总和。本指标所统计的藏品是指报告期末，该机构已经整理并登记入账的藏品数。

体育

一线运动员 指在国家队、国家集训队、中青队和各省市自治区优秀运动队中的训练的运动员。

二线运动员 指在体育运动学校运动班中训练的运动员。

三线运动员 指在各类少年儿童业余体校中的训练的运动员。

等级运动员 指经考核正式批准授予运动员称号的运动员，分为国际级运动健将、运动健将、一级、二级运动员。

等级教练员 指经考核正式批准授予等级教练员职称的教练员，分为国家级、高级、中级、初级教练员。

残疾人事业

开展社区康复服务 指截止到本年12月31日开展规范化的社区康复服务，使各类残疾人得到基本康复服务的市辖区、县累计数。

新收训聋儿 指本年度（上年9月1日-本年8月31日）康复机构新收训聋儿数量。包括机构内康复和社区家庭指导聋儿数。

培训家长数 指本年内由各级康复机构、家长学校组织举办家长培训班培训的聋儿家长数。

专业人员培训数 指本年内由各级康复机构组织举办专业人员培训班培训的专业人员数。

肢体残疾康复 指本年度内肢体残疾儿童（脑瘫儿童）在机构系统训练、肢体残疾儿童在社区和家庭进行康复、成年肢体残疾人在社区和家庭康复任务完成数之和。

智力残疾康复 指年度内智力残疾儿童在机构进行系统康复训练、在社区家庭进行康复和成年智力残疾人社区家庭康复的任务完成数之和。

康复管理、技术人员培训 指本年度内按照《智力残疾康复“十二五”实施方案》，国家级、省、地（市）、县（市、区）培训智力残疾康复管理和技术人员的人次数。

开展精防康复工作县（市、区） 指“十二五”国家方案确定的开展精防康复工作的县（市、区）总数。

覆盖总人口 指开展精防康复工作县（市、区）覆盖人口的总和。

精神病人数 指经过摸底调查，已登记在册的精神病人总数，而不是根据发病率推算或估计得来的数字。

监护病人数 指通过各种方式得到有效监护的精神病人总数。

显好病人数 指经过采取有效的治疗康复措施，病情稳定，症状缓解的精神病人数。

参与社会总人数 指生活能自理、参加家务劳动、社会生产和社会活动的精神病人数。

孤独症儿童康复训练机构 指开展孤独症儿童康复训练的机构总数。

贫困孤独症儿童康复救助数 指本地区本年度贫困孤独症儿童康复救助总数，包括国家孤独症儿童抢救性康复项目和其他康复项目。

儿童训练后进入普幼普小 指机构本年度内经过康复训练后，进入普通小学或普通幼儿园的孤独症儿童数。

儿童训练后进入特教学校 指机构本年度内经过康复训练后，进入培智学校接受九年义务教育的孤独症儿童数。

儿童训练后进入其他康复机构 指机构本年度内经过康复训练后，其它走向的孤独症儿童数。

未入学学龄残疾儿童少年 指截止到本年度12月31日，《义务教育法》规定的入学年龄段（6-14周岁或7-15周岁）内的，因各种原因未能入学的各类残疾儿童少年人数。

视力残疾、听力残疾、言语残疾、肢体残疾、智力残疾、精神残疾 指一人只患一类残疾的人员。残疾类别的判定标准使用2011年5月1日正式实施的《残疾人分类和分级》推荐性国家标准(GB/T26341-2010)。

多重残疾 指一人患两种及两种以上类别的残疾人员。

特殊教育普通高中机构 指截止到本年度12月31日，按国家规定的设置标准和审批程序批准成立的，专门招收盲、聋初中毕业生实施普通高级中等教育的全日制学校（部、班）。

其他 指招收盲、聋两类以上残疾学生的特殊教育普通高中。

残疾人中等职业教育机构 指截止到本年度12月31日，按国家规定的设置标准和审批程序批准成立的，专门招收各类残疾初中毕业生实施全日制中等职业学历教育的教育机构。即，教育部门所属特教学校举办的中等职业教育班（部），残联系统或其他部门举办的独立建制的中等职业学校。

高等特殊教育学院录取人数 指本年度被高等特殊教育学院（系、专业、班）录取的盲、聋新生人数。

达到录取分数线人数 指本年度各类残疾人高中毕业生参加全国普通高等教育统一招生考试，并达到当地录取分数线的实际学生人数。

普通高等院校录取人数 指本年度各类残疾人高中毕业生参加全国普通高等教育统一招生考试，并达到当地录取分数线且被普通高等院（校）录取的实际学生人数。

城镇残疾人就业人数合计 指城镇（非农业户口）残疾人集中就业、分散按比例就业（包括实施按比例就业前已在社会各单位就业的残疾人）、个体及其他形式就业，截止到本年度 12 月 31 日实际在业的残疾人数。

农村残疾人就业实际就业人数 指截止到本年度 12 月 31 日农村残疾人（农业户口）从事各种生产劳动，包括种植业、养殖业、家庭手工业及在各种类型企事业、服务业、商业及个体从业的实际人数。

其他形式就业 指在“农村残疾人就业实际就业人数”中，从事家庭手工业及在各种类型企事业、服务业、商业及个体从业的残疾人数。

职业培训基地数 指承担着残疾人就业前培训，在职培训、下岗失业人员转岗转业培训、农村务工人员培训等项职能的实体的个数。

残联兴办职业培训基地数 指残联系统创办或主要由残联系统投资的承担残疾人就业前培训，在职培训、下岗失业人员转岗转业培训、农村务工人员培训等项职能的实体的个数。

依托社会机构兴办职业培训基地数 指由非残联系统的社会机构主办或创办投资的承担着残疾人就业前培训，在职培训、下岗失业人员转岗转业培训、农村务工人员培训等项职能的实体的个数。

本年度城镇职业培训人数 指本年度城镇残疾人中在各类职业培训机构（基地）接受培训（含统计时正在接受培训）的实际人次数。

医疗按摩人员培训本年培训 指经过中专及中专以上学历培养并取得毕业证书的医疗按摩人员的本年培养人数。

医疗按摩机构 指截止到本年度 12 月 31 日，经卫生部门批准各级残联及同级卫生部门开设的以医疗按摩为主体的盲人按摩诊所、盲人按摩门诊部、盲人按摩医院及在社会医疗机构中的按摩（推拿）科室的实际达到数。

保健按摩机构 指截止到本年度 12 月 31 日，经当地工商行政部门注册登记领取营业执照，以保健按摩为主体的按摩院、所、中心等各种形式按摩机构的实际达到数。未经当地残联和工商部门批准取得营业执照者不统计。

实际参保的残疾居民人数 指在“符合参保条件的残疾居民人数”中实际缴费参加城镇居民社会养老保险并已建立缴费记录档案的残疾居民人数。包括城镇居民养老保险制度实施时，已年满 60 周岁、未享受城镇职工基本养老保险待遇，直接按月领取城镇居民社会养老保险基础养老金的残疾居民，不包括只登记未建立缴费记录档案的人数。

实际参保的残疾居民人数 指在“符合参保条件的残疾居民人数”中实际缴费参加新型农村社会养老保险并已建立缴费记录档案的农村残疾居民人数。包括新型农村社会养老保险制度实施时，已年满 60 周岁、未享受城镇职工基本养老保险待遇，直接按月领取新型农村社会养老保险基础养老金的农村残疾居民，不包括只登记未建立缴费记录档案的人数。

已纳入最低生活保障范围 指具有城镇户口的残疾人家庭人均收入低于当地城市居民最低生活保障标准，并已经纳入最低生活保障的残疾人数。

集中供养 指城镇“三无”残疾人员在社会福利院等社会福利机构集中供养的人数。

其他救助救济 指本年度具有城镇户口，定期或不定期享受政府、残联或社会捐助的资金和实物救助救济的残疾人数。

已纳入最低生活保障范围 指具有农村户口的残疾人家庭人均收入低于当地城市居民最低生活保障标准，并已经纳入最低生活保障的残疾人数。

五保供养 指符合农村“五保供养”条件，并实际享受“五保供养”的农村残疾人数。

其他救助救济 指本年度具有农村户口，定期或不定期享受政府、残联或社会捐助的资金和实物救助救济的残疾人数。

托养服务机构 指为有托养服务需求的智力、精神、无生活自理能力、长期需要专人照料或护理的残疾人提供基本生活照料和护理、生活自理能力训练、心理及行为辅导、康复训练及医疗保健、社会适应辅导、休闲生活辅导、劳动技能训练和职业康复等方面服务的场所。包括各级各类寄宿制集中托养机构和日间照料机构。

机构中托养残疾人 指获得托养服务机构所提供的基本生活照料和护理、生活自理能力训练、心理及行为辅导、康复训练及医疗保健、社会适应辅导、休闲生活辅导、劳动技能训练和职业康复等方面服务的智力、精神、无生活自理能力、长期需要专人照料或护理的残疾人。其中重度残疾人指其中持有二代残疾人证，残疾等级为一级、二级的残疾人。

寄宿制托养服务机构合计 指截止本年度末，实际建立的可以对残疾人进行寄宿托养服务的托养服务机构总数。

日间照料托养服务机构合计 指截止本年度末，实际建立的可以对残疾人进行日间照料的托养服务的机构总数。

综合托养服务机构合计 指截止本年度末，实际建立并运行的同时开展寄宿托养服务和日间照料托养服务的机构总数。

居家托养服务 指以社区（村）为依托，以社会服务组织、志愿服务人员、家庭邻里等为载体，采取派人包户、定期上门、临时陪护、发放服务券等多种形式，为居住在家。

享受居家托养服务残疾人 指居住在家并符合托养条件，获得政府和残联组织提供的多种形式的生活照料、康复护理、精神慰藉、安全保护的等上门服务的残疾人。

本年度危房改造实际完成 指本年度实际完成农村贫困残疾人危房改造数量（包括国家农村危房改造工程、地方政府农村危房改造项目中残疾人危房改造及彩票公益金专项、自筹资金自行开展的贫困残疾人危房改造数量）。

残疾人群众体育健身活动 指本年度内省级残疾人群众体育健身活动次数，主要指为推广普及群众体育健身活动而举办的健身展示交流、比赛和培训活动，不包括以选拔运动员参加全国残疾人运动会和单项赛事为主要目的的残疾人体育比赛。

残疾人体育比赛 指本年度内组织的以选拔运动员参加全国残疾人运动会（包括全国特奥运动会）和单项赛事（包括特奥比赛）为主要目的的省级残疾人运动会（选拔赛）次数。

参赛残疾人运动员 指本年度内本省、直辖市、自治区举办的省级“残疾人体育比赛”中参赛残疾人运动员人次。

制定或修改关于残疾人的专门法规、规章 指省、地市级人大或政府本年度制定或修改的关于残疾人的综合性或专项法规、规章有多少件。市指《中华人民共和国立法法》第 63 条第 3 款规定的较大的市。

制定或修改保障残疾人权益的规范性文件 指省、地市、县级政府本年度制定或修改的保障残疾人权益的规范性文件各是多少件。

人大执法检查或专题调研 指本年度省、市、县级人大对《残疾人保障法》及其他保障残疾人权益的法律、法规、规章、规范性文件进行执法检查或专题调研的次数各是多少次。

政协视察或专题调研 指本年度省、市、县级政协对《残疾人保障法》及其他保障残疾人权益对的法律、法规、规章、规范性文件开展视察或专题调研的次数各是多少次。

残疾人法律援助中心（工作站） 指省、市、县级司法行政部门和残联联合建立的残疾人法律援助中心（工作站）的数量各是多少个。

无障碍建设与管理法规、政府令 指促进本地区无障碍建设和管理的地方性法规或规章个数。

系统开展无障碍建设市、县 指省、地市、县级残联与同级建设等部门联合确定的依据中国残疾人事业“十二五”计划纲要及其配套实施方案和创建“十二五”全国无障碍建设市、县工作标准、无障碍建设有关技术规范要求，制定规划，系统开展无障碍建设的地市、县的累计数。

公共管理和社会组织

人民检察院直接立案侦查案件 指按照管辖的规定，由人民检察院直接立案侦查的贪污贿赂犯罪、渎职侵权犯罪、国家机关工作人员利用职权实施的侵犯公民人身权利和民主权利的犯罪以及经省级人民检察院决定立案侦查的国家机关工作人员利用职权实施的其他重大犯罪案件。

受案 指本年新受理的案件。

立案 指人民检察院对受理的案件进行初步调查后，认为存在职务犯罪事实，应追究刑事责任，并决定作为刑事案件进行侦查的诉讼活动，是追究犯罪的开始。该指标主要反映人民检察院依法将职务犯罪线索作为刑事案件进行侦查的诉讼活动。

结案 指侦查程序的结束。

大案 指贪污贿赂案件数额在五万元以上，挪用公款数额在十万元以上，以及按照《人民检察院直接受理立案侦查的渎职侵权重特大案件标准（试行）》认定的案件。该指标主要反映人民检察院立案查办的职务犯罪案件中经济损失大、社会危害严重的案件。

要案 指县、处级以上的干部犯罪案件。该指标主要反映职务犯罪案件中县、处级以上干部被人民检察院依法立案侦查的情况。

批准逮捕 指人民检察院对公安机关、国家安全机关、监狱管理机关提出逮捕的犯罪嫌疑人进行审查，根据事实，依法做出逮捕决定。该指标主要反映人民检察院对提请逮捕犯罪嫌疑人进行审查后依法做出批准逮捕决定的情况。

决定逮捕 指人民检察院对直接立案侦查的案件，认为需要逮捕犯罪嫌疑人时，依据法律作出的逮捕决定。该指标主要反映人民检察院对直接受理的案件行使决定逮捕权的情况。

提起公诉 指人民检察院对公安机关、国家安全机关、监狱管理机关和检察机关侦查部门等移送起诉的案件进行审查，根据事实，做出提起公诉的案件。该指标主要反映人民检察院对各种刑事案件向人民法院提起公诉的情况。

刑事案件 指按照管辖的规定由公安机关、国家安全机关、监狱管理机关侦查的案件。

适用简易程序 指人民法院对依法可能判处三年以下有期徒刑、拘役、管制、单处罚金的公诉案件，事实清楚，证据充分，人民检察院建议或者同意适用简易程序的案件；告诉才处理的案件；被害人起诉的有证据证明的轻微刑事案件。

一审 指公诉案件的第一审程序。

再审 指人民法院按照审判监督程序重新审判的案件。

提出抗诉 指人民检察院对人民法院的判决、裁定认为确有错误，向人民法院提出对案件重新进行审理的诉讼活动。包括按照第二审程序提出的抗诉和按照审判监督程序（再审程序）提出的抗诉。

撤回抗诉 指上级人民检察院对下级人民检察院按照第二审程序提出的抗诉，经审查，认为抗诉不当时向同级人民法院撤回抗诉，同时通知提出抗诉的下级人民检察院。

立案 指决定立案审查的案件。

立案监督 指人民检察院对侦查机关刑事立案活动的监督。包括对应当立案而不立案的监督和不应立案而立案的监督。

监督立案 包括侦查机关接到要求说明不立案理由后主动立案和执行通知立案两个内容。

监督撤案 指人民检察院对侦查机关不应当立案而立案的监督。

监管活动 指人民检察院对监狱等监管改造场所的管理活动进行的监督。

受理 指人民检察院接受申诉的情况。包括来信和来访。

立案复查 指人民检察院接受申诉后，经审查决定立案进行复查。

结案 指立案复查有结果的案件。

首次举报 指单位或个人以来信、来访形式检举国家工作人员涉嫌贪污、贿赂犯罪，国家机关工作人员涉嫌渎职、侵权犯罪。不包括重复举报数。

首次控告 指单位或个人以来信、来访形式检举国家工作人员违法或涉嫌刑事犯罪。不包括重复控告数。

首次申诉 不服人民检察院处理决定的或不服人民法院判决或裁定的以来信、来访形式的申诉。不包括重复申诉。

分送检察机关 指人民检察院对受理的举报、控告、申诉案件，经审查，分不同情况，或由控告申诉部门直接办理、或转本院有关业务部门、或转其他人民检察院。

附录2　教育部 国家统计局 财政部
关于2013年全国教育经费执行情况统计公告

教财〔2014〕4号

一、全国教育经费情况

2013年，全国教育经费总投入为30364.72亿元，比上年的27695.97亿元增长9.64%。其中，国家财政性教育经费（主要包括公共财政预算教育经费，各级政府征收用于教育的税费，企业办学中的企业拨款，校办产业和社会服务收入用于教育的经费等）为24488.22亿元，比上年的22236.23亿元增长10.13%。

二、落实《教育法》规定的“三个增长”情况

1. 全国公共财政教育支出（包括教育事业费，基建经费和教育费附加）为21405.67亿元，比上年的20314.17亿元增长5.37%。其中，中央财政教育支出3883.92亿元，比上年增长2.7%。

2. 各级教育生均公共财政预算教育事业费支出增长情况。2013年全国普通小学、普通初中、普通高中、中等职业学校、普通高等学校生均公共财政预算教育事业费支出情况是：

（1）全国普通小学为6901.77元，比上年的6128.99元增长12.61%。其中，农村为6854.96元，比上年的6017.58元增长13.92%。普通小学增长最快的是云南省（23.41%）。

（2）全国普通初中为9258.37元，比上年的8137.00元增长13.78%。其中：农村为9195.77元，比上年的7906.61元增长16.3%。普通初中增长最快的是广东省（22.76%）。

（3）全国普通高中为8448.14元，比上年的7775.94元增长8.64%。增长最快的是甘肃省（24.5%）。

（4）全国中等职业学校为8784.64元，比上年的7563.95元增长16.14%。增长最快的是宁夏省（43.07%）。

（5）全国普通高等学校为15591.72元，比上年的16367.21元下降4.74%。增长最快的是贵州省（24.58%）。

3. 各级教育生均公共财政预算公用经费支出增长情况。2013年全国普通小学、普通初中、普通高中、中等职业学校、普通高等学校生均公共财政预算公用经费支出情况是：

（1）全国普通小学为2068.47元，比上年的1829.14元增长13.08%。其中：农村为1973.53元，比上年的1743.41元增长13.2%。普通小学增长最快的是江苏省（35.63%）。

（2）全国普通初中为2983.75元，比上年的2691.76元增长10.85%。其中：农村为2968.37元，比上年的2602.13元增长14.07%。普通初中增长最快的是江苏省（48.09%）。

（3）全国普通高中为2742.01元，比上年的2593.15元增长5.74%。增长最快的是甘肃省（50.84%）。

（4）全国中等职业学校为3578.25元，比上年的2977.45元增长20.18%。增长最快的是贵州省（74.16%）。

（5）全国普通高等学校为7899.07元，比上年的9040.02元下降12.62%。增长最快的是贵州省（59.81%）。

三、公共财政教育支出占公共财政支出比例情况

2013 年，全国公共财政教育支出占公共财政支出 140212.1 亿元的比例为 15.27%，比上年的 16.13%降低了 0.86 个百分点。

四、国家财政性教育经费占国内生产总值比例情况

据统计，2013 年全国国内生产总值为 568845.2 亿元，国家财政性教育经费占国内生产总值比例为 4.3%，比上年的 4.28%增加了 0.02 个百分点。

附件：2013 年全国教育经费执行情况统计表

教育部 国家统计局 财政部

2014 年 10 月 31 日

注：1.公告中所涉及的全国性统计数据，均不包括台湾省、香港特别行政区、澳门特别行政区。

2.公告中的 2013 年全国国内生产总值 568845.2 亿元和公共财政支出 140212.1 亿元等数据来源于《中国统计年鉴-2014》。

附件:

2013 年全国教育经费执行情况统计表

表一 2013 年公共财政教育支出增长情况

地区	公共财政教育支出（亿元）	公共财政教育支出占公共财政支出比例（%）	公共财政教育支出本年比上年增长（%）	财政经常性收入本年比上年增长（%）	公共财政教育支出与财政经常性收入增长幅度比较（百分点）
北京市	699.14	16.75	14.25	6.61	7.64
天津市	461.51	18.10	21.85	15.30	6.55
河北省	769.33	17.45	-3.33	9.91	-13.24
山西省	511.37	16.88	4.30	8.77	-4.47
内蒙古自治区	438.14	11.88	4.26	9.95	-5.69
辽宁省	671.01	12.91	-7.14	7.99	-15.13
吉林省	422.25	15.38	-6.39	12.76	-19.15
黑龙江省	485.63	14.41	-9.66	6.57	-16.23
上海市	667.73	14.74	9.33	9.58	-0.25
江苏省	1368.86	17.55	8.35	12.43	-4.08
浙江省	918.96	19.43	9.22	9.17	0.05
安徽省	731.51	16.82	2.25	8.01	-5.76
福建省	566.56	18.46	6.36	16.23	-9.87
江西省	652.24	18.79	5.83	9.80	-3.97
山东省	1397.67	20.90	6.60	10.10	-3.50
河南省	1102.47	19.75	4.88	10.45	-5.57
湖北省	591.90	13.54	7.45	15.28	-7.83
湖南省	800.72	17.07	12.39	14.41	-2.02
广东省	1617.48	19.23	14.27	13.21	1.06
广西壮族自治区	611.85	19.07	3.74	12.70	-8.96
海南省	154.16	15.25	3.27	15.88	-12.61
重庆市	406.85	13.29	-2.55	11.21	-13.76
四川省	1031.33	16.58	4.87	10.92	-6.05
贵州省	553.48	17.95	10.49	15.33	-4.84
云南省	670.87	16.38	1.02	12.72	-11.70
西藏自治区	110.37	10.88	20.85	20.81	0.04
陕西省	680.91	18.58	4.72	8.96	-4.24
甘肃省	376.17	16.29	3.86	14.07	-10.21
青海省	123.16	10.03	-26.29	10.13	-36.42
宁夏回族自治区	111.74	12.11	8.60	18.24	-9.64
新疆维吾尔自治区	520.50	16.97	12.49	12.12	0.37

注：公共财政教育支出包括教育事业费、基建经费和教育费附加。

表二(1) 各级教育生均公共财政预算教育事业费增长情况

单位:元

地 区	普通小学			普通初中			普通高中		
	2012年	2013年	增长率(%)	2012年	2013年	增长率(%)	2012年	2013年	增长率(%)
全 国	**6128.99**	**6901.77**	**12.61**	**8137.00**	**9258.37**	**13.78**	**7775.94**	**8448.14**	**8.64**
北京市	20407.62	21727.88	6.47	28822.01	32544.37	12.91	31883.79	36763.03	15.30
天津市	14718.04	15447.39	4.96	20796.76	22840.57	9.83	17666.55	21103.92	19.46
河北省	4785.98	4936.80	3.15	7252.09	7470.83	3.02	7040.76	7105.34	0.92
山西省	5815.94	6517.16	12.06	6638.19	7765.15	16.98	7358.44	7121.26	-3.22
内蒙古自治区	8896.05	9837.99	10.59	10207.12	11414.81	11.83	10068.71	10670.59	5.98
辽宁省	8067.13	8304.58	2.94	11489.26	11462.64	-0.23	8979.98	8960.43	-0.22
吉林省	8694.48	9174.47	5.52	10515.17	11451.44	8.90	7582.79	7882.03	3.95
黑龙江省	7893.87	8895.02	12.68	8689.44	10334.05	18.93	7518.25	8217.32	9.30
上海市	18543.78	19518.03	5.25	23771.86	25445.47	7.04	27271.01	30593.83	12.18
江苏省	9548.08	10584.64	10.86	12479.57	15140.80	21.32	10793.22	12788.19	18.48
浙江省	8197.65	8874.54	8.26	11500.02	12617.07	9.71	9869.79	12192.62	23.53
安徽省	5587.19	6437.96	15.23	7457.25	8830.00	18.41	6685.41	7039.90	5.30
福建省	6747.47	7522.51	11.49	9231.83	10510.97	13.86	7617.38	8718.26	14.45
江西省	4848.60	5817.11	19.98	6536.06	7882.12	20.59	7269.71	8587.12	18.12
山东省	6094.82	6642.19	8.98	9308.07	10171.24	9.27	8726.34	8972.57	2.82
河南省	3458.02	3913.95	13.18	5761.78	6453.79	12.01	5312.60	5617.66	5.74
湖北省	4817.88	5408.12	12.25	7328.46	8543.48	16.58	5275.12	6277.74	19.01
湖南省	4892.59	5721.18	16.94	8145.90	8835.38	8.46	6142.89	6543.86	6.53
广东省	5681.33	6742.84	18.68	6116.61	7508.99	22.76	7253.20	8027.72	10.68
广西壮族自治区	4863.70	5472.39	12.51	6361.27	6750.79	6.12	6030.98	6712.68	11.30
海南省	7358.93	8347.48	13.43	8850.70	10076.82	13.85	10901.61	10305.92	-5.46
重庆市	6378.25	6308.70	-1.09	7422.55	7606.65	2.48	6980.82	7418.09	6.26
四川省	6107.61	6822.64	11.71	7024.97	8336.83	18.67	5882.14	6252.92	6.30
贵州省	5038.12	5975.72	18.61	5403.22	6140.45	13.64	6184.97	6312.89	2.07
云南省	4979.84	6145.38	23.41	6131.55	7189.98	17.26	6474.77	6802.99	5.07
西藏自治区	11727.54	12820.24	9.32	10632.87	12783.54	20.23	13513.53	15315.65	13.34
陕西省	8747.40	9633.06	10.12	10502.62	11358.64	8.15	8303.28	8577.17	3.30
甘肃省	5371.52	6191.50	15.27	6411.44	7494.27	16.89	5868.51	7306.10	24.50
青海省	8037.07	8200.50	2.03	10062.21	10494.92	4.30	10634.95	11673.77	9.77
宁夏回族自治区	5312.20	6011.26	13.16	7886.81	8479.07	7.51	7771.25	8408.39	8.20
新疆维吾尔自治区	9094.62	10463.21	15.05	12022.20	14549.15	21.02	10852.88	11771.52	8.46

表二(1) 各级教育生均公共财政预算教育事业费增长情况(续)

单位:元

地 区	中等职业学校			普通高等学校		
	2012 年	2013 年	增长率(%)	2012 年	2013 年	增长率(%)
全 国	**7563.95**	**8784.64**	**16.14**	**16367.21**	**15591.72**	**-4.74**
北京市	21700.90	23635.72	8.92	47623.53	47629.14	0.01
天津市	17175.20	19901.89	15.88	21873.01	23046.92	5.37
河北省	5942.47	6890.12	15.95	16374.54	12904.36	-21.19
山西省	8019.75	8383.91	4.54	14196.77	10941.96	-22.93
内蒙古自治区	11784.04	11943.86	1.36	14678.16	15356.47	4.62
辽宁省	8027.38	9859.91	22.83	13145.78	12493.59	-4.96
吉林省	11103.10	14641.32	31.87	16992.46	12852.09	-24.37
黑龙江省	9411.16	9780.26	3.92	12958.10	11594.71	-10.52
上海市	17879.89	20702.80	15.79	30116.56	30186.34	0.23
江苏省	8522.50	9736.64	14.25	14835.94	14836.89	0.01
浙江省	9555.28	12712.68	33.04	12938.29	13765.91	6.40
安徽省	6420.71	7414.91	15.48	12152.91	10102.66	-16.87
福建省	7205.94	9759.55	35.44	13426.34	11201.53	-16.57
江西省	5861.06	7218.22	23.16	17991.99	12638.40	-29.76
山东省	9493.04	9886.38	4.14	13437.80	11545.88	-14.08
河南省	5562.02	5847.00	5.12	11007.33	10681.49	-2.96
湖北省	5072.43	6483.74	27.82	11254.58	12528.95	11.32
湖南省	7493.77	8769.85	17.03	13384.89	12995.41	-2.91
广东省	5886.86	7111.91	20.81	13225.21	14186.45	7.27
广西壮族自治区	5722.84	6528.29	14.07	12450.49	13382.09	7.48
海南省	7613.22	8473.26	11.30	12176.44	15164.70	24.54
重庆市	6332.86	7560.24	19.38	13976.43	12358.08	-11.58
四川省	7198.93	8146.44	13.16	12622.00	12012.40	-4.83
贵州省	6960.62	9060.32	30.17	12005.79	14957.26	24.58
云南省	5922.11	8105.25	36.86	22653.06	12825.88	-43.38
西藏自治区	13427.89	15822.99	17.84	25106.51	27378.79	9.05
陕西省	7405.40	8478.92	14.50	12811.57	12934.96	0.96
甘肃省	6152.75	6838.57	11.15	11235.89	10497.46	-6.57
青海省	8031.31	7674.27	-4.45	19702.95	16504.51	-16.23
宁夏回族自治区	6338.02	9067.61	43.07	20698.16	17665.66	-14.65
新疆维吾尔自治区	11932.11	12741.22	6.78	14557.47	15372.47	5.60

表二(2) 各级教育生均公共财政预算公用经费增长情况

单位:元

地 区	普通小学			普通初中			普通高中		
	2012年	2013年	增长率（%）	2012年	2013年	增长率（%）	2012年	2013年	增长率（%）
全 国	**1829.14**	**2068.47**	**13.08**	**2691.76**	**2983.75**	**10.85**	**2593.15**	**2742.01**	**5.74**
北京市	8731.79	9938.97	13.83	11268.46	13747.01	22.00	13660.11	16644.28	21.85
天津市	3353.70	3788.90	12.98	4477.88	5379.93	20.14	3748.96	5562.89	48.38
河北省	1362.87	1390.81	2.05	2049.95	2083.65	1.64	2193.12	2074.95	-5.39
山西省	1570.29	1639.27	4.39	2176.08	2402.84	10.42	2677.24	2128.11	-20.51
内蒙古自治区	2099.11	2298.51	9.50	3014.58	3168.45	5.10	3669.76	3812.12	3.88
辽宁省	2638.00	2846.53	7.90	4211.94	3937.15	-6.52	3551.91	3228.12	-9.12
吉林省	2317.97	2294.01	-1.03	3109.61	2974.98	-4.33	2764.13	2365.27	-14.43
黑龙江省	2442.87	2650.21	8.49	3427.29	3564.01	3.99	3058.82	3210.58	4.96
上海市	6021.19	6417.43	6.58	7795.08	8333.24	6.90	8958.97	9154.50	2.18
江苏省	1964.23	2664.10	35.63	2274.23	3367.92	48.09	2023.48	2792.11	37.99
浙江省	1333.16	1492.81	11.98	1981.05	2132.93	7.67	1990.31	2717.11	36.52
安徽省	2123.60	2451.32	15.43	3097.05	3618.20	16.83	3068.11	3104.81	1.20
福建省	1625.04	1849.43	13.81	2342.52	2581.42	10.20	1374.86	1658.92	20.66
江西省	1895.81	2536.23	33.78	2795.00	3769.52	34.87	3397.67	4754.64	39.94
山东省	1837.41	2019.30	9.90	3162.28	3332.70	5.39	2963.56	3000.47	1.25
河南省	1605.39	1806.61	12.53	2821.16	3046.85	8.00	2521.28	2574.33	2.10
湖北省	1451.44	1581.18	8.94	2089.54	2320.33	11.05	1574.66	1698.87	7.89
湖南省	2032.48	2221.84	9.32	3481.31	3264.91	-6.22	2292.01	1970.91	-14.01
广东省	1264.24	1481.56	17.19	1638.59	1866.58	13.91	1915.62	2050.91	7.06
广西壮族自治区	1339.14	1439.85	7.52	2222.64	2238.77	0.73	2170.94	2066.20	-4.82
海南省	2398.93	3233.94	34.81	3903.29	4702.49	20.48	5765.19	5142.78	-10.80
重庆市	2219.34	2309.65	4.07	2684.50	2887.39	7.56	2739.88	3243.28	18.37
四川省	1716.83	1771.71	3.20	2125.02	2508.43	18.04	1627.82	1617.61	-0.63
贵州省	1235.95	1400.32	13.30	1739.74	1887.40	8.49	1651.06	1608.22	-2.59
云南省	1460.56	1670.26	14.36	1929.46	2119.78	9.86	2157.69	2032.22	-5.82
西藏自治区	3257.80	3434.75	5.43	2575.82	3727.30	44.70	3529.71	4373.18	23.90
陕西省	2934.22	3343.90	13.96	3989.34	4081.73	2.32	3451.69	3423.53	-0.82
甘肃省	1394.72	1585.10	13.65	1997.89	2271.73	13.71	1666.13	2513.14	50.84
青海省	3033.09	2741.16	-9.62	4211.74	3914.69	-7.05	4577.76	4861.56	6.20
宁夏回族自治区	1960.89	2034.80	3.77	3611.17	3181.74	-11.89	2904.07	2962.96	2.03
新疆维吾尔自治区	2071.50	2475.17	19.49	4069.48	5293.35	30.07	3146.80	3083.87	-2.00

表二(2) 各级教育生均公共财政预算公用经费增长情况（续）

单位:元

地 区	中等职业学校			普通高等学校		
	2012 年	2013 年	增长率（%）	2012 年	2013 年	增长率（%）
全 国	**2977.45**	**3578.25**	**20.18**	**9040.02**	**7899.07**	**-12.62**
北京市	9149.75	11108.66	21.41	26618.30	27058.65	1.65
天津市	4054.30	5797.35	42.99	13264.04	15135.72	14.11
河北省	1539.01	2047.38	33.03	11211.86	7431.32	-33.72
山西省	2915.80	3172.49	8.80	7136.47	5123.86	-28.20
内蒙古自治区	4773.80	4202.41	-11.97	6929.95	6759.06	-2.47
辽宁省	3315.51	4359.81	31.50	7100.87	6615.02	-6.84
吉林省	3413.93	4667.33	36.71	9630.00	5123.42	-46.80
黑龙江省	3957.57	3356.87	-15.18	6346.79	5186.78	-18.28
上海市	7051.29	7912.46	12.21	23539.75	23857.38	1.35
江苏省	2698.15	3179.97	17.86	7891.87	8500.99	7.72
浙江省	2758.64	4246.30	53.93	5501.66	6006.52	9.18
安徽省	3486.04	4244.24	21.75	7974.84	5940.13	-25.51
福建省	1902.10	3066.43	61.21	8177.45	5111.43	-37.49
江西省	2877.39	3390.77	17.84	12465.36	6608.62	-46.98
山东省	4070.44	4249.90	4.41	7416.75	4826.51	-34.92
河南省	2380.14	2900.90	21.88	6571.27	5802.23	-11.70
湖北省	1590.12	1960.47	23.29	6017.02	6226.56	3.48
湖南省	3610.80	4222.49	16.94	8439.79	6798.33	-19.45
广东省	2320.70	2773.78	19.52	5231.33	6045.81	15.57
广西壮族自治区	2279.14	2001.29	-12.19	7375.80	6893.75	-6.54
海南省	3507.76	4530.87	29.17	6822.72	9030.19	32.35
重庆市	3188.11	3995.18	25.32	9778.93	8106.90	-17.10
四川省	2948.12	3543.05	20.18	7507.03	6555.45	-12.68
贵州省	3173.51	5526.92	74.16	4754.65	7598.55	59.81
云南省	2471.40	3782.99	53.07	17410.44	6907.51	-60.33
西藏自治区	6319.65	5756.16	-8.92	12999.21	13019.87	0.16
陕西省	3112.10	3346.02	7.52	8883.51	7739.15	-12.88
甘肃省	2145.08	2405.27	12.13	6476.31	6028.09	-6.92
青海省	4423.78	3709.71	-16.14	10711.45	6064.91	-43.38
宁夏回族自治区	2969.57	4394.54	47.99	13078.81	9114.14	-30.31
新疆维吾尔自治区	5582.81	5350.56	-4.16	6651.82	6164.47	-7.33